LA VIE INFERNALE

I

PASCAL ET MARGUERITE

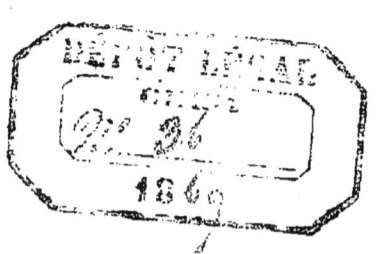

OUVRAGES DU MÊME AUTEUR

Format grand in-18 jésus

L'AFFAIRE LEROUGE, 8ᵉ édition. 1 vol.	3 50
LE CRIME D'ORCIVAL, 5ᵉ édit. 1 vol.	3 50
LE DOSSIER N° 113, 5ᵉ édit. 1 vol.	3 50
LES ESCLAVES DE PARIS, 3ᵉ édit. 2 vol.	7 »
MONSIEUR LECOQ, 3ᵉ édit. 2 vol.	7 »
LES MARIAGES D'AVENTURES, 2ᵉ édit. 1 vol.	3 »
LES COTILLONS CÉLÈBRES, 5ᵉ édit. 2 vol.	7 »
LES COMÉDIENNES ADORÉES, 2ᵉ édit. 1 vol..	3 »
LE TREIZIÈME HUSSARD, 16ᵉ édit. 1 vol.	3 »
LES GENS DE BUREAU, 2ᵉ édit. 1 vol.	3 »

St-Amand (Cher). — Imp. de DESTENAY.

LA VIE
INFERNALE

PAR

ÉMILE GABORIAU

I

PASCAL ET MARGUERITE

PARIS
E. DENTU, ÉDITEUR
LIBRAIRE DE LA SOCIÉTÉ DES GENS DE LETTRES
PALAIS-ROYAL, 17 ET 19, GALERIE D'ORLÉANS
—
1870
Tous droits réservés

A

MADAME BLANCHE SILVA

Madame,

En écrivant votre nom à la première page de ce volume, permettez-moi d'attester une amitié dont je suis fier.

ÉMILE GABORIAU.

LA VIE INFERNALE

PASCAL ET MARGUERITE

I

C'était le 15 octobre, un jeudi soir.

Il n'était que six heures et demie, mais depuis longtemps déjà la nuit était venue.

Il faisait froid, le ciel était noir comme de l'encre, le vent soufflait en tempête, il pleuvait.

Les domestiques de l'hôtel de Chalusse, un des plus magnifiques de la rue de Courcelles, étaient réunis chez le concierge, lequel occupait, avec son épouse, un pavillon de deux pièces, à droite de la vaste cour sablée.

A l'hôtel de Chalusse, comme dans toutes les grandes maisons, le concierge, M. Bourigeau, était un personnage d'une importance exceptionnelle, toujours prêt à faire sentir cruellement son autorité à qui eût osé seulement la mettre en doute.

A le voir on reconnaissait le serviteur qui tient au bout de son cordon le plaisir et la liberté de tous les autres, celui qui favorise les sorties défendues par le maître, celui qui peut cacher, si telle est sa volonté, les rentrées mystérieuses, la nuit, après la fermeture du bal public ou de l'estaminet.

C'est dire que M. et Mme Bourigeau étaient l'objet de toutes sortes d'adulations et de gâteries.

Ce soir-là, le maître était sorti, et le premier valet de chambre de M. le comte de Chalusse, M. Casimir, offrait le café.

Et tout en sirotant le gloria largement battu de fin cognac, présent de M. le sommelier, on se plaignait, comme de juste, de l'ennemi commun, du maître.

C'était une petite camériste au nez odieusement retroussé qui avait la parole.

Elle mettait au fait de la maison un grand drôle, à l'air bassement insolent, admis depuis la veille seulement au nombre des valets de pied.

— A coup sûr, expliquait-elle, la place est supportable. Les gages sont forts, la nourriture est bonne, la livrée est juste assez voyante pour avantager un bel homme; enfin Mme Léon, la femme de charge, qui a la direction de tout, n'est pas trop regardante.

— Et l'ouvrage?

— Rien à faire. Pensez donc, nous sommes dix-huit pour servir deux maîtres, M. le comte et Mlle Marguerite; seulement, dame, on ne s'amuse guère, ici...

— Comment, on s'ennuie !...

— A la mort, monsieur. C'est pis qu'une tombe au cimetière, ce grand hôtel. Jamais une soirée, jamais un dîner, rien. Croiriez-vous que je n'ai jamais vu, moi qui vous parle, les appartements de réception. Tout est fermé, et les meubles pourrissent sous des housses. Il ne vient pas trois visites par mois...

Elle était indignée, et l'autre semblait partager son indignation.

— Ah ça ! fit-il, c'est donc un ours que ce comte de Chalusse !... Un homme qui n'a pas cinquante ans et qui possède des millions, à ce qu'on prétend...

— Oui, des millions, vous pouvez le dire, peut-être dix, peut-être vingt...

— Raison de plus... Il faut qu'il ait quelque chose, un coup de marteau, comme on dit chez nous. Que fait-il donc, seul, toute la sainte journée ?

— Rien. Il lit dans son cabinet ou il se promène de long en large au fond du jardin. Quelquefois, le soir, il fait atteler et conduit Mademoiselle au bois de Boulogne en voiture fermée, mais c'est rare. Du reste, il n'est pas gênant le pauvre homme. Voilà six mois que je suis chez lui, et c'est tout juste si je connais la couleur de ses paroles. « Oui, non, faites ceci, c'est bien, sortez, » voilà tout ce qu'il sait dire. Demandez plutôt à M. Casimir...

— Le fait est qu'il n'est pas gai, le patron, répondit le valet de chambre. Une vraie porte de prison...

Le valet de pied écoutait d'un air grave, en homme qui a besoin de connaître, pour l'exploiter, le caractère des gens qu'il va servir.

1*

— Et Mademoiselle, interrogea-t-il, que dit-elle de cette existence? est-ce qu'elle lui va?

— Dame... depuis six mois qu'elle est ici, elle ne se plaint pas.

— Si elle s'ennuyait, ajouta M. Casimir, elle filerait.

La camériste eut un geste ironique.

— Plus souvent! ricana-t-elle. Chaque mois que Mademoiselle reste ici lui rapporte trop d'argent.

Aux rires qui accueillirent cette réponse, aux regards échangés entre les domestiques, le nouveau venu dut comprendre qu'il venait de toucher du doigt cette plaie secrète que chaque maison renferme comme une pomme son ver.

— Tiens! tiens!... fit-il tout brûlant de curiosité, il y a donc quelque chose?... Eh bien! là, franchement, je m'en doutais.

Sans nul doute, on allait lui raconter ce qu'on savait, ce qu'on croyait savoir du moins, quand on sonna avec une extrême violence à la porte de l'hôtel.

— Pas gêné, celui-là! s'écria le concierge. Mais il est trop pressé, il attendra.

Il tira le cordon, néanmoins, en rechignant; la grande porte, brutalement poussée claqua, et un cocher de fiacre, tout effaré, sans chapeau, se précipita dans la loge, en criant :

— A moi!... au secours!...

D'un bond, tous les domestiques furent debout.

— Arrivez, poursuivit le cocher; dépêchez-vous. C'est un bourgeois que je conduisais ici, vous devez le connaître... il est là, dans ma voiture!...

Sans plus écouter, les domestiques s'élancèrent dehors, et alors leur fut expliquée l'explication confuse du cocher.

Dans le fond de la voiture, qui était un grand fiacre, un homme gisait, affaissé, replié plutôt sur lui-même, immobile, inerte.

Il avait dû glisser de côté, le haut du corps en avant, et par suite des cahots, sa tête s'était engagée sous la banquette de devant.

— Pauvre diable ! murmura M. Casimir, il aura eu un coup de sang !

Il s'était penché vers l'intérieur du fiacre, en disant cela, et ses camarades s'approchaient, quand tout à coup, brusquement, il se rejeta en arrière en poussant un grand cri.

— Ah ! mon Dieu !... c'est M. le comte.

A Paris, dès qu'il y a seulement l'apparence d'un accident, les badauds jaillissent pour ainsi dire des pavés. Déjà il y avait plus de cinquante personnes autour de la voiture.

Cette circonstance rendit à M. Casimir une partie de son sang-froid.

— Il faut faire entrer le fiacre dans la cour, commanda-t-il. M. Bourigeau, porte s'il vous plaît !...

Puis s'adressant à un jeune domestique :

— Et toi, ajouta-t-il, vite un médecin, n'importe lequel !... Cours au plus proche et ne reviens pas sans en ramener un.

Le concierge avait ouvert, mais le cocher avait disparu ; on l'appela, pas de réponse. Ce fut encore le valet de chambre qui prit les deux petits chevaux par la bride, et qui amena fort adroitement la voiture devant le perron.

Les curieux écartés, il s'agissait de retirer du fiacre le comte de Chalusse, et cela présentait, en raison de la position bizarre du corps, les plus sérieuses difficultés. On réussit cependant en ouvrant les deux portières et en se mettant à trois.

On le plaça ensuite sur un fauteuil, on le monta à sa chambre et en moins de rien on l'eut déshabillé et couché.

Il ne donnait toujours pas signe de vie, et à le voir, la tête renversée sur ses oreillers, on devait croire que tout était fini.

C'était, d'ailleurs, à ne pas le reconnaître. Ses traits disparaissaient et se confondaient sous une bouffissure bleuâtre. Ses paupières étaient fermées et autour de ses yeux s'élargissait un cercle sanguinolant comme une meurtrissure. Un dernier spasme avait tordu ses lèvres, et sa bouche déplacée, inclinée tout à fait à droite et entr'ouverte, avait une expression sinistre.

Malgré des précautions inouïes, on l'avait blessé, en le dégageant ; son front s'était heurté contre une ferrure, et de cette écorchure légère, un mince filet de sang coulait.

Il respirait encore, cependant, et en prêtant l'oreille, on entendait son souffle rauque, ce râle que Broussais compare au ronflement d'un soufflet engorgé.

Les valets, si bavards l'instant d'avant, se taisaient à cette heure. Ils restaient dans la chambre, mornes et blêmes, échangeant des regards de détresse. Quelques-uns avaient les larmes aux yeux.

Que se passait-il en eux ? Peut-être subissaient-ils cet invincible effroi qui se dégage de la mort inattendue et soudaine... Ils aimaient peut-être, sans en avoir conscience, ce maître dont ils mangeaient le pain... Peut-être encore leur chagrin n'était-il qu'égoïsme, et se demandaient-ils ce qu'ils allaient devenir, où ils iraient, s'ils trouveraient une autre place et si elle serait bonne.

Ne sachant que faire, ils délibéraient à voix basse, chacun offrant quelque remède dont il avait entendu parler.

Les plus sensés proposaient d'aller prévenir Mademoiselle ou madame Léon, qui occupaient l'étage supérieur, lorsqu'un frôlement de robe contre l'huisserie de la porte, les fit tous retourner.

Celle qu'ils appelaient : « Mademoiselle, » était debout sur le seuil.

Mlle Marguerite était une belle jeune fille de vingt ans.

Elle était assez grande, brune, avec des yeux profonds que ses sourcils un peu accentués faisaient paraître plus sombres. Des masses épaisses de cheveux noirs encadraient son beau front pensif et triste. Il y avait quelque chose d'étrange en elle et d'un peu sauvage, une cruelle souffrance concentrée et une sorte de résignation hautaine.

— Que se passe-t-il ? demanda-t-elle doucement. D'où vient tout ce bruit que j'ai entendu ?... J'ai sonné trois fois, personne n'est venu.

Personne n'osa lui répondre.

Surprise, elle promena autour d'elle un rapide regard.

D'où elle était, elle ne pouvait apercevoir le lit, placé dans une alcôve, mais elle vit d'un coup d'œil l'attitude morne des gens, les vêtements épars sur le tapis, et tout le désordre de cette chambre magnifique et sévère, éclairée par la seule lampe de M. Bourigeau, le concierge.

Elle eut peur, un grand frisson la traversa, et d'une voix émue :

— Pourquoi êtes-vous tous ici?... insista-t-elle. Parlez, qu'est-il arrivé ?

M. Casimir fit un pas en avant.

— Un grand malheur, mademoiselle, un malheur terrible, M. le comte...

Et il s'arrêta, interdit, effrayé de ce qu'il allait dire... Trop tard, Mlle Marguerite avait compris.

D'un mouvement brusque, elle porta ses deux mains à son cœur, comme si elle eût senti une blessure atroce, et elle prononça ce seul mot :

— Perdue !...

Elle était devenue plus pâle que la mort, sa tête se renversait en arrière, ses yeux se fermaient, elle chancelait...

Deux femmes de chambre s'élancèrent pour la soutenir, elle les repoussa d'un geste doux, en murmurant :

— Merci !... Merci !... Laissez-moi... je suis forte.

Elle était assez forte, en effet, pour dompter sa mortelle défaillance. Elle rassembla toute son énergie, et, lentement, plus blanche qu'une statue, les dents serrées, les yeux secs et brillants, elle s'avança vers l'alcôve.

Là, elle resta un moment immobile, murmurant des paroles inintelligibles, et, enfin, écrasée sous la douleur, elle s'abattit à genoux devant le lit, y ensevelit sa tête, et pleura...

Profondément remués par le spectacle de ce désespoir si grand et si simple à la fois, les domestiques retenaient leur haleine, se demandant comment cela allait finir...

Cela finit vite. La malheureuse jeune fille se redressa brusquement, comme si une lueur d'espérance eût illuminé soudainement son esprit.

— Le médecin ! dit-elle d'une voix brève.

— On est allé en chercher un, mademoiselle, répondit M. Casimir.

Et, entendant une voix et des pas dans l'escalier, il ajouta :

— Même, par bonheur, le voici !

Le docteur entra.

C'était un homme jeune, encore qu'il n'eût plus guère de cheveux sur le crâne. Il était petit, maigre, scrupuleusement rasé et vêtu de noir de la tête aux pieds.

Sans un mot, sans un salut, sans seulement toucher du doigt le bord de son chapeau, il marcha droit au lit et successivement il souleva les paupières du moribond, lui tâta le pouls, le palpa, et lui découvrit la poitrine, contre laquelle il appliqua son oreille.

Ayant terminé son examen, il dit :

— C'est grave !

Mlle Marguerite, qui avait suivi avec une poignante anxiété tous les mouvements du docteur, ne put retenir un sanglot.

— Mais tout espoir n'est pas perdu, n'est-ce pas, monsieur, fit-elle d'une voix suppliante et les mains jointes, vous le sauverez, n'est-ce pas, vous le sauverez!...

— On peut légitimement espérer.

Ce fut la seule réponse du docteur. Il avait tiré sa trousse et essayait froidement ses lancettes sur le bout de son doigt. Quand il en eut trouvé une à sa convenance :

— Je vous prierais, mademoiselle, dit-il, de faire retirer les femmes qui sont dans cette pièce et de vous retirer vous-même... les hommes resteront pour m'aider, si besoin est.

Elle obéit, avec cette résignation passive qui livre les malheureux à toutes les inspirations. Mais elle ne regagna pas son appartement. Elle resta sur le palier, le plus près possible de la porte, assise sur la première marche de l'escalier, tirant mille conjectures du plus léger bruit, comptant les secondes.

Le médecin, dans la chambre, n'en allait pas plus vite, non par tempérament, mais par principes.

Le docteur Jodon — il se nommait ainsi — était un ambitieux qui jouait un rôle. Élève d'un « prince de la science » plus célèbre par l'argent qu'il gagne que par ses cures, il copiait les façons de son maître, son costume, son geste et jusqu'à ses inflexions de voix.

Jetant aux yeux la même poudre que son modèle, il espérait obtenir les mêmes résultats, une grande clientèle et la fortune.

Cependant, au fond de lui-même, il ne laissait pas que d'être déconcerté. Il n'avait pas, à beaucoup près, jugé l'état du comte de Chalusse si grave qu'il l'était en réalité.

Ni les saignées, ni les ventouses sèches ne rendirent au malade sa connaissance et sa sensibilité. Il demeura inerte; la respiration devint un peu moins rauque, voilà tout.

De guerre lasse, le docteur déclara que les moyens immédiats étaient épuisés, que « les femmes » pouvaient revenir près du comte, et qu'il n'y avait plus qu'à attendre l'effet des remèdes qu'il venait de prescrire et qu'on était allé chercher chez le pharmacien.

Tout autre que cet avide ambitieux eût été ému du regard que lui jeta Mlle Marguerite quand il lui fut permis de rentrer dans la chambre de M. de Chalusse. Lui n'en eut pas seulement l'épiderme effleuré. Il dit tout simplement :

— Je ne puis pas me prononcer encore.

— Mon Dieu!... murmura la malheureuse jeune fille, mon Dieu! ayez pitié de moi!...

Mais déjà le docteur, poursuivant son imitation, était allé s'adosser à la cheminée.

— Maintenant, fit-il, s'adressant à M. Casimir, j'aurais besoin de quelques renseignements. Est-ce la première fois que M. le comte de Chalusse est victime d'un accident comme celui-ci?

— Oui, monsieur, depuis que je le sers du moins.

— Bon, cela!... C'est une chance en notre faveur. Et dites-moi, l'avez-vous entendu quelquefois se plaindre de vertiges, de bourdonnements d'oreilles?...

— Jamais...

Mlle Marguerite voulut hasarder une observation; le docteur lui imposa silence de la voix et du geste, et poursuivant son interrogatoire :

— Le comte de Chalusse est-il gros mangeur? demanda-t-il, boit-il beaucoup d'alcools?

— M. le comte est la sobriété même, monsieur, et il mouille toujours largement son vin...

Le docteur écoutait d'un air de méditation intense, la tête penchée en avant; les sourcils froncés, la lèvre inférieure relevée, caressant de temps à autre son menton glabre. Ainsi fait son maître.

— Diable!... fit-il à demi voix, il faut une cause au mal, cependant. Rien dans la constitution du comte ne le prédisposait à un tel accident...

Il se tut, puis soudainement se retournant vers Mlle Marguerite :

— Savez-vous, mademoiselle, interrogea-t-il, si M. le comte n'a pas éprouvé ces jours-ci quelque violente émotion?

— Il a eu, ce matin même, une contrariété que j'ai tout lieu de supposer très-vive.

— Ah!... nous y voici donc, fit le docteur avec un geste d'oracle. Pourquoi ne m'avoir pas dit tout cela d'abord!... Il faudrait, mademoiselle, me donner des détails.

La jeune fille hésita. Les valets étaient éblouis, cela est sûr, des façons de ce médecin, mais Mlle Marguerite était loin de partager leur enthousiasme. Que n'eut-elle pas donné pour voir là, à la place de celui-ci, le docteur de la maison.

Elle trouvait, de plus, une haute inconvenance à cet interrogatoire brutal, en présence de tous les gens, au chevet d'un mourant, privé de sentiments, il est vrai, mais qui néanmoins entendait peut-être et comprenait.

— Il est urgent que je sois renseigné, déclara péremptoirement le docteur.

Devant cette affirmation elle n'hésita plus. Elle parut rassembler ses souvenirs, et d'une voix triste :

— Ce matin, monsieur, commença-t-elle, nous venions de nous mettre à table pour déjeuner lorsqu'on a apporté une lettre à M. de Chalusse. Il n'y a jeté qu'un coup d'œil et il est devenu plus blanc que sa serviette. Il s'est levé tout aussitôt, et s'est mis à arpenter la salle à manger en laissant échapper des exclamations de douleur et de colère. Je l'ai interrogé ; il n'a pas paru m'entendre. Au bout de cinq minutes, cependant, il a repris sa place et a commencé à manger...

— Comme d'habitude ?

— Plus, monsieur. Seulement, je dois vous le dire, il ne me paraissait pas avoir bien la conscience de ce qu'il faisait. A quatre ou cinq reprises, il s'est levé et il s'est rassis. Enfin il a paru prendre un parti qui lui coûtait beaucoup. Il a déchiré la lettre qu'il venait de recevoir, et il en a jeté les morceaux par la fenêtre qui donne sur le jardin...

Mlle Marguerite s'exprimait avec la plus extrême simplicité, et certes il n'y avait, dans ce qu'elle racontait, rien que de très-ordinaire.

On l'écoutait cependant avec une curiosité haletante, comme si on eût espéré quelque surprenante révélation, tant l'esprit humain, prompt à se forger des chimères, a horreur de ce qui est naturel et incline instinctivement vers le mystérieux.

Mais sans paraître s'apercevoir de l'effet produit, et affectant de s'adresser au médecin seul, la jeune fille poursuivait :

— La lettre anéantie, en apparence, du moins, on a servi le café et M. de Chalusse a allumé un cigare, comme il fait après chaque repas. Mais il n'a pas tardé à le laisser éteindre. Je n'osais troubler ses réflexions, quand tout à coup il me dit : « C'est singulier, je me « sens tout mal à l'aise. » Nous sommes restés un moment sans nous parler, puis il a ajouté : « Décidément je ne « suis pas bien. Rendez-moi le service de monter à ma « chambre, voici la clef de mon secrétaire, vous l'ou- « vrirez et vous trouverez sur la tablette supérieure, un « petit flacon bouché à l'émeri, que vous me descendrez. » J'ai remarqué avec surprise que M. de Chalusse, qui a la parole très-nette, habituellement, bégayait ou plutôt bredouillait, en me disant cela. Je ne m'en suis pas inquiétée... malheureusement. J'ai donc fait ce qu'il désirait. Il a versé huit ou dix gouttes du contenu du flacon dans un verre d'eau et il l'a avalé.

Si intense était l'attention du docteur Jodon, qu'il redevenait soi. Il oubliait de surveiller son attitude.

— Et ensuite ? fit-il.

— Ensuite, monsieur, M. de Chalusse a repris sa contenance accoutumée et s'est retiré dans son cabinet de travail. J'ai dû penser que l'impression si pénible qu'il avait ressentie, s'effaçait. Je me trompais. Dans l'après-midi, il m'a fait prier par Mme Léon de le rejoindre au jardin. J'y ai couru, assez étonnée, car le temps était très-mauvais. « Chère Marguerite, me dit-il, aidez-moi « donc à rechercher les débris de la lettre que j'ai jetée

« au vent ce matin. Je donnerais la moitié de ma for-
« tune pour une adresse qui s'y trouvait certainement
« et que sur l'instant de ma colère je n'ai pas vue... » Je
l'ai aidé. On pouvait raisonnablement espérer. Comme il
pleuvait, quand les morceaux avaient été lancés par la
fenêtre, au lieu de s'éparpiller, ils étaient tombés immédiatement à terre. Nous en avons réuni un bon nombre,
mais sur aucun ne se trouvait ce que souhaitait si ardemment M. de Chalusse. A diverses reprises il a déploré
amèrement et maudit sa précipitation...

M. Bourigeau, le concierge, et M. Casimir échangèrent un sourire d'intelligence.

Ils avaient surpris les recherches du comte, et elles
leur avaient paru un acte de folie des mieux qualifiés.

Maintenant, ils se les expliquaient.

— J'avais le cœur bien gros, continuait Mlle Marguerite, de la tristesse de M. de Chalusse, quand tout à
coup il se redressa joyeusement en s'écriant : « Suis-je
donc fou ?... cette adresse, un tel me la donnera ! »

Positivement, le docteur s'abandonnait à l'entraîne-
ment du récit.

— Un tel ! Qui, un tel ? interrogea-t-il sans se rendre
compte de l'inconvenance de la question.

Mais la jeune fille fut révoltée.

Elle écrasa l'indiscret d'un regard hautain, et du ton
le plus sec :

— J'ai oublié ce nom, dit-elle.

Piqué au vif, le docteur reprit brusquement la pose de
son modèle. Mais son imperturbable sang-froid était
altéré.

— Croyez, mademoiselle, balbutia-t-il, que l'intérêt seul... un intérêt respectueux...

Elle n'eut pas seulement l'air d'entendre ses excuses.

— Par exemple, interrompit-elle, je sais et je puis vous dire, monsieur, que M. de Chalusse se proposait de s'adresser à la police, si la personne en question ne réussissait pas. A partir de ce moment, il m'a paru tout à fait satisfait. A trois heures, il a sonné son valet de chambre et lui a commandé de faire avancer le dîner de deux heures. Nous nous sommes, en effet, mis à table à quatre heures et demie. A cinq heures, M. de Chalusse s'est levé, il m'a embrassée gaiement, et il est sorti à pied, en me disant qu'il avait bon espoir et qu'il ne serait pas de retour avant minuit...

La fermeté dont la pauvre enfant avait fait preuve jusque-là se démentit, ses yeux se remplirent de larmes, et c'est d'une voix étouffée qu'elle ajouta en montrant M. de Chalusse :

— Et à six heures et demie, on l'a rapporté, tel qu'il est là, étendu...

Un grand silence se fit, si profond qu'on entendit le râle du moribond, toujours immobile sur son lit.

Restait cependant à savoir les circonstances de l'accident, et c'est à M. Casimir que le médecin s'adressa.

— Que vous a dit le cocher qui a ramené votre maître ? demanda-t-il.

— Oh ! presque rien, monsieur, pas dix paroles.

— Il faudrait retrouver cet homme et me l'amener.

Deux domestiques s'élancèrent à sa recherche.

Il ne pouvait être loin, sa voiture stationnait toujours devant l'hôtel.

En effet, il stationnait lui-même chez le marchand de vin. Des curieux enragés lui payaient à boire, et en échange il leur racontait l'événement. Il était complètement remis de son trouble et même la gaieté lui venait.

— Allons, arrivez, on vous demande, lui dirent les domestiques.

Il vida son verre et les suivit de mauvaise grâce, jurant et pestant entre ses dents, sans qu'on sût pourquoi.

Le docteur avait du moins eu l'attention de sortir sur le palier pour l'interroger; mais ses réponses n'apprirent rien de neuf.

Le bourgeois, ainsi qu'il disait, l'avait pris au coin de la rue Lamartine et du faubourg Montmartre et lui avait recommandé de le mener rondement. Il avait fouetté ses chevaux et le malheur avait eu lieu en route. Il n'avait rien entendu. Le bourgeois ne lui avait pas paru indisposé quand il était monté dans la voiture.

Encore, ce peu qu'il dit, on ne le lui arracha pas sans difficulté. Il avait commencé par soutenir impudemment que le bourgeois l'avait pris à midi, espérant ainsi escamoter le prix de cinq heures, ce qui, joint au bon pourboire qu'on ne pouvait manquer de lui donner, devait constituer un bénéfice honnête. La vie est chère, on fait ce qu'on peut.

Cet homme parti, toujours grognant, encore qu'on lui eût mis deux louis dans la main, le docteur revint se planter debout devant son malade, les bras croisés, sombre, le front plissé par l'effort de sa méditation.

Il ne jouait pas la comédie, cette fois.

En dépit, ou plutôt en raison des minutieuses explications qui lui avaient été données, il trouvait à toute cette affaire quelque chose de suspect et de trouble.

Toutes sortes de soupçons vagues et indéfinissables se heurtaient dans sa pensée. Etait-il en présence d'un crime ? Certainement, évidemment non.

Mais quoi alors ? Pourquoi cette atmosphère de mystère et de réticences qu'il sentait autour de lui.

N'était-il pas sur la trace de quelque lamentable secret de famille, d'un de ces scandales horribles, longtemps cachés, qui tout à coup éclatent ?

Cette idée de se trouver mêlé à quelque ténébreuse affaire lui souriait infiniment, cela ferait du tapage, on le nommerait, on parlerait de lui dans les journaux et la clientèle viendrait les mains pleines d'or.

Mais comment savoir, pour arrêter d'avance un plan de conduite, pour s'insinuer, pour s'imposer au besoin ?

Il réfléchit et une idée lui vint, qu'il jugea bonne.

Il marcha à Mlle Marguerite, qui pleurait, affaissée sur un fauteuil, et la toucha du doigt; elle se dressa.

— Encore une question, mademoiselle... fit-il en donnant à sa voix toute la solennité dont elle était capable. Savez-vous quelle est la liqueur dont M. de Chalusse s'est versé quelques gouttes ce matin ?

— Hélas ! non, monsieur.

— Le savoir serait cependant bien important, pour la sûreté de mon diagnostic... Qu'est donc devenu le flacon ?

— Je pense que M. de Chalusse l'aura remis dans son secrétaire.

Le docteur désigna un meuble à gauche de la cheminée.

— Là ? fit-il.

— Oui, monsieur.

Il hésita, mais triomphant de son hésitation, il dit :

— Ne pourrait-on l'y prendre ?

Mlle Marguerite rougit.

— Je n'ai pas la clef, balbutia-t-elle avec un embarras visible.

M. Casimir s'approcha.

— Elle doit être dans la poche de M. le comte, et si mademoiselle permet...

Mais elle, reculant, les bras étendus comme pour défendre le meuble :

— Non, s'écria-t-elle, non, on ne touchera pas au secrétaire, je ne le veux pas...

— Cependant, mademoiselle, insista le docteur, monsieur votre père...

— Eh ! monsieur, M. le comte de Chalusse n'est pas mon père !

Jamais homme ne fut décontenancé autant que le docteur Jodon par la soudaine violence de Mlle Marguerite.

— Ah !... fit-il, sur trois tons différents, ah !... ah !...

En moins d'une seconde, mille idées, mille suppositions bizarres et contradictoires traversèrent son esprit.

Qui donc était cette jeune fille, qui n'était pas Mlle de Chalusse ?... A quel titre habitait-elle l'hôtel ?... Comment y régnait-elle en souveraine ?...

Puis encore, pourquoi cette explosion d'énergie à propos d'une demande bien naturelle et en apparence insignifiante ?...

Mais déjà elle avait repris son sang-froid, et à son attitude, il était aisé de deviner qu'elle cherchait quelque expédient pour conjurer un péril entrevu. Elle en trouva un.

— Casimir, commanda-t-elle, cherchez dans les poches de M. de Chalusse la clef de son secrétaire.

Tout ébahi de ce qu'il jugeait un nouveau caprice, le valet de chambre obéit.

Il fouilla les vêtements épars sur le tapis, et de la poche du gilet retira une clef.

Elle était fort petite, ouvragée et découpée comme toutes les clefs des serrures de sûreté.

Mlle Marguerite la prit, en disant d'un ton bref :

— Un marteau.

On lui en apporta un.

Aussitôt, à la stupeur profonde du médecin, elle s'agenouilla devant la cheminée, posa à faux la clef sur un des chenêts de fer forgé, et d'un coup sec du marteau, la fit voler en éclats.

— Comme cela, prononça-t-elle, en se relevant, je serai tranquille.

On la regardait, elle crut devoir justifier jusqu'à un certain point sa conduite.

— Je suis certaine, dit-elle aux gens, que M. de Chalusse approuvera ma détermination. Quand il sera rétabli, il fera faire une autre clef.

L'explication était superflue. Il n'était pas un domestique qui ne crût deviner quel mobile l'avait guidée, pas un qui ne se dît à part soi :

— Mademoiselle a raison... Est-ce qu'on touche jamais au secrétaire d'un mourant ! Qui sait ce qu'il y a de millions dans celui-ci ?... S'il y manquait quelque chose, on accuserait tout le monde... La clef brisée, il n'y aura pas de soupçon possible.

Mais le docteur se livrait à de bien autres conjectures.

— Que peut-il bien y avoir dans ce secrétaire qu'elle ne veut pas qu'on voie, pensait-il.

Cependant, il n'avait plus de raison de prolonger sa visite.

Une fois encore, il examina le malade, dont la situation restait la même, et après avoir expliqué ce qu'il y avait à faire en son absence, il déclara qu'il allait se retirer, pressé qu'il était par quantité de visites urgentes, ajoutant qu'il reviendrait vers minuit.

— Mme Léon et moi, veillerons M. de Chalusse, répondit Mlle Marguerite, ainsi, monsieur, vos prescriptions seront suivies à la lettre. Seulement... vous ne trouverez pas mauvais, je l'espère, que je fasse prier le médecin de M. le comte de venir vous prêter le concours de ses lumières...

M. Jodon trouvait cela très-mauvais, au contraire, d'autant plus mauvais que dix fois pareille mésaventure lui était arrivée dans ce quartier aristocratique. Survenait-il un accident, on l'appelait, parce qu'on l'avait là, sous la main ; il donnait les premiers soins, il se flattait d'avoir conquis un client, et pas du tout, quand il se représentait, il trouvait quelque docteur illustre, venu de loin en voiture...

S'attendant à quelque chose de ce genre, il sut cacher son dépit.

— A votre place, mademoiselle, répondit-il, j'agirais

comme vous... Si même vous jugez inutile que je me dérange...

— Oh! monsieur, je compte sur vous au contraire.

— En ce cas, très-bien...

Il salua; il se retirait, Mlle Marguerite le suivit sur le palier.

— Vous savez, monsieur, lui dit-elle bas et très-vite, que je ne suis pas la fille de M. de Chalusse... Vous pouvez donc m'avouer la vérité : son état est-il désespéré ?

— Alarmant, oui; désespéré, non.

— Cependant, monsieur, cette insensibilité effrayante...

— Est une des suites fréquentes de... l'accident dont il a été victime. Si nous le sauvons, la paralysie disparaîtra peu à peu, la faculté de mouvement reviendra progressivement.

Mlle Marguerite écoutait, pâle, émue, embarrassée... Il était évident qu'elle avait sur les lèvres une question qu'il lui coûtait horriblement d'adresser. Enfin, s'armant de courage :

— Et si M. de Chalusse ne doit pas être sauvé, balbutia-t-elle, mourra-t-il sans reprendre connaissance... sans prononcer une parole ?...

— Je ne puis rien affirmer, mademoiselle... l'affection de M. de Chalusse est de celles qui déconcertent toutes les hypothèses de la science.

Elle remercia tristement, fit appeler Mme Léon et regagna la chambre du comte.

Quant au docteur, tout en descendant l'escalier, il se disait :

— Singulière fille !... A-t-elle peur que le comte ne

reprenne connaissance ?... Souhaite-t-elle au contraire qu'il puisse parler ?... N'y a-t-il qu'une question de testament là-dessous ?... Y a-t-il autre chose ? C'est à s'y perdre...

L'effort de sa méditation était si intense, qu'il oubliait jusqu'à l'endroit où il se trouvait, et il s'arrêtait presque à chaque marche. Il fallut, pour le rappeler à la réalité, l'air frais de la cour; mais aussi sa nature de charlatan reprit immédiatement le dessus.

— Mon ami, ordonna-t-il à M. Casimir qui l'éclairait, vous allez, à l'instant, faire répandre de la paille dans la rue pour amortir le fracas des voitures... Demain vous préviendrez le commissaire de police.

Dix minutes après, en effet, il y avait un pied de paille sur la chaussée, et les passants, involontairement, ralentissaient le pas, chacun sachant à Paris ce que signifie cette lugubre litière étalée devant une maison.

M. Casimir qui avait surveillé l'opération exécutée par les palefreniers, s'apprêtait à rentrer quand un tout jeune homme, qui depuis plus d'une heure se promenait devant la maison, s'avança rapidement vers lui.

Il n'avait pas encore un poil de barbe, ce garçon, et il avait le teint plombé et des rides comme un vieux buveur d'eau-de-vie. Il avait l'air intelligent et encore plus impudent; une audace inquiétante pétillait dans ses yeux. Bien des cordes manquaient à sa voix éraillée, et son accent traînard était le plus pur qu'il y ait aux barrières.

Son costume délabré était celui de ces pauvres diables à qui les huissiers de Paris, qui gagnent cinquante mille francs par an, abandonnent généreusement cinquante francs par mois en échange de la plus écœurante besogne.

— Qu'est-ce que vous voulez? demanda M. Casimir.

L'autre salua humblement, en disant :

— Comment, m'sieu, vous ne me reconnaissez pas?... Toto... pardon ! Victor Chupin, employé chez M. Isidore Fortunat.

— Tiens !... c'est ma foi vrai !

— Je venais, m'sieu, de la part du patron, vous demander si vous avez enfin obtenu les renseignements que vous espériez; mais, voyant qu'il y a du nouveau chez vous, je n'ai pas osé entrer, j'ai préféré vous guetter...

— Et bien vous avez fait, mon garçon. Des renseignements, je n'en ai pas... Ah ! si ! Le marquis de Valorsay est resté hier deux heures enfermé avec M. le comte... Mais à quoi bon !... M. le comte a eu un accident et il ne passera pas la nuit.

Victor Chupin eut un terrible soubresaut.

— Pas possible !... s'écria-t-il. C'est donc pour lui qu'on a vidé les paillasses dans la rue?

— C'est pour lui.

— A-t-il de la chance, cet homme-là !... Ce n'est pas pour moi qu'on ferait des frais pareils ! C'est égal, j'ai comme une idée que le patron ne va pas casser ses bretelles de rire quand je vais lui dire ça. Enfin, merci tout de même, m'sieu, et au revoir...

Il s'éloignait, une idée soudaine le ramena.

— Excusez, fit-il avec une prestigieuse volubilité, je suis si ahuri que j'oubliais mes affaires... Dites-donc, m'sieu, quand le comte sera mort, c'est vous, n'est-ce pas qui commanderez le service... Eh bien ! là, un conseil, n'allez pas aux pompes funèbres, venez chez nous, tenez, voilà l'adresse — il tendait une carte — nous traiterons pour vous avec les pompes, et nous nous chargerons de toutes les démarches. Ce sera plus beau et meilleur marché, par le moyen de certaines combinaisons de tarif... Tout, jusqu'au dernier pompon, est garanti sur facture, on peut vérifier pendant la cérémonie, on ne paye qu'après livraison... Hein ! c'est dit.

Mais le valet haussait les épaules.

— Bast ! fit-il négligemment, à quoi bon !

— Comment !... Vous ne savez donc pas que sur un service de première il y aurait peut-être deux cents francs de commission que nous partagerions ?...

— Diable !... c'est à regarder. Passez-moi votre carte et comptez sur moi. Mes civilités à M. Fortunat, n'est-ce pas...

Et il rentra.

Resté seul, Victor Chupin tira de sa poche et consulta une grosse montre d'argent.

— Huit heures moins cinq, grommela-t-il, et le patron m'attend à huit heures... je n'ai qu'à jouer des jambes.

II

C'est place de la Bourse, n° 27, au troisième au-dessus de l'entresol, que demeurait M. Isidore Fortunat.

Il avait là un appartement honorable : salon, salle à manger, chambre à coucher, une vaste pièce où deux employés écrivaient à la journée ; enfin, un beau cabinet de travail, sanctuaire de sa pensée et de ses méditations.

Le tout ne lui coûtait que 6,000 francs par an ; une bagatelle, au prix où sont les loyers.

Et encore, par dessus le marché, son bail lui donnait droit à un trou de dix pieds carrés sous les combles.

Il y logeait sa domestique, Mme Dodelin, une personne de quarante-six ans, qui avait eu des malheurs, et qui faisait sa cuisine, car il mangeait chez lui, bien que célibataire.

Fixé dans le quartier depuis cinq ans, M. Fortunat y était très-connu.

Payant exactement son terme, ses contributions et ses fournisseurs, il y était considéré.

A Paris, la considération ne fait pas crédit ; mais elle ne demande jamais aux pièces de cent sous leur certificat d'origine : elles sonnent, il suffit.

D'ailleurs, on savait très-bien d'où M. Isidore Fortunat tirait les siennes. Ses revenus avaient une enseigne.

Il s'occupait d'affaires litigieuses et de recouvrements.

C'était écrit à sa porte, en toutes lettres, sur un élégant écusson de cuivre.

Même il devait être, estimait-on, très-bien dans ses affaires. Il occupait six employés tant au dehors qu'à l'intérieur. Les clients affluaient si bien chez lui que le concierge, par certains jours, s'en plaignait, disant que c'était pis qu'une procession et que, même, les escaliers de l'immeuble en étaient dégradés.

Demander plus ou seulement autre chose à un voisin, avant de lui accorder toute son estime, serait véritablement de l'inquisition.

Il faut ajouter, pour être juste, que l'extérieur, la conduite et les manières de M. Fortunat étaient de nature à lui concilier les plus difficiles sympathies.

C'était un homme de trente-huit ans, méthodique et doux, instruit, causeur agréable, fort bien de sa personne, et toujours mis avec une sorte de recherche du meilleur goût. On l'accusait d'être, en affaires, poli, dur et froid comme une dalle de la Morgue, mais chacun entend les affaires à sa guise.

Ce qui est sûr, c'est qu'il n'allait jamais au café. S'il sortait après son dîner, c'était pour passer la soirée chez quelque riche négociant du voisinage. Il détestait l'odeur du tabac et inclinait vers la dévotion, ne manquant jamais la messe de huit heures le dimanche.

Sa gouvernante le soupçonnait de velléités matrimoniales. Peut-être avait-elle raison.

Quoi qu'il en soit, M. Isidore Fortunat finissait de dîner, seul comme de coutume, et il savourait à petites gorgées une tasse d'excellent thé, quand le timbre de l'antichambre lui annonça un visiteur.

Mme Dodelin se hâta d'aller ouvrir, et Victor Chupin parut, tout essoufflé de la course qu'il venait de fournir.

Il n'avait pas mis vingt-cinq minutes à franchir la distance qui sépare la rue de Courcelles de la place de la Bourse.

— Vous êtes en retard, Victor, lui dit doucement M. Fortunat.

— C'est vrai, m'sieu, mais ce n'est pas ma faute, allez ! Tout est sens dessus dessous, là-bas, et j'ai été obligé de faire le pied de grue...

— Comment cela ? Pourquoi ?

— Ah ! voilà !... Le comte de Chalusse a eu un coup de sang ce soir, et à l'heure qu'il est il doit être mort...

Brusquement, tout d'une pièce, M. Fortunat se dressa. Il était devenu livide, ses lèvres tremblaient.

— Un coup de sang, fit-il d'une voix étouffée, je suis volé !...

Et, redoutant la curiosité de Mme Dodelin, il saisit la lampe et se précipita vers son cabinet de travail, en criant à Chupin :

— Suivez-moi !

Chupin suivit sans souffler mot, en garçon intelligent qui sait se monter au niveau des situations les plus graves. On ne le recevait pas habituellement dans ce cabinet de travail, dont un magnifique tapis recouvrait le parquet. Aussi, après avoir soigneusement refermé la porte, resta-t-il debout tout contre, respectueusement, son chapeau à la main.

Mais M. Fortunat ne semblait pas s'apercevoir de sa présence.

Ayant posé la lampe sur la cheminée, il tournait furieusement autour de son cabinet, comme une bête fauve qui, enfermée, cherche une issue pour fuir.

— Si le comte est mort, disait-il, le marquis de Valorsay est perdu !... Adieu les millions !

Le coup était si cruel, si inattendu surtout, qu'il ne pouvait pas, qu'il ne voulait pas en admettre la réalité.

Il marcha droit sur Chupin, et le secouant par le collet, comme si le pauvre garçon eût pu faire que ce qui était ne fût pas :

— Ce n'est pas possible, lui dit-il, le comte n'est pas mort... Tu te trompes ou on t'a trompé... Tu auras mal compris... Tu n'as peut-être voulu qu'excuser ton inexactitude. Voyons, parle, réponds, dis quelque chose.

Quoique d'un naturel peu impressionnable, Chupin était presque effrayé de l'agitation convulsive de son patron.

— Je vous ai répété, m'sieu, fit-il, ce que m'a dit m'sieu Casimir...

Il voulait donner des détails, mais déjà M. Fortunat

avait repris sa promenade furibonde exhalant sa douleur en phrases haletantes.

— C'est quarante mille francs que je perds, disait-il. Quarante mille francs espèces, comptés là, sur le coin de mon bureau, je les vois encore, et remis de la main à la main au marquis de Valorsay en échange de sa signature... Mes économies de dix-huit mois, deux mille livres de rentes à cinq !... Et il me reste une obligation sous seing privé, un chiffon !... Misérable marquis ! Et il doit venir ce soir encore, je l'attends... Je devais lui remettre encore dix mille francs... Ils sont là, en or, dans mon tiroir... Mais qu'il vienne, le misérable, qu'il vienne !...

La colère amenait l'écume à ses lèvres. Qui eût vu son œil à ce moment ne se fût plus fié de la vie à son apparence débonnaire et à sa politesse onctueuse.

— Et cependant, poursuivait-il, le marquis n'est pour rien là dedans... Il perd autant que moi, plus que moi, même !... Une affaire sûre !... De l'or en barre !... A quel spéculation se fier, après cela !... Il faut pourtant placer son argent quelque part ; on ne peut pas l'enterrer dans sa cave !...

Chupin écoutait d'un air désolé, mais sa mine piteuse n'était que pure flatterie. Intérieurement, il jubilait, son intérêt en cette circonstance était précisément l'opposé de celui de son patron.

Si M. Fortunat perdait quarante mille francs à la mort du comte de Chalusse, Chupin, lui, comptait gagner cent francs sur le service, cent beaux francs, cinq francs de rentes, que lui compterait la compagnie de funérailles pour laquelle il « faisait la place » à l'occasion.

— Si encore il y avait un testament, continuait M. Fortunat. Mais non, on n'en trouvera pas, j'en suis sûr. Un pauvre diable qui n'a que quatre sous prend ses précautions, lui ! Il songe qu'un omnibus peut l'écraser dans la rue, et à tout hasard il écrit et signe ses dernières volontés... Les millionnaires n'ont pas de ces idées; ils se croient immortels, ma parole d'honneur !...

Il s'arrêta, réfléchissant, car il commençait à pouvoir réfléchir. Son exaltation s'était vite usée, par la violence même.

— Enfin, reprit-il plus lentement, et d'une voix plus posée, que le comte ait ou non pris ses dispositions dernières, le Valorsay peut faire son deuil des millions de Chalusse. S'il n'y a pas de testament, Mlle Marguerite n'a plus un sou... donc, bonsoir. S'il y en a un, cette diablesse de fille, devenue tout à coup libre et riche, ne manquera pas d'envoyer promener mons Valorsay, surtout si elle en aime un autre, ainsi qu'il l'affirme... et en ce cas, bonsoir encore.

M. Fortunat avait tiré son mouchoir, et debout devant la glace, il tamponnait la sueur de son front et remettait en ordre sa chevelure.

Il était de ceux qu'une catastrophe étourdit, mais n'abat pas.

Il s'emportait, tempêtait, poussait des cris d'aigle, mais il savait à la fin prendre bravement son parti.

— Conclusion, murmura-t-il, je n'ai qu'à passer mes quarante mille francs par profits et pertes. Reste à savoir s'il n'y aurait pas moyen de les reprendre d'un autre côté sur la même affaire.

Il était redevenu maître de soi, il se sentait le plein et

libre exercice de toutes ses facultés. Jamais son intelligence n'avait été plus lucide.

Il s'assit devant son bureau, les coudes sur la tablette, le front entre ses mains, et il demeura immobile, le corps anéanti, pour ainsi dire, par l'effort exorbitant de la pensée.

Mais il y avait du triomphe dans son geste, quand il se redressa au bout de cinq minutes.

— J'ai trouvé, murmura-t-il, si bas que Chupin ne put l'entendre... Etais-je simple !... S'il n'y a pas de testament, le quart des millions est à moi !... Ah ! quand on connaît bien son terrain, on n'a jamais perdu la bataille.

Il est de fait que ses yeux trahissaient l'imperturbable audace du général qui se résout à un changement de front sous le feu même de l'ennemi.

— Mais il s'agit d'aller vite, ajouta-t-il, très-vite...

Il se leva, et regardant la pendule :

— Neuf heures ! dit-il. Je puis entrer en campagne ce soir même.

Immobile dans son coin, Chupin gardait toujours son attitude contrite, mais la curiosité l'oppressait au point de gêner sa respiration.

Il baissait le nez, mais il ouvrait tant qu'il pouvait les oreilles, et épiait d'un air sournois les moindres mouvements de son patron.

Prompt à agir, une fois sa résolution arrêtée, M. Fortunat venait de sortir d'un tiroir un volumineux dossier, tout gonflé de grosses d'actes, de lettres, de reçus, de factures, de titres de propriété et de vieux parchemins.

— Là, certainement, est le prétexte qu'il me faut, murmurait-il tout en remuant cette masse de paperasses.

Mais il ne trouva pas tout d'abord ce qu'il cherchait. L'impatience le gagnait, on le voyait à sa précipitation fébrile, quand il s'arrêta en poussant un soupir de satisfaction.

— Enfin !...

Il venait de mettre la main sur un vieux billet à ordre crasseux et fripé, fixé par une épingle à un exploit d'huissier, ce qui indiquait qu'il n'avait pas été payé à l'échéance.

Ce billet, M. Fortunat l'agita en l'air, au-dessus de sa tête, et le fit claquer en disant d'un air satisfait :

— C'est là que je dois frapper... C'est là, si Casimir ne s'est pas trompé, que je trouverai les renseignements qui me sont indispensables.

Il était si pressé qu'il ne prit pas la peine de remettre le dossier en ordre. Il le jeta dans le tiroir où il l'avait pris, et s'approchant de Chupin :

— C'est vous, n'est-ce pas, Victor, demanda-t-il, qui avez pris des renseignements sur la solvabilité des époux Vantrasson, des gens qui tiennent un hôtel garni ?...

— Oui, m'sieu, mais je vous ai rendu la réponse : rien à espérer...

— Je sais ; il ne s'agit pas de cela. Vous rappelez-vous leur adresse ?

— Très-bien. Ils demeurent maintenant sur la route d'Asnières, après les fortifications, à droite...

— A quel numéro ?...

Chupin hésita, chercha, et ne trouvant pas se mit à se

gratter furieusement la tête, ce qui était un moyen à lui de rappeler sa mémoire au devoir, quand elle le trahissait.

— Attendez-donc, m'sieu, dit-il en ânonnant; ils demeurent au 18 ou au 46, c'est-à-dire...

— Ne cherchez pas, interrompit M. Fortunat. Si je vous envoyais chez Vantrasson, sauriez-vous y aller?...

— Oh!... pour cela, oui, m'sieu, et tout droit, les yeux bandés... Je vois la maison d'ici, une grande baraque toute disloquée... Il y a un terrain vague à côté, et derrière un maraîcher...

— C'est bien!.... Vous allez m'y conduire.

L'étrangeté de la proposition parut confondre Chupin.

— Comment, m'sieu, fit-il, vous voulez aller là, à cette heure...

— Pourquoi pas. Trouverons-nous l'établissement fermé?

— Non, m'sieu, bien certainement. Vantrasson, outre qu'il tient un hôtel, est épicier et vend à boire... Il reste donc ouvert au moins jusqu'à onze heures. Seulement cet homme-là est à ce qu'il paraît un particulier qui n'aime pas à être dérangé entre ses repas... Si c'est pour lui présenter un billet que vous voulez aller chez lui... il est peut-être un peu tard. A votre place, m'sieu, j'attendrais à demain... Il pleut et il n'y a pas un chat dehors... C'est isolé comme tout, là-bas, et dame, dans ce cas-là, on paye ses billets avec la monnaie qu'on a sous la main... avec une trique, par exemple.

— Auriez-vous peur?

Ce doute n'offensa pas Chupin, tant il lui parut grotesque, et, pour toute réponse, il haussa dédaigneusement les épaules.

— Alors, nous allons partir, reprit M. Fortunat. Pendant que je m'apprête, descendez chercher une voiture, et tâchez qu'elle ait un bon cheval.

Chupin fila comme l'éclair et dégringola l'escalier comme l'orage. A deux pas de la maison, il y avait une station de fiacres, mais il préféra courir rue Feydeau, où il connaissait une remise.

— Une voiture, bourgeois!... proposèrent les cochers en le voyant approcher.

Il ne répondit pas, mais se mit à examiner chaque cheval d'un air capable, en homme qui bien souvent a utilisé le loisir de ses matinées au service des maquignons du Marché aux chevaux.

Une des bêtes lui convint. Il fit signe au cocher et s'approchant du bureau de la remise où une femme lisait :

— Mes cinq sous, bourgeoise! réclama-t-il.

La femme le toisa. Beaucoup d'établissements donnent vingt-cinq centimes à tout domestique qui vient chercher une voiture pour son maître, et cette petite prime retient la clientèle. Mais la buraliste, qui voyait bien que Chupin n'était pas un domestique, hésitait. Lui se fâcha.

— Prenez garde de déchirer votre poche! fit-il. Moi je vais à la concurrence, sur la place...

Eclairée par l'accent de Chupin, la femme lui remit cinq sous qu'il empocha avec une grimace de satisfaction. Ils étaient bien à lui, et légitimement, puisqu'il avait pris la peine de les gagner.

Mais lorsqu'il rentra dans le cabinet de son patron, pour lui annoncer que la voiture attendait à la porte, il faillit tomber de son haut.

M. Fortunat avait profité de l'absence de son employé, non pour se déguiser, ce serait trop dire, mais pour... modifier adroitement son extérieur.

Il avait revêtu une vieille redingote toute luisante d'usure et de crasse, si longue qu'elle cachait ses genoux, il avait passé des bottes outrageusement déformées et s'était coiffé d'un de ces chapeaux que dédaignent les chiffonniers. Autour du cou, à la place de son élégante cravate de satin, il avait noué un foulard à carreaux tout effiloqué.

Du Fortunat prospère, avantageusement connu place de la Bourse, rien ne restait que le visage et les mains. Un autre Fortunat se révélait, plus que besogneux, misérable, famélique, crevant de faim, prêt à tout.

Et sous cette défroque, il semblait à l'aise, elle lui allait, elle était assouplie à ses mouvements comme s'il l'eût longtemps portée. Le papillon était redevenu chenille.

Un sourire approbateur de Chupin dut le payer de ses peines. Chupin approuvant, il était sûr que Vantrasson le prendrait pour ce qu'il voulait paraître, un pauvre diable agissant pour le compte d'autrui.

— Partons, dit-il.

Mais au moment de sortir, dans l'antichambre, il se rappela certain ordre de la plus grande importance qu'il avait à donner. Il appela Mme Dodelin, et sans se soucier des grands yeux qu'elle ouvrait en le voyant ainsi vêtu :

— Si M. le marquis de Valorsay vient, lui dit-il... et il viendra, priez-le de m'attendre, je serai de retour avant minuit... Vous ne le ferez pas entrer dans mon cabinet... il attendra dans le salon.

Cette dernière recommandation était au moins inutile; M. Fortunat ayant fermé son cabinet à double tour, et mis soigneusement la clef dans sa poche. Peut-être était-ce de sa part une distraction.

Il paraissait d'ailleurs avoir oublié complétement et sa colère et sa perte. Il était d'excellente humeur, comme un homme qui part pour une partie où il compte prendre du plaisir.

Même, Chupin ayant fait mine de monter sur le siége, il s'y opposa et lui commanda de prendre place dans la voiture, à côté de lui...

Le trajet dura peu. Le cheval était bon, le cocher avait été stimulé par la promesse d'un magnifique pourboire; M. Fortunat et son employé furent conduits en moins de quarante minutes à la porte d'Asnières.

Ainsi qu'il en avait reçu l'ordre au départ, le cocher s'arrêta hors des fortifications, à droite de la route, à cent pas environ de la grille de l'octroi.

— Eh bien!... bourgeois, demanda-t-il en ouvrant la portière, vous ai-je bien menés, êtes-vous contents?...

— Très-contents, répondit M. Fortunat, que Chupin aidait à mettre pied à terre, voilà le pourboire gagné. Maintenant il ne s'agit plus que de nous attendre... Vous ne bougerez pas d'ici, n'est-ce pas?...

Mais le cocher branla la tête :

— Excusez-moi, fit-il, si cela vous était égal, j'irais

stationner devant l'octroi... Ici, voyez-vous, j'aurais peur de m'endormir... tandis que là-bas...

— Soit, allez.

Cette seule précaution du cocher devait prouver à M. Fortunat que Chupin ne lui avait pas exagéré la mauvaise réputation de cette partie de Paris.

Et, dans le fait, rien de moins rassurant que l'aspect de cette large route, déserte à cette heure, par cette nuit noire, avec le temps qu'il faisait. La pluie avait cessé, mais la bourrasque redoublait de violence, tordant les arbres, arrachant les ardoises des toits, secouant si furieusement les réverbères que le gaz s'éteignait. On ne voyait pas où poser le pied, et il y avait de la boue jusqu'à la cheville. Et personne, pas une âme... A peine une voiture de loin en loin, qui passait au galop.

— Eh bien !... demandait de dix pas en dix pas M. Fortunat, arrivons-nous ?...

— Nous approchons, m'sieu.

Chupin disait cela, mais la vérité est qu'il n'en savait rien. Il cherchait à s'orienter et n'y réussissait pas. Les maisons devenaient rares, les terrains vagues plus nombreux, à peine par ci par là apercevait-on quelque lumière.

Enfin, après un quart d'heure d'une marche pénible, Chupin eut une exclamation de joie.

— Je me reconnais, m'sieu, s'écria-t-il, nous y voilà, regardez !...

Dans l'ombre, une immense maison de cinq étages se dressait, solitaire, délabrée, sinistre.

Elle tombait en ruines, des lézardes la sillonnaient, et cependant elle n'était pas complètement terminée.

Il était clair que le spéculateur qui l'avait entreprise n'avait pas eu les reins assez solides pour l'achever.

A voir seulement combien étaient nombreuses et rapprochées les fenêtres de la façade, on devinait pour quelle destination elle avait été construite. Et afin que nul ne l'ignorât, entre le troisième et le quatrième étage, on lisait en énormes lettres de trois pieds : *Garni modèle*.

Garni modèle !... On comprend tout de suite : beaucoup de chambres, toutes petites, bien incommodes, louées un prix exorbitant.

Seulement la mémoire de Victor Chupin l'avait mal servi. Cet établissement ne se trouvait pas à droite de la route, mais à gauche. M. Fortunat et lui durent traverser la chaussée, une rivière de boue.

Leurs yeux s'étaient accoutumés à l'obscurité, ils approchaient, ils pouvaient observer certains détails.

Le rez-de-chaussée du garni modèle était divisé en deux boutiques. L'une était fermée. L'autre restait ouverte, et une lumière pâle filtrait à travers des rideaux rouges malpropres.

Au-dessus de cette seconde boutique, une enseigne portait le nom du boutiquier : Vantrasson. Et de chaque côté du nom, il y avait en lettres plus petites : Epicerie et comestibles — Vins fins et étrangers.

Quels clients pouvaient venir là chercher quelque chose à manger ou demander à boire, et que leur servait-on?... Cela effrayait Chupin lui-même. Tout en ce taudis était à l'abandon et repoussant de malpropreté, tout dénonçait la misère et la plus basse crapule.

M. Fortunat ne reculait certes pas ; mais avant de pé-

4*

nétrer dans ce repaire, il n'était pas fâché d'en explorer l'intérieur. Il s'avança avec la plus prudente circonspection, et colla son œil contre le vitrage, à un endroit où les rideaux rouges avaient une large déchirure.

Au comptoir, une femme d'une cinquantaine d'années était assise, reprisant un jupon sordide, à la lueur d'une lampe fumeuse.

Elle était grosse, courte, ramassée, surchargée et bouffie d'une graisse malsaine, et blême, avec cela, comme si ses veines eussent charrié du fiel au lieu de sang. Sa face plate, ses pommettes saillantes, son front fuyant et ses lèvres minces lui donnaient une inquiétante expression de méchanceté et de ruse.

Au fond de la boutique, dans la pénombre, on distinguait la silhouette d'un homme assis sur un escabeau, qui dormait, les bras arrondis, sur une table, la tête appuyée sur ses bras.

— Quelle chance!... souffla Chupin à l'oreille de son patron, pas une pratique dans la case, Vantrasson et sa femme sont seuls.

Il est sûr que cette circonstance ne déplut pas à M. Fortunat.

— Ainsi, m'sieu, continua l'autre, n'ayez pas peur... Je reste ici et je veille au grain, vous pouvez entrer.

Il entra, et au bruit de la porte, la grosse femme posa son ouvrage.

— Que faut-il servir à Monsieur? demanda-t-elle d'une voix douceâtre.

M. Fortunat ne répondit pas tout d'abord. Il tira de sa poche le billet dont il s'était muni et le montra en disant :

— Je suis clerc d'huissier et je viens pour toucher ce petit effet, 583 francs, causé valeur en marchandises, signé Vantrasson, ordre Barutin...

— Un effet !... fit la femme, dont la voix s'aigrit soudain, c'est trop fort!... Vantrasson, réveille-toi un peu et viens voir ici.

Cet appel était superflu.

Au mot de « billet, » l'homme avait redressé la tête ; au nom de Barutin il se leva et s'approcha d'un pas lourd et chancelant, comme s'il eût eu dans les jambes un reste d'ivresse.

Il était plus jeune que sa femme, grand, large, véritablement athlétique. Ses traits ne manquaient pas de régularité, mais l'alcool, la ribote, toutes sortes d'ignobles excès les avaient ravagés, et sa physionomie n'exprimait plus rien qu'un abrutissement farouche.

— Qu'est-ce que vous me chantez donc, vous... dit-il d'une voix rauque à M. Fortunat. Est-ce pour vous moquer des gens que vous venez leur demander de l'argent un 15 octobre, jour de terme ?... Où avez-vous vu qu'il reste de l'argent quand le propriétaire a passé avec son sac ?... Qu'est-ce que ce billet, d'ailleurs ?... Donnez-le moi, que je l'examine.

M. Fortunat ne commit pas cette imprudence. Il présenta simplement le billet d'un peu loin, et ensuite le lut. Lorsqu'il eut terminé :

— Ce billet est échu depuis dix-huit mois, déclara froidement Vantrasson, il ne vaut plus rien...

— Erreur !... un billet à ordre est valable cinq ans à compter du jour du protêt.

— C'est possible. Mais comme Barutin a fait faillite,

comme il a filé et qu'on ne sait plus où il est, je suis quitte...

— Autre erreur ! Vous devez ces 583 francs à celui qui a acheté votre billet à la vente de Barutin et qui a donné à mon patron l'ordre de poursuivre...

Le sang commençait à monter aux oreilles de Vantrasson.

— Et après !... Croyez-vous donc qu'on ne m'a jamais poursuivi !... Où il n'y a rien le roi perd ses droits, et moi je n'ai rien... Les meubles du garni que je tiens sont au revendeur et tout ce qui est dans ma boutique ne vaut pas cent écus... Quand votre patron verra que je ne vaux pas les frais, il me laissera tranquille... On ne peut rien contre un homme comme moi.

— Vous croyez cela ?

— J'en suis sûr.

— Malheureusement vous vous trompez encore, parce que celui qui a votre billet ne tient pas à rentrer dans son argent ; il en mettra du sien au contraire, pour vous faire de la peine...

Et là-dessus, M. Fortunat se mit à tracer l'épouvantable tableau d'un pauvre débiteur poursuivi par un créancier riche, qui le traque, qui le harcèle, qui le poursuit partout, qui le fait saisir dès qu'il a seulement un vêtement de rechange...

Vantrasson roulait des yeux terribles et brandissait ses redoutables poings, mais sa femme était visiblement très-effrayée.

Bientôt elle n'y tint plus, et se levant brusquement, elle entraîna son mari vers le fond de la boutique, en lui disant :

— Viens, il faut que je te parle.

Il la suivit, et ils restèrent deux ou trois minutes à délibérer tout bas, avec force gestes. Quand ils revinrent, ce fut la femme qui porta la parole.

— Hélas! monsieur... dit-elle à M. Fortunat, nous sommes sans argent en ce moment, les affaires vont mal, si on nous poursuit, nous sommes perdus... Comment faire?... Vous avez l'air d'un bon homme, donnez-nous un conseil.

M. Fortunat se tut, paraissant réfléchir, puis tout à coup :

— Ma foi!... s'écria-t-il, tant pis!... Il faut s'entr'aider entre malheureux, et je vais vous dire la vérité vraie. Mon patron, qui n'est pas un méchant, n'a pas envie de se mêler d'une vengeance... C'est pourquoi il m'a dit : « Voyez ces Vantrasson, et s'ils vous font l'effet de bra-
» ves gens, proposez-leur un arrangement... S'ils l'accep-
» tent, il faudra bien que leur créancier s'en con-
» tente. »

— Et quel est cet arrangement?

— Le voici : Vous allez m'écrire sur une feuille de papier de 50 centimes une reconnaissance de la somme, avec engagement de verser tous les mois un à-compte et, en échange, je vous rendrai ce billet.

Les deux époux se consultèrent du regard, et ce fut la femme qui dit :

— Nous acceptons.

Mais il fallait une feuille de papier timbré, et le soi-disant clerc d'huissier n'en avait pas. Cette circonstance sembla le refroidir et on eût juré qu'il regrettait la concession.

Songeait-il donc à la retirer? Mme Vantrasson en frémit; aussi s'adressant vivement à son mari :

— Cours vite rue de Lévis, lui dit-elle, au bureau de tabac, tu trouveras notre affaire !...

Il sortit de son pas pesant et M. Fortunat respira.

Certes, il avait montré un joli sang-froid durant cette scène, mais il lui avait semblé voir Vantrasson se précipiter sur lui, le broyer entre ses mains larges comme des éclanches de mouton, s'emparer du billet, le brûler et le jeter sur la chaussée, lui Fortunat, inerte et aux trois quarts mort.

Mais maintenant le danger était passé, et même Mme Vantrasson, qui craignait qu'il ne trouvât le temps long, s'empressait autour de lui.

Elle lui avait avancé la chaise la plus intacte du taudis, elle voulait absolument qu'il acceptât quelque chose, un petit verre de doux, à tout le moins.

Et tout en cherchant parmi les bouteilles, elle le remerciait et geignait alternativement, disant qu'elle était bien à plaindre, ayant connu des jours meilleurs, mais qu'il y avait comme un sort sur elle depuis son mariage, et que jamais elle n'eût pu soupçonner qu'elle finirait par tant de misères au temps où elle était si heureuse chez le comte de Chalusse.

M. Fortunat écoutait, voilant sous un air d'intérêt admirablement joué la satisfaction profonde qu'il ressentait. Venu sans plan bien arrêté, les événements l'avaient servi mille fois mieux qu'il ne pouvait raisonnablement l'espérer.

Il conservait un moyen d'action sur les époux Vantrasson, il avait capté leur confiance; il venait d'obtenir adroitement un tête-à-tête avec la femme, et pour comble, cette femme venait d'elle-même et tout naturellement au-devant des questions qu'il se proposait de lui adresser.

— Ah!... que ne suis-je encore au service du comte de Chalusse! disait-elle... Six cents francs de gages, autant en cadeaux, le double en profits!... C'était le bon temps! Mais voilà!... On n'est jamais content de son sort. Et ensuite, dame, on a un cœur...

Elle n'avait pu trouver ce « quelque chose de doux » qu'elle avait offert à son hôte, elle le remplaça par un mélange de cassis et d'eau-de-vie, dont elle emplit plus qu'à demi deux grands verres qu'elle posa sur le comptoir.

— Un soir, pour mon malheur, continuait-elle, je rencontrai Vantrasson au bal de la Redoute... C'était un 13, j'aurais dû me défier!... mais non, pas moyen!... Ah!... c'est qu'il fallait le voir, à l'époque, en grand uniforme. Il était dans les gardes de Paris, toutes les femmes en étaient folles... La tête me tourna...

Et son accent, son geste, le pincement de ses lèvres plates trahissaient d'amères déceptions et de stériles regrets.

— Ah! ces beaux hommes!... poursuivit-elle, ne m'en parlez pas... Celui-là avait flairé mes économies. J'avais dix-neuf mille francs; il me proposa de devenir sa femme, et moi, bête, j'acceptai... Oui, bête, car j'avais quarante ans et lui trente, et j'aurais dû comprendre que c'était à mon argent qu'il en voulait, et non à ma personne... Enfin je quittai ma place, et même je lui payai un remplaçant pour l'avoir tout à moi.

Elle se montait peu à peu, en se rappelant sa confiance et sa crédulité passées, et d'un geste tragique, comme si elle eût espéré écarter des souvenirs trop cruels, elle saisit son verre et le vida d'un trait, non sans avoir dit préalablement à son hôte :

— A la vôtre !...

Chupin qui n'avait pas quitté la devanture du « Garni modèle, » sentit en lui un tressaillement d'envie, et sa langue gourmande erra sur ses lèvres.

— Un « mêlé cassis ! » grommela-t-il. Ce ne serait pas de refus...

Cette combinaison de choix avait un peu remis le cœur de Mme Vantrasson, et plus vivement, elle reprit :

— Dans les commencements, tout alla bien... Nous avions acheté, avec mes économies, un établissement, l'hôtel des Espagnes et de Nantua, rue Notre-Dame-des-Victoires, et les affaires marchaient. Jamais une chambre de libre. Mais qui a bu boira, n'est-ce pas, monsieur? Vantrasson aimait à lever le coude. Il s'était retenu le premier mois; petit à petit il reprit ses habitudes. Il se mettait dans des états à ne plus pouvoir seulement dire : pain. Et si ce n'eût été que cela, encore !... Le malheur est qu'il était trop bel homme pour rester un bon mari; il y a tant de gourgandines !...

Un soir, il ne rentra pas. Le lendemain, comme je lui adressais quelques reproches, oh ! bien doucement... il me répondit par un juron et une giffle. Tout fut fini... Monsieur déclara qu'il était le maître et ne se gêna plus... Il buvait et il emportait le vin de la cave, il prenait tout l'argent, il restait des semaines entières dehors, et si je me plaignais... des coups !

Sa voix s'enrouait et, même, une larme lui vint au coin de l'œil, qu'elle essuya du revers de sa main.

— Vantrasson était toujours en ribote, continua-t-elle, moi je passais mes journées à pleurer toutes les larmes de mon pauvre corps... L'hôtel se mit à dépérir et bientôt nous n'eûmes plus personne... Il fallait vendre. Nous vendons et nous achetons un petit café... Au bout d'un an on nous mettait en faillite. Par bonheur j'avais quelques sous de côté; je prends à mon nom un fonds d'épicerie... en moins de six mois le fonds était mangé. Nous voilà sur le pavé; que faire?... Vantrasson buvait plus que jamais, il me demandait de l'argent quand il savait bien que je n'en avais pas, et plus que jamais il me battait... Alors, moi, à mon tour, j'ai perdu courage... Il faut pourtant vivre!... Non, vous ne me croiriez pas si je vous contais comment nous vivons depuis quatre ans...

Mais elle ne le dit pas, et se contenta d'ajouter :

— Quand on commence à tomber, on ne s'arrête plus, on roule de plus bas en plus bas, toujours, jusqu'au fin fond, comme nous... Ici, nous nous sommes établis on ne sait pas comment; nous payons notre loyer à la semaine, et si on nous met dehors, je ne vois plus qu'un refuge : la rivière...

— A votre place, hasarda M. Fortunat, j'aurais quitté mon mari...

— Oui... je sais bien!... On me l'a conseillé, et même... j'ai essayé... Trois ou quatre fois je me suis sauvée, et toujours je suis revenue... c'était plus fort que moi. D'ailleurs, je suis sa femme, n'est-ce pas; je l'ai bien payé, il est à moi, je ne veux pas qu'il soit à une autre...

5

Il me roue de coups, je le méprise, je le haïs, et cependant...

Elle se versa un demi-verre d'eau-de-vie, et l'avala en disant avec un geste de rage :

— Il me le faut, quoi !... C'est la fatalité qui le veut. Et ce sera comme cela jusqu'à la fin, jusqu'à ce qu'il crève... ou moi !...

M. Fortunat avait pris une physionomie de circonstance, on l'eût dit intéressé et attendri au plus haut degré; au fond il se désolait.

Le temps se passait et la conversation de plus en plus s'écartait de son but. Heureusement une occasion se présenta de la ramener.

— Je m'étonne, madame, fit-il, que vous ne vous adressiez pas à votre ancien maître, M. le comte de Chalusse.

— Hélas !... je me suis adressée à lui, monsieur, et plusieurs fois...

— En ce cas...

— La première fois, il m'a reçue, je lui ai dit mon malheur et il m'a mis cinq billets de mille francs dans la main.

M. Fortunat leva les bras au ciel.

— Cinq mille francs !... répéta-t-il d'un ton d'admiration sans bornes; il est donc bien riche, ce comte !...

— Si riche, monsieur, qu'il ne connaît pas sa fortune... Il a qui sait combien de maisons sur le pavé de Paris, et de tous côtés des châteaux, des villages entiers, des forêts... enfin, de l'or à remuer à la pelle.

Le soi-disant clerc d'huissier fermait les yeux comme s'il eût été ébloui.

— La seconde fois que je me suis présentée chez M. le comte, reprit Mᵐᵉ Vantrasson, je ne l'ai pas vu, mais il m'a fait remettre mille francs. La troisième et la quatrième fois, on m'a donné vingt francs à la porte, en me disant que M. le comte était en voyage... J'ai compris que c'était fini. D'ailleurs, tous les domestiques étaient changés. Un beau matin, sans qu'on ait su pourquoi, M. de Chalusse a fait maison nette, à ce qu'on m'a dit, il a renvoyé jusqu'au concierge et remplacé même la femme de charge.

— Pourquoi ne pas vous adresser à sa femme ?

— M. de Chalusse n'est pas marié... Il ne l'a jamais été.

Au ton de son hôte, Mᵐᵉ Vantrasson devait croire que, saisi de pitié, il se creusait la cervelle à lui chercher quelque expédient utile...

— Moi, fit-il, je tâcherais d'intéresser à mon malheur la famille, les parents...

— M. le comte n'a pas de parents.

— Pas possible !...

— Ah ! il n'y a pas à dire, c'est comme cela. Pendant dix ans que j'ai été à son service, je lui ai entendu répéter plus de dix fois qu'il est seul au monde de sa famille, le dernier de tous... Et même, on prétend que c'est pour cela qu'il est si riche.

Désormais, l'attention de M. Fortunat n'était plus simulée : il abordait la question sérieuse et réelle de sa visite.

— Pas de famille... murmura-t-il. Qui donc héritera des millions du comte de Chalusse quand il mourra ?

La Vantrasson eut un geste d'ignorance.

— Qui sait?... répondit-elle. Tout ira au gouvernement, sans doute, à moins que... Mais non, c'est impossible !

— Quoi?...

— Rien... Je pensais à la sœur de M. le comte, Mlle Hermine.

— Sa sœur !... vous disiez qu'il n'a plus un seul parent.

— C'est que c'est tout comme... Et d'ailleurs, qu'est-elle devenue, la pauvre créature?... Les uns assuraient qu'elle s'était mariée, et les autres qu'elle était morte... C'est tout une histoire.

Littéralement, M. Isidore Fortunat était sur le gril. Et pour comble, il n'osait interroger directement ni même laisser paraître son anxieuse curiosité, dans la crainte d'effaroucher la femme Vantrasson.

— Attendez donc, fit-il, je crois... il me semble que j'ai entendu raconter... ou que j'ai lu — je ne sais pas au juste — une histoire, au sujet d'une demoiselle de Chalusse. C'était terrible, n'est-ce pas?

— Oui, terrible, en effet... Mais je vous parle de longtemps.., de vingt-cinq ou vingt-six ans au moins... j'étais encore dans mon pays, à Besançon... Seulement, personne n'a connu au juste la vérité.

— Comment ! pas même vous?...

— Oh !... moi, c'est différent. Quand je suis entrée chez M. de Chalusse, six ans plus tard, il avait encore à son service un vieux jardinier qui avait tout su et qui m'a tout conté, en me faisant jurer de n'en jamais parler, bien entendu.

Prodigue de détails tant qu'il s'était agi d'elle ou de

son mari, la Vantrasson allait-elle se tenir sur la réserve, maintenant qu'il s'agissait de la famille de Chalusse?

On devait l'appréhender, à voir sa mine pincée, et M. Fortunat en frémit, maudissant en lui-même cette discrétion intempestive.

Mais on ne le prenait pas sans vert, et quand il se mêlait d'un interrogatoire, il avait pour délier les langues des finesses qu'un juge d'instruction lui eût enviées.

Bien loin donc de paraître attacher la moindre importance au récit de la patronne du « garni modèle, » il se dressa d'un air effaré, en homme qui soudain s'aperçoit qu'il s'est oublié.

— Sapristi!... s'écria-t-il, nous sommes là que nous bavardons et le temps passe... Impossible d'attendre votre mari! Si je restais davantage, je ne trouverais plus d'omnibus et je demeure de l'autre côté de l'eau, derrière le Luxembourg.

— Et notre arrangement, monsieur...

— Ah!... tant pis, nous le rédigerons une autre fois... Je repasserai ou on vous enverra un de mes collègues.

Ce fut au tour de la Vantrasson de trembler.

Elle pensa que si elle laissait s'éloigner ce soi-disant clerc d'huissier, c'en était peut-être fait de la transaction. Un autre serait-il aussi accommodant?... Et lui-même conserverait-il ses bonnes dispositions?...

— Encore une petite minute, monsieur, insista-t-elle, mon mari ne saurait tarder et le dernier omnibus ne part qu'à minuit de la rue de Lévis...

— Je ne dis pas non, mais le quartier est si désert...

— Vantrasson vous accompagnera...

Et, résolue de le retenir à tout prix, elle lui versa un nouveau verre de « mêlé cassis » en disant :

— Où en étions-nous donc?... Ah! j'étais en train de vous conter l'histoire de Mlle Hermine.

Cachant la joie de son succès sous un air de résignation, M. Fortunat se rassit, au grand désespoir de Chupin qui commençait à trouver sa faction au dehors terriblement longue.

— C'est pour vous dire, poursuivit la Vantrasson, qu'en ce temps-là, il y a vingt-six ans, les Chalusse habitaient rue Saint-Dominique un hôtel superbe, où il y avait un jardin qui n'en finissait plus, tout planté d'arbres comme les Tuileries.

Mlle Hermine, qui avait alors dix-huit ou dix-neuf ans, était, à ce qu'il paraît, la plus belle jeunesse qui se puisse voir, blanche comme le lait, blonde comme l'or, avec des yeux couleur des bluets...

Elle était très-bonne et très-généreuse, à ce qu'on prétend, seulement, dame!... elle était comme ils sont tous dans cette famille, haute comme les nues, froide, un peu en dessous, et entêtée... Oh! mais entêtée à se laisser brûler à petit feu plutôt que de céder... Du reste, c'est tout le caractère du comte de Chalusse, j'en sais quelque chose, moi qui l'ai servi, et même... .

— Pardon, interrompit M. Fortunat qui était résolu à empêcher les digressions, et Mlle Hermine?

— J'y reviens. Quoiqu'elle fût très-belle et immensément riche, personne ne lui faisait la cour... Il était archi-connu qu'elle devait épouser un marquis dont le père était un ami du sien. Les parents avaient arrangé cela entre eux, et rien ne manquait à l'arrangement que le consentement de la fille... Mlle Hermine ne voulait absolument pas entendre parler de son prétendu.

On avait fait tout au monde pour la décider à ce mariage, on l'avait morigénée, priée, menacée... Ah bien! oui!... Autant parler à une pierre. Quand on lui demandait pourquoi elle refusait le marquis, elle répondait : parce que... Et c'était tout.

Même, elle avait fini par déclarer que si on s'obstinait à la tourmenter elle quitterait l'hôtel et se réfugierait dans quelque couvent.

Tout cela, ce n'était que des raisons. Il n'est pas naturel qu'une jeune fille refuse un mari qui est jeune, joli garçon et marquis...

On se douta qu'il y avait quelque chose sous jeu, que Mlle Hermine ne voulait pas avouer, et M. Raymond jura qu'il allait surveiller sa sœur, et qu'il saurait bien découvrir le fond de sa pensée...

— M. Raymond est le comte de Chalusse actuel, n'est-ce pas ? demanda M. Fortunat.

— Oui, monsieur... Donc, les choses en étaient là, quand, une nuit, le jardinier crut entendre un bruit terrible dans un pavillon qui était au bout du jardin...

Il était très-vaste, ce pavillon, je l'ai visité. Il s'y trouvait un salon, une salle de billard, une grande salle pour faire des armes...

Naturellement, le jardinier se lève pour voir ce qui arrive. Juste comme il sort, deux ombres passent tout près de lui et disparaissent sous les arbres... Il court après... rien... Les ombres avaient filé par la petite porte du jardin.

Dix fois, en me contant cela, le jardinier m'a dit qu'il avait cru avoir affaire à des domestiques sortant en cachette, et que pour cette raison il ne donna pas l'éveil.

Il fit le tour du pavillon cependant, n'y vit pas de lumière, et tranquillisé, il retourna se coucher...

— Et c'était M{''}{le} Hermine qui s'enfuyait avec un amoureux, fit M. Fortunat...

Mme Vantrasson eut l'air dépité d'un acteur qui se voit couper un effet.

— Attendez donc, répondit-elle, vous allez voir :

La nuit se passe, le matin arrive, puis l'heure du déjeuner... on ne voit pas paraître Mlle Hermine. On va frapper à sa porte... pas de réponse. On ouvre... Elle n'était pas dans sa chambre, et même le lit n'était pas défait...

Qu'est-ce que cela veut dire ?... Voilà toute la maison en l'air : la mère qui se désole, le père qui est fou de colère et de douleur...

Comme de juste, on songe au frère de Mlle Hermine, et on monte le chercher... Il n'était pas chez lui, et son lit n'était pas défait non plus.

Tout le monde perdait la tête, quand le jardinier eut l'idée de raconter l'aventure de la nuit.

On court au pavillon, et que voit-on?... M. Raymond étendu à terre sur le dos, baigné dans son sang, roide, froid, immobile... comme mort, enfin ! Une de ses mains serrait encore une épée...

On le relève, on le porte dans son lit, on envoie chercher un médecin... Il avait reçu deux coups d'épée, un à la gorge, l'autre en pleine poitrine...

Pendant plus d'un mois il resta entre la vie et la mort; et ce n'est qu'au bout de six semaines qu'il eut la force de raconter ce qui était arrivé.

Il fumait un cigare à sa fenêtre, quand il lui avait semblé distinguer une femme dans le jardin. Tout préoccupé de l'idée de sa sœur, il était descendu à la hâte, s'était glissé jusqu'au pavillon, et là, il avait trouvé près de Mlle Hermine un jeune homme qui lui était absolument inconnu.

Il pouvait le tuer, n'est-ce pas, et il ne lui eût rien été fait. Au lieu de cela, il lui déclara qu'ils allaient se battre à l'épée... Ils avaient des armes sous la main, ils se battirent... il fut blessé deux fois coup sur coup et tomba...

Et l'autre, croyant l'avoir tué, s'enfuit, entraînant Mlle Hermine...

Mme Vantrasson eût bien voulu reprendre haleine, et sans doute, par la même occasion se rafraîchir un peu; mais M. Fortunat était pressé; Vantrasson pouvait rentrer d'une minute à l'autre.

— Et ensuite?... demanda-t-il.

— Ensuite, dame!... M. Raymond se rétablit, et trois mois après il était sur pied. Mais les parents, qui étaient vieux, avaient reçu un coup dans le cœur. Ils ne se remirent pas, eux. Peut-être se disaient-ils que c'était leur dureté et leur entêtement qui avaient causé la perte de leur fille... c'est un dur remords, ça. Ils allèrent dépérissant de jour en jour, à vue d'œil, et l'année suivante on les porta au cimetière à deux mois de distance...

Le soi-disant clerc d'huissier ne songeait plus à l'omnibus, désormais, c'était bien évident, et l'hôtesse du

« garni modèle » devait être en même temps rassurée et flattée.

— Et Mlle Hermine?... interrogea-t-il.

— Hélas! monsieur, jamais on n'a su où elle avait passé, ni où elle est allée, ni ce qu'elle est devenue...

— On ne l'a donc pas cherchée!...

— Oh! monsieur, ne dites pas cela. C'est-à-dire que pendant je ne sais combien de temps Mlle Hermine a eu après elle tout ce qu'il y a d'agents de police en France et à l'étranger... Pas un n'a réussi à retrouver seulement sa trace. M. Raymond, devenu comte de Chalusse, avait promis une somme énorme à qui retrouverait l'homme qui avait séduit sa sœur. Il voulait le tuer. Lui-même l'a cherché pendant des années, inutilement.

— Ainsi, jamais on n'a eu de nouvelles de cette malheureuse?

— Jamais!... c'est-à-dire si, deux fois... à ce qu'on m'a dit, vous comprenez. Il paraîtrait que le lendemain même de l'affaire, ses parents ont reçu d'elle une lettre où elle leur demandait pardon. Cinq ou six mois plus tard, elle a écrit de nouveau pour dire qu'elle savait que son frère n'était pas mort. Elle s'excusait encore et s'accusait, disant qu'elle n'était qu'une malheureuse, qu'elle avait été folle, mais que déjà le châtiment était venu, et qu'il était terrible... Elle ajoutait que tout était brisé entre elle et les siens, que jamais on n'entendrait parler d'elle, et qu'elle souhaiterait être oubliée comme si elle n'eût pas existé... Elle allait jusqu'à dire que ses enfants ne sauraient pas son nom, et qu'elle se condamnait à ne jamais prononcer de sa vie le nom de Chalusse dont elle était la honte...

C'était là l'éternelle et lamentable histoire de la fille séduite, payant de son bonheur et de sa vie une minute de vertige.

Drame terrible sans doute, mais banal comme la vie de tous les jours, et dont la vulgarité semblait plus désolante encore dans la bouche de cette mégère du « garni-modèle, » qui, elle aussi, à l'entendre, avait été trompée.

Aussi, qui eût connu M. Isidore Fortunat, eût été bien intrigué de le voir si ému pour si peu, lui, l'homme positif par excellence, cuirassé — il s'en vantait — contre toutes les surprises de la sensibilité.

— Pauvre fille!... fit-il, pour dire quelque chose.

Puis, d'un ton d'insouciance, précisément assez mal simulé pour trahir une anxiété extraordinaire :

— A-t-on su, du moins, demanda-t-il, qui était le misérable qui avait enlevé Mlle de Chalusse?

— Jamais. Qui il était, ce qu'il faisait, d'où il venait, s'il était vieux ou jeune, comment il avait connu Mlle Hermine... autant de mystères. Le bruit a bien couru, dans le temps, qu'il était étranger, Américain, je crois, et capitaine de navire, mais ce n'était qu'un bruit. La vérité est qu'on n'a seulement pas pu découvrir son nom.

— Quoi!... pas son nom!...

— Pas même.

Incapable de maîtriser son trouble, M. Fortunat eut du moins la présence d'esprit de se lever, et, grâce à ce mouvement, son visage se trouva dans l'ombre.

Mais il avait eu une exclamation sourde et un geste d'affreux découragement qui n'échappèrent pas à la Vantrasson. Elle en fut toute saisie, et de ce moment ne cessa d'observer avec la plus attentive défiance, le soi-disant clerc d'huissier.

Il n'avait pas tardé à se rasseoir sur sa chaise, près du comptoir, un peu pâle encore, mais fort calme en apparence.

Deux questions encore lui paraissaient indispensables, de l'une d'elles la lumière pouvait jaillir, et il venait de prendre le parti de les adresser au risque de se trahir.

Que lui importait son rôle, maintenant... Ne possédait-il pas des renseignements qu'il avait tout lieu de croire sincères !

— Je ne saurais vous dire, chère madame, commença-t-il, d'un ton bref, combien votre récit m'a intéressé... Maintenant, je puis vous l'avouer : je connais un peu le comte de Chalusse et je suis allé assez souvent chez lui, rue de Courcelles, où il demeure actuellement...

— Vous !... fit la femme, en inventoriant d'un coup d'œil la toilette de M. Fortunat.

— Mon Dieu ! oui, moi !... De la part de mon patron, bien entendu... Donc, toutes les fois que j'ai visité M. de Chalusse, j'ai vu chez lui une jeune demoiselle que je prenais pour sa fille... Je me trompais, probablement, puisqu'il n'est pas marié...

Il s'arrêta. La stupeur et la colère semblaient près de suffoquer l'hôtesse du « garni modèle. »

Sans deviner le comment ni le pourquoi, elle comprenait, à n'en point douter, qu'elle venait d'être jouée, et si elle eût suivi son premier mouvement elle eût sauté sur M. Isidore Fortunat.

Si elle se contint, si elle fit effort sur elle-même, c'est qu'elle lui réservait mieux.

— Une jeune demoiselle chez M. le comte, grommela-t-elle, ce n'est pas croyable, je ne l'ai jamais aperçue, je n'en ai jamais entendu parler... Depuis quand y est-elle?

— Depuis six ou sept mois.

— Si c'est ainsi, je ne dis pas absolument non. Voici tantôt deux ans que je n'ai mis les pieds chez M. le comte...

— C'est que j'ai une idée, moi. Cette jeune personne ne serait-elle pas la nièce de M. de Chalusse, la fille de Mlle Hermine?...

Mme Vantrasson secoua la tête.

— Rayez cela de vos papiers, prononça-t-elle. M. le comte a dit que sa sœur était morte pour lui la nuit où elle s'est enfuie...

— Qui donc serait cette jeune fille, alors?

— Dame!... je ne sais pas, moi. Comment est-elle?

— Assez grande, brune.

— Son âge?

— Dix-huit ou dix-neuf ans.

La mégère se livra, sur ses doigts, à un rapide calcul.

— Neuf et quatre treize, grommelait-elle, et cinq dix-huit... Eh! eh!... pourquoi pas!... Il faudra que j'aille voir cela.

— Plaît-il?...

— Rien... c'est une réflexion que je fais à part moi. Savez-vous son nom, à cette demoiselle?

— Marguerite.

Le visage de la Vantrasson se rembrunit.

— Non... ce n'est pas cela, murmura-t-elle d'une voix à peine distincte.

M. Fortunat était sur des charbons ardents. Il était clair que cette affreuse créature, si elle ne savait rien de précis, avait au moins une idée, des soupçons vagues. Comment la faire parler, maintenant qu'elle était sur ses gardes?

Il n'eut pas le loisir de chercher un expédient; la porte du taudis s'ouvrit, et le maître, Vantrasson en personne, parut sur le seuil.

Parti aviné, il revenait ivre; sorti d'un pas lourd, il rentrait titubant.

— Ah!... scélérat! glapit la mégère, brigand!... tu as bu.

Il réussit à se maintenir en équilibre, et toisant sa femme avec ce flegme particulier aux ivrognes:

— Eh bien!... après!... fit-il. On ne peut donc plus rire avec les amis?... J'en ai rencontré deux qui avaient touché leur quinzaine, fallait-il refuser une politesse?

— Tu ne peux plus te tenir debout.

— Ça, c'est vrai! répondit-il.

Et pour le prouver, il se laissa choir sur une chaise.

Quelles menaces mâchonnait la Vantrasson? M. Fortunat ne distingua guère que les mots de « volée » et de « mouchard. » Mais aux regards qu'elle adressait alternativement à son mari et à lui, il ne pouvait guère se méprendre.

« Tu as du bonheur, toi, disaient clairement ces regards, que mon mari soit en cet état, on se serait expliqué, sans cela, et on aurait vu... »

— Je l'échappe belle! pensa le faux clerc.

Mais il n'y avait rien à craindre, c'était le cas de se montrer brave.

— Laissez donc votre homme tranquille, dit-il. S'il a seulement rapporté le papier timbré qu'il était allé chercher, je n'aurai pas perdu ma soirée pour vous obliger.

Vantrasson rapportait, non pas une feuille, mais deux. Une idée d'ivrogne. On trouva une mauvaise plume et de l'encre boueuse, et M. Fortunat se mit à rédiger une reconnaissance, selon les conventions arrêtées. Mais il fallait écrire le nom du créancier dont il avait parlé, il ne voulait pas mettre le sien, il mit celui de Chupin (Victor), lequel, en ce moment, mouillé et transi à la porte, ne se doutait guère du mauvais tour qu'on lui jouait.

— Chupin!... répétait l'hôtesse du « garni modèle, » afin de bien graver ce nom dans sa mémoire... Victor Chupin!... On le verra, celui-là...

L'acte rédigé, il fallut réveiller Vantrasson pour le signer.

Il s'y prêta de bonne grâce, et la femme apposa sa signature près de celle de son mari.

Alors, M. Fortunat remit en échange le billet qui lui avait servi de prétexte.

— Et surtout, recommanda-t-il encore, en ouvrant la porte pour se retirer, surtout n'oubliez pas l'à-compte à verser tous les mois...

— Oui, va!... compte là-dessus!... grogna la Vantrasson.

Il n'entendit pas cela. Il n'entendit pas davantage Chupin qui l'avait rejoint, qui marchait à ses côtés, et qui lui disait :

— Enfin, vous voilà, m'sieu!... Je pensais que vous

aviez signé un bail dans cette baraque... la prochaine fois, j'apporterai une chaufferette...

Une de ces préoccupations despotiques, que connaissent les chercheurs obstinés, s'était emparée de M. Fortunat, et supprimait, pour lui, les circonstances extérieures. Venu le cœur bondissant d'espérances, il se retirait désespéré. Et sans souci de l'obscurité, de la boue, de la pluie qui recommençait, il allait au milieu de la chaussée...

Il fallut que Chupin l'arrêtât à la barrière, et lui rappelât qu'une voiture les attendait...

— C'est juste... fit-il.

Il monta, mais sans s'en apercevoir, assurément. Et tout le long du chemin, sa pensée débordant de son cerveau, comme le liquide d'un vase trop étroit, se répandit en un monologue dont Chupin, par instants, attrapait quelques bribes.

— Quelle affaire!... murmurait-il, quelle affaire!... J'en ai bien débrouillé depuis sept ans, mais jamais de si obscure... Ah! mes quarante mille francs sont bien aventurés. Certes! j'en ai bien déniché, de ces héritiers, dont on ne soupçonnait même pas l'existence, mais du moins j'avais quelque indice pour me guider... Ici, rien, pas une lueur... les ténèbres partout. Si je trouvais, cependant!... Mais comment chercher des gens dont j'ignore même le nom, des gens qui ont su échapper à toutes les investigations de la police!... Et où les chercher?... En Europe, en Amérique?... C'est à devenir fou!... A qui donc iront tous les millions du comte de Chalusse!...

L'arrêt brusque de la voiture sur la place de la Bourse

rappela cependant M. Fortunat au sentiment de la réalité.

— Voici vingt francs, Victor, dit-il à Chupin, payez le cocher, vous garderez le reste.

Ayant dit, il sauta lestement à terre.

Devant sa maison, un coupé de maître, attelé de deux chevaux de prix stationnait.

— L'équipage du marquis de Valorsay!... grommela M. Fortunat. Il a été patient; il m'a attendu, ou plutôt il a attendu mes dix mille francs... Nous allons bien voir!...

6*

III

M. Fortunat venait à peine de partir pour son expédition au « garni modèle, » lorsque le marquis de Valorsay s'était présenté chez lui.

— Monsieur est sorti, répondit la Dodelin, qui était allée ouvrir.

— Vous devez vous tromper, ma bonne...

— Oh! non... Et même Monsieur a dit que vous l'espériez.

— Allons, soit...

Fidèle aux ordres qu'elle avait reçus, la servante conduisit le visiteur dans le salon, alluma les bougies d'un candélabre et se retira.

— C'est prodigieux! grommelait le marquis, mons Fortunat se fait désirer, mons Fortunat se fait attendre!... Enfin...

Il sortit un journal de sa poche, s'allongea sur un fauteuil... et attendit.

Par son nom, sa fortune, ses habitudes et ses goûts, le marquis de Valorsay appartenait à cette aristocratie — non sans alliage — du plaisir et de la vanité, qui pour exprimer des mœurs nouvelles a créé un vocable nouveau : « la haute vie. »

Le cercle, le bois, les courses, les premières représentations, la chasse en automne, l'été les eaux, une maîtresse, son tailleur, ses relations du monde, ses chevaux emplissaient les journées du marquis de Valorsay de leurs frivoles soucis.

Courir en personne un steeple-chase lui paraissait une prouesse digne de ses aïeux. Et quand il passait et repassait devant les tribunes, en tenue de jockey, avec ses bottes à revers et sa casaque amaranthe, il croyait lire l'admiration dans tous les yeux.

C'était là comme le fond banal de son existence, d'où se détachaient quelques épisodes saillants : deux duels, une femme enlevée, une séance de vingt-six heures au jeu, une chute à la Marche, qui mit ses jours en danger.

Tant d'avantages le rehaussaient considérablement dans l'estime de ses amis, et lui avaient valu une célébrité dont il n'était pas médiocrement fier.

Les chroniqueurs usaient et abusaient de ses initiales, et dès qu'il quittait Paris, les journaux du sport ne manquaient jamais de signaler son départ, à l'article « Villégiatures et déplacements. »

Le malheur est que cette vie d'oisiveté affairée a ses fatigues et ses accidents. M. de Valorsay en était la preuve vivante.

Il n'avait que trente-trois ans, et il en paraissait pour le moins quarante, en dépit de soins excessifs. Les rides lui venaient, et tout l'art de son valet de chambre ne dissimulait qu'à grand'peine et mal les places vides de son crâne. De sa chute à la Marche, il lui était resté à la jambe droite une certaine roideur qui tournait à la claudication dès que le temps se mettait à la pluie.

Toute sa personne, enfin, annonçait une lassitude prématurée, de même que ses yeux, lorsqu'il cessait de les surveiller, trahissaient le dégoût de tout, l'abus, la satiété.

Il avait encore grand air malgré cela, une distinction innée que rien n'avait altéré, et ces façons hautaines qui annoncent l'estime exagérée de soi et l'habitude de commander des inférieurs...

Onze heures sonnèrent à la pendule du salon de M. Fortunat; le marquis de Valorsay se dressa en jurant.

— Ceci devient trop fort! grommela-t-il. Ce drôle se moque de moi, décidément.

Il cherchait des yeux une sonnette, il n'en aperçut pas, et il en fut réduit, lui, à entrebâiller une porte et à appeler.

La Dodelin parut.

— Monsieur a dit qu'il serait ici à minuit, répondit-elle à toutes les questions du marquis, donc il y sera... Il n'a pas son pareil pour l'exactitude. Que monsieur patiente encore un petit moment.

— Soit, patientons, mais alors, ma bonne, allumez-moi du feu, j'ai les pieds gelés!...

Il est de fait que le salon de M. Fortunat, presque toujours fermé, était humide et froid comme une glacière.

Et pour comble, M. de Valorsay était en habit, avec un pardessus très-léger.

La servante hésita une seconde, trouvant que ce visiteur était bien sans gêne, et agissait comme chez lui. Pourtant elle obéit.

— Evidemment, pensait le marquis, je devrais me retirer, oui, je le devrais...

Il resta cependant. La nécessité mâta les révoltes de son orgueil.

Orphelin de bonne heure, maître sans contrôle à vingt-trois ans d'un patrimoine immense, M. de Valorsay était entré dans la vie comme un affamé dans une salle à manger.

Son nom lui donnant droit à une bonne place, il s'installa, les deux coudes sur la table, sans demander combien coûtait le banquet.

C'était cher; il s'en aperçut à la fin de la première année en constatant qu'il avait de beaucoup dépassé ses revenus.

Il était clair que s'il continuait ainsi, chaque année creuserait un abîme où s'engloutirait à la fin toute la fortune que lui avait laissée son père, plus de cent soixante mille livres de rente.

Mais il avait bien le temps, vraiment, de songer à ces choses lointaines et mesquines! Et d'ailleurs il avait eu tant de succès et de satisfactions de tout genre, pour son argent, qu'il ne le regrettait pas.

Il possédait des propriétés princières, il trouva des prêteurs qui furent trop heureux de lui offrir tout ce qu'ils avaient de capitaux, contre bonne hypothèque, bien entendu.

Il emprunta timidement d'abord, puis plus hardiment, lorsqu'il reconnut combien peu de chose est une hypothèque. On n'en est ni plus ni moins le maître chez soi.

D'ailleurs, ses besoins grandissaient incessamment comme sa vanité.

Placé à une certaine hauteur dans l'opinion de son monde, il ne voulait pas déchoir et ce lui était une raison de faire une certaine folie chaque année, parce qu'il l'avait faite l'année précédente.

Son écurie seule lui coûtait plus de cinquante mille francs par an.

D'intérêts, il n'en payait pas; on ne les lui réclamait pas; il oubliait sans doute qu'ils s'accumulaient lentement, mais continuellement; qu'ils s'enflaient à chaque échéance, qu'ils produisaient eux-mêmes, et qu'au bout d'un certain nombre d'années le capital de sa dette serait doublé.

Sur la fin, il ne comptait même plus. Il ignorait absolument où en étaient ses affaires. Il en était arrivé à se croire des ressources inépuisables.

Il le crut jusqu'au jour où étant allé chez son notaire chercher des fonds, ce notaire lui répondit froidement :

— Vous me demandiez cent mille francs, monsieur le marquis, je n'ai pu vous en procurer que cinquante mille... les voici. Et n'espérez plus rien. Tous vos immeubles sont grevés au-delà de leur valeur... ainsi c'est fini. Vos créanciers vous laisseront sans doute tranquille un an encore, c'est leur intérêt; mais ce délai écoulé, ils vous exproprieront, c'est leur droit.

Il eut un sourire discret, un sourire d'officier ministériel, et ajouta :

— Moi, à votre place, monsieur le marquis, je mettrais à profit cette année de répit. Vous comprenez sans doute ce que je veux dire ?... J'ai bien l'honneur de vous saluer.

Quel réveil !... après un rêve splendide de plus de dix années !...

M. de Valorsay en demeura comme écrasé, et pendant deux jours il resta enfermé chez lui, refusant obstinément de recevoir personne.

— M. le marquis est malade !... répondait son valet de chambre aux visiteurs.

Il lui avait fallu ce temps pour se remettre, pour en venir surtout à oser envisager bien en face et froidement sa situation.

Elle était épouvantable, car sa ruine était complète, absolue. Pas une épave ne devait échapper au désastre. Que devenir ? Que faire ?

Il avait beau se tâter, il se trouvait incapable de rien entreprendre, de rien sentir. Tout ce que la nature lui avait départi d'énergie, il l'avait gaspillé au service de sa vanité. Plus jeune, il eût pu se faire soldat, il n'eût pas été le premier, il serait allé en Afrique... mais il n'avait même pas cette ressource.

C'est alors que le sourire de son notaire, comme une lueur dans les ténèbres, lui revint à la mémoire.

— Décidément, murmura-t-il, son conseil était bon... Tout n'est pas perdu et une issue nous reste encore : un mariage.

Pourquoi ne se marierait-il pas, en effet, et richement. Rien n'avait transpiré de son désastre, et il avait encore pour un an tous les prestiges de la fortune.

Son nom seul était un apport considérable. Ce serait bien le diable s'il ne découvrait pas dans la banque ou dans le haut commerce quelque héritière dévorée de l'ambition d'avoir sur ses voitures une couronne de marquise.

Ce parti arrêté et mûri, M. de Valorsay s'était mis en quête, et bientôt il crut avoir trouvé.

Mais ce n'était pas tout. Les donneurs de grosses dots sont défiants, ils aiment à voir clair dans la situation des épouseurs qui se présentent, ils vont aux informations, quelquefois. Avant de s'engager, M. de Valorsay comprit qu'un homme d'affaires intelligent et dévoué lui devenait indispensable.

N'allait-il pas falloir tenir les créanciers en haleine, leur imposer silence, obtenir d'eux des concessions, les intéresser en un mot au succès ?...

C'est avec ces idées que M. de Valorsay se rendit chez son notaire, espérant peut-être son concours.

Il le refusa net, d'un ton rogue, déclarant qu'il ne pouvait se mêler de tels tripotages, et que les lui proposer était presque une insulte. Puis, touché sans doute du désespoir de son client :

— Mais je puis, ajouta-t-il, vous indiquer l'homme qu'il vous faut... Allez trouver M. Isidore Fortunat, 27, place de la Bourse ; si vous parvenez à l'intéresser à votre mariage, il est fait.

Voilà, en gros, comment et à la suite de quelles circonstances le brillant marquis de Valorsay était entré en relations avec M. Isidore Fortunat.

D'un coup d'œil perspicace, dès la première visite, il jaugea l'homme. Il le vit tel qu'il le souhaitait, prudent et hardi tout ensemble, fertile en expédients, passé maitre dans l'art de glisser sans accroc entre les mailles de la loi, avide enfin, et peu tourmenté de scrupules.

Avec un tel conseiller, masquer six mois un désastre et duper le beau-père le plus défiant devait n'être qu'un jeu.

Aussi, M. de Valorsay n'eut-il pas une minute d'indécision. Il exposa franchement sa situation financière et ses espérances matrimoniales, et conclut en promettant tant pour cent sur la dot, le lendemain de son mariage.

Séance tenante, un traité fut signé, et dès le lendemain M. Fortunat prenait en main les intérêts de l'honorable gentilhomme.

De quel cœur il s'y donna, et avec quelle foi au succès! un seul fait le dit : Il avait avancé, de sa poche, quarante mille francs à son client.

Après cela, le marquis eût eu mauvaise grâce à n'être pas satisfait de son conseiller. Il en était d'autant plus enchanté que cet habile homme, en toute occasion, lui témoignait une déférence respectueuse jusqu'à la servilité.

Aux yeux de M. de Valorsay, ce point était capital, car il devenait plus arrogant et plus susceptible, à mesure qu'il avait moins le droit de l'être.

Honteux au-dedans de lui-même et profondément humilié des tripotages avilissants auxquels il descendait, il s'en vengeait en accablant son complice de sa supériorité imaginaire et de ses dédains de grand seigneur.

Selon son humeur, bonne ou mauvaise, il l'appelait « Cher Arabe, » ou « Mons Fortunat » et le plus souvent « Maître Vingt-pour-Cent. »

Et l'autre n'en gardait pas moins son sourire obséquieux sur les lèvres, bien capable, par exemple, de porter tout cela sur sa note de frais à l'article « divers ».

Mais précisément la constante soumission de M. Fortunat faisait paraître son absence plus extraordinaire. Un tel oubli des plus vulgaires convenances ne se concevait pas de la part d'un homme si poli.

De sorte que peu à peu le marquis de Valorsay passait de la colère à l'inquiétude.

— Serait-il survenu quelque chose ?... pensait-il.

C'est que les aiguilles de la pendule marchaient toujours... minuit était sonné depuis un moment déjà.

Le marquis délibérait s'il se retirerait ou non à la demie, quand il entendit le grincement d'une clef dans la serrure de la porte extérieure, puis des pas rapides dans le corridor.

— Enfin !... le voici ! murmura-t-il, avec un soupir de satisfaction.

Il s'attendait à le voir paraître aussitôt, mais point.

Peu soucieux de s'exhiber sous le costume qu'il avait endossé pour suivre Chupin, M. Fortunat avait couru à sa chambre à coucher reprendre ses vêtements ordinaires. Il avait besoin, en outre, de songer à la conduite à tenir et à ce qu'il dirait.

Si M. de Valorsay, comme c'était probable, ignorait l'accident du comte de Chalusse, fallait-il le lui apprendre ? M. Fortunat se dit que non, prévoyant avec raison que cela soulèverait une discussion capable d'amener une rupture. Or, il ne voulait rompre qu'à bon escient, et seulement quand il serait bien sûr de la mort du comte.

De son côté, M. de Valorsay réfléchissait — un peu tard — qu'il avait eu bien tort de patienter pendant trois mortelles heures.

Etait-ce digne de lui?... Ne s'était-il pas manqué gravement à lui-même?... Puis encore, M. Fortunat ne mesurerait-il pas à cette circonstance qui était un aveu, l'importance de ses services et l'urgence des besoins de son client?... N'en deviendrait-il pas plus exigeant et plus dur?

Très-certainement, si le marquis eût pu s'esquiver sans bruit, il l'eût fait. Mais c'était impossible. Alors, il eut recours à un stratagème qui lui parut sauver sa dignité compromise.

Il se tassa dans son fauteuil, ferma les yeux et parut dormir.

Et quand M. Fortunat entra dans le salon, il se dressa brusquement, comme un homme réveillé en sursaut, se frottant les yeux en disant :

— Hein!... qu'est-ce que c'est?... Par ma foi!... je m'étais bel et bien endormi.

Mais l'autre ne fut pas dupe.

Il avait fort bien remarqué à terre un journal qui, tout froissé et tout déchiré, trahissait la colère d'une longue attente.

— Ah ça! continuait le marquis, quelle heure est-il?... Minuit et demi!... Et c'est maintenant que vous arrivez à un rendez-vous assigné pour dix heures!... Ceci passe la permission, mons Fortunat, et vous en prenez par trop à votre aise avec moi! Savez-vous que ma voiture est en bas, par le temps qu'il fait, depuis neuf heures et demie, et que mes chevaux en ont peut-être attrapé une fluxion de poitrine !... Un attelage de six cents louis !...

M. Fortunat tendait à cet orage un dos plein d'humilité.

— Il faut m'excuser, monsieur le marquis, fit-il. Si je suis resté dehors si tard, contre mes habitudes, c'est uniquement pour vos affaires.

— Pardieu !... il ne manquerait plus que c'eût été pour les vôtres !

Et satisfait de cette plaisanterie, il ajouta :

— Eh bien !... où en sommes-nous ?

— De mon côté tout marche à souhait.

Le marquis avait repris sa place au coin de la cheminée et tisonnait le feu d'un air d'insouciance très-noble à coup sûr, mais assez mal joué.

— Je vous écoute... dit-il simplement.

— En ce cas, monsieur le marquis, répondit M. Fortunat, voici le fait en deux mots sans détails. Grâce à un expédient imaginé par moi, nous obtiendrons pour vingt-quatre heures la main-levée de toutes les inscriptions qui grèvent vos biens... Nous prendrons adroitement nos mesures, et ce jour-là même, nous demanderons un état au conservateur... Cet état, naturellement, certifiera que vos propriétés sont libres d'hypothèques, vous le montrerez à M. de Chalusse et tous ses doutes, s'il en a, seront levés... L'expédient, du reste, est simple ; le difficile était de trouver les fonds, mais je les aurai chez un coulissier de mes amis. Tous vos créanciers, sauf deux, se prêtent admirablement à cette petite manœuvre, j'ai leur consentement. Par exemple, ce sera cher : il vous en coûtera vingt-six mille francs environ de commission et de frais.

M. de Valorsay eut un mouvement de joie si vif, qu'il ne put s'empêcher de battre des mains.

— Alors, l'affaire est dans le sac!... s'écria-t-il. Avant un mois Mlle Marguerite sera marquise de Valorsay et j'aurai de nouveau cent mille livres de rentes...

Puis, ayant surpris le geste de M. Fortunat qui n'avait pu se retenir de hocher gravement la tête :

— Ah! vous doutez!... reprit-il. Eh bien! à votre tour écoutez-moi. Hier, j'ai eu une conférence de deux heures avec le comte de Chalusse, et tout a été convenu et arrêté...

Nous avons échangé notre parole, maître Vingt-pour-cent. Le comte fait royalement les choses, il donne à Mlle Marguerite deux millions.

— Deux millions! fit l'autre comme un écho.

— Oui, cher Arabe, ni plus ni moins... Seulement, pour des raisons particulières et qu'il ne m'a pas dites, le comte tient à ce qu'il ne soit porté que deux cent mille francs au contrat. Le reste — dix-huit cent mille livres, s'il vous plaît — me sera remis de la main à la main, sans reçu, avant la mairie. Ma parole d'honneur, je trouve cela charmant... et vous?

M. Fortunat ne répondit pas. La gaieté expansive de M. de Valorsay, loin de le dérider, l'attristait.

— Toi, pensait-il, tu chanterais moins haut, si tu savais qu'à l'heure qu'il est le comte a peut-être rendu l'âme et que très-probablement Mlle Marguerite n'a plus que ses beaux yeux pour pleurer ses millions...

Mais le brillant gentilhomme ne soupçonnait pas cela, car il continuait, répondant plutôt aux objections de son esprit qu'à M. Fortunat :

— Vous me direz peut-être qu'il est singulier que moi, Ange-Marie-Robert Dalbon, marquis de Valorsay, j'épouse une fille qui ne connaît ni père ni mère et qui s'appelle Marguerite tout court... De ce côté-là, c'est vrai, l'union n'est pas positivement brillante. Enfin, comme il sera notoire qu'elle n'a eu en dot que 200,000 francs, on ne m'accusera pas d'avoir battu monnaie avec mon nom... J'aurai l'air, tout au contraire, d'avoir fait un mariage d'amour... cela me rajeunira.

Cependant il s'interrompit, irrité de la froideur obstinée de M. Fortunat.

— Savez-vous, maître Vingt-pour-Cent, dit-il, qu'à voir votre mine allongée, on jurerait que vous doutez du succès.

— Il faut toujours douter... répondit philosophiquement l'homme d'affaires.

Le marquis haussa les épaules.

— Même quand on a triomphé de tous les obstacles ? demanda-t-il d'un ton goguenard.

— Mon Dieu, oui.

— Que manque-t-il, cependant, pour que ce mariage soit autant dire conclu ?...

— Le consentement de Mlle Marguerite, monsieur le marquis.

Ce fut comme une douche d'eau glacée tombant sur la joie de M. de Valorsay. Un frisson nerveux le secoua, il devint livide, et d'une voix sourde :

— Je l'aurai, répondit-il, j'en suis sûr maintenant.

On ne pouvait pas dire que M. Fortunat fût en colère. Ces gens froids et lisses comme une pièce de cent sous n'ont point de passions inutiles.

Mais il était singulièrement agacé d'entendre son client sonner sottement les fanfares de la victoire, pendant qu'il était réduit, lui, à dissimuler au fond de son cœur le deuil douloureux de ses 40,000 francs.

Aussi, loin d'être touché de l'émotion du marquis, se complut-il à retourner le poignard dans la blessure qu'il avait faite.

— Il faut me pardonner ma défiance, dit-il. Elle vient de ce que je me rappelle parfaitement ce que vous me disiez il y a huit jours.

— Que vous disais-je?

— Que vous soupçonniez Mlle Marguerite d'une... Comment dois-je m'exprimer?... D'une... préférence secrète pour quelqu'un.

A l'enthousiasme du marquis, le plus sombre abattement avait succédé. Il était manifeste qu'il subissait la plus cruelle torture.

— J'ai eu plus que des soupçons, dit-il.

— Ah!

— J'ai eu une certitude, grâce à la femme de charge du comte de Chalusse, Mme Léon, une vieille misérable que j'ai su mettre dans mes intérêts. Elle a épié Mlle Marguerite et surpris une lettre qui lui était adressée...

— Oh! oh!...

— Certes! il ne s'est rien passé dont Mlle Marguerite ait à rougir; la lettre que j'ai tenue entre mes mains en était la preuve éclatante. Elle pourrait avouer hautement les sentiments qu'elle inspire et que sans doute elle éprouve. Cependant...

Le regard de M. Fortunat devenait insupportable de fixité.

— Vous voyez donc bien que j'ai raison de craindre... fit-il.

Exaspéré, hors de lui, M. de Valorsay se leva si violemment, que son fauteuil en fut renversé.

— Eh bien!... non! s'écria-t-il, mille fois non! Vous avez tort... parce qu'à l'heure qu'il est, l'homme qu'avait distingué Mlle Marguerite est perdu... Ah! c'est ainsi. Pendant que nous sommes ici, en ce moment même, il se perd irrémissiblement, sans retour... Entre lui et la femme que je veux épouser, que j'épouserai, j'ai creusé un abîme si profond que le plus immense amour ne le comblerait pas. C'est mieux et pis que si je l'avais tué... Mort, on le pleurerait peut-être... Tandis que maintenant, la dernière des filles et la plus avilie se détournera de lui, ou l'aimant, n'osera l'avouer.

L'impassible homme d'affaires parut troublé.

— Auriez-vous donc, balbutia-t-il, mis à exécution le projet... le plan dont vous m'avez entretenu en l'air... et que je prenais, moi, pour une fanfaronnade, pour une plaisanterie?...

Le marquis abaissa lentement la tête.

— Oui!...

L'autre demeura un moment comme pétrifié; puis tout à coup:

— Quoi!... vous avez fait cela, dit-il, vous... un gentilhomme!...

En proie à une agitation convulsive, M. de Valorsay marchait au hasard dans le salon... S'il eût aperçu son visage dans une glace, il se fût fait peur.

— Un gentilhomme! répétait-il avec l'accent d'une rage contenue, un gentilhomme!... Les gens n'ont que ce mot à la bouche, maintenant... Qu'entendez-vous donc par un gentilhomme, s'il vous plaît, mons Fortunat!... Ne serait-ce pas par hasard un personnage héroïque et idiot qui traverse la vie d'un pas grave, mélancoliquement drapé dans ses principes, stoïque autant que Job et résigné comme un martyr... une manière de Don Quichotte moral prêchant l'austère vertu et la pratiquant?... Le malheur est que les grands sentiments sont hors de prix, et je suis ruiné... D'ailleurs, les miroirs de chevalerie sont cassés, je vous en préviens... Moi je ne suis pas un saint, j'aime la vie et tout ce qui la fait belle et facile : les femmes, le jeu, le luxe, les chevaux... et pour me procurer tout cela, comme je suis de mon temps, je me bats avec les armes de mon temps... Être honnête est superbe, mais tant qu'à ne l'être pas, je préfère une énorme infamie qui me donnera cent mille livres de rentes à cent mille petites gredineries à vingt sous pièce... le garçon me gêne, je le supprime... tant pis pour lui, pourquoi se trouve-t-il là!... Si j'avais pu le mener sur le terrain, en plein soleil, je l'aurais expédié dans les règles, par devant témoins... mais agir ainsi, c'eût été renoncer à Mlle Marguerite... J'ai dû chercher autre chose... Je n'avais pas le choix des moyens, n'est-ce pas?... L'homme qui se noie et qui en est à sa dernière gorgée ne repousse pas une planche de salut, parce qu'elle est malpropre...

Il eut un geste plus violent encore que ses paroles, et se jeta sur un canapé, prenant son front entre ses mains, comme s'il l'eût senti près d'éclater.

La colère l'étouffait, et plus encore quelque chose qu'il ne s'avouait pas, le soulèvement de sa conscience et la révolte de ses derniers instincts d'honnêteté.

Assurément il avait peu de préjugés, et depuis longtemps il s'était mis au-dessus des préceptes de la morale vulgaire qu'il traitait de doctrine d'abrutissement. Mais du moins, jusqu'à ce jour, jamais il n'avait formellement violé aucun article du code des gens d'honneur. Tandis que cette fois...

— C'est une abominable action que vous venez de commettre, monsieur le marquis, prononça froidement M. Fortunat...

— Oh!... pas de morale.

— Cela ne fait jamais mal.

Le marquis haussa les épaules, et d'un ton d'amère gouaillerie :

— Voyons, mons Fortunat, dit-il, tenez-vous énormément à perdre les 40,000 francs que vous m'avez avancés?... C'est facile. Courez chez la d'Argelès, demandez M. de Coralth, donnez-lui contre-ordre de ma part, et l'autre sera sauvé, et il épousera les millions de Mlle Marguerite.

M. Fortunat se tut.

Il ne pouvait pas dire au marquis : « Eh! ils sont perdus, mes 40,000 francs, je ne le sais que trop... Mlle Marguerite n'a plus de millions et vous avez commis un crime inutile... »

C'était cependant cette conviction qui lui donnait son bel accent d'honnêteté effarouchée. Il se passait le luxe d'un peu de vertu pour l'argent qu'il perdait.

Eût-il parlé comme il venait de le faire, s'il eût conservé beaucoup d'espoir? C'est au moins douteux.

Quoi qu'il en soit, il faut rendre à M. Fortunat cette justice que très-réellement et très-sincèrement il était révolté de ce qu'il avait appelé une abominable action. D'abord, c'était un acte brutal et violent, et il tenait, lui, pour les moyens doux. En second lieu, cela sortait absolument du cercle de ses opérations. Autant de raisons pour mépriser le marquis et s'estimer meilleur en se comparant à lui. Cela arrive journellement et c'est même une joie de ce monde d'entendre les coquins se juger entre eux. Il faut voir comme celui qui dépouille les gens à la Bourse traite celui qui détrousse sur les grands chemins... et réciproquement.

Cependant, grâce à un énergique effort de volonté, le marquis de Valorsay avait repris son attitude hautaine, et d'un geste familier il ramenait aux places vides ce qui lui restait de cheveux.

Bientôt il se leva.

— Tout cela, dit-il, est bel et bien; je n'en suis pas moins pressé de connaitre le résultat de ma petite combinaison... C'est pourquoi, mons Fortunat, vous allez me compter les cinq cents louis que vous avez à me remettre... et après, bonne nuit!

Cette mise en demeure, l'homme d'affaires l'attendait, et cependant il tressaillit.

— Vous me voyez désolé, monsieur le marquis, répondit-il avec un sourire piteux... c'est pour cela même que je suis resté si tard dehors, contrairement à toutes mes habitudes... J'espérais trouver un banquier qui m'a obligé jadis, M. Prosper Bertomy... vous savez, qui a épousé la nièce de M. André Fauvel...

— Au fait... s'il vous plaît.

— Eh bien!... impossible de me procurer ces malheureux dix mille francs.

De pâle qu'il était, le marquis devint cramoisi.

— C'est une plaisanterie, j'imagine... fit-il.

— Hélas!... non, malheureusement.

Il y eut une minute de silence pendant laquelle le marquis évalua mentalement les conséquences de ce manque de parole, et sans doute il les trouva fort graves, car c'est d'un ton presque menaçant qu'il dit :

— Vous savez cependant qu'il me faut cet argent aujourd'hui... il me le faut.

Assurément M. Fortunat se fût laissé arracher un bon lambeau de chair plutôt que cette somme.

Mais, d'un autre côté, il tenait à rester en bons termes avec le marquis jusqu'à plus ample informé. On lui avait dit que le comte de Chalusse était à la mort... mais on revient de loin, il pouvait se remettre, et alors M. de Valorsay redevenait une valeur de premier ordre.

Ayant donc à ménager la chèvre et le chou, à sauver la caisse et à garder le client, son embarras était extrême.

— Ces choses-là n'arrivent qu'à moi, disait-il, je comptais sur une rentrée...

Puis, soudain, se frappant le front :

— Mais dans le fait, s'écria-t-il, pourquoi, monsieur le marquis, ne demanderiez-vous pas cette somme à un de vos amis... au duc de Champdoce ou au comte de Commarin... c'est une idée, cela !...

M. de Valorsay n'était rien moins que naïf.

Sa pénétration naturelle s'était singulièrement aiguisée, depuis qu'il était journellement aux prises avec les difficultés de la gêne, depuis qu'il luttait pour défendre sa peau, selon sa triviale mais énergique expression.

L'extrême embarras de M. Fortunat ne lui avait pas échappé; ce dernier trait fit éclore en lui un essaim de soupçons.

— Comment!... fit-il lentement et d'un ton de défiance, c'est vous qui me donnez ce conseil, maître Vingt-pour-Cent!!.. C'est prodigieux!... Depuis quand vos opinions se sont-elles à ce point modifiées...

— Mes opinions?...

— Mais oui!... N'est-ce pas vous, qui à nos premières entrevues me disiez : « Ce qui vous sauvera, c'est que « vous n'avez, de votre vie, emprunté un louis à un « ami... Un créancier ordinaire prend de gros intérêts, « et une fois payé se tait... Un ami n'est satisfait que le « jour où toute la terre sait qu'il vous a généreusement « obligé... Mieux vaut un usurier. » Je trouvais cela très-sensé, ma foi! et j'étais encore de votre avis, quand vous ajoutiez : « Donc, monsieur le marquis, pas d'em-« prunt de ce genre jusqu'à votre mariage, sous aucun « prétexte... Passez-vous de manger plutôt. Vous avez « encore crédit sur rue, mais le sol est miné... L'indis-« crétion d'un ami disant : Je crois Valorsay gêné... « peut mettre le feu à la mine, et vous sautez! »

En vérité, le malaise de M. Fortunat était pénible à voir.

Ce n'est pas qu'il manquât d'audace, mais les événements de la soirée avaient ébranlé son aplomb.

Imperturbable quand il avait en main les intérêts d'autrui, il se trouvait tout désorienté d'avoir à manier les siens propres. L'espoir du gain et le chagrin de la perte lui enlevaient sa lucidité.

Il était comme ces professeurs de jeu, plus froids que

8

la glace en théorie, conseillers excellents des joueurs aventureux, qui, dès qu'ils touchent aux cartes pour leur compte, perdent la tête, ou « s'emballent, » pour parler l'argot du tapis vert.

Sentant bien qu'il venait de commettre une maladresse insigne, il se creusait la tête à chercher comment la réparer, ne trouvait pas, et sa gaucherie en redoublait.

— M'avez-vous, oui ou non, tenu ce langage, insista M. de Valorsay... Qu'avez-vous à répondre?

— Les circonstances...

— Lesquelles?...

— Dame!... des besoins urgents... Il n'est pas de règle sans exception... Je ne prévoyais pas que vous iriez si vite... Voilà quarante mille francs que je vous avance en cinq mois... c'est énorme... A votre place je me serais restreint, j'aurais économisé...

Il s'arrêta, il fut contraint de s'arrêter par le regard perspicace et terrible dont l'enveloppa M. de Valorsay.

Il était furieux contre lui-même... — « Je deviens stupide, » pensait-il.

— Encore un sage conseil, reprit ironiquement le gentilhomme ruiné... Que ne m'engagez-vous, pendant que vous y êtes, à vendre chevaux et voitures, et à aller m'établir rue Amelot, au 4ᵉ sur la cour... Cela semblerait bien naturel, n'est-ce pas, et inspirerait à M. de Chalusseune confiance sans bornes?...

— On peut, sans en arriver là...

— Ah! taisez-vous, interrompit violemment le marquis, car mieux qu'un autre vous savez que je suis condamné au luxe... Vous savez aussi que je suis condamné aux apparences quand la réalité n'est plus!... Le salut est à ce prix. J'ai joué, soupé, fait courir... il faut que je continue. J'en suis venu à exécrer Ninette Simplon, pour qui j'ai fait des folies, et je la garde... c'est une enseigne... J'ai jeté les billets de mille francs par la fenêtre, je n'ai pas le droit de n'en pas jeter... et cependant je n'en ai plus... Que dirait-on si je m'arrêtais? « — Valorsay a fait le plongeon! » Alors, adieu les héritières... Et je reste souriant : c'est dans le rôle... Que penseraient mes domestiques, vingt espions que je paye, s'ils me voyaient soucieux?...

Savez-vous, mons Fortunat, que j'en ai été réduit à dîner à crédit à mon cercle, parce que j'avais payé, le matin, la provende du mois de mes chevaux?...

Certes, j'ai chez moi des objets du plus grand prix... je ne puis m'en défaire, cela se verrait et ils font partie de mon étalage... Un cabotin ne vend pas ses costumes parce qu'il a faim... il se passe de manger... et l'heure de la représentation venue, il endosse ses habits de velours et de satin, et l'estomac creux, il chante les délices de la bonne chère et l'ivresse des vieux vins...

Voilà ce que je fais, moi, Robert Dalbon, marquis de Valorsay!...

Aux dernières courses de Vincennes, il y a quinze jours, j'avais fait atteler à la Daumont, et mes quatre chevaux soulevaient tout le long du boulevard comme une poussière d'envie...

J'ai entendu un ouvrier qui disait : « Sont-ils heureux, ces riches! »

Heureux, moi!... J'enviais son sort... Il était sûr, lui, que le lendemain serait pour lui semblable à la veille...

Moi, ce jour-là, j'avais en poche et pour toute fortune un louis, épave du baccarat de la veille... Dans l'enceinte du pesage, Isabelle m'a passé une rose à la boutonnière... je lui ai donné mon louis... J'avais envie de l'étrangler!...

Il s'interrompit, ivre de colère, et, marchant sur M. Isidore Fortunat, le fit reculer jusqu'au fin fond d'une embrasure.

Une fois là :

— Et voici huit mois, poursuivit-il, que dure cette vie enragée!... Huit mois dont chaque minute a été une atroce douleur... Ah!... mieux vaudrait la misère, le bagne, l'infamie!... Et quand je touche au but, vous, je ne sais par quel caprice ni par quelle trahison, vous rendriez inutile tout ce que j'ai souffert!... Vous me feriez échouer dans le port!... Non!... par le saint nom de Dieu, cela ne sera pas, je t'aurai avant, misérable drôle, écrasé comme une bête venimeuse!...

Sa voix, sur ces derniers mots, arrivait à un tel diapason que les vitres du salon en vibraient, et que Mme Dodelin en frissonna dans sa cuisine.

— Sûr, pensait-elle, on finira par faire un mauvais parti à monsieur, un de ces jours!...

Ce n'était pas, il est vrai, la première fois que M. Fortunat se trouvait aux prises avec un client d'un tempérament sanguin.

Mais toujours il était sorti sain et sauf de ces mauvaises rencontres.

Aussi, était-il beaucoup moins effrayé qu'il n'en avait l'air. Et la preuve, c'est qu'il avait encore assez de liberté d'esprit pour réfléchir et calculer.

« — D'ici quarante-huit heures, pensait-il, je serai fixé sur le sort du comte... il sera mort ou en voie de rétablissement... donc, à promettre pour après-demain tout ce que voudra cet enragé, je ne risque rien. »

Et, sur ce raisonnement, profitant d'une minute où M. de Valorsay reprenait haleine :

— En vérité, monsieur le marquis, fit-il, je ne m'explique pas votre irritation...

— Comment, drôle...

— Pardon!... avant de m'injurier, permettez que je m'explique...

— Pas d'explications... cinq cents louis!

— De grâce, laisse-moi achever... Oui, je sais que vous en avez un besoin urgent... non à un jour près, cependant... Aujourd'hui, je n'ai pu me les procurer... je ne puis m'engager formellement pour demain, mais après-demain, samedi, 17, je les aurai assurément...

Le marquis le regarda comme s'il eût espéré lire jusqu'au fond de sa pensée.

— Est-ce positif, au moins? demanda-t-il. Jouons cartes sur table; si vous devez me laisser dans l'embarras, avouez-le moi...

— Eh! monsieur le marquis, ne suis-je pas intéressé à votre succès autant que vous-même?... N'avez-vous pas des gages de mon dévouement...

— Alors je puis compter sur vous?

— Absolument.

En voyant dans les yeux de son client un reste de doute, M. Fortunat ajouta :

— Vous avez ma parole!...

Trois heures sonnaient, M. de Valorsay prit son chapeau, et traînant un peu la jambe, car les émotions fortes lui produisaient l'effet du changement de temps, il se dirigea vers la porte.

M. Fortunat, qui avait encore sur le cœur l'épithète de drôle, l'arrêta.

— Est-ce que vous allez, monsieur le marquis, demanda-t-il, chez cette dame... Comment l'appelle-t-on?... Ah! Mme d'Argelès, où on doit égorger le préféré de Mlle Marguerite?...

Le marquis eut un haut le corps.

— Pour qui me prenez-vous, maître Vingt-pour-Cent? fit-il d'une voix rude. Il est de ces choses qu'un homme bien élevé ne fait pas lui-même... On trouve à Paris, en y mettant le prix, des gens pour toutes les besognes...

— Alors, comment saurez-vous?...

— Vingt minutes après l'affaire, M. de Coralth sera chez moi... Il y est peut-être déjà...

Et ce sujet lui déplaisant plus qu'il ne pouvait l'exprimer :

— Allons... Allez vous coucher, mon cher Arabe, fit-il. Au revoir... et surtout soyez exact.

— Mes respects, monsieur le marquis...

Mais la porte refermée, la physionomie de M. Fortunat changea brusquement.

— Ah!... tu m'insultes, fit-il d'une voix sourde... Tu me dépouilles et tu m'appelles drôle par dessus le marché... Tu me payeras cela, mon cher... quoi qu'il arrive.

IV

C'est vainement que la loi Guilloutet prétend hérisser de tessons le mur sacré de la vie privée, les pourvoyeurs de la curiosité parisienne ne connaissent ni obstacles ni dangers.

Grâce aux chroniques de la « Haute vie, » il n'est pas un lecteur de journaux qui ne sache que deux fois la semaine, — le lundi et le jeudi, — Mme Lia d'Argelès reçoit en son charmant hôtel de la rue de Berry.

On s'y amuse prodigieusement.

Rarement on danse, mais à partir de minuit on joue, et avant de se séparer, on soupe.

C'est en sortant d'une de ces petites fêtes, que Jules Chazel, ce malheureux qui était caissier chez un agent de change, se fit sauter la cervelle.

Les brillants habitués de l'hôtel d'Argelès jugèrent cette extrémité d'un goût déplorable.

— Ce garçon, décrétèrent-ils, n'était qu'un pleutre!... A peine perdait-il mille louis.

Il n'avait perdu que cela, en effet; une bagatelle par le temps qui court.

Seulement, cette somme n'était pas à lui. Il l'avait prise dans la caisse qui lui était confiée, comptant peut-être, qui sait! la doubler dans la nuit.

Au matin, quand il se trouva seul, sans un sou, en face du déficit, une voix lui cria du fond de sa conscience : « Tu es un voleur!... » Et il perdit la tête.

L'aventure eut un retentissement énorme, et même, à l'époque, le *Petit Journal* a raconté l'histoire de la mère de cet infortuné.

— Cette pauvre femme, — elle était veuve — vendit tout ce qu'elle possédait, et jusqu'à son bois de lit, pour faire de l'argent. Et quand elle eut réuni vingt mille francs, la rançon de l'honneur de son fils, elle les porta à l'agent de change.

Lui les prit, sans demander à cette mère si elle aurait de quoi dîner le soir. Ce que les gentilhommes qui avaient gagné et empoché les louis de Jules Chazel trouvèrent parfaitement naturel et juste.

Il est vrai de dire que, quarante-huit heures durant, Mme d'Argelès fut au désespoir. La police avait commencé une manière d'enquête, et cela pouvait effaroucher ses habitués et vider son salon.

Elle dut se consoler au bruit des triomphantes réclames que lui avait valu ce suicide. Pendant cinq jours, Paris désœuvré ne s'occupa que d'elle, et Alfred d'Aunay publia son portrait dans sa *Chronique illustrée*.

Ce que pas un chroniqueur ne dit, par exemple, et

ce, faute de le savoir, c'est ce qu'était au juste Mme Lia d'Argelès.

Qui était-ce et d'où venait-elle?... Comment avait-elle vécu jusqu'au jour où elle avait surgi au soleil de la galanterie?... L'hôtel de la rue de Berry lui appartenait-il?... Etait-elle riche comme on l'assurait?... Où avait-elle pris ses façons, qui étaient celles d'une femme du monde, son instruction qui paraissait étendue et son remarquable talent de musicienne?...

Tout, en elle, était sujet de conjectures, jusqu'à ce nom tiré de la Bible et d'un Guide des Pyrénées qu'elle mettait sur ses cartes de visite : Lia d'Argelès.

N'importe!... on affluait chez elle, et à l'heure même où le marquis de Valorsay et M. Fortunat prononçaient son nom, il y avait dix équipages devant sa porte, et ses salons s'emplissaient.

Il était minuit et demi, et la partie bi-hebdomadaire venait de s'engager, quand un valet de pied, en bas de soie, annonça coup sur coup :

— M. le vicomte de Coralth!... M. Pascal Féraillleur!

Bien peu, parmi les joueurs, daignèrent lever la tête.

Un vieux grommela :

— Bon!... encore deux pontes.

Et quatre ou cinq jeunes gens s'écrièrent :

— Eh!... c'est Fernand!... bonsoir, cher!...

M. de Coralth était un tout jeune homme, remarquablement bien de sa personne, trop bien même, car sa beauté avait quelque chose d'inquiétant et de malsain. Il était fort blond, avec de grands yeux noirs, tendres, et les femmes devaient envier ses cheveux ondés et la pâleur unie de son teint.

Il était mis avec une recherche rare, avec coquetterie, même : son col rabattu découvrait son cou, et ses gants rosés collaient comme la peau sur ses mains délicates et molles.

Il salua de la tête, familièrement, en entrant, et le sourire de la fatuité aux lèvres, il s'avança vers Mme d'Argelès qui, peletonnée sur une chaise longue, près de la cheminée, causait avec deux messieurs chauves à physionomie grave et distinguée.

— Comme vous venez tard !... vicomte, dit-elle. Qu'avez-vous donc fait aujourd'hui ? Il me semble vous avoir aperçu au bois, dans le dog-cart du marquis de Valorsay...

Une rougeur légère monta aux joues de M. de Coralth, et, pour la dissimuler, sans doute, au lieu de répondre, il prit la main du visiteur annoncé en même temps que lui, et l'attira vers Mme d'Argelès, en disant :

— Permettez-moi, chère madame, de vous présenter un de mes excellents amis, M. Pascal Férailleur, un avocat dont vous entendrez parler un jour.

— Vos amis seront toujours les bienvenus chez moi, mon cher vicomte, répondit Mme d'Argelès.

Et avant que Pascal qui s'inclinait se fût redressé, elle se détourna et reprit sa conversation interrompue.

Le nouveau venu, cependant, valait mieux et plus qu'un regard distrait.

C'était un homme de vingt-cinq à vingt-six ans, brun, assez grand, et dont tous les mouvements étaient empreints de cette grâce naturelle qui résulte de l'harmonie parfaite des muscles et d'une vigueur peu commune.

Ses traits étaient irréguliers, mais leur ensemble sympathique respirait l'énergie, la franchise et la bonté.

L'homme qui avait ce front intelligent et fier, ce regard lumineux et droit, ces lèvres rouges d'un dessin correct et spirituel, ne devait pas être un homme ordinaire.

Abandonné par son introducteur, qui distribuait de droite et de gauche des poignées de mains, il était allé s'asseoir sur une causeuse, un peu dans l'ombre.

Ce qu'il éprouvait n'était pas de l'embarras, mais cette instinctive défiance de soi dont on est saisi en pénétrant dans un milieu qui n'est pas le sien.

Aussi dissimulait-il sa curiosité tant qu'il pouvait, tout en regardant et en écoutant de son mieux.

Le salon de Mme d'Argelès était une sorte de galerie coupée en deux, par une cloison mobile et des tentures.

Les soirs de bal, on enlevait la cloison, on la laissait les autres nuits, et on avait ainsi deux pièces, l'une où on jouait, l'autre qui était le refuge des causeurs.

Le salon de jeu, celui où se trouvait Pascal, était vaste, très-haut d'étage et meublé avec une magnificence d'assez bon goût.

Le tapis n'avait point de tons criards, il n'y avait pas trop d'or aux corniches, le sujet de la pendule était convenable.

Ce qui jurait, c'était une sorte d'abat-jour mobile, placé fort ingénieusement au-dessus du lustre, de façon à renvoyer sur la table de jeu toute la lumière des bougies.

Cette table de jeu, elle-même, était recouverte d'un

tapis d'une grande richesse, mais on n'en apercevait que les coins, car on avait jeté dessus un second tapis, vert celui-là, et tout usé...

C'est à peine si Mme d'Argelès avait une cinquantaine d'invités, mais tous, par leurs manières, semblaient appartenir à la meilleure compagnie. Ils avaient dépassé quarante ans pour la plupart, beaucoup étaient chamarrés de décorations, deux ou trois très-vieux étaient l'objet d'une certaine déférence.

Certains noms connus que Pascal entendit prononcer, le surprirent étrangement.

— Comment! ces gens-là ici! se disait-il... Et moi qui m'attendais à une sorte de tripot clandestin...

Il n'y avait guère que sept à huit femmes, aucune n'était remarquable, toutes avaient des toilettes très-riches, d'un goût douteux, et des diamants.

Pascal remarqua qu'on les traitait avec une indifférence parfaite et qu'on employait en leur parlant une politesse trop affectée pour n'être pas ironique.

Vingt personnes au plus étaient assises au jeu; les autres s'étaient retirées dans le salon voisin, se tenaient immobiles autour de la table, ou causaient par groupes dans les coins.

Le surprenant, c'est que tout le monde parlait bas, et il y avait comme du respect dans ce chuchotement.

On eût dit qu'on célébrait dans ce salon les rites bizarres de quelque culte mystérieux. Le jeu n'est-il pas une idolâtrie consacrée par l'estampille du valet de trèfle, dont les cartes sont le symbole, qui a ses images et ses fétiches, ses miracles, ses fanatiques et ses martyrs.

Et par moments, sur cet accompagnement de chuchotements, se détachaient, étranges et baroques, les exclamations des joueurs :

— Il y a vingt louis !... Je les tiens !... Je passe la main !... Le jeu est fait !... Banco !...

— Quelle réunion bizarre !... pensait Pascal Féerailleur ; les singulières gens !...

Et toute son attention se concentrait sur la maîtresse de la maison, comme s'il eût espéré surprendre sur son visage le mot d'une énigme.

Mais Mme Lia d'Argelès échappait à toute analyse.

C'était une de ces femmes dont l'âge douteux flotte, selon leur disposition, entre le 3 et le 5, qui ne paraissent pas trente ans un soir, et qui le lendemain en accusent plus de cinquante.

Elle avait dû être très-belle autrefois, et même elle était belle encore. Seulement sa taille s'était alourdie et ses traits délicats s'empâtaient.

Blonde, elle avait les yeux d'un bleu si clair, qu'ils paraissaient en quelque sorte déteints. Sa blancheur surtout frappait, blancheur mate et molle, trahissant l'abus des fards et des cosmétiques, la vie de nuit, à la flamme des lustres, le sommeil du jour, les volets fermés, enfin les bains prolongés et le constant usage de la poudre de riz.

Nulle expression d'ailleurs sur sa physionomie, que celle d'une banalité accueillante. On eût dit que les muscles de son visage s'étaient relâchés après d'exorbitants efforts pour feindre ou dissimuler les plus violentes sensations. Il y avait quelque chose de morne et de consterné dans l'éternel et peut-être involontaire sourire figé sur ses lèvres...

9

Elle portait une robe de velours sombre, avec des crevés aux manches et au corsage, « création nouvelle » du couturier Van-Klopen...

Pascal en était là de ses observations, quand M. de Coralth, sa tournée finie, vint se jeter sur la causeuse près de lui.

— Eh bien? demanda-t-il.

— Ma foi! répondit l'avocat, je suis enchanté de vous avoir prié de me conduire ici. Je m'amuse prodigieusement...

— Allons, bon! voilà mon philosophe séduit.

— Séduit, non, mais intéressé... Il faut tout connaître, n'est-ce pas?

Et, du ton de bonne humeur qui lui était habituel, il ajouta :

— Quant à être le sage que vous dites... point du tout. Et la preuve, c'est que je vais risquer noblement mon louis, tout comme un autre.

M. de Coralth parut stupéfié, mais qui l'eût observé de près eût vu un éclair de joie traverser ses yeux.

— Vous allez jouer, fit-il, vous!...

— Moi-même!... Pourquoi non?

— Prenez garde!

— Et à quoi, grand Dieu!... Le pis qui me puisse arriver est de perdre ce que j'ai en poche, quelque chose encore comme deux cents francs...

L'autre hocha la tête d'un air soucieux.

— Ce n'est pas cela qui est à craindre, prononça-t-il, car le diable s'en mêle, et toujours, la première fois qu'on joue, on gagne.

— Et c'est un malheur?...

— Oui, parce que ce premier gain est comme un irrésistible appât qui attire à la table de jeu... On y revient, on perd, on veut rattraper son argent... et c'est fini, on est joueur.

Pascal Férailleur avait aux lèvres le sourire de l'homme sûr de lui.

— Ma cervelle ne chavire pas si facilement, dit-il. J'ai pour la lester l'idée de mon nom et de ma fortune à faire...

— Je vous en prie, insista le vicomte, croyez-moi !... Vous ne savez pas ce que c'est ; les plus forts et les plus froids y ont été pris... ne jouez pas, partons.

Il avait haussé la voix comme s'il eût tenu à être entendu de deux invités, qui venaient de se rapprocher de la causeuse.

Ils l'entendirent.

— En croirai-je mes yeux et mes oreilles ! s'écria l'un d'eux, qui était un homme d'un certain âge... Est-ce bien Fernand qui cherche à débaucher les amoureux de la dame de pique !...

M. de Coralth se retourna vivement.

— Oui, c'est moi ! répondit-il. J'ai payé de mon patrimoine le droit de dire à un ami inexpérimenté : « Défiez-vous, ne faites pas comme moi ! »

Les meilleurs conseils, donnés d'une certaine façon, ne manquent jamais de produire un effet diamétralement opposé à celui qu'ils semblent se proposer.

L'insistance de M. de Coralth, l'importance qu'il attachait à une niaiserie, devaient agacer l'homme le plus patient ; son ton protecteur irrita décidément Pascal.

— Vous êtes libre, mon cher, lui dit-il, mais moi...

— Vous y tenez?... interrompit le vicomte.

— Absolument.

— Soit, en ce cas. Vous n'êtes plus un enfant; je vous ai fait toutes les objections que réclame la prudence... jouons.

Ils s'approchèrent de la table; on leur fit place, et ils s'assirent, Pascal à la droite de M. Fernand de Coralth.

On jouait le baccarat tournant, un jeu d'une simplicité enfantine et terrible. Point d'art, nulle combinaison, science et calcul sont inutiles. Le hasard décide seul et décide avec une foudroyante rapidité.

Les amateurs affirment qu'avec beaucoup de sang-froid et une longue pratique, on peut, dans une certaine mesure, lutter contre les mauvaises chances. Peut-être ont-ils raison.

Ce qui est sûr, c'est que cela se joue avec deux, trois ou quatre jeux entiers, selon le nombre des joueurs.

Chacun a la main à son tour, risque ce que bon lui semble, et quand son enjeu est tenu, donne des cartes. Si on gagne, on est libre de poursuivre la veine ou de passer la main. Quand on perd, la main passe de droit au joueur suivant.

Il ne fallut à Pascal Féraillleur qu'une minute pour comprendre la marche et le mécanisme du baccarat. Déjà la main arrivait à Fernand.

M. de Coralth « fit » cent francs, donna, perdit et passa les cartes à Pascal.

Hésitant tout d'abord, parce qu'il faut, comme on dit, tâter la fortune, le jeu, peu à peu, s'était animé. Plusieurs joueurs avaient d'assez jolis tas d'or devant eux, et la grosse artillerie — c'est-à-dire le billet de banque — commençait à donner.

Mais Pascal n'avait pas de fausse honte.

— Je « fais » un louis ! dit-il.

La mesquinerie de la somme le fit remarquer, et de deux ou trois côtés on lui cria :

— Tenu !...

Il donna et gagna.

— Il y a deux louis... fit-il encore.

On les tint pareillement ; il gagna, et la « portée, » — c'est-à-dire la série de cartes se succédant, — lui fut si favorable, qu'en moins de rien il eut devant lui plus de six cents francs.

— Passez la main, lui souffla Fernand.

Pascal suivit le conseil.

— Non que je tienne à mon gain, murmura-t-il à l'oreille de M. de Coralth, mais parce que je vais aussi avoir de quoi jouer jusqu'à la fin sans rien risquer.

Mais cette prévoyance devait être inutile.

La main lui étant revenue, le hasard le servit mieux encore que la première fois. Il partit de cent francs, et comme il doublait toujours, en six coups il se trouva gagner plus de 3,000 francs.

— Diable !... Monsieur a de la chance !...

— Parbleu !... il joue pour la première fois.

— C'est cela, aux innocents les mains pleines !

Ces observations qui se croisaient, il était impossible que Pascal ne les entendît pas. Le sang commençait à lui monter aux joues, et se sentant rougir, comme il arrive toujours, il rougissait davantage.

Son gain l'embarrassait, cela était visible, et il jouait

en désespéré. Mais « la veine » s'acharnait après lui, ses « portées » étaient miraculeuses, et quoi qu'il fît, il gagnait toujours, quand même, obstinément.

A quatre heures du matin, il avait devant lui 35,000 francs.

Depuis longtemps déjà, on le regardait d'un air singulier. Des remarques aigres, à haute voix, on en était venu aux confidences de bouche à oreille.

— Connaissez-vous ce monsieur ?

— Non !... Il a été présenté par Coralth.

— C'est un avocat, à ce qu'on dit.

Et tous ces chuchotements, ces doutes, ces soupçons, ces questions grosses d'insinuations, ces réponses blessantes, formaient comme un murmure de malveillance qui bourdonnait aux oreilles de Pascal et l'étourdissait.

Véritablement il perdait toute contenance, lorsque Mme d'Argelès s'approcha vivement de la table de jeu.

— Voici trois fois, messieurs, dit-elle, qu'on nous avertit que le souper est servi... Lequel de vous m'offre son bras ?...

Il y eut une certaine hésitation, mais un vieux monsieur qui perdait beaucoup, la leva :

— Oui, soupons !... s'écria-t-il, cela changera la veine.

Cette considération fut décisive ; le salon se vida comme par enchantement ; il ne resta devant le tapis vert que Pascal, lequel ne savait que faire de tout l'or amassé devant lui.

Il réussit cependant à le distribuer tant bien que mal dans toutes ses poches, et il s'empressait de rejoindre dans la salle à manger les autres invités, quand Mme d'Argelès lui barra le passage.

— Je vous en prie, monsieur, lui dit-elle... un mot !...

Le visage de Mme d'Argelès gardait toujours son étrange immobilité; son éternel sourire voltigeait sur ses lèvres...

Et cependant son émotion était si manifeste que Pascal, en dépit de son trouble, la remarqua et s'en étonna.

— Je suis à vos ordres, madame, balbutia-t-il en s'inclinant.

Aussitôt elle lui prit le bras, et l'entraînant vers l'embrasure d'une fenêtre :

— Je ne suis pas connue de vous, monsieur, dit-elle très-bas et très-vite, et pourtant j'ai à vous demander, il faut que je vous demande un grand service.

— Parlez, madame.

Elle hésita, comme si elle eût cherché des termes pour traduire sa pensée; puis d'une voix brève elle reprit :

— Vous allez vous retirer à l'instant... sans rien dire à personne... pendant que les autres soupent.

L'étonnement de Pascal devint stupeur.

— Pourquoi me retirer? interrogea-t-il.

— Parce que... mais non, je ne puis vous le dire. Supposez que c'est un caprice, c'en est un... je vous en prie, ne me refusez pas... Faites cela pour moi, et je vous en garderai une éternelle reconnaissance.

Il y avait dans sa voix, dans son attitude, une telle intensité de supplication, que Pascal en eut le cœur serré. Il sentit tressaillir et s'agiter en lui le vague pressentiment de quelque terrible et irréparable malheur.

Il branla la tête, cependant, d'un air triste ; et d'un ton amer :

— Vous ne savez sans doute pas, madame, fit-il, que je viens de gagner plus de trente mille francs ?

— Si... je le sais. Raison de plus pour mettre votre gain à l'abri d'un retour probable de fortune. On fait très-bien Charlemagne chez moi, c'est admis. L'autre nuit, le comte d'Antas s'est fort subtilement esquivé nu tête... Il emportait mille louis et laissait aux décavés son chapeau en échange. Le comte est un galant homme, et loin de le blâmer, le lendemain on a ri... Allons, vous êtes décidé, je le vois, venez... Pour plus de sûreté, je vais vous faire passer par l'escalier de service ; personne ne vous verra...

Pascal avait été ébranlé, en effet, mais cette perspective d'évasion par un escalier de service révolta sa fierté.

— C'est à quoi je ne consentirai jamais ! déclara-t-il. Que penserait-on de moi ? Je dois une revanche, je la donnerai.

Ni Mme d'Argelès ni Pascal n'avaient aperçu M. de Coralth, qui s'était avancé sur la pointe du pied, et qui, dissimulé derrière un rideau, écoutait.

A ce moment, il se montra brusquement.

— Parbleu !... cher avocat, dit-il du ton le plus dégagé, j'admire vos scrupules !... Madame a cent fois raison, levez le pied. Si j'étais à votre place, moi, si je gagnais ce que vous gagnez, au lieu de perdre mille écus, je n'hésiterais pas. Les autres penseraient tout ce qu'ils voudraient. Vous avez l'argent, c'est le principal...

Pour la seconde fois, l'intervention du vicomte eut sur Pascal une influence décisive.

— Je reste !... répéta-t-il résolûment.

Mais Mme d'Argelès s'attachait à lui.

— Je vous en conjure, monsieur, disait-elle... Eloignez-vous, il en est temps encore...

— Allons !... approuva le vicomte, un bon mouvement !... « Filez à l'anglaise » et sauvez la caisse.

Ces derniers mots furent comme la goutte d'eau qui fait déborder la coupe.

Rouge, ému, troublé, assailli par les plus étranges idées, Pascal écarta Mme d'Argelès et d'un pas roide, se dirigea vers la salle à manger.

A son entrée, toutes les conversations cessèrent. Il ne put pas ne pas comprendre qu'il venait d'être question de lui.

Un secret instinct lui disait que tous les hommes rassemblés là étaient ses ennemis, sans qu'il sût pourquoi, et qu'ils tramaient quelque chose.

Il s'aperçut aussi que ses moindres mouvements étaient épiés et notés.

Mais il était brave, sa conscience ne lui reprochait rien, et il était de ceux qui plutôt que d'attendre le danger le provoquent.

Il alla donc, d'un air de défi, s'asseoir près d'une jeune femme qui avait une robe de tulle rose, et, d'un ton très-élevé, il se mit à lui débiter toutes sortes de plaisanteries. Il avait de l'esprit, et du meilleur, l'habitude de manier la parole ; il fut, durant un quart d'heure, étourdissant de verve... On buvait du vin de Champagne ; il en avala coup sur coup quatre ou cinq verres.

Avait-il bien la conscience de ce qu'il faisait et disait? Il a depuis déclaré que non, qu'il agissait sous l'empire d'une sorte d'hallucination, comme il s'en produit après quelques aspirations de protoxyde d'azote.

Le souper dura peu.

— Au bac! au bac! cria le vieux monsieur qui avait décidé la suspension du jeu : nous gaspillons un temps précieux ici!

Pascal se leva comme tout le monde et, dans sa précipitation à passer d'une pièce dans l'autre, il se trouva poussé contre deux joueurs qui causaient près de la porte.

— Ainsi, disait l'un, c'est bien entendu!

— Oui, oui, laissez-moi faire, je me charge de l'exécution.

Ce mot charria tout le sang de Pascal à son cœur.

— L'exécution de qui?... De moi évidemment. Qu'est-ce que cela signifie!...

Autour du tapis vert, tous les joueurs avaient changé de place — cela déroute le hasard, assure-t-on — et Pascal se trouva assis, non plus à la droite de Fernand, mais en face, entre deux hommes de son âge, dont l'un était celui qui avait prononcé le mot d'exécution.

Tous les yeux étaient fixés sur le malheureux avocat, lorsqu'il prit la main. Il fit deux cents louis et les perdit.

Il y eut comme un ricanement autour de la table, et un de ceux qui perdaient le plus, dit entre haut et bas :

— Ne regardez donc pas tant Monsieur... il n'aura plus de chance.

Cette phrase ironique, injurieuse par l'intonation autant qu'un soufflet, fit éclater dans le cerveau de Pascal une épouvantable lueur.

Il soupçonna enfin ce qu'un autre, moins parfaitement honnête, eut compris depuis longtemps déjà... Mais il est de ces accusations dont la possibilité ne saurait entrer dans l'entendement d'un galant homme.

L'idée lui vint de se lever, de provoquer une explication, mais il était anéanti et comme écrasé par l'horreur de sa situation. Ses oreilles tintaient, il lui semblait que les battements de son cœur étaient suspendus, il éprouvait à l'épigastre la sensation d'un fer rouge...

Le jeu allait son train, mais personne n'y était; les mises restaient insignifiantes; ni perte ni gain n'arrachaient une exclamation.

Toute l'attention se concentrait sur Pascal, fiévreuse, haletante, et lui, d'un œil plein d'angoisse, il suivait le mouvement des cartes, qui passaient de main en main et qui allaient lui arriver...

Quand elles lui arrivèrent, le silence se fit, solennel, plein de menaces, sinistre en quelque sorte.

Les femmes et ceux des invités qui ne jouaient pas s'étaient approchés et se penchaient sur la table avec une évidente anxiété.

— Mon Dieu ! pensait Pascal, mon Dieu ! faites que je perde.

Il était pâle comme la mort, la sueur emmêlait ses cheveux et les collait le long des tempes, ses mains tremblaient tellement qu'à peine il pouvait tenir les cartes...

— Je fais quatre mille francs ! balbutia-t-il enfin.
— Je les tiens ! dit une voix.

Hélas! le vœu du malheureux ne fut pas exaucé : il gagna. Et c'est au milieu d'une explosion de murmures qu'il reprit :

— Il y a huit mille francs...

— Banco!...

Mais au moment où il donnait des cartes, son voisin se dressa et lui saisit brutalement les poignets en criant :

— Cette fois, j'en suis sûr... vous êtes un voleur!...

D'un bond, Pascal fut debout.

Tant que le péril avait été vague, indéterminé, son énergie avait été comme paralysée. Il la retrouva intacte quand le danger fut là, précis, extrême, terrible.

Il repoussa l'homme qui lui avait pris les mains, si rudement, qu'il l'envoya rouler sous un canapé, et il se rejeta en arrière, dans une attitude de menace et de défi...

A quoi bon!... sept ou huit joueurs se précipitèrent sur lui comme sur un malfaiteur...

L'autre, cependant, l'homme de l'exécution s'était relevé, la cravate dénouée, les vêtements en désordre.

— Oui, dit-il à Pascal, vous êtes un voleur!... Je vous ai vu glisser des cartes parmi celles que vous teniez...

— Misérable!... râla Pascal.

— Je vous ai vu... et je vais le prouver.

Il se retourna vers la maîtresse de la maison, qui s'était affaissée sur une causeuse, et d'une voix rauque :

— Avec combien de jeux avons-nous joué? demanda-t-il.

— Avec cinq...

— Il doit donc y avoir sur la table 260 cartes...

Il les compta lentement, avec le plus grand soin, et en trouva 307...

— Eh bien !... misérable, cria-t-il à Pascal, oseras-tu nier encore !...

Pascal ne songeait pas à nier...

Il se possédait assez pour comprendre que des paroles ne pouvaient rien contre cette preuve matérielle, tangible, qui l'écrasait de son épouvantable évidence...

Quarante-sept cartes avaient été frauduleusement introduites dans le jeu.

Ce n'était pas par lui, certes !... Mais par qui donc était-ce ?... La chance s'était si régulièrement répartie, qu'il se trouvait le seul à gagner...

— Vous verrez, fit une femme, que le lâche ne se défendra même pas !...

Il ne daigna pas tourner la tête... que lui importait cette insulte.

Il se sentait, lui, innocent, rouler au plus profond d'un abîme d'infamie ; il se voyait déshonoré, flétri, perdu !

Et, comprenant qu'il fallait un fait à opposer à un fait, il demandait à Dieu, fût-ce au prix de la vie, un secours, une idée, une inspiration, pour démasquer le coupable...

Ce fut un autre qui prit sa défense.

Avec une hardiesse dont on ne l'eût pas soupçonné à le voir, M. de Coralth se plaça devant Pascal, et d'un ton où il y avait encore plus de défi que de douleur :

— C'est une horrible méprise que vous commettez, messieurs, déclara-t-il. Pascal Férailleur est mon ami, et son passé répond du présent. Allez au Palais, informez-vous, et on vous dira si cet honnête homme est capable de l'ignoble action dont on l'accuse...

Personne ne répondit.

On eût dit que dans l'opinion de chacun, Fernand remplissait simplement un devoir auquel il lui eût été difficile de se soustraire...

Le vieux monsieur dont l'opinion avait décidé la suspension et la reprise de la partie fut l'interprète de l'impression générale.

C'était un gros homme, qui soufflait comme un phoque en parlant, et qu'on appelait le baron.

— C'est très-bien, ce que vous faites là !... dit-il à Fernand ; oui, très-bien, parole d'honneur !... Vous voilà hors de cause !... Que diable ! il n'est pas d'honnête homme à l'abri de votre mésaventure... Les coquins n'ont pas de signe particulier...

— C'est ce qu'on appelle « un impair, » vicomte ! dit ironiquement un jeune homme.

M. de Coralth marcha droit à celui-là.

— Vous, mon cher, dit-il, vous me rendrez raison de ce mot, s'il vous plaît.

— Quand vous voudrez !...

Ils se mesuraient des yeux, on les entraîna dans la chambre voisine ; chacun, à part soi, trouvant naturel et même juste que le vicomte, ayant eu un désagrément, s'en prit au premier venu...

Jusqu'alors, Pascal n'avait ni desserré les lèvres, ni même la bouche...

Après s'être un moment débattu entre les mains des joueurs qui s'étaient jetés sur lui, il demeurait immobile, promenant autour de lui un regard farouche, comme s'il eût espéré découvrir le lâche qui avait préparé le piége immonde où il était tombé.

Car il était victime d'une atroce machination, il n'en pouvait douter, encore qu'il lui fût impossible d'en soupçonner seulement le but.

Tout à coup ceux qui le tenaient sentirent qu'il tressaillait. Il se redressa. Il venait d'entrevoir une lueur d'espoir...

— Me sera-t-il permis d'essayer de me justifier?... demanda-t-il.

— Parlez...

Il eût voulu se dégager, avoir les bras libres; ceux qui le maintenaient ne lâchant point prise, il se résigna, et d'une voix rauque :

— Je suis innocent!... prononça-t-il. C'est un guet-apens inouï... Quel en est l'auteur?... je l'ignore... Mais il est ici quelqu'un qui doit le connaître...

Des huées l'interrompirent.

— Voulez-vous donc m'égorger sans m'entendre!... reprit-il, en haussant la voix. Ecoutez-moi... Il y a une heure... au moment du souper... Mme d'Argelès s'est presque jetée à mes genoux en me conjurant de me retirer... Son trouble m'avait stupéfié... Maintenant, je me l'explique...

Celui qu'on appelait « le baron » se tourna vers Mme d'Argelès.

— Est-ce vrai, ce que dit cet homme? interrogea-t-il.

Elle se leva toute chancelante et répondit :

— C'est vrai.

— Pourquoi insistiez-vous tant pour qu'il s'éloignât?

— Je ne sais... un pressentiment... il me semblait qu'il allait arriver quelque chose...

Les moins clairvoyants purent constater l'hésitation douloureuse de Mme d'Argelès, son impassible visage s'était contracté... Mais les plus perspicaces s'y trompèrent. Ils pensèrent que s'étant aperçue du vol elle avait voulu faire évader le voleur afin d'éviter une scène...

Pascal lui parut près de se trouver mal.

— M. de Coralth, commença-t-il, peut vous affirmer...

— Oh! assez, interrompit un joueur, j'ai entendu M. de Coralth faire tout au monde pour vous empêcher de jouer.

Ainsi, la dernière, l'unique espérance de cet infortuné s'évanouissait... Il tenta un suprême effort, et s'adressant à Mme d'Argelès :

— Madame, dit-il d'une voix tremblante d'angoisse, je vous en conjure... dites ce que vous savez!... Laisserez-vous périr un homme d'honneur!... Abandonnerez-vous un innocent que vous pouvez sauver d'un mot!...

— Hélas!... que voulez-vous que je dise!

Et comme néanmoins elle balbutiait quelques explications confuses :

— Mêlez-vous de la « cagnotte, » lui dit brutalement un joueur, on y met un franc par main, n'est-ce pas?...

Elle se tut, et Pascal vacilla sur ses jarrets comme après un coup de massue.

— C'est fini!... murmura-t-il.

Personne ne l'entendit ; on écoutait le baron, lequel semblait bien mécontent.

— Avec tout cela, disait-il, nous gaspillons un temps

précieux... Nous aurions fait au moins cinq tours pendant cette scène absurde... Il faut en finir! Qu'allons-nous faire de ce joli garçon?... Moi, je suis d'avis d'envoyer chercher le commissaire de police.

C'était loin d'être l'avis de la majorité. Sur ce seul nom, quatre ou cinq femmes s'envolèrent, et plusieurs hommes, — les plus haut placés de la réunion, — se fâchèrent presque.

— Devenez-vous fou! s'écria l'un d'eux. Nous voyez-vous tous cités en témoignage à la police correctionnelle!... Vous avez oublié l'affaire Garcia, sans doute, et l'autre histoire chez Jenny Fancy... Le bel effet que cela fit dans le public, quand on vit je ne sais combien de grands noms mêlés à des noms d'escrocs et de filles!...

Rouge naturellement, le baron était devenu cramoisi.

— Ainsi, interrompit-il, c'est le respect humain qui vous arrête?... Sacrebleu! on devrait bien avoir le courage de ses vices... Regardez-moi...

Célèbre par ses huit cent mille livres de rente, par ses propriétés en Bourgogne, par sa passion pour le jeu, ses chevaux et son cuisinier, le baron avait une grande influence. Pourtant, il ne l'emporta pas, et il fut décidé que « l'escroc » irait se faire pendre ailleurs.

— Qu'il rende au moins l'argent, grogna un perdant, qu'il dégorge...

— Son gain est là, sur la table...

— Croyez cela! fit le baron. Tous ces grecs vous ont des poches secrètes où ils « étouffent » leur bénéfice... Fouillez-le, à tout le moins.

— C'est cela, fouillons-le!...

Ecrasé par une catastrophe inouïe, incompréhensible, imméritée, Pascal avait fini par s'abandonner, il semblait à l'agonie.

Ce cri ignoble : « fouillons-le! » alluma en lui une effroyable colère.

D'un mouvement formidable des reins et des bras — pareil à un lion qui secouerait des roquets pendus à sa peau — il se débarrassa de ceux qui le tenaient.

D'un bond, il fut à la cheminée, et saisissant un lourd candélabre de bronze, il le brandit comme une masse en criant :

— Le premier qui avance est un homme mort!...

Il n'y avait pas à en douter, il était prêt à frapper... Et une telle arme entre les mains d'un tel homme devait être terrible.

Le danger parut si grand, si pressant, que tous les autres s'arrêtèrent, chacun encourageant son voisin de l'œil, mais nul ne se souciant d'une lutte sans honneur dont le prix ne pouvait être que quelques billets de banque.

— Rangez-vous que je sorte!... dit Pascal.

On hésita encore, mais on lui fit place...

Et, effrayant d'audace et d'énergie, il gagna la porte du salon et disparut.

Cette superbe explosion de l'honneur outragé, cette énergie succédant au plus morne abattement, ce mouvement terrible, ces menaces, tout cela avait été si prompt, si foudroyant en quelque sorte, que personne n'avait eu seulement la pensée de couper la retraite à Pascal.

Il avait déjà gagné la rue, que les autres n'étaient pas

remis de leur stupeur et demeuraient à la même place, immobiles, muets, béants...

Ce fut une femme encore qui rompit le charme.

— Eh bien !... fit-elle d'un ton où perçait l'admiration, il a de l'aplomb, ce joli monsieur !...

— Naturellement !... Il avait à sauver la caisse.

C'était là l'expression même dont s'était servi M. de Coralth, et qui peut-être avait empêché Pascal de se retirer... Tout le monde applaudit.

Tout le monde... sauf le baron, cependant.

Il s'y connaissait en escrocs, cet homme si riche que sa passion avait traîné dans tous les tripots de l'Europe. Il avait coudoyé les grecs de tous les étages, ceux qui ont voiture et ceux qui n'ont pas de bottes.

Il avait assisté à bien des exécutions. Il connaissait le voleur qui avoue et se roule aux genoux de sa dupe ; le tricheur qui avale les billets escroqués, le gredin qui tend le dos au bâton, et le fripon qui lève la tête avec l'accent indigné de l'honnête homme...

Mais jamais, à aucun de ces misérables le baron n'avait vu le fier regard dont cet innocent venait de foudroyer ses accusateurs.

Préoccupé de cette remarque, le baron fit signe de s'approcher à celui des joueurs qui avait saisi les poignets de Pascal.

— Sérieusement, lui demanda-t-il, avez-vous vu ce malheureux glisser des cartes dans le jeu ?

— Pour cela, non. Mais vous savez bien ce dont on était convenu au souper ?... Nous étions sûrs qu'il volait, il fallait un prétexte pour compter les cartes.

— S'il n'était pas coupable, pourtant !

— Qui donc le serait?... Il était le seul à gagner.

A ce terrible argument qui déjà avait écrasé Pascal, le baron ne répondit pas. Aussi bien, son intervention devenait nécessaire. On commençait à élever la voix autour du tas d'or et de billets que Pascal avait laissé devant sa place.

On l'avait compté, on y avait trouvé 36,320 francs, et il s'agissait de les répartir entre les perdants... C'est à ce sujet qu'on ne s'entendait plus.

Parmi ces joueurs, qui tous appartenaient à la « haute vie, » parmi ces juges qui voulaient l'instant d'avant fouiller un escroc, plusieurs se trouvaient qui évidemment enflaient leur perte. Cela se voit. En additionnant le nombre des déclarations, on arrivait au total surprenant de 91,000 francs. Le malheureux qu'on venait de chasser avait-il emporté la différence?... Ce n'était pas admissible.

La discussion eût donc pris une méchante tournure sans le baron. En matière de jeu, sa décision avait force de loi.

Il disait tranquillement : « C'est comme cela! » et on se soumettait.

En moins de rien il eut terminé le partage et alors, se frottant les mains, tout heureux de voir terminée cette désagréable affaire :

— Il n'est que six heures!... s'écria-t-il; nous avons encore le temps de faire deux ou trois tours.

Mais tous les hommes qui se trouvaient là pâles et harassés, humiliés et honteux d'eux-mêmes, ne songeaient qu'à se retirer.

On s'empressait au vestiaire.

— Un écarté, au moins, criait le baron, un simple écarté, cent louis en cinq points ! A qui à faire ?

Nul n'entendit sa voix, et désespéré il se résigna à suivre les autres, que Mme d'Argelès, debout sur le palier, saluait à la file...

Resté des derniers, M. de Coralth avait déjà pris la rampe et descendu deux ou trois marches, lorsque Mme d'Argelès se pencha vivement vers lui.

— Demeurez, dit-elle, il faut que je vous parle.

— Vous m'excuserez... commença-t-il...

Elle l'interrompit par un « Restez ! » si impérieux, qu'il n'osa pas résister. Il remonta de l'air d'un homme qu'on traîne chez le dentiste, et sans un mot suivit Mme d'Argelès jusqu'à un petit boudoir, au fond de la galerie.

Une fois là, les portes fermées au verrou :

— Expliquons-nous... prononça Mme d'Argelès. C'est vous qui m'avez amené ce soir M. Paul Féraillleur ?

— Hélas !... je ne saurais trop vous en demander pardon... Il m'en coûtera cher, peut-être... Je me bats dans deux heures avec ce petit imbécile de Rochecote.

— Où l'avez-vous connu ?...

— Rochecote ?

L'éternel sourire de Mme d'Argelès avait disparu.

— Je parle sérieusement, dit-elle, avec une nuance de menace. Comment avez-vous connu M. Férailleur ?

— Bien simplement. Il y a sept ou huit mois, j'ai eu besoin d'un avocat, on me l'a indiqué, il a joliment plaidé mon affaire et nous avons conservé des relations...

— Quelle est sa position?

Le visage de M. de Coralth ne trahissait, en vérité, qu'un profond ennui et une grande envie de dormir. Il s'établit sur un fauteuil, et tout en bâillant à demi :

— Ma foi!... répondit-il, je l'ignore... Pascal m'avait paru le garçon le plus rangé du monde... ce qu'on appelle un sage!... Il demeure au fin fond d'un quartier perdu, derrière le Panthéon, avec sa mère, qui est veuve, une dame bien respectable, toujours vêtue de noir... Quand elle est venue m'ouvrir la porte, la première fois, j'ai cru que c'était un portrait de famille qui s'était dérangé de son cadre pour me recevoir... Je les suppose peu aisés... Pascal passe pour un homme remarquable et on le croyait appelé à de très-grands succès au barreau...

— Tandis que maintenant, il est perdu, sa carrière est brisée...

— Assurément!... Vous comprenez qu'avant ce soir tout Paris connaîtra la scène de cette nuit...

Il s'interrompit, examinant d'un air de surprise merveilleusement joué Mme d'Argelès qui s'avançait vers lui, essayant de l'écraser du regard.

— Vous êtes un misérable, monsieur de Coralth!... prononça-t-elle.

— Moi!... Et pourquoi, grand Dieu!

— Parce que c'est vous qui avez glissé parmi les cartes les « portées » qui ont fait gagner M. Férailleur... Je vous ai vu!... Cédant à mes prières, ce malheureux allait se retirer; c'est vous qui, par votre maladresse calculée, m'avez empêché de le sauver... Oh! ne niez pas...

Il se leva, et du plus beau sang-froid :

— Je ne nie rien, chère dame, répondit-il... absolument rien. De vous à moi, bien entendu...

Confondue de tant d'impudence, Mme d'Argelès resta un moment interdite.

— Vous avouez!... fit-elle enfin. Vous osez avouer!... Vous ne craignez donc pas que je dise hautement et à tous ce que j'ai vu!...

Il haussa les épaules.

— On ne vous croirait pas... fit-il.

— On me croirait, monsieur de Coralth, parce que je donnerais des preuves. Vous avez donc oublié que je vous connais, que votre passé n'a pas de secret pour moi, que je sais qui vous êtes et quel nom déshonoré vous cachez sous votre nom et votre titre d'emprunt!... Je puis dire, moi, comment vous vous êtes marié, comment après avoir lâchement abandonné votre femme et votre enfant, vous les laissez mourir de misère et de faim... Je puis dire d'où vous tirez les trente ou quarante mille francs que vous dépensez par an... Vous ne vous souvenez donc plus de tout ce que Rose m'a raconté... monsieur... Paul!...

Elle avait frappé à la bonne place, cette fois, et si juste que M. de Coralth devint livide et eut un mouvement furieux comme pour se précipiter sur elle...

— Ah! prenez garde!... s'écria-t-il, prenez garde!...

Mais ce ne fut qu'un éclair. Il redevint impassible, et d'un ton de persiflage :

— Et après?... Pensez-vous que le monde ne soupçonne pas tout ce que vous prétendez lui révéler? On m'a, pardieu, accusé de bien d'autres choses!... Quand vous aurez bien crié sur les toits que je suis un aventurier, on vous rira au nez, et je n'en serai ni mieux ni plus mal vu... Ce qui écraserait dix hommes honnêtes comme Pascal Férailleur ne m'effleurerait même pas... Je suis dans le mouvement, moi !... Il me faut le luxe, le plaisir, la grande vie, tout ce qui est bon et beau... et dame! pour me procurer tout cela, je fais de mon mieux... Assurément, je ne tire pas mes revenus de fermes en Brie, mais j'ai de l'argent, c'est l'essentiel... Ne sommes-nous pas au temps des absolutions? Chacun donne la sienne de crainte d'avoir besoin de celle du voisin. La vie est si dure et l'appétit si grand, que nul ne sait au juste, la veille, ce qu'il fera... ou plutôt ce qu'il ne fera pas le lendemain... Enfin, le nombre des gens à mépriser a rendu le mépris impossible... Un Parisien qui aurait l'absurde prétention de ne donner la main qu'à des irréprochables risquerait à certains jours de se promener des heures entières sur le boulevard sans trouver... l'occasion de sortir ses mains de ses poches.

Mais c'était là forfanterie pure, de la part de M. de Coralth... Mieux que personne il savait combien était fragile et menacée la base de sa vie fastueuse, toute de dehors et d'apparence.

Assurément, le monde est devenu d'une lamentable indulgence pour les existences douteuses, le monde ferme les yeux; il ne sait pas, il ne veut pas savoir... Raison de plus pour se montrer impitoyable, dès qu'un fait précis déchire la fiction...

Aussi, tout en affichant la plus impudente sécurité, M. de Coralth observait-il d'un œil anxieux l'attitude de Mme d'Argelès.

Et quand il la vit abasourdie de son cynisme :

— Du reste, reprit-il, nous gaspillons notre temps, comme dit le baron, à nous préoccuper de suppositions improbables et même impossibles... Je connais assez votre cœur et votre intelligence, chère madame, pour être parfaitement sûr que vous ne soufflerez mot...

— Qui donc m'en empêcherait ?

— Moi!... et par moi, j'entends la raison qui a glacé la vérité sur vos lèvres, quand Pascal, innocent, vous adjurait de venir à son secours... Il faut me pardonner beaucoup, chère madame... Ma mère, malheureusement, était une honnête femme qui ne m'a pas gagné de rentes...

Mme d'Argelès recula, comme si elle eût vu, devant elle, se dresser un reptile...

— Que voulez-vous dire? balbutia-t-elle.

— Eh!... vous le savez aussi bien que moi!...

— Je ne sais rien; expliquez-vous...

Il eut le geste impatient de l'homme forcé de répondre à des questions oiseuses, et d'un air d'hypocrite commisération :

— Vous le voulez, dit-il, soit... Je connais de par le monde à Paris, rue du Helder, pour être précis, un charmant garçon dont j'ai souvent envié le sort. Rien ne lui a manqué depuis qu'il a pris la peine de naître... A Louis-le-Grand, il avait pour ses menus plaisirs trois fois autant d'argent que les plus riches élèves... Ses études terminées, un précepteur l'est venu trouver, les poches pleines d'or, pour le conduire en Italie, en Egypte, en Grèce... En ce moment, il fait son droit, et tous les trois mois, avec une invariable exactitude, une lettre de

Londres lui apporte cinq mille francs. C'est d'autant plus merveilleux que ce garçon ne se connaît ni père ni mère... Il est seul ici-bas, avec ses vingt mille livres de rentes... Je l'ai entendu dire en riant que quelque bonne fée veille sur lui, mais je sais que sérieusement il se croit le fils naturel de quelque grand seigneur anglais... Parfois même, entre amis, après boire, il parle de se mettre à la recherche de son noble père, le lord...

L'effet qu'il produisait devait rassurer M. de Coralth. Mme d'Argelès, dès les premiers mots, s'était laissée tomber, comme assommée, sur une chaise longue.

— Donc, chère madame, poursuivit-il, si jamais fantaisie vous prenait de me faire de la peine, j'irais trouver ce charmant garçon. « Mon bonhomme, lui dirais-je, « vous vous abusez singulièrement... Ce n'est pas de la « cassette d'un pair d'Angleterre que sortent vos reve- « nus, mais simplement d'une bonne petite « cagnotte » « que je connais bien, pour l'avoir à l'occasion engrais- « sée de mes vingt sous. » Et s'il se fâchait, s'il regrettait ses illusions aristocratiques : « Vous avez tort, ajou- « terais-je, car si le grand seigneur s'évanouit, la bonne « fée reste, laquelle n'est autre que madame votre mère, « une digne personne, allez! à qui votre éducation et « vos rentes donnent bien du tintouin. » Et s'il doutait, je le conduirais chez sa maman, par une nuit de baccarat nerveux, et ce serait une scène de reconnaissance digne du talent de Fargueil.

Tout autre que M. de Coralth eût eu pitié de Mme d'Argelès. Elle agonisait.

— Voilà donc ce que je craignais!... gémissait-elle d'une voix à peine intelligible.

Lui l'entendit, cependant.

— Quoi!... fit-il, du ton le plus surpris, véritablement vous doutiez?... Non, je ne puis l'admettre, ce serait faire injure à votre expérience... Des gens comme nous ont-ils donc besoin de se parler pour s'entendre?... Aurais-je jamais songé à ce que j'ai osé chez vous, si je n'avais tenu le secret de vos tendresses maternelles, de votre délicatesse et de votre dévouement...

Elle pleurait... de grosses larmes silencieuses roulaient le long de son visage immobile, traçant un large sillon sur sa joue, à travers la poudre de riz...

— Il sait tout, murmurait-elle, il sait tout!...

— Oh!... bien involontairement, je vous jure... N'aimant point, par caractère, qu'on fourre le nez dans mes affaires, je ne me mêle jamais de celles des autres... Le hasard a tout fait... C'était par une belle après-dînée d'avril, je venais vous chercher pour faire un tour de bois. J'entre justement dans ce boudoir où nous sommes, vous étiez en train d'écrire... Je m'assois pour vous laisser finir, mais voilà qu'on vous appelle pour je ne sais quoi de très-pressé, et vous sortez précipitamment... Comment l'idée m'est-elle venue de m'approcher de votre table?... c'est ce que je ne m'explique pas. Toujours est-il que je me suis approché et que j'ai lu votre lettre interrompue. Parole d'honneur, elle m'a touché, et la preuve, c'est que je me la rappelle presque textuellement. Jugez plutôt :

« Cher monsieur, écriviez-vous à votre correspondant
« de Londres, je vous expédie, outre les 5,000 francs du
« trimestre, 3,000 francs de supplément. Faites-les par-
« venir sans retard... Je crois ce malheureux enfant

« gêné et tourmenté par les créanciers... Hier, j'ai eu le
« bonheur de l'apercevoir rue du Helder, et je l'ai trouvé
« pâle et triste... depuis ce moment, je ne vis plus. Ce-
« pendant, en même temps que cet argent, adressez-lui
« une lettre de paternelles remontrances. Il faut qu'il
« travaille et songe à se créer une position honorable.
« Seul, sans appui, sans famille, au milieu de ce Paris si
« corrompu, quels dangers ne court-il pas!... »

Là, chère dame, s'arrêtait votre lettre. Mais le nom et l'adresse s'y trouvaient. C'en était assez pour comprendre, c'en était trop, avouez-le, pour ne pas émoustiller ma curiosité. Vous souvient-il de notre attitude à votre retour?... En vous apercevant que vous aviez oublié cette lettre commencée, vous avez pâli et m'avez regardé. — « Avez-vous lu, avez-vous compris? » disaient vos yeux. Les miens vous répondirent : « Oui, mais je me tairai... »

— Je me tairai de même, dit Mme d'Argelès.

M. de Coralth lui prit la main qu'il porta à ses lèvres.

— Je savais bien que nous nous entendrions, fit-il gravement... Je ne suis pas méchant, au fond, croyez-le bien, et si j'avais eu des rentes ou seulement une mère comme vous...

Elle détourna la tête, craignant peut-être que M. de Coralth ne lût dans ses yeux ce qu'elle pensait de lui; puis, après une pause, et avec l'accent de la prière :

— Maintenant que me voilà votre complice, fit-elle, laissez-moi vous supplier de tout faire pour empêcher la... scène de cette nuit de s'ébruiter...

— Impossible.

— Si ce n'est pour M. Férailleur, que ce soit pour sa mère, du moins, cette pauvre femme veuve...

— Il faut que Pascal disparaisse!

— Comme vous dites cela! Vous le haïssez donc bien?... Que vous a-t-il fait?

— A moi personnellement?... Rien. Et même je me sentais pour lui une véritable sympathie...

Mme d'Argelès fut comme pétrifiée.

— Quoi!... bégaya-t-elle; ce n'est pas... pour votre compte que vous avez... agi.

— Mon Dieu!... non.

Révoltée, elle se redressa, et d'une voix où vibrait le mépris et l'indignation :

— Ah!... c'est encore plus infâme, s'écria-t-elle; c'est encore plus lâche...

Mais elle s'arrêta, épouvantée de l'éclair de menace qui traversa les yeux de M. de Coralth.

— Trêve de vérités désagréables, dit-il froidement. Si nous nous mettons à échanger l'opinion que nous avons l'un de l'autre, nous en arriverons vite à de très-vilains mots... Pensez-vous que j'aie agi pour mon plaisir!... Jamais je n'ai tant pris sur moi qu'au moment où je glissais sur les cartes des « portées » préparées. Si on m'eût aperçu, cependant!... j'étais perdu...

— Et vous croyez que personne ne vous soupçonne?...

— Personne... J'ai perdu plus de cent louis... Si Pascal était de notre monde, on s'inquiéterait peut-être, mais demain il sera oublié...

— Et lui, ne se doutera-t-il de rien?

— Il n'aurait pas de preuves à fournir, dans tous les cas...

11*

Mme d'Argelès paraissait prendre son parti de ce qui arrivait.

— J'espère au moins, dit-elle, que vous me direz qui est l'ami que vous avez obligé.

— Pour cela, non!... répondit M. de Coralth.

Et, consultant sa montre :

— Mais je m'oublie! s'écria-t-il. J'oublie que cet idiot de Rochecote attend son coup d'épée... Allez dormir, chère dame, et... au revoir.

Elle l'accompagna jusque sur le palier.

— Il est clair, pensait-elle, qu'il va courir chez l'ennemi de M. Férailleur...

Et, appelant son domestique de confiance :

— Vite, Jobin, lui dit-elle, suivez M. de Coralth, je veux savoir où il va... et surtout, prenez garde qu'il ne vous voie....

V

S'il est, à Paris, une rue paisible et silencieuse, asile rare de l'étude et de la méditation, c'est, assurément, cette belle et large rue d'Ulm, qui commence à la place du Panthéon et se termine brusquement à la rue des Feuillantines.

Les magasins y sont peu somptueux et si rares qu'on les compterait.

Il y a un marchand de vin, à gauche, à l'angle de la rue de la Vieille-Estrapade ; puis la petite boutique de « La Jeunesse, » puis une blanchisseuse et un relieur. On trouve à droite l'imprimerie du « Bulletin de l'Observatoire, » un marchand de bois nommé Chanson, un serrurier, un fruitier, un boulanger... et c'est quasi tout.

Le reste de la rue est occupé par de vastes établissements à façades austères entourés de jardins. C'est le couvent des « Sœurs de la Croix, » et ensuite la maison des « Dames de l'Adoration réparatrice du Sacré-Cœur. » Plus loin, vers la rue des Feuillantines, on reconnaît l'Ecole Normale, et en face un dépôt de la Compagnie des Omnibus.

Le jour, on n'y rencontre guère que des physionomies graves : des prêtres, des savants, des professeurs, des employés des bibliothèques. Tout le mouvment vient des chevaux du dépôt, et si on entend quelques éclats de rire sonores, c'est que c'est sortie à l'Ecole Normale.

La nuit venue, on s'y croirait à cent lieues du boulevard Montmartre et de l'Opéra, dans quelque bonne vieille ville de province, à Poitiers, par exemple. Et c'est à peine si en prêtant bien l'oreille on y recueille un écho affaibli du tapage de Paris viveur.

C'est dans cette rue — au bout du monde, disait M. de Coralth — que Pascal Férailleur demeurait avec sa mère.

Ils occupaient au second étage, un joli appartement de cinq pièces ayant vue sur des jardins.

Leur loyer était élevé. Ils payaient 1,400 francs. Mais c'était là un sacrifice imposé par la profession de Pascal. Ne lui fallait-il pas un cabinet et un petit salon d'attente pour les clients?...

Pour le reste, la vie de la mère et du fils était étroite et simple. Tout leur service se composait d'une femme de ménage qui venait le matin à sept heures pour le gros ouvrage, se retirait à midi et ne revenait que le soir pour le dîner.

Mme Férailleur se chargeait du reste, ne rougissant nullement d'aller ouvrir quand un client sonnait.

Elle pouvait d'ailleurs le faire sans crainte de méprise, tant son extérieur digne imposait le respect.

En la comparant à un « portrait de famille, » M. de Coralth avait fait preuve de jugement. Elle était telle en effet qu'on aime à se représenter les femmes de la vieille bourgeoisie, épouses chastes et aimantes, mères incomparables, qui apportaient le bonheur au foyer de l'homme qu'elles avaient choisi.

A cinquante ans qu'elle venait d'avoir, Mme Férailleur paraissait son âge. Elle avait souffert. Un observateur reconnaissait la trace des larmes au pli de ses paupières, et ses lèvres trahissaient de cruelles douleurs héroïquement supportées.

Elle n'était pas sévère, cependant, ni même trop grave. Souvent les rares amis qu'elle admettait à son intimité se retiraient émerveillés de son esprit.

C'était d'ailleurs une de ces femmes qui n'ont pas d'histoire, qui ont fait leur bonheur de ce que d'autres appellent leur devoir.

Une courte phrase résume sa vie : elle avait aimé, elle s'était dévouée.

Fille d'un modeste employé des finances, elle avait épousé, avec 3,000 francs de dot, un jeune homme pauvre comme elle, mais intelligent et laborieux, qu'elle aimait et qui l'adorait...

Ce jeune homme, en se mariant, s'était juré qu'il ferait fortune, non qu'il tînt à l'argent, grand Dieu !... mais pour parer de toutes les superfluités de luxe son idole, sa femme.

Nul doute que son amour, en décuplant son énergie, n'ait hâté son succès.

Attaché en qualité de chimiste à un grand établissement industriel, il rendit de tels services qu'on ne tarda pas à l'associer pour une large part dans les bénéfices. Son nom est inscrit au catalogue des inventeurs. On lui doit la découverte d'une de ces éblouissantes couleurs qu'on extrait de la houille.

Au bout de dix ans, il était riche, il aimait sa femme comme au premier jour, et il avait un fils, Pascal...

Malheureux homme!... Un jour, en plein bonheur, comme il cherchait une combinaison pour fixer des verts d'une innocuité parfaite, un mortier éclata entre ses mains et lui fit à la tête et à la poitrine d'horribles blessures...

Et quinze jours plus tard, il mourait, calme en apparence, mais l'âme déchirée d'horribles regrets...

Ce coup fut terrible pour la malheureuse femme, et il fallut la pensée de son fils pour la rattacher à la vie...

Pascal devenait tout pour elle, le présent et l'avenir... Elle se jura qu'elle en ferait un homme!...

Mais hélas!... un malheur ne vient jamais seul.

Un ami de son mari qui s'était chargé d'administrer sa fortune, abusa lâchement de son inexpérience. Elle s'était endormie riche de plus de 15,000 livres de rentes, elle s'éveilla ruinée... ruinée à ne savoir où dîner le soir.

Seule, elle eût été à peine émue de cette catastrophe.

Elle en fut atterrée en réfléchissant que l'avenir de son fils était peut-être perdu, et que, dans tous les cas, ce désastre le condamnait à entrer dans la vie par les portes basses et étroites de la misère.

Mais Mme Férailleur avait le cœur trop haut et trop

fier pour ne pas trouver en ce péril extrême une énergie virile.

Elle ne perdit pas en lamentations inutiles des moments précieux. Elle se dit qu'elle réparerait le mal autant qu'il était en elle, et que, lui fallût-il travailler de ses mains, son fils n'interromprait pas ses études au collége Louis-le-Grand.

Et quand elle parlait de travailler de ses mains, ce n'était pas une de ces exagérations vaines de la douleur ou d'un éclair de courage.

Elle s'employa à faire des ménages ou à des coutures grossières jusqu'au jour où elle put être admise en qualité de surveillante dans l'établissement dont son mari avait été l'associé.

Pour obtenir cette place, elle avait dû apprendre la tenue des livres, mais elle s'en trouvait amplement récompensée. Cela lui valait dix-huit cents francs par an, le logement et la table.

Dès lors, son cœur se desserra. Elle comprit qu'elle mènerait à bonne fin sa lourde tâche.

La pension de Pascal, qui fut désormais interne, lui coûtait environ neuf cents francs, tout compris; elle ne dépensait pas pour elle plus de cent francs; c'était donc huit cents francs qu'elle pouvait mettre de côté chaque année.

Il faut reconnaître qu'elle fut secondée par son fils au-delà de toute espérance.

Pascal avait douze ans le jour où sa mère lui dit d'une voix émue, mais ferme :

— Je t'ai ruiné! mon fils... De cette fortune si laborieusement édifiée par ton père, rien ne nous reste... Tu

n'as plus désormais à compter que sur toi, mon fils...
Dieu veuille que plus tard tu ne me reproches pas amèrement mon imprudence...

L'enfant ne se jeta pas dans ses bras...

Il redressa la tête, et d'un air fier :

— Mère chérie, répondit-il, je t'aimerai davantage, s'il est possible... Cette fortune que mon père t'avait donnée, je te la rendrai... Je ne suis plus un collégien, je suis un homme... tu verras.

On vit, en effet, qu'il avait pris un engagement sacré.

Abusant jusque-là d'une remarquable intelligence et d'une prestigieuse facilité, il travaillait peu et seulement par accès, au moment des compositions générales...

De ce moment, il ne perdit plus une heure. Ses allures, comiques et touchantes à la fois, devinrent celles d'un chef de famille soucieux de sa responsabilité.

— Voyez-vous, disait-il à ses camarades étonnés de sa soudaine âpreté à l'étude, je n'ai plus le loisir d'user beaucoup de culottes sur les bancs de l'Université, maintenant que ma pauvre mère les paye de son travail!...

Car sa bonne humeur ne fut pas altérée de ce qu'il s'était imposé la loi de ne jamais dépenser un sou des quelques francs affectés chaque semaine à ses menus plaisirs.

Et avec un tact bien supérieur à son âge, il sut porter fièrement et simplement son malheur, évitant aussi bien l'humilité qui a un faux air de bassesse que le ton rogue de la pauvreté envieuse.

Trois ans de suite, des prix au grand concours récompensèrent ses efforts. Ce succès, loin de l'enivrer, lui fit à peine plaisir.

— Ce n'est que glorieux, pensait-il.

Sa grande, sa première ambition était de se suffire.

Il y parvint lorsqu'il était en rhétorique, grâce à la bienveillance du proviseur, en donnant des répétitions à des élèves des classes inférieures.

Si bien qu'un jour, Mme Férailleur s'étant présentée comme d'ordinaire à l'économat pour régler le trimestre, l'économe lui répondit :

— Vous ne nous devez rien, madame; tout a été payé par votre fils...

Elle faillit s'évanouir, faible devant le bonheur, elle qui avait si courageusement supporté l'adversité. Elle pouvait à peine croire... il lui fallut de longues explications. Et alors de grosses larmes, larmes de joie cette fois, jaillirent de ses yeux.

C'est ainsi que Pascal Férailleur arriva à la fin de ses études, tout armé pour les luttes qui l'attendaient, et ayant fait ses preuves.

Il voulait être avocat, et c'est là, il ne se le dissimulait pas, une profession presque inabordable pour les jeunes gens qui n'ont pas de fortune...

Mais pour qui veut fortement, pour qui sait surtout vouloir chaque matin la même chose précisément que la veille, il n'est pour ainsi dire pas d'obstacles insurmontables.

Le jour où il prit sa première inscription, Pascal entrait comme clerc surnuméraire chez un avoué.

Cette besogne de basoche, si fastidieuse au début, devait lui offrir ce double avantage de le rompre aux manœuvres de la procédure et de lui fournir de quoi vivre et de quoi payer ses examens.

Dès le milieu de la première année, il avait 800 francs d'appointements. Il en obtint 1,500 à la fin de la seconde. Après trois ans, et lorsqu'il venait de passer sa thèse, son patron l'éleva au grade de maître clerc avec un traitement de 3,000 francs, qu'il augmentait encore en préparant des dossiers pour des avocats très-occupés, ou en rédigeant des mémoires pour des particuliers...

Certes, en arriver là et en si peu de temps tenait presque du prodige, et pourtant le plus difficile restait à accomplir.

Le périlleux était d'abandonner une position sûre, pour courir les hasards du barreau.

Décision grave à prendre, si grave que Pascal hésita longtemps.

Il se sentait menacé du danger que se préparent les lieutenants trop utiles à leur chef. Son patron, accoutumé à se décharger sur lui de ses plus lourds soucis, lui pardonnerait-il de le quitter?

Or, il était indispensable qu'en s'établissant il conservât les bonnes grâces de l'avoué. La clientèle que ne pouvait manquer de lui amener une étude où il avait régné quatre ans était la plus solide base de ses calculs d'avenir.

Il réussit à sa satisfaction, non sans quelques tiraillements pourtant, et en n'employant que cette suprême finesse qui s'appelle la franchise absolue.

Il n'y avait pas quinze jours qu'il avait ouvert son cabinet, que déjà sept ou huit dossiers attendaient leur tour sur son bureau.

Ses débuts furent de ceux qui font sourire les vieux juges et leur arrachent cette précieuse prédiction :

— Voilà un garçon qui ira loin.

Il n'avait cependant pas cherché l'éclat, préoccupé de gagner la cause dont il était chargé bien plus que de briller aux dépens de son client. Modestie rare et qui le servit bien.

Les dix premiers mois d'exercice rapportèrent à Pascal environ huit mille francs, absorbés en partie par les frais d'une installation convenable.

La seconde année, ses honoraires augmentèrent de moitié; il vit sa position s'asseoir, et il exigea de sa mère qu'elle abandonnât sa fabrique.

Il lui prouva, ce qui était exact, qu'elle épargnerait au-delà de ce qu'elle gagnait en surveillant le ménage...

De ce moment, la mère et le fils, ces deux êtres si vaillants et si nobles, durent espérer que leur héroïque énergie avait désarmé la destinée.

Les clients affluaient si bien qu'il était décidé qu'on se rapprocherait du centre des affaires, le loyer dût-il en être doublé. L'assurance qui gagne à demi les causes venait avec la réputation, enfin il y avait une douzaine de mille francs en lieu sûr pour parer à toutes les éventualités.

Mme Férailleur avait quitté les vêtements noirs qu'elle portait depuis la mort de son mari... Elle devait bien cela à Pascal. Et d'ailleurs, après avoir cru qu'il n'était plus de bonheur ici-bas pour elle, elle comprenait qu'elle pouvait être heureuse en son fils.

Pascal n'avait donc plus qu'à tenir sa voile grande ouverte au vent du succès, quand M. Fernand de Coralth fut amené à son cabinet par une assez vilaine affaire, —

une petite opération qu'il avait risquée et qui frisait l'escroquerie.

Chose étrange!... M. de Coralth ne déplut pas à Pascal.

Le travailleur honnête fut intéressé, presque séduit par les vices brillants de l'aventurier, par ses côtés équivoques, par sa hardiesse, se fatuité, son mirifique aplomb et son insoucieuse impudence. Il trouva une satisfaction de curiosité à étudier de près ce produit du terreau parisien, surprenant résumé de toutes les corruptions de l'époque.

Sans doute M. de Coralth ne laissa voir de sa vie et de ses ressources que ce qu'il voulut. Pascal ne sut pas tout, mais il en connut assez pour être bien averti de se défier d'un garçon qui traitait plus que cavalièrement la morale, et avait infiniment moins de scrupules que de besoins.

Ils se virent quelquefois, et véritablement ce fut Pascal qui pria le vicomte de le conduire à quelqu'une de ces réunions de la « haute vie » dont les journaux donnaient de si alléchantes descriptions.

Mme Férailleur faisait une partie de boston, comme tous les jeudis, avec quelques vieux amis, le soir où M. de Coralth vint chercher son ami l'avocat pour le conduire chez Mme d'Argelès.

Pascal trouva que cela tombait on ne peut mieux. Il s'habilla avec plus de soin qu'à l'ordinaire, et, comme toujours, avant de sortir, il alla embrasser sa mère.

— Comme te voici paré, lui dit-elle en souriant.

— Je vais en soirée, chère mère, répondit-il, et je rentrerai probablement très-tard. Ainsi, ne m'attends pas, je t'en prie; promets-moi de te coucher comme à l'ordinaire.

— Tu as le passe-partout?

— Oui, mère.

— Eh bien! je ne t'attendrai pas... Tu trouveras, en entrant, ta bougie et des allumettes sur le buffet, dans l'antichambre... Et enveloppe-toi bien, car il fait très-froid.

Elle tendit son front aux lèvres de son fils et gaiement ajouta :

— Et amuse-toi bien...

Fidèle à sa promesse, Mme Férailleur se mit au lit comme tous les soirs, mais c'est vainement qu'elle appela le sommeil.

Elle n'avait certes aucune raison de s'inquiéter, et cependant cette idée que son fils était dehors l'emplissait d'appréhensions vagues qu'elle n'avait jamais ressenties.

Peut-être cela venait-il de ce qu'elle ignorait où était allé Pascal. Peut-être M. de Coralth était-il la cause de cette agitation. Mme Férailleur ne pouvait souffrir le vicomte, son instinct de femme lui disait que l'étrange beauté de ce jeune homme avait quelque chose de malsain et qu'il était dangereux de croire à ses témoignages d'amitié.

Successivement elle entendit frapper toutes les heures aux horloges des communautés voisines... deux heures... trois heures... quatre heures...

— Comme Pascal rentre tard, se disait-elle.

Peu à peu, un pressentiment plus douloureux que les autres traversa son esprit. Elle sauta à terre et courut ouvrir sa fenêtre. Il lui semblait qu'elle avait entendu un grand cri de détresse dans la rue déserte...

A ce moment-là même, minute pour minute, le mot « voleur » était jeté à la face de son fils.

La rue était silencieuse... elle pensa qu'elle s'était trompée, elle se recoucha en se raillant de ses chimères, et enfin s'endormit...

Mais quelle ne fut pas sa terreur, le matin, quand, sortant de chez elle, au bruit de la femme de ménage, elle aperçut sur le buffet le bougeoir de Pascal.

N'était-il donc pas rentré!... Elle courut à sa chambre... personne.

Et il était près de huit heures!...

C'était la première fois que Pascal passait la nuit dehors sans que sa mère fût prévenue. Et de sa part, avec son caractère, cela annonçait quelque chose d'extraordinaire.

En un moment Mme Féraïlleur s'énuméra tous les dangers de Paris la nuit. Toutes les histoires qu'elle avait lues, d'hommes attirés dans des piéges, poignardés au détour de quelque rue déserte, jetés à la Seine en traversant un pont se représentèrent à sa mémoire...

Que faire!... Elle avait envie de courir à la préfecture de police et chez tous les amis de Pascal, et d'un autre côté elle n'osait s'éloigner de peur qu'il ne rentrât en son absence...

Et pendant que son désespoir flottait entre mille partis, elle restait affaissée sur une banquette de l'antichambre, comptant les secondes aux battements précipités de ses tempes, l'oreille tendue au moindre bruit...

Enfin, un peu après la demie de huit heures, elle entendit dans l'escalier un pas lourd et trébuchant comme le pas d'un ivrogne...

Elle ouvrit, c'était son fils, les vêtements en désordre, sa cravate arrachée, sa chemise déchirée, sans pardessus, la tête nue...

Il était livide et ses dents claquaient, nulle expression dans ses yeux et sur sa physionomie qu'un affreux hébêtement...

— Pascal, que t'est-il arrivé?...

Cette voix tombant sur son esprit comme un marteau sur un timbre, le fit tressaillir de la tête aux pieds.

— Rien!... bégaya-t-il, rien du tout.

Et sa mère l'accablant de questions, il l'écarta doucement et gagna sa chambre.

— Pauvre enfant, murmura Mme Férailleur, peinée et rassurée en même temps, lui toujours si sobre... on l'aura fait boire.

L'erreur de Mme Férailleur était grande, et cependant les sensations de Pascal étaient exactement celles de l'ivresse.

Après avoir perdu pendant un temps assez long toute conscience de soi et des circonstances extérieures, il sentait un brouillard plus épais que les vapeurs de l'alcool envahir son cerveau.

Comment il était revenu chez lui, par quel chemin, ce qu'il avait fait en route, il lui eût été impossible de le dire.

Si même il était rentré, c'était machinalement, par la force de l'habitude, cette mémoire du corps.

Il lui semblait cependant qu'il s'était assis sur un banc

aux Champs-Elysées, qu'il y avait eu extrêmement froid, et qu'un sergent de ville était venu le secouer, le menaçant du poste s'il ne se remettait pas en marche...

Ses derniers souvenirs précis s'arrêtaient brusquement rue de Berry, sur le seuil de l'hôtel de Mme d'Argelès.

Ainsi, il se rappelait fort bien qu'il avait descendu l'escalier lentement, que les domestiques, dans le vestibule, s'étaient écartés sur son passage, et qu'en traversant la cour il avait jeté le candélabre dont il s'était armé...

Puis, plus rien...

Une fois dans la rue, il avait été soudainement saisi par l'air vif, comme le buveur au sortir d'une salle à manger trop chauffée...

Peut-être le champagne qu'il avait bu avait-il contribué à ce désordre cérébral.

Et en ce moment, chez lui, assis dans son fauteuil, entouré d'objets familiers, il ne pouvait parvenir à rentrer en possession de lui-même.

Sa pensée flottante, comme le liége sur l'eau, se dérobait à sa volonté et lui échappait... Un invisible engourdissement de plus en plus le dominait.

Il eut bien juste la force de se jeter sur son lit, et aussitôt il s'endormit d'un sommeil de plomb, le sommeil des grandes crises, qu'on a observé même chez quelques condamnés à mort, la veille de leur exécution.

A quatre ou cinq reprises sa mère vint écouter à la porte, une fois même elle entra, et voyant son fils si profondément endormi, elle ne put s'empêcher de sourire.

— Pauvre Pascal, pensait-elle, il ne peut supporter

d'autres excès que ceux du travail. Dieu ! va-t-il être surpris et honteux quand il se réveillera...

Hélas ! ce n'était pas la confusion d'une légère faiblesse, mais le désespoir qui attendait ce malheureux à son réveil...

D'un seul coup, tout d'un bloc et comme en une vision, son imagination lui retraça la scène de la nuit, lui représenta le présent et lui montra l'avenir...

Sans avoir le plein et libre exercice de ses facultés, il était du moins capable de réfléchir et de délibérer. Il essaya d'évaluer courageusement la situation.

Tout d'abord, quant aux événements passés, il n'eut pas l'ombre d'un doute. Il était, ainsi qu'il l'avait dit, tombé dans un piége ignoble. Qui l'y avait poussé?... M. de Coralth qui, placé à sa gauche, avait préparé les « mains » avec lesquelles il avait gagné. Cela lui semblait évident.

Il lui parut également prouvé que Mme d'Argelès connaissait le coupable, soit qu'elle l'eût surpris, soit qu'elle eût été mise dans la confidence.

Mais ce qui échappait à son intelligence, c'était le mobile de M. de Coralth.

Quel intérêt l'avait poussé à cette abominable action?... Il fallait qu'il fût considérable, car enfin il s'était exposé à être vu trichant, et à passer à tout le moins pour un complice...

Puis encore, quelle raison avait fermé la bouche de Mme d'Argelès?...

Mais à quoi bon ces conjectures illusoires!...

Le fait brutal, positif, réel, c'est que l'infamie avait

réussi, de quelque part qu'elle partît et quel que fût son mobile... Et Pascal était déshonoré.

Il était l'honnêteté même, et cependant il était accusé, plus que cela, convaincu d'avoir volé au jeu.

Il était innocent, et il n'apercevait pas de preuves à donner de son innocence. Il connaissait le coupable, et il ne voyait aucun moyen de le démasquer, ni même de l'accuser...

Quoi qu'il fît, cette calomnie atroce, inouïe, incompréhensible l'écrasait ; le barreau lui était fermé, sa carrière était brisée...

A cette horrible conviction que l'abîme était sans issue, il sentit vaciller sa raison... il sentit qu'il devenait incapable de rien décider et qu'il lui fallait les conseils d'un ami.

Plein de cette idée, il se hâta de changer de vêtements et s'élança hors de sa chambre...

Sa mère le guettait, disposée à le railler doucement, mais d'un seul coup d'œil elle vit bien qu'il était survenu quelque chose de terrible, et que le malheur était sur la maison...

— Pascal, s'écria-t-elle, au nom du ciel ! que t'arrive-t-il ?

— Une contrariété, la moindre des choses.

— Où vas-tu ?...

— Au Palais...

C'est au Palais qu'il se rendait, en effet, espérant y rencontrer son plus intime ami.

Contre son habitude, il prit le petit escalier de droite, au bas duquel se trouve le bureau des amendes, et qui débouche dans la salle des Pas-Perdus.

Au milieu de la salle, des avocats en robe causaient... Ils semblèrent stupéfaits en apercevant Pascal, et se turent... Les visages devinrent sérieux, les têtes se détournèrent avec un visible dégoût.

Le malheureux comprit. Il se frappa le front d'un geste de fou, en s'écriant :

— Déjà !... déjà !...

Et il passa. Il n'avait pas aperçu son ami dans le groupe, et il courait à la petite salle des conférences...

Cinq avocats s'y trouvaient. Dès que Pascal entra, deux s'esquivèrent, et les deux autres affectèrent de donner toute leur attention à un dossier ouvert sur la table.

Le cinquième, qui ne bougea pas, n'était point l'ami cherché, mais c'était un ancien camarade de Louis-le-Grand nommé Dartelle. Pascal marcha droit à lui.

— Eh bien ?... demanda-t-il.

Dartelle lui tendit un *Figaro* humide encore de la presse, et cependant froissé comme s'il eût passé en plus de cent mains.

— Lis !

Pascal lut :

« Grand émoi et scandale énorme cette nuit, à l'hôtel
« de Mme d'A..., une vieille étoile de première gran-
« deur.

« Une vingtaine de gentilshommes haut titrés et très-
« rentés s'entretenaient en joie et santé, grâce aux émo-
« tions d'un bac des plus corsés, quand on crut remarquer
« que M. X... gagnait extraordinairement.

« Surveillé, ledit X... fut pris la main dans le sac, au

« moment où avec une rare dextérité il coulait parmi les
« cartes une triomphante portée.

« Accablé par l'évidence, il se laissa fouiller et rendit
« sans trop de mauvaise grâce le fruit du travail de ses
« mains, deux mille louis environ.

« L'étrange de ce scandale, c'est que M. X..., qui est
« avocat, jouit au Palais d'une grande réputation d'aus-
« térité et d'intégrité. Et malheureusement cette... es-
« piéglerie ne saurait être attribuée à une minute de
« vertige, le fait des cartes préparées constitue une pré-
« méditation au premier chef.

*
* *

« Un qui n'était pas content, c'était le vicomte de
« C..., qui avait présenté M. X... Aussi a-t-il relevé trop
« vivement un propos inoffensif de M. de R... Au petit
« jour, ces messieurs parlaient de croiser le *fer ail-
« leurs*.

*
* *

« DERNIÈRES NOUVELLES. — Nous apprenons, au mo-
« ment de mettre sous presse, qu'une rencontre a eu lieu
« entre M. de R... et de C... M. de R..., a reçu un coup
« d'épée au côté, mais son état n'inspire aucune inquié-
« tude... »

Le journal s'échappa des mains de Pascal. Son visage
était plus décomposé que s'il eût vidé une coupe de
poison.

— C'est une infâme calomnie, fit-il d'une voix étranglée, je suis innocent, je le jure sur l'honneur!...

L'autre détourna la tête, mais non si vivement que

Pascal ne pût lire dans ses yeux l'expression d'un atroce mépris.

Alors il se sentit condamné, il eut le sentiment de l'irrévocable, il jugea qu'il n'était plus d'espoir.

— Je sais ce qui me reste à faire !... murmura-t-il.

Dartelle aussitôt se retourna ; des larmes brillaient entre ses cils.

Il prit les mains de Pascal et les serra avec une douloureuse effusion, comme on fait à un ami qui va mourir...

— Courage !... murmura-t-il.

Pascal sortit comme un fou.

— C'est cela, se répétait-il, en courant le long du boulevard Saint-Michel, il n'y a plus que cela.

Arrivé chez lui, il s'enferma à double tour dans son cabinet, et écrivit deux lettres, l'une à sa mère, l'autre au bâtonnier de l'ordre des avocats...

Après un moment de réflexion, il en commença une troisième, mais il la déchira en menus morceaux avant de l'avoir achevée.

Et alors, avec cette précision rapide du parti pris, il tira d'un tiroir de son bureau un revolver et une boîte de cartouches.

— Pauvre mère ! murmurait-il, elle en mourra... mais elle mourrait de l'autre chose aussi... Mieux vaut abréger l'agonie.

Ce que Pascal ne pouvait soupçonner, c'est qu'en ce moment suprême, pas un de ses gestes, pas un des tressaillements de son visage n'échappaient à cette mère dont il balbutiait le nom.

Depuis que son fils l'avait quittée pour courir au Pa-

13

lais, la pauvre femme ne vivait plus, écrasée qu'elle était par la certitude de quelque grand malheur.

Quand elle entendit Pascal rentrer et s'enfermer dans son cabinet, ce qu'il ne faisait jamais, un pressentiment sinistre comme un glas de mort traversa son esprit.

Emportée par un mouvement instinctif, elle courut à la porte qui donnait de la chambre dans le cabinet de son fils, et dont les panneaux supérieurs étaient remplacés par des glaces.

Le verre était dépoli en grande partie par des dessins ; néanmoins, avec un peu d'application, on distinguait d'une pièce ce qui se passait dans l'autre.

Voyant Pascal s'asseoir à son bureau et se mettre à écrire, Mme Férailleur s'était sentie un peu rassurée, et même elle eut envie de s'éloigner. Un sentiment indéfinissable, plus fort que la volonté et le raisonnement, la cloua à sa place...

Peu d'instants après elle vit un revolver aux mains de son fils, et alors elle comprit. Tout son sang se glaça dans ses veines, et cependant elle eut sur elle-même assez de puissance pour retenir un cri de terreur.

C'est que le danger était extrême, imminent, terrible ; elle le sentait...

Son cœur, à défaut de sa raison égarée, lui disait que la vie de son fils dépendait de la plus insignifiante circonstance... Le bruit le plus léger, un mot, un coup frappé à la porte, pouvaient précipiter la fatale résolution de l'infortuné.

Une inspiration du ciel éclaira la pauvre mère.

La porte était à deux battants, et les barres se trouvaient du côté de Mme Férailleur. Elle les tira avec précaution, puis brusquement, d'un seul coup, elle poussa la porte, se précipita dans le cabinet, et bondit jusqu'à son fils, qu'elle entoura de ses bras...

— Pascal!... malheureux!... Qu'allais-tu faire!...

Lui fut si surpris que son arme lui échappa et qu'il s'affaissa sur son fauteuil... L'idée ne lui venait pas de nier, et d'ailleurs prononcer une parole lui eût été impossible.

Mais il y avait sur son bureau, adressée à sa mère, une lettre qui devait parler de lui.

Mme Férailleur la prit, brisa le cachet et lut :

« Pardonne-moi... je vais mourir, il le faut; je ne sau-
« rais me résigner à vivre déshonoré et je le suis... »

— Déshonoré!... toi!... s'écria la malheureuse mère. Qu'est-ce que cela signifie, mon Dieu!... Parle, je t'en conjure, dis-moi tout, il le faut, je te l'ordonne... je le veux!

Peu à peu, il se remettait à ces accents si tendres et si impérieux à la fois, et d'une voix morne, il raconta la terrifiante succession des événements qui l'accablaient.

Il n'omettait pas un détail, exagérant, s'il est possible, plutôt que palliant l'horreur de sa situation. Soit qu'il ressentît une atroce satisfaction à se prouver à lui-même que tout était désespéré, soit qu'il crût pouvoir amener sa mère à lui dire :

— Oui, tu as raison, et la mort est ton seul refuge...

Elle l'écoutait pétrifiée, la pupille dilatée par la stupeur et l'épouvante, incertaine si elle veillait ou si elle était le jouet de quelque épouvantable cauchemar. Car c'était là une de ces catastrophes inouïes qui s'écartent tellement du cercle des prévisions et des probabilités, que son entendement pouvait à peine la concevoir et l'admettre.

Mais elle ne doutait pas, elle, si les amis avaient douté.

C'est si son fils lui eût dit qu'il avait volé au jeu, qu'elle eût refusé de le croire.

Lorsqu'il eut terminé :

— Et tu voulais te tuer!... s'écria-t-elle. Tu n'as donc pas songé, insensé, que ta mort donnerait à tout jamais raison à la calomnie !

L'admirable, le sublime instinct de la mère venait de lui dicter la raison la plus victorieuse qui pût déterminer Pascal à vivre.

— Tu ne t'es donc pas dit, poursuivit-elle, que c'était manquer de courage, et que pour échapper aux souffrances présentes, tu allais ternir ton nom d'une éternelle flétrissure?... Cela t'eût arrêté, mon fils. Un nom est un dépôt sacré dont on n'a pas le droit de disposer ainsi... Ton père te l'a légué pur et honnête, tel tu dois le conserver... On essaie de le couvrir d'opprobre, tu dois vivre pour le défendre !...

Il baissa la tête, et d'un ton de lamentable découragement :

— Que puis-je faire! balbutia-t-il. Comment démêler une trame ourdie avec une si infernale habileté?... Sur le moment, si j'avais eu mon sang-froid, je pouvais peut-être me défendre et me justifier. Maintenant le mal est irréparable... Comment démasquer le traître, et quelles preuves de son infamie lui jeter à la face...

— Encore faudrait-il lutter avant de s'avouer vaincu,

interrompit sévèrement Mᵐᵉ Férailleur... On ne déserte pas une tâche parce qu'elle est trop rude : on l'accepte, et si on meurt à la peine, on meurt du moins avec la conscience d'avoir fait son devoir.

— Ma mère !...

— Je te dois la vérité, mon fils !... Manquerais-tu donc d'énergie !... Allons, debout, et redresse la tête... Me laisseras-tu combattre seule !... car je combattrai, moi !

Sans mot dire, Pascal saisit les mains de Mᵐᵉ Férailleur et les porta à ses lèvres. Son visage était inondé de larmes. Ses nerfs tendus outre mesure se détendaient sous ces effluves de la tendresse et du dévouement maternels. La raison, d'ailleurs, reprenait son empire, et les généreux accents de sa mère trouvaient leur écho en lui. Il eût, à cette heure, repoussé le suicide comme un acte de démence ou une lâcheté...

Désormais, Mᵐᵉ Férailleur était sûre de la victoire ; mais cette certitude ne lui suffisait pas, elle voulait engager Pascal.

— Il est évident, poursuivit-elle, que M. de Coralth est l'artisan de ce crime abominable... Mais quel intérêt y avait-il ?... Voyons, Pascal, avait-il quelque raison de te craindre ?... T'avait-il confié ou avait-il surpris un secret qui l'eût perdu si tu l'avais divulgué ?...

— Non, ma mère.

— Alors il n'aura été que le vil instrument d'un autre aussi misérable que lui !... Rappelle bien tes souvenirs, mon fils, n'as-tu blessé aucun de ses amis ? Es-tu sûr de ne faire obstacle à personne de son monde ?... Réfléchis... Votre profession a ses périls et on s'y prépare des ennemis cruels. Il est de ces causes scandaleuses où un avocat est forcé de déchirer cruellement la vanité de ses adversaires...

Pascal tressaillit.

Il lui semblait qu'une lueur s'allumait au milieu des ténèbres, chétive et confuse, il est vrai, mais enfin une lueur.

— Qui sait!... murmura-t-il, qui sait!...

Mme Férailleur réfléchissait, et l'effort de ses réflexions ou leur nature faisait monter le rouge à son front.

— Il est des circonstances, reprit-elle, où une mère doit savoir franchir les bornes de... l'austère pudeur... Si tu avais une maîtresse, mon fils...

— Je n'en ai pas, interrompit-il.

Il était devenu pourpre, et après une courte hésitation il ajouta :

— Mais j'aime du plus profond et du plus saint amour une jeune fille, la plus belle et la plus chaste qui soit au monde... et qui par l'intelligence et par le cœur est digne de toi, ma mère...

Elle hochait gravement la tête, comme si elle se fût attendue à trouver une femme au fond de ce mystère d'iniquité. Elle demanda :

— Et qui est cette jeune fille? Comment s'appelle-t-elle?

— Marguerite...

— Marguerite qui?

L'embarras de Pascal redoubla.

— Elle n'a pas d'autre nom, répondit-il très-vite, et elle ne connaît pas ses parents... Elle demeurait dans notre rue, autrefois, avec sa gouvernante, Mme Léon, et une vieille domestique... C'est là que je l'ai aperçue pour la première fois... Elle habite maintenant l'hôtel du comte de Chalusse, rue de Courcelles...

— A quel titre ?

— C'est le comte qui a pris soin d'elle... c'est à lui qu'elle doit son éducation... Il est comme son tuteur... et sans que jamais elle m'ait rien dit à ce sujet, je suppose que M. de Chalusse est son père...

— Et cette jeune fille t'aime, Pascal ?...

— Je le crois, ma mère... Elle m'a juré qu'elle n'aurait jamais d'autre mari que moi.

— Et le comte ?...

— Il ne sait, il ne soupçonne rien... De jour en jour je remettais à tout te dire et à te prier d'aller trouver M. de Chalusse... Ma position est si modeste encore... Le comte est immensément riche, il a l'intention de donner à Marguerite une dot énorme, deux millions, je crois...

Mme Férailleur l'interrompit d'un geste.

— Ne cherche plus, prononça-t-elle, voilà d'où part le coup.

Pascal se dressa en pied, les joues pourpres, l'œil en feu, la lèvre frémissante.

Il lui semblait qu'un éclair déchirant les ténèbres venait d'illuminer les profondeurs du gouffre où on l'avait précipité.

— Si cela était, cependant, s'écria-t-il, si cela était !... Cette fortune immense du comte de Chalusse peut avoir tenté quelque misérable... Qui me dit qu'on n'a pas épié Marguerite et qu'on n'a pas découvert que je suis un obstacle !... Ne sais-je pas quelles convoitises terribles allument les reflets des millions...

Mieux que personne, en effet, il pouvait connaître les effroyables expédients de la cupidité. Sa vie avait toujours été calme et unie, mais on n'est pas impunément quatre ans maître-clerc d'avoué. La triste expérience du monde chasse vite les illusions, en ces études où affluent fatalement, comme le linge sale aux lavoirs publics, les infamies de détail, les bassesses des intérêts en conflit, toutes les iniquités et les scélératesses de la vie intime, qui échappent à la cour d'assises et à la police correctionnelle.

— Crois-moi, insista Mme Férailleur, quelque chose en moi-même me dit que je ne me trompe pas... Je n'ai aucune preuve, et cependant je suis sûre...

Lui, réfléchissait.

— Et, avec cela, reprit-il, quelle coïncidence étrange !... Sais-tu ce qui est arrivé la dernière fois que je lui ai parlé, à ma chère Marguerite... il y a eu hier huit jours. Elle était si triste et si visiblement agitée que j'en ai été effrayé... Je l'ai interrogée, elle n'a pas voulu, tout d'abord, répondre à mes questions, puis comme j'insistais : « Eh bien !... m'a-t-elle dit, je tremble qu'il « n'y ait quelque projet de mariage pour moi... M. de « Chalusse ne m'en a pas touché un mot, mais depuis « quelque temps il s'enferme souvent et reste de longues « heures en conférence avec un jeune homme, dont le « père lui a rendu un grand service autrefois... Et ce « jeune homme, toutes les fois que je me trouve avec « lui, me regarde d'un air singulier !... »

— Son nom ?...

— Je l'ignore... Elle ne l'a pas prononcé, et moi, dans le trouble où m'avait jeté ce qu'elle m'apprenait, je ne lui ai pas demandé... Mais elle me le dira... Ce soir même, si je ne puis arriver jusqu'à elle, je lui ferai parvenir une lettre... Si ce que nous soupçonnons est vrai, le secret est aux mains de trois personnes... Dès lors, ce n'est plus un secret...

Il s'interrompit, prêtant l'oreille; on entendait, dans l'antichambre, comme une altercation entre la femme de ménage et quelque visiteur.

— Je vous dis qu'il y est, morbleu!... disait une grosse voix essoufflée, et il faut que je le voie et que je lui parle! Il s'agit d'une affaire si urgente que j'ai campé là une partie de bouillotte au moment le plus vif...

— Je vous assure, monsieur, que monsieur est sorti.

— Eh bien! j'attendrai... Conduisez-moi à une pièce où je puisse m'asseoir.

Pascal avait pâli. Il reconnaissait la voix du joueur qui, chez Mme d'Argelès, avait conseillé de le fouiller.

N'importe, il ouvrit, et un gros homme à face plus large qu'un mascaron, soufflant comme une locomotive, s'avança avec ce sans-gêne des gens qui se croient tout permis parce qu'ils ont beaucoup d'argent.

— Parbleu!... s'écria-t-il, je savais bien qu'il y était!... Vous me reconnaissez, n'est-ce pas, cher monsieur... le baron Trigault. Je venais pour...

Les mots expirèrent sur ses lèvres, et il parut aussi embarrassé que s'il n'eût pas eu huit cent mille livres de rente... Il venait d'apercevoir Mme Férailleur.

Il la salua, et adressant un geste d'intelligence à Pascal :

— Je voudrais vous entretenir en particulier, dit-il... pour ce que vous savez.

Si grand que fût l'étonnement de Pascal, il n'en avait rien paru sur sa physionomie.

— Vous pouvez parler devant ma mère, monsieur, répondit-il d'un ton froid et même hostile... elle sait tout.

La surprise du baron se traduisit par une grimace qui, chez lui, était un tic.

— Ah!... fit-il sur trois tons différents, ah!... ah!...

Et comme on ne lui offrait pas de siége, il s'avança un fauteuil et s'y laissa tomber lourdement en disant :

— Vous permettez, n'est-ce pas... Ces diables d'escaliers me mettent dans un état!

Sous ses massives apparences, cet opulent et corpulent personnage dissimulait une clairvoyance très-exercée et l'esprit le plus délié.

D'un coup d'œil alerte, tout en semblant reprendre haleine, il étudiait le cabinet et ses hôtes.

A terre étaient un revolver et une lettre froissée, et des larmes brillaient encore dans les yeux de Mme Férailleur et de son fils. Il n'en fallait pas plus à un observateur...

— Je ne vous cacherai pas, cher monsieur, commença-t-il, que je suis amené chez vous par un scrupule de conscience...

Et se méprenant à un geste de Pascal :

— Je dis bien : scrupule, insista-t-il... j'en ai quelquefois. Votre sortie, ce matin, après la scène... déplorable, a fait naître en moi toutes sortes de doutes taquins... Doucement, me suis-je dit, nous avons été peut-être un peu prompts... Ce jeune homme pourrait bien n'être pas coupable.

— Monsieur ! interrompit Pascal d'un ton menaçant.

— Pardon... laissez-moi finir. La réflexion, je dois l'avouer, n'a fait que confirmer ma première impression et augmenter mes doutes... Diable ! me suis-je dit encore, si ce jeune homme est innocent, le coupable est un des habitués de Mme d'Argelès, c'est-à-dire un homme avec qui je joue deux fois par semaine, avec qui je jouerai lundi prochain... c'est grave cela. Et là-dessus l'inquiétude m'a pris et me voici...

La raison saugrenue que le baron donnait de sa visite était-elle la vraie ? C'est ce qu'il était assez difficile de discerner.

— Je suis venu, continuait-il, en me disant que bien certainement l'inspection seule de votre intérieur m'apprendrait quelque chose... Et maintenant que j'ai vu, je jurerais que vous êtes tombé dans un abominable guet-apens.

Il se moucha là-dessus, bruyamment, ce qui ne l'empêcha nullement d'observer le jeu muet de Pascal et de sa mère.

Ils étaient stupéfaits ; heureux intérieurement de cette déclaration, mais en même temps pleins de défiance. Il n'est pas naturel qu'on s'intéresse ainsi à un malheureux, si on n'y a pas un intérêt quelconque. Quel pouvait être celui de ce singulier visiteur ?

Mais lui ne paraissait aucunement déconcerté de la réserve glaciale qui l'accueillait.

— Il est clair, reprit-il, que vous gênez quelqu'un, et que ce quelqu'un a imaginé ce moyen de se défaire de vous. C'est plus sûr qu'un coup de couteau. L'intention m'a sauté aux yeux en lisant dans le journal le paragraphe qui vous concerne. L'avez-vous lu?... Oui. Eh bien! que vous en semble? Moi, je jurerais que l'article a été rédigé sur une note fournie par votre ennemi... Il y a plus, les détails sont inexacts. Et comme en définitive c'est assez de signer ses méfaits sans endosser les mauvaises actions des autres, je vais écrire un mot de rectification, que je porterai moi-même...

Il dit, et transportant son énorme personne devant le bureau de Paul, il écrivit :

« Monsieur le directeur,

« Témoin de la scène de l'autre soir à l'hôtel d'A...,
« permettez-moi une importante rectification. Il n'est que
« trop vrai que des portées ont été glissées parmi les
« cartes, mais qu'elles l'aient été par M. X... c'est ce
« qui n'est pas prouvé, car on ne l'a pas VU.

« Je sais que les apparences sont contre lui ; je ne lui
« en garde pas moins toute mon estime.

« Baron TRIGAULT. »

Pendant ce temps, M%me% Férailleur et son fils se consultaient du regard. Leur impression était la même. Celui-là ne pouvait être un ennemi.

Lors donc que le baron eut lu à haute voix sa lettre :

— Je ne saurais vous exprimer toute ma reconnaissance, monsieur, prononça Pascal, mais puisque vraiment vous voulez me servir, de grâce n'envoyez pas cette note... Elle vous attirerait peut-être des ennuis, et je n'en serais pas moins obligé de renoncer à l'exercice de ma profession... et je voudrais surtout être oublié...

— Soit... je vous comprends... vous espérez atteindre le traître et vous craignez de lui donner l'éveil... j'approuve votre prudence. Mais gardez toujours ma déclaration. Et si jamais il vous faut un coup d'épaule venez sonner à ma porte. Et rappelez-vous que le jour où vous aurez des preuves, je vous fournirai le moyen de rendre votre justification plus éclatante que l'affront...

Il s'apprêtait à se retirer, mais avant de passer la porte :

— A l'avenir, ajouta-t-il, je surveillerai les doigts du joueur placé à ma gauche... Et à votre place, je tâcherais de me procurer la note qui a servi pour l'article... On ne sait pas tout le parti qu'on peut tirer, à un moment donné, d'une page d'écriture...

Le baron sorti, Mme Férailleur se leva.

— Pascal, s'écria-t-elle, cet homme sait quelque chose et tes ennemis sont les siens, je l'ai lu dans ses yeux... Il t'a clairement dénoncé M. de Coralth...

— J'ai entendu, ma mère, et mon parti est pris... Je dois disparaître... De ce moment, Pascal Férailleur n'existe plus...

. . . .

Le soir même, deux grandes voitures de déménagement stationnaient devant la maison où demeurait Mme Férailleur.

Elle venait de vendre son mobilier en bloc à un marchand de meubles, afin de rejoindre son fils, parti, disait-elle, pour l'Amérique.

VI

— On m'attend... Je repasserai vers minuit... J'ai encore à faire quantité de visites urgentes...

Voilà ce qu'avait dit à Mlle Marguerite le docteur Jodon.

Le fait est qu'en sortant de l'hôtel de Chalusse, après s'être assuré que M. Casimir faisait répandre de la paille sur la chaussée, le docteur reprit tout bonnement le chemin de son logis.

C'est que s'il était dans son rôle de paraître accablé de malades, ces fameuses visites n'existaient encore que dans le lointain de ses espérances.

Son seul et unique client, depuis le commencement de la semaine, était un vieux portier de la rue de la Pépinière, qu'il visitait deux fois par jour, faute de mieux.

Le reste de son temps, il le passait à attendre la clientèle qui ne venait pas, et à maudire la médecine, une profession perdue, déclarait-il, ruinée par la concurrence, et, pour comble, embarrassée par la sotte obligation d'un décorum qui paralyse l'initiative individuelle.

S'il eût consacré à l'étude la moitié seulement des heures qu'il consumait en malédictions et en combinaisons également stériles, le docteur Jodon eût peut-être haussé son mérite, qui était médiocre, au niveau de ses ambitions, qui étaient immenses.

Mais, ni le travail, ni la patience, n'entraient dans son système.

Il était de son époque et prétendait arriver très-vite, très-haut et sans peine. Une certaine tenue, de l'aplomb, quelque chance et beaucoup de réclames devaient, paraît-il, suffire.

C'est avec cette conviction qu'il était venu se fixer rue de Courcelles, au centre d'un quartier opulent, dont les malades pauvres ont la ressource des consultations gratuites de l'hôpital Beaujon.

Mais les événements avaient trompé son attente.

Peu à peu, en dépit d'atroces privations héroïquement dissimulées, il voyait s'épuiser le petit capital qui constituait toute sa fortune, une vingtaine de mille francs, faible mise pour des prétentions si hautes.

Il avait encore payé son terme le matin même, mais il pouvait déjà calculer l'époque prochaine où il n'aurait plus de quoi le payer...

Que ferait-il alors?

Quand il songeait à cela, et c'était presque son unique

pensée, il sentait s'allumer en lui des colères et des haines furibondes...

C'est qu'il ne s'en prenait pas à lui de ses mécomptes.

A l'exemple des ambitieux déçus, il accusait les hommes et les choses, les événements, des envieux et des ennemis que certes il n'avait pas.

Par certains jours, il eût été capable de tout pour arriver à l'assouvissement de ses ambitions. Car il avait tout souhaité, tout envié, tout espéré, et les privations, à la longue, avaient été comme de l'huile jetée sur la flamme des convoitises qui incendiaient son cerveau.

Plus calme, à d'autres moments, il se demandait à quelle porte de la fortune frapper, pour qu'elle ouvrît plus vite à son impatience fiévreuse.

Il avait songé à s'improviser dentiste, ou à chercher un bailleur de fonds pour la vente de quelqu'un de ces spécifiques dont le brevet assure cent mille livres de rentes.

Il avait rêvé l'établissement d'une pharmacie monstre, la création d'une maison de santé ou encore l'exploitation lucrative de quelque remède nouveau.

Mais pour tout cela il fallait de l'argent, beaucoup d'argent, et il n'en avait plus. L'heure venait de prendre un parti, il ne pouvait plus tenir...

Sa troisième année d'exercice, rue de Courcelles, lui avait à peine rapporté de quoi payer son domestique... Car il avait un domestique, cela pose.

Il avait un valet de chambre par la même raison qu'il avait un appartement, c'est-à-dire l'apparence d'un appartement somptueux.

Fidèle à son système — celui de son maître — il y

avait tout sacrifié aux dehors, à l'étalage, à la montre, à ce qui se voit et reluit...

Un luxe criard et de mauvais goût y faisait cligner les yeux. Ce n'était que tapis et tentures, dorures au plafond, objets d'art et consoles chargées d'ornements.

Il est sûr qu'un paysan arrivant de son village eût été ébloui.

Mais il fallait se garder d'examiner de trop près.

Il y avait plus de coton que de soie dans le velours des meubles, et qui eût été toucher certaines statues, haut huchées sur leur socle, eût reconnu du plâtre, sous une couche de peinture verte frottée de limaille de cuivre.

Ce plâtre, jouant le bronze, c'était tout l'homme, son système... et notre siècle...

Quand il rentra chez lui, la première question du docteur Jodon à son domestique fut comme toujours :

— Il n'est venu personne ?

— Personne.

Le docteur soupira et, traversant son superbe salon d'attente, il alla s'asseoir dans son cabinet de consultations, au coin d'un feu plus que modeste.

Il était plus préoccupé encore que de coutume. La scène dont il avait été témoin chez le comte de Chalusse se représentait à sa mémoire avec une vivacité singulière, et il la tournait et retournait dans sa pensée, cherchant s'il n'y aurait pas quelque parti à tirer du mystère qu'il soupçonnait.

Car plus que jamais il croyait à un mystère, porté à imaginer l'impossible, comme tous les gens à qui les événements ordinaires réussissent mal...

14*

Il se torturait l'esprit depuis une heure, quand le timbre de la porte d'entrée l'arracha à ses méditations.

A cette heure, qui pouvait venir?...

Bientôt son domestique parut, lui annonçant qu'il y avait dans le salon d'attente une dame qui se disait très-pressée...

— C'est bien, fit-il... qu'elle attende un moment.

Car il avait du moins ce mérite de ne jamais se départir de son programme. En aucune circonstance il n'admettait un client immédiatement; il voulait qu'on attendît, qu'on eût le temps de réfléchir aux avantages qu'il y a de s'adresser à un docteur très-occupé et qui a la vogue...

Au bout de dix minutes seulement il ouvrit, et une grosse dame s'avança vivement en relevant le voile qui cachait son visage.

Elle devait avoir dépassé quarante-cinq ans, et si elle avait été belle autrefois, il n'y paraissait plus guère. Elle avait des cheveux bruns grisonnants, rudes et épais, plantés très-bas sur le front, le nez épaté, de grosses lèvres bonasses et des yeux ternes sans expression.

De toute sa personne s'exhalait comme un parfum de mansuétude et de tristesse, avec une nuance de dévotion.

Mais, en ce moment, elle paraissait fort troublée.

Elle s'assit sur l'invitation du docteur, et sans attendre ses questions :

— Je dois vous dire tout d'abord, monsieur, commença-t-elle, que je suis là... dame de confiance de M. le comte de Chalusse...

Si maître qu'il fût du secret de ses impressions, le docteur bondit.

— Mme Léon ?... fit-il d'un ton d'immense surprise.

Elle s'inclina en pinçant ses grosses lèvres.

— C'est ainsi qu'on m'appelle, oui, monsieur... Mais ce n'est là qu'un prénom... Le nom que je porte jurerait trop avec ma condition présente... Les revers de fortune ne sont pas rares à notre époque... et il en est de tels que sans la religion qui console, on n'aurait pas la force de les supporter...

Le médecin concentrait sur cette visiteuse toute sa pénétration.

— Que peut-elle me vouloir? pensait-il.

Elle, cependant, poursuivait :

— J'allais me trouver sans ressources, quand M. de Chalusse, un ami de ma famille, me supplia de surveiller l'éducation d'une jeune personne à laquelle il s'intéressait, Mlle Marguerite... J'acceptai et j'en remercie Dieu tous les jours, car si j'ai pour cette chère enfant l'affection d'une mère, elle a pour moi les tendresses d'une fille...

Et à l'appui de son dire, elle sortit un mouchoir de sa poche et réussit à se tirer une larme des yeux.

— Après cela, docteur, continua-t-elle, vous devez comprendre que l'intérêt de ma bien-aimée Marguerite m'amène près de vous... J'étais enfermée dans ma chambre quand on a rapporté M. de Chalusse, et je n'ai été prévenue du malheur qu'après votre départ. J'aurais pu, penserez-vous, attendre votre prochaine visite, mais je n'ai pas eu cette patience... On ne sait pas se résigner aux tourments de l'incertitude, quand il s'agit de l'avenir d'une fille chérie !... Et me voici.

Elle reprit haleine et ajouta :

— Je suis venue, monsieur, vous demander l'exacte vérité sur la situation de M. le comte de Chalusse.

Véritablement le docteur s'attendait à autre chose. C'est cependant de son ton le plus doctoral qu'il répondit :

— A vous, madame, je dirai qu'il laisse peu d'espoir, et que je crois à une terminaison fatale avant vingt-quatre heures, sans que le malade reprenne connaissance.

La femme de confiance pâlit.

— Alors, c'est fini, balbutia-t-elle, tout est fini!...

Et incapable d'articuler une syllabe de plus, elle salua le docteur de la tête, et brusquement se retira...

Debout devant sa cheminée, l'œil fixe, la bouche entr'ouverte, le bras arrondi pour un geste interrompu, le docteur demeurait immobile, décontenancé, pantois...

Il fallut pour le remettre le claquement de la porte extérieure se refermant sur la dame de confiance.

A ce bruit, il bondit.

— Ah ça! s'écria-t-il en jurant, elle se moque de moi, cette vieille!...

Et aussitôt, emporté par un mouvement irréfléchi, il sauta sur son chapeau, l'enfonça sur sa tête et s'élança sur les traces de Mme Léon.

Mais elle avait de l'avance, et une fois dans la rue c'est à peine si le docteur la reconnut à la lueur d'un bec de gaz, cinquante pas plus loin, sur le trottoir désert.

Elle marchait très-vite, mais en forçant le pas il eût pu la rejoindre.

Il s'en garda, cependant, ayant eu le loisir de songer

qu'il ne saurait sous quel prétexte honnête colorer une démarche si insolite, et il se contenta de la suivre à distance avec précaution.

Tout à coup, elle s'arrêta court.

C'était devant la boutique d'un épicier où il y avait une boîte aux lettres. La boutique était fermée mais on avait ménagé dans le volet une ouverture par où passait le conduit en zinc de la boîte.

Mme Léon hésitait visiblement... Elle balançait, comme on fait toujours, au moment de hasarder un acte décisif dont on est maître encore, et sur lequel il n'y aura plus à revenir quelles qu'en puissent être les conséquences.

Un observateur ne restera jamais vingt minutes devant un bureau de poste sans être témoin de cette pantomime expressive de l'irrésolution...

Enfin, la femme de confiance eut un mouvement d'épaules qui traduisait éloquemment le résultat de ses délibérations intérieures : « Advienne que pourra !... »

Et tirant vivement une lettre de son corsage, elle la jeta dans la boîte et poursuivit son chemin avec plus de hâte encore.

— Pas de doute possible, pensa le docteur, c'est ma réponse qui détermine l'envoi de cette missive préparée à l'avance.

Il n'était pas riche, il tenait aux maigres ressources qui lui restaient comme le joueur décavé à son dernier louis, — ce louis qui peut et qui doit faire sauter la banque, — et cependant il eût donné de bon cœur un billet de cent francs pour connaître le contenu de cette lettre, ou seulement le nom du destinataire.

Mais il touchait au terme de sa poursuite. Mme Léon arrivait à l'hôtel de Chalusse, elle y entra...

Devait-il l'y suivre?... La curiosité poignait le docteur à ce point qu'il en eut l'idée, et qu'il eut besoin d'un héroïque effort de volonté pour y résister.

Une lueur de sens commun qui veillait encore dans sa cervelle bouleversée lui démontra que se représenter avant l'heure qu'il avait indiquée serait une insigne maladresse. Déjà, dans cette soirée, sa conduite n'avait été que trop extraordinaire, et bien plus celle d'un juge que celle d'un médecin. Il comprenait que ce n'est pas un bon moyen d'être choisi pour confident que de s'immiscer presque de force dans les affaires des gens.

Il rebroussa donc chemin, tout pensif et aussi mécontent de lui que possible.

— Quel imbécile je suis! grommelait-il. Si j'avais tenu cette vieille en suspens au lieu de lui dire brutalement la vérité, je saurais maintenant le but réel de sa visite... Car elle avait un but... Mais lequel?...

C'est à le chercher que le docteur consuma les deux heures qui le séparaient du moment de la seconde visite.

Mais il avait beau parcourir le champ sans limites des probabilités même improbables, il n'imaginait rien qui le satisfît.

Une seule circonstance lui semblait indiscutable : c'est que Mme Léon et Mlle Marguerite attachaient une importance égale à cette question de savoir si, oui ou non, le comte reprendrait connaissance.

Quant à l'intérêt des deux femmes sur ce point, le docteur estimait qu'il n'était pas le même, qu'un secret désaccord existait entre elles, et que même la femme de confiance avait dû venir le trouver en cachette.

Car il n'était dupe qu'à demi de Mme Léon et de ses protestations de tendresse à l'endroit de Mlle Marguerite.

L'entrée de cette respectable personne, ses façons onctueuses, son accent de résignation dévote, cette allusion à un grand nom qu'elle aurait le droit de porter, tout cela était bien calculé pour en imposer ; mais elle s'était trop découverte sur la fin pour qu'on ne se défiât pas.

Le docteur Jodon ne s'était pas senti le courage de regagner son superbe appartement, et c'est dans un petit café qu'il réfléchissait ainsi, tout en buvant dans un verre fabriqué en Bavière, d'exécrable bière brassée à Paris...

Enfin, minuit sonna... c'était l'heure.

Cependant, le docteur ne se leva pas. S'étant résigné à attendre, il voulait, en revanche, qu'on l'attendît...

C'est donc seulement quand le café fut fermé qu'il remonta la rue de Courcelles...

Mme Léon, sans doute, avait laissé la porte de l'hôtel de Chalusse entre-bâillée, le docteur n'eut qu'à la pousser et il se trouva dans la cour...

Comme au commencement de la soirée, les domestiques étaient réunis chez le concierge. Mais la jubilation de la médisance qui s'en donne à cœur joie avait fait place, sur leur physionomie, à l'inquiétude de l'avenir compromis.

On les apercevait, à travers les vitres, debout dans la loge, absorbés par l'intérêt d'une discussion qui s'agitait entre les deux hommes les plus importants de la réunion : M. Bourigeau, le concierge, et M. Casimir, le valet de chambre.

Et si le docteur eût prêté l'oreille, ses illusions singulières eussent été quelque peu entamées, car à chaque moment revenaient les mots de gages et de legs particuliers, de rémunération de loyaux services et de rentes viagères...

Mais M. Jodon n'écouta pas.

Pensant qu'il rencontrerait quelque valet à l'intérieur, il entra dans l'hôtel.

Mais rien ne pouvait annoncer sa présence, les portes se refermaient sans bruit, l'épais tapis qui couvrait le marbre de l'escalier étouffait le bruit de ses pas, et il arriva au palier du premier étage sans avoir aperçu personne...

La porte de la chambre de M. de Chalusse était ouverte et elle se trouvait assez vivement éclairée par un grand feu clair et par une grosse lampe posée sur le coin de la cheminée...

Instinctivement le docteur s'arrêta, regardant...

Nul changement n'était survenu depuis sa visite. Le comte gisait toujours immobile, très-haussé sur ses oreillers, la face tuméfiée, les paupières fermées, respirant encore pourtant, ainsi que l'indiquait le mouvement inégal du drap sur sa poitrine.

Seules, Mme Léon et Mlle Marguerite le veillaient.

La femme de charge, un peu dans l'ombre, était affaissée sur un fauteuil, et, les mains croisées sur le ventre, les lèvres crispées, elle semblait suivre de l'œil, dans le vide, quelque difficile combinaison.

Pâle, mais calme maintenant, plus imposante et plus belle avec ses cheveux en désordre, Mlle Marguerite s'appuyait aux montants du lit, épiant sur le visage de

M. de Chalusse le réveil de la vie et de l'intelligence.

Un peu honteux de son indiscrétion, le docteur redescendit à reculons sept ou huit marches, qu'il remonta en toussant, pour s'annoncer...

Il fut entendu, car M{ll e} Marguerite vint au-devant de lui jusqu'à la porte.

— Eh bien? demanda-t-il.

— Hélas !

Il s'avança vers le lit; mais, sans lui laisser le temps d'examiner le moribond, M{ll e} Marguerite lui tendit une feuille de papier.

— Le médecin ordinaire de M. de Chalusse est venu en votre absence, monsieur, dit-elle, et voici son ordonnance... C'est une potion qu'il a prescrite, dont on a fait glisser quelques gouttes entre les lèvres de M. de Chalusse.

L'autre, qui s'attendait à ce coup, s'inclina froidement.

— Je dois ajouter, poursuivit M{ll e} Marguerite, que le docteur a approuvé tout ce qui avait été fait, et qu'il vous prie, et que je vous prie de lui continuer le secours de vos lumières...

Malheureusement toutes les lumières de la Faculté n'y pouvaient rien.

Et après un nouvel examen, le docteur Jodon se borna à dire qu'il fallait laisser agir la nature, mais qu'on vînt le prévenir au moindre mouvement du malade...

— Et même, ajouta-t-il, je préviendrai mon valet de chambre pour qu'il n'hésite pas à m'éveiller...

Il prenait congé lorsque Mme Léon lui barra presque le passage.

— N'est-il pas vrai, monsieur le docteur, demanda-t-elle, qu'une seule personne attentive suffit pour veiller M. le comte ?...

— Assurément...

La femme de charge se retourna vers Mlle Marguerite.

— Eh bien !... chère demoiselle, que vous disais-je !... Croyez-moi, consentez à prendre un peu de repos... Veiller, voyez-vous, n'est pas de votre âge...

— Il est inutile d'insister, interrompit résolûment la jeune fille... Je veillerai.

L'autre se tut, mais il sembla au docteur qu'elles avaient échangé de singuliers regards.

— Diable !... pensait-il en se retirant, on dirait qu'elles se défient l'une de l'autre...

Peut-être le docteur avait-il raison. Le sûr, c'est qu'il n'avait pas tourné les talons, que déjà Mme Léon pressait une fois encore sa « chère demoiselle » de se coucher au moins quelques heures.

Elle l'en conjurait au nom de sa santé altérée par l'émotion ainsi qu'on ne le voyait que trop aux marbrures de ses joues et au cercle bleuâtre qui allait s'élargissant autour de ses yeux...

— Que craignez-vous, insistait-elle, de sa voix onctueuse ; ne serai-je pas là ! Supposez-vous votre vieille Léon capable de s'endormir quand votre avenir dépend d'un mot de ce pauvre homme qui est là...

— De grâce... cessez...

— Non, chère demoiselle bien aimée, mon dévouement me commande...

— Oh ?... Assez !... interrompit Mlle Marguerite ; assez, Léon !...

Le ton annonçait une volonté si forte que la vieille se résigna, non sans un gros soupir, par exemple, non sans un regard au ciel pour le prendre à témoin de la pureté de ses intentions et de l'inutilité de ses efforts.

— Du moins, chère demoiselle, reprit-elle, couvrez-vous bien... Voulez-vous que j'aille vous chercher votre gros châle de voyage...

— Merci, ma chère Léon... Annette me l'apportera.

— Oui, je vous en prie... Du reste, nous n'allons pas veiller seules, n'est-ce pas? Comment ferions-nous si nous avions besoin de quelque chose?

— Je vais appeler, dit la jeune fille.

C'était inutile. La sortie du docteur Jodon avait brusquement mis fin à la conférence des domestiques, et tous maintenant étaient sur le palier, inquiets, retenant leur haleine, tendant le cou vers la chambre entr'ouverte.

Mlle Marguerite s'avança vers eux.

— Mme Léon et moi resterons près de M. le comte, dit-elle. Annette, — c'était celle de ses femmes qu'elle préférait, — Casimir et un valet de pied passeront la nuit dans le petit salon à côté. Les autres peuvent se retirer.

Ils se retirèrent, en effet. Deux heures sonnaient à l'horloge de Beaujon. Le silence se fit, solennel, terrible : uniquement troublé par le râle du moribond et l'implacable tic tac de la pendule battant les secondes qui lui restaient à vivre.

Nul bruit de Paris n'arrivait en cette demeure princière, isolée entre une vaste cour et un jardin grand comme un parc. Et la paille répandue dans la rue assourdissait le roulement des rares voitures remontant la rue de Courcelles.

Mme Léon avait repris sa place dans son fauteuil, bien douillettement enveloppée dans une chaude couverture, et tout en ayant l'air de lire son livre d'heures, elle observait tous les mouvements de sa « chère demoiselle, » comme s'ils eussent pu lui livrer le secret de ses pensées...

Mlle Marguerite ne soupçonnait pas cet affectueux espionnage. Que lui eût importé, d'ailleurs!... Elle avait roulé une chaise basse près du lit, s'y était assise, et son regard était comme rivé sur M. de Chalusse...

A deux ou trois reprises, en commençant, elle tressaillit, et une fois même elle avait dit à Mme Léon :

— Venez... venez voir.

Il lui avait semblé que l'immobile visage du comte bougeait. Mais c'était une illusion, elle avait été trompée par les reflets que promenait autour de la chambre la flamme capricieuse du foyer...

Et la nuit avançait... La femme de charge, à la longue, s'était fatiguée d'une observation stérile; insensiblement, elle avait baissé le menton, son livre lui avait échappé, et enfin elle s'était mise à ronfler.

Mlle Marguerite ne s'en apercevait même pas, perdue qu'elle était dans une contemplation qui, à force d'être profonde, cessait d'être douloureuse.

Peut-être se disait-elle qu'elle veillait la veillée funèbre de son bonheur, et qu'avec le dernier soupir de ce mourant allaient s'envoler tous ses rêves de jeune fille et ses chères espérances.

Sans doute, aussi, sa pensée s'envolait vers cet autre

à qui elle avait promis sa vie, vers Pascal, vers ce malheureux dont, en ce moment même, on volait l'honneur dans un tripot de la « haute vie. »

Cependant, vers cinq heures, l'atmosphère devenait lourde, et la pauvre jeune fille se sentait défaillir... Elle ouvrit une fenêtre pour respirer un peu d'air pur.

Le bruit tira Mme Léon de son assoupissement; elle se souleva en s'étirant, la figure renfrognée, protestant qu'elle se sentait très-souffrante, et que si elle ne se sustentait un peu elle se trouverait mal.

Il fallut appeler M. Casimir, qui lui monta un verre de vin de malaga, où elle trempa quelques biscuits.

— Cela va mieux!... murmura-t-elle ensuite. Ma trop grande sensibilité me tuera...

Et elle reprit son somme.

De même, Mlle Marguerite était revenue sur sa chaise; mais ses idées se brouillaient dans sa tête, ses paupières devenaient lourdes... était-ce donc le sommeil? Elle lutta, mais elle aussi finit par s'endormir le front appuyé sur le lit de M. de Chalusse.

Il faisait jour quand une sensation étrange et terrible la réveilla.

Il lui semblait qu'une main froide comme la mort passait et repassait doucement sur sa tête, maniant ses cheveux avec une sorte de tendresse...

Terrifiée, elle se dressa.

Le moribond revenait à lui... ses yeux étaient ouverts... Son bras droit s'agitait péniblement sur le lit.

— A moi!... s'écria Mlle Marguerite, au secours!...

Et tirant à le briser le cordon de la sonnette :

— Courez, dit-elle aux domestiques qui parurent, courez chercher ce médecin qui demeure ici près... vite... M. le comte a repris connaissance...

En un moment, la chambre du malade avait été envahie par les gens, mais la jeune fille ne s'en apercevait pas...

Elle s'approcha de M. de Chalusse, et lui prenant la main :

— Vous m'entendez, n'est-ce pas, monsieur, demanda-t-elle, vous me comprenez?...

Ses lèvres remuèrent, mais il ne sortit de sa gorge qu'une sorte de râle sourd, absolument inintelligible.

Cependant il comprenait, et tout le monde le vit bien aux gestes qu'il faisait, gestes désespérés et pénibles, car la paralysie ne lâchait pas sa proie, et c'est à peine et bien peu s'il pouvait bouger le bras droit.

Evidemment, il souhaitait quelque chose. Mais quoi?...

On lui nomma tout ce qu'il y avait dans la chambre, tout ce qu'on put imaginer...

On ne trouvait pas, quand la femme de charge se frappa subitement le front.

— J'y suis!... fit-elle. Il veut écrire.

C'était bien cela.

De la main qui avait quelque liberté, du râle qui était toute sa voix, M. de Chalusse fit : « Oui, oui ! » et même ses yeux se tournèrent vers Mme Léon avec une expression non douteuse de joie et de reconnaissance.

Déjà on l'avait soulevé sur son oreiller, et on lui avait apporté une sorte de petit pupître, du papier et une plume trempée d'encre...

Mais il avait trop, on avait trop présumé ses forces. Il

remuait la main, mais il n'en pouvait régler le mouvement.

Après de prodigieux efforts et mortellement douloureux, il ne réussit qu'à tracer quelque chose d'informe et de complétement indéchiffrable. A peine des quelques lignes qu'il avait voulu écrire, distinguait-on ces quelques mots : « ... toute ma fortune... donne... amis... contre... » Cela ne signifiait rien.

Désespéré, il lâcha la plume, et son regard et sa main indiquèrent la partie de la chambre qui faisait face à son lit...

— M. le comte en veut à son secrétaire, fit M. Casimir.

— Oui!... oui!... répondit le râle du moribond.

— M. le comte désire peut-être qu'on l'ouvre?...

— Oui, oui!...

Mlle Marguerite eut un geste désespéré.

— Mon Dieu! s'écria-t-elle, qu'ai-je fait! J'ai brisé la clef... J'ai eu peur de notre responsabilité à tous, en songeant aux énormes valeurs enfermées dans ce meuble...

L'expression des yeux du comte était devenue effrayante...

C'était le découragement absolu, une douleur atroce, le désespoir le plus horrible.

L'âme se débattait dans un corps qui n'existait plus, qui lui échappait. L'intelligence, la pensée, la volonté étaient enchaînées dans un cadavre qu'elles ne pouvaient galvaniser.

L'épouvantable sentiment de son impuissance se traduisit par une convulsion de rage frénétique, sa main se crispa, les veines de son cou se gonflèrent, ses yeux sortirent presque de leur orbite, et d'une voix rauque, qui n'avait rien d'humain :

— Marguerite!... râla-t-il, dépouillée!... prends garde!... ta mère!...

Et ce fut tout... comme si cet effort suprême eût brisé le dernier lien qui retenait encore l'âme près de s'envoler!...

— Un prêtre!... cria Mme Léon d'une voix lamentable, un prêtre, au nom du ciel...

— Un notaire plutôt, opina M. Casimir, vous voyez bien qu'il voudrait tester...

Ce fut le médecin qui parut pâle, tout effaré...

Il marcha au lit, n'y jeta qu'un coup d'œil, et d'une voix grave :

— Le comte de Chalusse est mort... prononça-t-il.

Il y eut une minute de stupeur.

De cette stupeur profonde qui se dégage de la mort, quand elle est soudaine surtout, et pour ainsi dire inattendue.

Sentiment mêlé de doute, d'égoïsme et d'épouvante. Cette furtive survenue du néant force chacun à un retour sur soi que précise cette phrase populaire :

« Ce que c'est que de nous! »

— Oui, c'est fini, murmurait le docteur, bien fini!...

Et comme il était familiarisé avec ces scènes funèbres, lui, comme il avait tout son sang-froid, il étudiait sournoisement l'attitude de Mlle Marguerite.

Elle semblait foudroyée, ou plutôt pétrifiée...

L'œil fixe et sec, le visage contracté, elle restait en place, le cou tendu vers le cadavre de M. de Chalusse, comme si elle eût attendu un miracle, comme si elle eût encore espéré entendre sortir de sa bouche à jamais glacée le secret qu'il n'avait pu dire et qu'il emportait dans la tombe.

Le médecin fut d'ailleurs le seul à remarquer cela.

Les autres, pâles et consternés, échangeaient des regards de détresse... Les femmes s'étaient laissées glisser à genoux et pleuraient, tout en bégayant des prières.

Mais plus haut que toutes les autres sanglotait Mme Léon.

Ce furent d'abord des gémissements inarticulés, puis tout à coup elle se jeta sur Mlle Marguerite, et se mit à la presser entre ses bras en criant :

— Quel malheur ! Chère enfant adorée, quelle perte !

Absolument incapable de prononcer une parole, la pauvre jeune fille repoussait doucement la femme de charge et essayait de se dégager... Mais l'autre s'obstinait et poursuivait :

— Pleurez, chère demoiselle, pleurez... N'enfermez pas ainsi votre douleur en vous-même...

Elle-même l'enfermait si peu que le docteur lui en fit un peu impérieusement la remarque. Alors, elle parut se faire une violence extraordinaire, et tout en se tamponnant les yeux avec son mouchoir, elle poursuivit d'une voix entrecoupée et convulsive :

— Oui, docteur, oui, vous avez raison... je saurai me modérer... Mais, au nom de votre mère, docteur, arrachez ma bien-aimée Marguerite à ce spectacle trop cruel pour son jeune cœur... Qu'elle se retire dans sa chambre, prier Dieu de lui envoyer des forces pour supporter le coup qui la frappe...

Certes, la malheureuse enfant ne songeait pas à se retirer; mais avant qu'elle eût pu manifester son intention, M. Casimir s'avança.

— Je crois, opina-t-il d'un ton sec, que mademoiselle fera mieux de rester ici...

— Hein! fit Mme Léon, se redressant soudain, et pourquoi, s'il vous plaît...

— Parce que... parce que...

La colère avait séché les pleurs de la femme de charge.

— Qu'est-ce que cela signifie, dit-elle, prétendriez-vous empêcher mademoiselle de faire ce que bon lui semble chez elle...

M. Casimir se permit un sifflement qui, la veille, eût fait tomber sur sa joue la main de l'homme étendu là, à trois pas.

— Chez elle, répondit-il, chez elle!... Hier... je ne dis pas! ce matin, c'est une autre paire de manches... Est-elle parente du comte? Non, n'est-ce pas. Que me chantez-vous donc?... Nous sommes tous égaux ici.

Son accent goguenard avait un tel degré d'impudence, il dissimulait si peu toutes sortes de honteuses et viles réticences, que le docteur en fut indigné.

— Drôle!... fit-il.

Mais l'autre se rebiffa d'un air qui prouvait bien qu'il connaissait le domestique du médecin, et, par contre, tous les secrets de son intérieur.

— Appelez drôle votre valet de chambre, si cela lui convient, riposta-t-il; moi, cela ne me va pas, monsieur le médecin... Votre besogne est terminée ici, n'est-ce pas?... Laissez-nous donc arranger nos affaires nous-mêmes... Je sais ce que je dis, Dieu merci !... On connaît les précautions qu'il faut prendre dans une maison mortuaire, pleine de richesses de la cave au grenier, quand au lieu de parents il s'y trouve des... personnes qui... y sont... sans qu'on sache ni pourquoi ni comment... A qui s'en prendrait-on, s'il manquait des valeurs ?... Aux pauvres domestiques, comme toujours... Ah ! ils ont bon dos, eux !... on fouillerait leurs malles, on n'y trouverait rien, et tout de même on les enverrait en prison... Les autres, pendant ce temps, s'en iraient avec leur butin... Pas de ça, Lisette !... Personne ne bougera d'ici avant l'arrivée de la justice...

Mme Léon écumait de colère.

— C'est bien !... interrompit-elle, je vais faire prévenir l'ami intime de M. de Chalusse, le général...

— Eh !... je me moque bien de votre général...

— Malhonnête !...

L'intervention de Mlle Marguerite l'arrêta.

Le bruit toujours croissant de cette indécente discussion avait tiré la malheureuse jeune fille de son anéantissement.

L'insolence du valet se vengeant lâchement de ses bassesses de la veille, avait fait monter le rouge à son front, et elle s'avançait d'un pas roide.

— Vous oubliez, prononça-t-elle, qu'on n'élève pas la voix dans la chambre d'un mort !

Cela fut si bien dit, et avec un tel accent de majesté hautaine, que M. Casimir en demeura écrasé.

Du doigt elle lui montra la porte, et froidement :

— Allez chercher le juge de paix, commanda-t-elle... Vous ne remettrez les pieds ici qu'avec lui...

Il s'inclina, balbutiant quelques excuses confuses et sortit...

— C'est encore elle qui est la plus raisonnable, grommelait-il... Ah! mais oui, on mettra les scellés; ah! mais oui...

Quand il entra dans le pavillon du concierge, M. Bourigeau se levait, ayant dormi sa grasse nuit pendant que sa femme veillait.

— Vite!... lui dit M. Casimir, finissez de vous habiller pour courir chez le juge de paix... il nous le faut... tout est réglé là-haut, et je viens de vous secouer la demoiselle d'un belle façon...

Le concierge parut atterré.

— Cristi! balbutiait-il, en voilà un de désagrément!...

— A qui le dites-vous! c'est la seconde fois que pareille chose m'arrive. C'est à donner l'idée d'essayer la chose, que me disait un garçon que je connais, un nommé Chupin, qui est dans les affaires et plein de malice. « Voyez-vous, me disait-il, si j'étais domestique, avant « d'entrer chez un patron, je le ferais assurer aux assu- « rances sur la vie, de sorte que s'il tournait de l'œil, je « toucherais une bonne somme. » Mais habillez-vous donc, père Bourigeau!...

— Fameuse, l'idée, grommela le concierge, mais pas pratique...

— Bast!... qui sait?... En attendant, je suis joliment vexé... Le comte m'allait énormément, je l'avais dressé à mes habitudes... et puis patatras!... C'est une éducation à refaire.

M. Bourigeau n'était pas à la hauteur de cette sereine

philosophie, et tout en endossant son pardessus, il geignait :

— Ah! vous n'êtes pas embarrassé, vous, Casimir; vous n'avez que votre corps à placer... J'ai mes meubles, moi... et si je ne trouve pas une porte de deux pièces, il faudra que j'en vende une partie... Quel guignon!...

Cependant il était prêt, il partit, et M. Casimir, qui n'osait remonter, se mit à faire les cent pas devant le pavillon.

Il avait bien fait trente tours, et commençait à s'impatienter, quand il aperçut, se glissant par l'entre-bâillure de la grande porte, une tête éveillée et futée comme celle d'une belette explorant avant de sortir l'alentour de son trou.

— Eh!... c'est Victor Chupin, fit-il en s'avançant, mais sortons, sortons...

Et une fois dans la rue :

— Vous tombez comme marée en carême, poursuivit-il, n, i, ni, c'est fini.

Chupin bondit.

— Alors notre affaire tient, fit-il vivement; vous savez, pour les funérailles. Le premier commis de notre administration est prévenu.

— Diable! c'est que je ne sais si je serai le maître... Enfin, repassez toujours sur les trois heures.

— C'est bon, on y sera, m'sieu, et vous savez... défiez-vous de la concurrence.

Mais M. Casimir était préoccupé.

— Et M. Fortunat? demanda-t-il.

— Dame!... je vous l'avais dit, m'sieu, il a reçu ce qui s'appelle un fier coup, hier soir... V'lan sur l'œil!

Mais il s'est mis des compresses, cette nuit, et ce matin, ça va mieux... Même il m'a chargé de vous dire qu'il vous attendrait de midi à une heure, où vous savez...

— Je tâcherai d'y aller, quoique... Ah! si, pourtant. Je lui montrerai la lettre qui a causé l'attaque... Car je l'ai telle que le comte l'a recollée après l'avoir déchirée en menus morceaux... et j'ai même retrouvé sept ou huit morceaux que ni le comte, ni mademoiselle n'avaient su voir. C'est très-curieux, parole sacrée!

Chupin le regardait d'un air d'admiration ébahie.

— Mon Dieu!... fit-il, que je voudrais donc être riche, m'sieu, pour avoir un valet de chambre comme vous!...

L'autre daigna sourire... Puis tout à coup :

— A tantôt, fit-il vivement, j'aperçois là-bas Bourigeau qui ramène le juge de paix !

VII

Celui qui arrivait à l'hôtel de Chalusse réalisait d'une façon saisissante toutes les idées qu'éveille ce titre simple et grand de Juge de Paix.

Il était bien tel qu'on aime à se représenter le magistrat de la famille et de la conciliation, l'incorruptible gardien des intérêts de l'absent, du petit et du faible, l'arbitre délicat et prudent des douloureux débats entre proches, l'homme d'expérience et de bien que dépeignait Thouret du haut de la tribune, le sage dont la paternelle justice se passe d'appareil, et que la loi autorise à donner audience au coin de son foyer, en sa maison, pourvu que les portes en restent ouvertes.

C'était un homme qui avait dépassé la cinquantaine, maigre, assez grand, un peu voûté, vêtu selon une mode vieillie, mais non antique ni ridicule.

L'expression de sa physionomie était la douceur poussée jusqu'à la débonnaireté. Mais on eût eu tort de s'y fier; on le comprenait à son regard vif et tranchant, un regard exercé à pénétrer jusqu'au fond des consciences pour y faire tressaillir la vérité.

Du reste, comme tous les hommes accoutumés à délibérer intérieurement en public, il s'était fait un masque immobile. Il pouvait tout entendre et tout voir, tout soupçonner et tout comprendre, sans qu'un muscle de son visage bougeât...

Et cependant les habitués de son prétoire, les agréés de ses audiences, son greffier même, prétendaient distinguer toutes ses impressions.

Une bague ayant une fort belle pierre, que le juge portait au doigt, servait aux autres de baromètre...

Un cas difficile, embarrassant pour sa conscience, se présentait-il? Ses yeux s'attachaient obstinément à sa bague. Satisfait, il la remontait et la faisait jouer entre la première et la seconde phalange. Mécontent, il tournait brusquement le chaton en dedans...

Quoiqu'il en soit, il était assez imposant en sa simplicité pour intimider M. Casimir.

Le fier valet de chambre s'inclina, dès qu'il le vit à cinq pas, et l'échine en cerceau, la bouche en cœur, de sa voix la plus obséquieuse :

— C'est moi, dit-il, qui me suis permis de faire appeler M. le juge...

— Ah!...

Déjà le magistrat en savait sur l'hôtel de Chalusse et sur les événements de la veille et de la matinée, tout autant que M. Casimir lui-même...

Le long de la route, avec une douzaine seulement de

questions bénignes, il avait retourné comme un gant le sieur Bourigeau.

— Si Monsieur veut, poursuivit M. Casimir, je puis lui expliquer...

— Rien... inutile!... Conduisez-nous...

Ce « nous » étonna le valet de chambre, mais il en eut l'explication au perron.

Là, seulement, il remarqua un personnage à mine florissante et hilare, qui marchait dans l'ombre du juge de paix, portant sous le bras un gros portefeuille de chagrin noir où on lisait en lettres d'or : *Greffe.*

Ce personnage était le greffier.

Il paraissait d'ailleurs aussi satisfait de son emploi que de soi, et tout en suivant M. Casimir, il examinait d'un œil d'huissier priseur les spendeurs de l'hôtel de Chalusse, les mosaïques du vestibule, les marbres, les fresques des murailles.

Peut-être supputait-il ce qu'il eût fallu d'années des appointements d'un greffier réunis au maigre traitement d'un juge, pour payer les magnificences de ce seul escalier.

Sur le seuil de la chambre de M. de Chalusse, le magistrat s'arrêta.

Il y avait eu du changement en l'absence de M. Casimir. D'abord le docteur s'était retiré. Ensuite, le lit avait été disposé en lit de parade, et au chevet, sur une table recouverte d'une serviette blanche, des bougies brûlaient dans de grands flambeaux d'argent.

De plus, Mme Léon était montée chez elle, sous l'escorte de deux domestiques, et elle en avait descendu de l'eau bénite dans une coupe de porcelaine, et un rameau desséché. Elle psalmodiait les prières des morts, et de temps à autre s'interrompait pour tremper sa branche de buis dans l'eau et asperger le lit.

Les deux fenêtres avaient été entr'ouvertes malgré le froid, et devant la cheminée, sur le marbre, on avait placé un réchaud plein de braise où un domestique jetait alternativement du vinaigre et du sucre en poudre, dont la fumée montait en épaisses spirales et emplissait la chambre.

A la vue du juge de paix tout le monde s'était levé... Lui, après un assez long examen, se découvrit respectueusement et entra.

— Pourquoi tant de monde ici? demanda-t-il.

— C'est moi qui ai eu cette idée, répondit M. Casimir, parce que...

— Vous êtes... défiant, interrompit le magistrat...

Déjà le greffier avait tiré de sa serviette des plumes et du papier, et il relisait l'ordonnance rendue par le juge en son cabinet, sur la requête du sieur Bourigeau, et en vertu de laquelle il allait être procédé à l'apposition des scellés...

Les yeux du juge, depuis son entrée, ne quittaient pas Mlle Marguerite, qui pâle, les yeux rouges, se tenait debout près de la cheminée.

Enfin, il s'avança vers elle, et d'un ton où éclatait une pitié profonde :

— Vous êtes Mlle Marguerite?... demanda-t-il.

Elle leva sur lui son beau regard clair, plus beau à travers les larmes qui tremblaient à ses cils, et d'une voix altérée elle répondit : Oui, monsieur.

— Êtes-vous parente, mademoiselle... à un degré quelconque, de M. le comte de Chalusse?... avez-vous quelques droits à sa succession?...

— Non, monsieur...

— Excusez-moi, mademoiselle, mais ces questions sont indispensables... Qui vous a confiée à M. de Chalusse, et à quel titre?... Votre père... votre mère?...

— Je n'ai ni père ni mère, monsieur, je suis seule au monde!... Seule...

Lentement, le perspicace regard du juge fit le tour de la chambre.

— Alors... je comprends, fit-il. On aura profité de votre isolement, pour vous manquer... pour vous outrager, peut-être!...

Toutes les têtes se baissèrent, et M. Casimir regretta de n'être pas resté dans la cour.

Mlle Marguerite, elle, contemplait le magistrat d'un air étonné, ne concevant pas sa clairvoyance. Elle ignorait son entretien avec le sieur Bourigeau et ne savait pas qu'à travers les contes ridicules et les allégations mensongères du portier il avait discerné en partie la vérité.

— J'aurai l'honneur, mademoiselle, reprit-il, de vous demander tout à l'heure un moment d'entretien... Mais, avant, une question encore : Le comte de Chalusse avait pour vous, m'a-t-on dit, l'affection la plus vive. Êtes-vous sûre qu'il ne se soit pas préoccupé de votre avenir?... Êtes-vous sûre qu'il ne laisse pas de testament?

La jeune fille hocha la tête.

— Il en avait fait un autrefois en ma faveur, répondit-elle... Je l'ai vu... il me l'a donné à lire... Mais il a été déchiré quinze jours après mon installation ici, et sur ma prière...

Depuis un moment, Mme Léon sentait sa langue se sécher dans sa bouche.

Aussi, triomphant de l'appréhension que lui causait le magistrat, se décida-t-elle à s'approcher.

— Comment pouvez-vous dire cela ! chère demoiselle, s'écria-t-elle. Ne savez-vous pas combien M. le comte, Dieu ait son âme ! était un homme inquiet. Je parierais, voyez-vous, qu'il y a un bout de testament quelque part.

L'œil du juge ne quittait plus le chaton de sa bague.

— On peut toujours chercher avant d'apposer les scellés... Vous avez qualité pour me requérir... ainsi, si vous le voulez ?

Elle ne répondit pas.

— Oh ! oui... insista Mme Léon, je vous en prie, monsieur, cherchez...

— Mais où serait ce testament ?...

— Ici, pour sûr, dans ce secrétaire, ou dans un des meubles du cabinet de défunt M. le comte.

Le juge de paix connaissait l'histoire de la clef, mais peu importe.

— Où est la clef de ce secrétaire ? demanda-t-il.

— Hélas !... monsieur, répondit Mlle Marguerite, je l'ai brisée hier soir quand on a rapporté M. de Chalusse mourant. Pourquoi ?... vous devez le comprendre... J'espérais éviter ce qui est néanmoins arrivé... Puis, je savais que dans ce secrétaire se trouve une forte somme en or, et plus de deux millions en billets de banque et en valeurs au porteur... Cela tenait toute la tablette supérieure.

Deux millions... là !... Tous les assistants eurent un

éblouissement. Le greffier en laissa tomber un pâté sur son papier. Deux millions !...

Evidemment le magistrat délibérait.

— Hum !... murmurait-il, porte close... il y aurait peut-être lieu à référé... D'un autre côté, il y a certainement urgence... Ma foi !... je vais toujours statuer par provision.

Et se décidant :

— Qu'on aille quérir un serrurier, dit-il...

On partit, et en attendant, il alla s'asseoir près du greffier, lui expliquant comment il faudrait relater l'incident au procès-verbal.

Enfin, l'ouvrier parut, sa trousse de cuir pendue à l'épaule, et aussitôt il se mit à l'œuvre.

Ce fut long, ses crochets ne mordaient pas et il parlait de scier le pène, quand tout à coup il trouva le joint et l'abattant tomba...

Le secrétaire était vide, il n'y avait sur la tablette que quelques papiers et un flacon bouché à l'émeri, aux trois-quarts plein d'une liqueur rouge...

Le cadavre de M. de Chalusse secouant son linceul et se dressant, eût à peine produit une plus formidable impression...

Un même frisson de peur secoua tous les gens rassemblés dans cette chambre...

Le secrétaire était vide. Une fortune énorme avait disparu. Les mêmes soupçons allaient peser sur tous... Et chacun déjà se voyait arrêté, emprisonné, traîné devant les tribunaux...

Puis, au premier moment d'effarement la colère succédant, une furieuse clameur s'éleva.

— Un vol a été commis! criaient-ils tous ensemble. Mademoiselle a eu la clef à sa disposition... Il ne faut pas qu'on accuse des innocents!...

Si émouvante que fût cette scène, elle n'était pas capable d'altérer l'impassible sang-froid du magistrat. Il en avait vu d'autres, lui qui, vingt fois dans sa vie, avait dû se jeter entre des héritiers, entre des enfants prêts à en venir aux mains devant le cadavre non encore refroidi de leur père...

— Silence! prononça-t-il.

Et comme le tumulte ne cessait pas, comme on continuait à crier :

— Il faut que les voleurs se retrouvent... nous saurons bien découvrir le coupable...

Le juge, d'une voix forte dit :

— Un mot de plus et je fais évacuer la chambre.

On se tut, avec un sourd grondement; mais les regards et les gestes avaient une éloquence à laquelle il était impossible de se méprendre. Tous les yeux étaient rivés sur Mlle Marguerite avec une expression farouche où se confondaient la haine présente et les rancunes du passé...

Elle ne le voyait que trop, l'infortunée, mais sublime d'énergie, elle demeurait le front haut en face de cet orage, dédaignant de répondre à de si viles imputations.

Mais elle avait là, près d'elle, un protecteur : le juge.

— Si des valeurs ont été détournées de la succession, reprit-il, le coupable sera recherché et découvert... Cependant il faut s'expliquer : qui a dit que Mlle Marguerite a eu à sa disposition la clef du secrétaire?...

— Moi!... répondit un valet de pied. J'étais dans la salle à manger hier matin, quand M. le comte la lui a remise.

— Pourquoi la lui confiait-il ?

— Pour venir chercher cette fiole, qui est là, je la reconnais, et qu'elle lui a descendue.

— Lui a-t-elle rendu la clef ?

— Oui, monsieur, en même temps que la fiole, et il l'a mise dans sa poche.

Le magistrat désigna du doigt le flacon déposé sur la tablette.

— C'est donc le comte qui l'a rapporté là, dit-il, cela ressort des explications. Donc, si on eût enlevé les valeurs, en faisant la commission, il s'en fût aperçu.

Il n'y avait rien à répondre à cette objection si simple, qui était en même temps une éclatante justification.

— Et d'ailleurs, poursuivit le juge, qui vous a révélé qu'une somme immense se trouvait dans le secrétaire ?... Le saviez-vous ?... Qui de vous le savait ?...

Personne ne répondit, et, sans paraître remarquer les regards de reconnaissance que lui adressait Mlle Marguerite, il dit encore d'un ton sévère :

— Ce n'est pas une preuve d'honnêteté, que de se montrer si accessible que cela aux plus vagues soupçons... N'était-il pas plus simple de réfléchir que le défunt peut avoir changé ses valeurs de place, et qu'elles se retrouveront !

Moins que le juge encore, le greffier avait été ému. Lui aussi, il était blasé, et jusqu'à l'écœurement, sur ces drames effroyables et honteux qui se jouent au chevet des morts. S'il avait accordé un coup d'œil au secrétaire, c'est qu'il lui avait paru curieux de juger en quel étroit espace peuvent tenir deux millions. Et aussitôt après, il s'était mis à supputer combien d'années il lui faudrait rester titulaire d'un greffe de justice de paix avant de réunir ce fantastique capital.

Entendant le juge déclarer qu'il allait poursuivre la recherche du testament annoncé par Mme Léon, et en même temps des valeurs, il abandonna son calcul.

— Alors, monsieur, demanda-t-il, je puis commencer ma rédaction ?

— Oui, répondit le juge, écrivez.

Et d'une voix sans inflexions, il se mit à dicter, encore que l'autre n'en eût pas besoin, les formules consacrées :

« Et le 16 octobre 186..., à neuf heures du matin ;
« En exécution de notre ordonnance qui précède, rendue à la
« requête des gens au service de défunt Louis-Henri-Raymond
« de Durtal, comte de Chalusse, dans l'intérêt des héritiers pré-
« somptifs absents et de tous autres qu'il appartiendra, vu les
« articles 819 (Code Napoléon) et 909 (Code de procédure) ;
« Nous, juge de paix susdit, assisté du greffier,
« Nous sommes transportés en la demeure dudit défunt, rue
« de Courcelles, où, étant arrivés et entrés, dans une chambre à
« coucher, éclairée sur la cour par deux fenêtres au midi, nous
« avons trouvé le corps dudit défunt gisant sur son lit, recouvert
« d'un drap...

« Dans cette chambre étaient présents... »

Il s'interrompit, et s'adressant au greffier :

— Prenez les noms de tout le monde, dit-il, ce sera long, et je vais pendant ce temps continuer les perquisitions.

On n'avait, en effet, en vue que la tablette du secrétaire, et les tiroirs restaient à examiner.

Dès le premier qu'il ouvrit, le juge put reconnaître l'exactitude des renseignements qui lui avaient été fournis par Mlle Marguerite.

Il y prit connaissance de la grosse d'un acte, lequel établissait que M. de Chalusse avait emprunté au Crédit foncier huit cent cinquante mille francs. Cette somme lui avait été versée le samedi qui avait précédé sa mort.

Au-dessous de cet acte, était un bordereau d'agent de change, signé Pellé, constatant que le comte avait fait vendre à la Bourse des titres de plusieurs sortes, rentes et actions, dont le montant s'était élevé à quatorze cent vingt-trois mille francs, qui lui avaient été remis l'avant-veille, c'est-à-dire le mardi, partie en billets de banque, et partie en bons sur « divers. »

C'était donc une somme totale de deux millions, deux cent soixante-treize mille francs que M. de Chalusse avait reçue depuis six jours...

Dans un tiroir qu'on ouvrit ensuite, on ne découvrit rien que des titres de propriété, des baux et des liasses d'actions qui attestaient que la rumeur publique avait diminué plutôt qu'exagéré les immenses revenus du comte, mais qui rendaient difficile à expliquer l'emprunt qu'il avait contracté.

Un dernier tiroir renfermait vingt-huit mille francs en rouleaux de pièces de vingt francs.

Enfin, dans une cachette, pratiquée entre les compartiments et dont le magistrat sut faire jouer le secret, il trouva un paquet de lettres jaunies, liées par un large velours bleu, trois ou quatre bouquets desséchés, et un gant de femme qui avait été porté par une main d'une merveilleuse petitesse.

C'étaient là, évidemment, les froides reliques de quelque grand amour éteint depuis bien des années, et le magistrat les examina un moment avec un soupir...

Même son attention l'empêcha de remarquer le trouble de Mlle Marguerite... A la vue de ces souvenirs du passé du comte, soudainement exhumés, elle avait été près de défaillir...

Cependant l'examen du secrétaire était terminé, et le greffier avait enregistré le nom et les prénoms de tous les domestiques.

— Je vais, reprit à haute voix le juge, procéder à l'apposition des scellés... Mais avant je distrairai une portion de l'argent qui se trouve dans ce meuble, pour les dépenses de l'hôtel, jusqu'à ce que le tribunal ait statué. Qui s'en chargera?

— Oh! pas moi... s'écria Mme Léon.

— Je m'en chargerai volontiers, fit M. Casimir.

— Voici donc huit mille francs, dont vous aurez à rendre compte...

M. Casimir, homme prudent, vérifia les rouleaux, et quand il eut fini :

— Qui donc, monsieur, demanda-t-il, s'occupera des obsèques de feu M. le comte?

— Vous... et sans perdre une minute.

Fier de son importance nouvelle, le valet de chambre se hâta de sortir, un peu consolé par l'idée qu'il allait déjeuner avec M. Isidore Fortunat, et qu'ensuite il partagerait une grasse commission avec Victor Chupin.

Déjà le juge avait repris sa dictée :

« Et à l'instant, nous avons successivement apposé des scellés « aux deux bouts de bandes de rubans de fil blanc, scellés en « cire rouge ardente, empreints du sceau de notre justice de « paix, savoir :

« DANS LA CHAMBRE SUS-DÉSIGNÉE DU DÉFUNT :

« 1° Une bande de ruban couvrant l'entrée de la serrure d'un « secrétaire, ouvert par un serrurier requis par nous, et refermée « par ledit... »

Et ainsi, le magistrat et son greffier poursuivaient de meuble en meuble, décrivant l'opération au procès-verbal, à mesure qu'elle s'accomplissait.

De la chambre à coucher du comte, ils étaient passés dans son cabinet de travail.

Et Mlle Marguerite et Mme Léon suivaient, et aussi les domestiques, étonnés d'abord, puis émus, de ces tristes et nécessaires formalités, glacés de voir ainsi fouillée jusqu'en ses recoins intimes et sacrés, l'existence de l'homme qui avait été le maître en cette princière demeure, et dont le corps était encore là... car ces perquisitions ont quelque chose de plus cruel encore que l'autopsie pratiquée par les chirurgiens. Le cadavre est insensible, on le sait bien, tandis qu'on se demande si la pensée ne palpite pas longtemps encore là où elle a vécu.

A midi, tous les meubles avaient été fouillés où on pouvait supposer que M. de Chalusse avait déposé ses valeurs ou un testament, et on n'avait rien trouvé... rien... rien...

Le magistrat, jusqu'à ce moment, avait procédé avec cette âpre impatience qui, pendant les longues perquisitions, gagne les esprits les plus froids.

Il avait mis à tout bouleverser une précipitation nerveuse, résultant de cette conviction que les objets qu'il recherchait étaient là, à sa portée, sous sa main, lui crevant pour ainsi dire les yeux.

Car il était plus que persuadé, il était sûr — où sa pratique des hommes n'eût pas été l'expérience — il eût juré que le comte de Chalusse avait pris toutes les dispositions naturellement indiquées aux vieillards isolés, qui n'ont point de parents habiles à recueillir leur succession, et qui ont placé leur affection et l'intérêt de leur vie hors de la famille légitime...

Et lorsqu'il dut s'arrêter, quand il fut à bout d'investigations, son geste fut celui de la colère bien plus que celui du découragement; l'évidence apparente n'ébranlant nullement son opinion.

Aussi, restait-il immobile, l'œil arrêté sur le chaton de sa bague, comme s'il en eût attendu quelque miraculeuse inspiration, lui révélant le secret d'une cache ignorée de tous.

— Car le comte n'est ici coupable que de trop de précautions, grommelait-il entre haut et bas, j'en mettrais un doigt au feu.. Cela se voit souvent et était dans la nature de l'homme, d'après ce que j'en sais...

Mme Léon leva les bras au ciel.

— Ah! oui, c'était bien dans sa nature, approuva-t-elle. Jamais, du grand jamais il ne se vit personne de si méfiant sous le soleil... non pour l'argent, grand Dieu!... car il en laissait traîner partout, mais pour les papiers... Il tenait les siens sous trois tours de clef, comme s'il eût craint qu'il ne s'en évaporât quelque secret terrible... c'était une manie. Dès qu'il avait seulement une lettre à écrire, il se barricadait comme pour commettre un crime... Que de fois je l'ai vu, moi qui vous parle, que de fois...

Le reste expira dans son gosier, encore qu'elle restât béante, l'œil écarquillé, toute abasourdie, comme une personne qui a failli mettre le pied dans quelque grand trou...

Un mot de plus, et tout doucement, sans s'en apercevoir, elle allait confesser une de ses manies les plus chères, qui était d'écouter et de regarder aux serrures des portes qui lui étaient fermées...

Du moins crut-elle que cette légère intempérance d'une langue trop prompte, avait échappé au juge de paix.

Il ne paraissait s'inquiéter que de Mlle Marguerite, laquelle, en apparence, sinon en réalité, avait repris cette réserve un peu froide et la résignation attristée qui lui étaient habituelles.

— Vous le voyez, mademoiselle, lui disait-il, j'ai fait tout ce qui était en mon pouvoir... Désormais, il faut nous en remettre au hasard des perquisitions et de l'inventaire... Qui sait quelles surprises nous réserve l'exploration de cet immense hôtel, dont nous n'avons encore visité que trois pièces.

Elle secoua la tête d'un geste doux.

— Je n'aurai jamais assez de reconnaissance, monsieur, répondit-elle, pour le service immense que vous venez de me rendre, en anéantissant une infâme accusation... Mais pour ce qui est du reste, je n'ai jamais rien attendu... et je n'attends rien.

Ce qu'elle disait, elle le pensait; son accent le disait

si bien, que le magistrat en fut surpris et un peu troublé.

— Allons, allons !... jeune fille, prononça-t-il avec une bonhomie paternelle dont il n'abusait guère, il ne faut pas comme cela jeter le manche après la cognée... A moins toutefois — et il la fixait — que vous n'ayez pour parler comme vous le faites, certaines raisons qui... Mais il suffit, me voilà libre pour une heure, et nous allons causer comme un père et une fille.

Sur ces mots, le greffier se dressa.

Depuis un moment déjà un nuage était descendu sur sa figure joviale, et il agitait impatiemment un gros trousseau de clefs — car la clef de chaque serrure, à l'apposition des scellés, est confiée au greffier, à charge par lui de la représenter lors de la levée desdits scellés.

— Je vous entends, fit le juge. Votre estomac, moins complaisant que le mien, ne se contente pas, jusqu'à l'heure du dîner, d'une tasse de chocolat... Allez déjeuner et passez au greffe en y allant; à votre retour vous me trouverez ici... Vous pouvez clore la vacation et faire signer.

Elle était toute close, et, pressé par la faim, le greffier se mit à en bredouiller la formule si rapidement, que bien habile on eût été de comprendre ce qu'il disait :

« Et il a été vaqué, tant à la rédaction de l'intitulé du présent
« procès-verbal qu'à l'inventaire des objets en évidence et à l'ap-
« position des scellés, comme il est décrit ci-dessus, de neuf
« heures du matin jusqu'à midi, par simple vacation... »

Puis il appela tous les noms qu'il avait inscrits à l'intitulé, et chacun des domestiques s'avança à son tour, signa son nom ou fit sa croix et se retira...

Mme Léon elle-même comprit bien à la physionomie du juge, qu'on la ferait sortir, elle aussi, et elle en prenait son parti à regret, quand Mlle Marguerite l'arrêta en lui demandant :

— Vous êtes bien sûre qu'il n'est rien venu pour moi, aujourd'hui?

— Rien, mademoiselle, je suis descendue en personne m'en assurer chez le concierge.

— Vous avez bien mis ma lettre à la poste, hier soir?

— Oh!... chère demoiselle, pouvez-vous en douter...

La jeune fille étouffa un soupir, et plus vivement, ce qui signifiait le congé :

— Il faut faire prier M. de Fondège de venir, dit-elle.

— Le général?

— Oui.

— Je vais envoyer chez lui à l'instant, fit la femme de charge.

Et elle sortit refermant la porte avec une visible humeur.

VIII

Enfin le juge de paix et Mlle Marguerite se trouvaient seuls dans le cabinet de travail de M. de Chalusse.

Cette pièce, que le comte, en son vivant, affectionnait entre toutes, était magnifique et sombre, avec ses hautes tentures et ses meubles de bois noir ouvragés de fer.

Mais en ce moment elle empruntait aux circonstances quelque chose de solennel et de lugubre. On se sentait froid à voir tous ces papiers bouleversés sur le bureau, et ces bandes de ruban de fil blanc appliquées devant toutes les serrures, sur les bahuts, sur les bibliothèques et jusque sur les placards.

Le magistrat s'était assis dans le fauteuil de M. de Chalusse, à demi retourné vers le centre de la pièce, et la jeune fille avait pris place sur une chaise à haut dossier sculpté, la tête en pleine lumière.

Pendant un bon moment, ils restèrent en face l'un de l'autre, silencieux.

Le juge préparait ce qu'il avait à demander. Ayant compris la réserve presque sauvage de Mlle Marguerite, il réfléchissait que s'il effarouchait ce caractère si fier, il n'en tirerait rien et par suite ne pourrait la servir comme il le souhaitait.

Et il le souhaitait presque passionnément, se sentant attiré vers elle par une inexplicable sympathie, où il y avait à la fois, bien qu'il ne la connût que depuis quelques heures, de l'estime, du respect et de l'admiration.

Cependant il fallait commencer.

— Mademoiselle, dit-il, je me suis abstenu de vous questionner devant vos gens... et si en ce moment je me permets de le faire, c'est, sachez-le bien, sans qualité, et vous êtes libre de ne pas me répondre... Mais vous êtes jeune, et je suis un vieillard; mais mon devoir, quand mon cœur ne m'y porterait pas, est de vous offrir l'appui de mon expérience...

— Parlez, monsieur... interrompit la jeune fille ; je répondrai franchement à vos questions... ou je me tairai.

— Je reprends donc, fit-il. On m'a affirmé que M. de Chalusse n'a aucun parent à quelque degré que ce soit... Est-ce exact?

— En effet, oui, monsieur... Mais j'ai aussi entendu dire à M. le comte, qu'une sœur à lui, Mlle Hermine de Chalusse, s'est enfuie de la maison paternelle, quand elle avait mon âge, il y a de cela vingt-cinq ou trente ans... et jamais elle n'a reçu la part qui lui revenait dans l'énorme fortune de ses parents...

— Et cette sœur n'a jamais donné signe de vie?...

— Jamais!... Quoique cependant... tenez, monsieur, je vous ai promis d'être franche... Cette lettre reçue hier par M. de Chalusse, qui a déterminé sa mort... Eh bien! j'ai le pressentiment qu'elle venait de cette sœur... Elle ne peut avoir été écrite que par elle ou... par cette autre... personne dont vous avez trouvé des lettres... et des souvenirs... dans la cachette du secrétaire...

— Et... cette personne... d'après vous... qui serait-elle?

La jeune fille ne répondant pas, le juge n'insista pas et continua.

— Mais vous, mon enfant, qui êtes-vous?...

Elle eut un geste de douloureuse résignation, et d'une voix troublée :

— Je l'ignore, monsieur... répondit-elle. Peut-être suis-je la fille de M. de Chalusse. Je mentirais si je disais que telle n'est pas ma conviction. Oui, je le crois, mais je n'ai jamais eu une certitude... Tour à tour, selon les circonstances, j'ai cru, puis j'ai douté... Par certains jours, je me disais, « oui, oui! »... et j'avais envie de me jeter à son cou... D'autres fois, je m'écriais : « non, ce n'est pas possible! »... et je le haïssais presque... D'ailleurs, pas un mot de lui, pas un mot positif, au moins... Lorsque je l'ai vu pour la première fois, il y a six ans, à la façon dont il m'avait défendu de l'appeler « mon père, » j'ai compris qu'il ne me répondrait jamais...

S'il est un homme au monde inaccessible au ridicule prurit d'une puérile curiosité, c'est assurément celui que sa profession condamne à détailler les heures de sa vie au profit de son prochain.

Tel le magistrat; rivé à son fauteuil, et contraint d'écouter à la journée les doléances de famille, les clabaudages du voisin, les plaintes, les accusations, les récriminations bêtes, les plus ignobles calomnies, des histoires stupides jusqu'à la nausée, enfin l'interminable et écœurante antienne des intérêts rivaux...

Et cependant, à entendre Mlle Marguerite, cette jeune fille dont l'étrangeté l'avait saisi, le vieux juge de paix éprouvait cette inquiétude qu'on ressent en face d'un problème...

— Laissez-moi croire, lui dit-il, que beaucoup de circonstances décisives ont échappé à votre inexpérience et qu'à votre place...

Elle l'interrompit du geste, et tristement :

— Vous vous trompez, monsieur, fit-elle; je ne suis pas inexpérimentée...

Lui ne put s'empêcher de sourire de cette prétention...

— Pauvre jeune fille, prononça-t-il, quel âge avez-vous... dix-huit ans ?...

Elle secoua la tête :

— De par l'acte douteux qui a enregistré ma naissance, répondit-elle, je n'ai que dix-huit ans, c'est vrai !... Mais par les souffrances endurées, peut-être suis-je plus vieille que vous, monsieur, qui avez des cheveux blancs... Les misérables ne sont jamais jeunes ils ont l'âge du malheur... Et si par expérience vous entendez le découragement, la connaissance du bien et du mal, le mépris de tout et de tous, mon expérience à moi, jeune fille, vaut la vôtre...

Elle s'arrêta, hésitant, puis tout à coup prenant un parti ;

— Mais à quoi bon attendre vos questions, monsieur?... s'écria-t-elle. Cela n'est ni sincère ni digne. Est-ce que vous sauriez jamais !... Qui réclame un conseil doit avant la franchise... Je vous parlerai comme si j'étais seule en face de moi-même. Vous saurez ce que personne n'a su... personne, pas même lui... Pascal. J'ai un passé, moi que vous avez trouvée entourée d'un luxe royal, passé de misère... Mais je n'ai rien à cacher, et si j'ai à rougir, c'est des autres, et non de moi!...

Peut-être cédait-elle à un besoin d'expansion trop fort après des années de contrainte? Peut-être n'était-elle plus sûre d'elle-même et voulait-elle un autre témoignage que celui de sa seule conscience, à un moment où un abîme s'ouvrait dans sa vie, pareil à ces précipices insondables que creusent les grandes convulsions de la nature...

Trop hors d'elle-même pour apercevoir la stupeur du juge, ou entendre les paroles qu'il balbutiait, elle se leva, passant la main sur son front, comme pour bien rassembler ses souvenirs, et d'une voix brève, elle dit :

— Les premières sensations dont je me souvienne s'éveillèrent dans une cour étroite entourée de grands murs sans fenêtres, noirs, froids, et si hauts qu'à peine on en distinguait le faîte...

Le soleil y venait l'été, vers midi, dans un angle où il y avait un banc de pierre; l'hiver, jamais...

Il y avait au milieu cinq ou six petits arbres, grêles, rongés par la mousse, qui donnaient bien chacun une douzaine de feuilles jaunes au printemps...

Dans cette cour, nous étions une trentaine de petites filles, de trois à huit ans, toutes vêtues pareillement d'une robe brune, avec un petit mouchoir bleu en pointe sur les épaules. Nous portions un bonnet bleu les jours de semaine, blanc le dimanche, des bas de laine, d'épais souliers, et autour du cou un étroit ruban noir où pendait une large croix d'étain...

Autour de nous circulaient, silencieuses et mornes, des bonnes sœurs, les mains croisées dans leurs larges manches, blêmes sous leurs coiffes, avec leurs gros chapelets de buis chargés de médailles de cuivre, qui sonnaient quand elles marchaient comme des chaînes de prisonniers...

Sur tous les visages, la même expression était peinte: une résignation banale, une inaltérable douceur, une patience à toute épreuve...

Il en était de méchantes cependant, dont les yeux avaient des éclairs jaunes, et qui passaient sur nous leurs colères aiguës et froides...

Mais il en était une toute jeune et toute blonde, qui avait l'air si triste et si bon, que moi, dont l'intelligence s'éveillait à peine, je comprenais qu'il y avait dans sa vie quelque grand malheur.

Souvent, aux heures de récréation, elle me prenait sur ses genoux et me serrait entre ses bras avec une tendresse convulsive, en répétant :

— Chère petite !... chère petite !...

Quelquefois ses embrassements me faisaient mal, mais je me gardais d'en rien laisser paraître, tant j'avais peur de l'affliger davantage... Et même, au dedans de moi, j'étais contente et fière de souffrir par elle et pour elle...

Pauvre sœur !... Je lui ai dû les seules heures heureuses de ma première enfance... On l'appelait la sœur Calliste... Je ne sais ce qu'elle est devenue... Souvent j'ai pensé à elle, quand je me sentais à bout de courage... Et aujourd'hui encore, je ne saurais prononcer son nom sans pleurer...

Elle pleurait en effet, et de grosses larmes roulaient le long de ses joues, qu'elle ne songeait pas à essuyer.

Il lui fallut un effort pour continuer :

— Vous avez déjà compris, monsieur, ce que je ne m'expliquai, moi, que bien plus tard...

J'étais dans un hospice d'enfants trouvés... enfant trouvée moi-même.

Je ne puis dire que rien nous y manquât, et il y aurait ingratitude à ne pas reconnaître que les bonnes sœurs ont le génie de la charité... Mais hélas !... le cœur de chacune d'elles n'avait qu'une somme de tendresse à répartir entre trente pauvres petites filles, les parts étaient bien petites, les caresses les mêmes pour toutes, et moi j'aurais voulu être aimée autrement que toutes les autres, avec des mots et des caresses pour moi seule.

Nous couchions dans un dortoir bien propre, dans des lits bien blancs avec de petits rideaux de cotonnade... au milieu du dortoir, il y avait une bonne vierge qui semblait nous sourire à toutes... L'hiver, nous avions du feu. Nos vêtements étaient chauds et soignés, notre nourriture était bonne. On nous montrait à lire, à écrire, la couture et la broderie.

Il y avait des récréations entre tous les exercices, on récompensait celles qui avaient été studieuses et sages, et, deux fois par semaine, on nous menait promener le long des rues à la campagne...

C'est dans une de ces promenades que je sus des gens qui passaient qui nous étions et comment on nous appelle dans le peuple...

L'après-midi, parfois, il venait des femmes en grande toilette, avec leurs enfants rayonnants de santé et de bonheur... Les bonnes sœurs nous apprenaient que c'étaient des « dames pieuses » ou des « âmes charitables » qu'il fallait aimer et respecter, et que nous ne devions pas oublier dans nos prières. Elles nous distribuaient des jouets et des gâteaux.

D'autres fois, arrivaient des ecclésiastiques et d'autres messieurs très-graves, dont l'extérieur sévère nous faisait peur...

Ils regardaient partout, s'informaient de tout, s'assuraient que chaque chose était à sa place, et même quelques-uns goûtaient notre soupe...

Toujours ils étaient satisfaits, et Madame la supérieure les reconduisait avec force révérences, en répétant :

— Nous les aimons tant!... ces pauvres petites!...

Et ces messieurs disaient :

— Oui, oui, ma chère sœur, elles sont très-heureuses.

Et ils avaient raison. Les enfants des pauvres ouvriers subissent des privations que nous ne subissions pas, nous, et il leur arrive de souper de pain sec... Mais ce pain sec, c'est la mère qui le donne avec un baiser.

Oppressé par un insupportable malaise, le juge de paix ne trouvait pas une syllabe pour rendre ses impressions... D'ailleurs, Mlle Marguerite ne lui en eût pas laissé le moment, tant les souvenirs qui se représentaient à sa pensée lui faisaient la parole rapide.

Cependant, à ce nom de « mère, » le magistrat pensait que la jeune fille allait s'attendrir...

Il se trompait. Sa voix devint plus sèche, au contraire, et il s'alluma dans ses yeux comme un éclair de colère.

— J'ai souffert extraordinairement dans cet hôpital, reprit-elle.

La sœur Calliste était partie, et tout ce qui m'entourait me glaçait ou me froissait...

Je n'avais que quelques bonnes heures à moi, le dimanche, pendant les offices de la paroisse où on nous conduisait.

Quand le grand orgue ronflait, et que, dans le lointain du chœur, autour de l'autel resplendissant de lumière, s'agitaient les prêtres en étoles d'or, je clignais des yeux pour me donner des éblouissements... J'y réussissais... Et alors, il me semblait que je m'échappais de moi même, et que, sur les nuages d'encens, je montais vers ce beau pays du ciel dont nous parlaient les sœurs, et où il y a, nous disaient-elles, des mères pour toutes les petites filles...

Mlle Marguerite se recueillit quelques secondes, comme si elle eût reculé devant l'expression de sa pensée.

Puis se décidant :

— Oui, répéta-t-elle, j'ai été extraordinairement malheureuse aux Enfants-Trouvés... Presque toutes mes petites camarades étaient chétives, étiolées, blêmes, rongées de toutes sortes de maladies, comme s'il n'y eût pas eu assez pour leur malheur ici-bas de l'abandon de leurs parents...

Eh bien ! monsieur, il faut que je l'avoue à ma honte,

ces petites infortunées m'inspiraient une insurmontable répugnance, un dégoût qui allait jusqu'à l'aversion.

J'aurais mieux aimé appuyer mes lèvres sur un fer rouge que sur le front de la plupart d'entre elles...

Je ne raisonnais pas cela, hélas! je n'avais que huit ou neuf ans, mais je le sentais avec une vivacité douloureuse...

Les autres s'en étaient aperçues, et pour se venger, elle m'appelaient « la dame, » ironiquement, et me laissaient à l'écart. Souvent aussi, pendant les récréations, quand les bonnes sœurs avaient le dos tourné, elles me battaient, m'égratignaient le visage ou déchiraient mes vêtements...

J'endurais ces traitements sans me plaindre, ayant comme la conscience que je les méritais...

Que de réprimandes, cependant, elles m'ont valu ces déchirures!... Que de fois j'ai été mise au pain sec après avoir été bien grondée, bien appelée « petite sans soin » ou « méchante brise fer...

Mais comme j'étais soigneuse, en définitive, studieuse et appliquée, comme j'étais plus intelligente que les autres, les bonnes sœurs m'aimaient assez. Elles disaient que je serais « un bon sujet, » et qu'on me trouverait une place avantageuse avec des bourgeois pieux et riches, de ceux qui composent la clientèle des maisons religieuses...

Elles ne me reprochaient que d'être sournoise...

Je ne l'étais pas, cependant, mais triste et résignée. Tout m'avait tellement heurtée et meurtrie autour de moi, que je m'étais repliée sur moi-même, concentrée, et qu'en dedans de moi je faisais comme un sanctuaire inviolable pour mes pensées et mes inspirations... Peut-être avais-je un mauvais naturel...

Souvent je me le suis demandé dans toute la sincérité de mon âme. Je n'ai pu me répondre, parce qu'on ne saurait être bon juge dans sa propre cause...

Ce qui est sûr, c'est que toutes les actions qui laissent dans la vie des jeunes filles une traînée lumineuse, ne me rappellent à moi que tourments et misères, luttes désespérées, humiliations dévorées avec rage.

J'ai failli ne pas faire ma première communion parce que je ne voulais pas porter une certaine robe dont une « dame bienfaitrice » avait fait cadeau à la communauté, et qui venait, je l'avais entendu dire, d'une petite fille de mon âge, qui était morte de la poitrine...

Mettre cette robe pour m'approcher de la sainte table, me révoltait et m'épouvantait, comme si on m'eût condamnée à me draper dans un suaire...

Et cependant c'était la plus belle de toutes, en mousseline, avec des broderies au bas; elle avait été ardemment convoitée et m'avait été adjugée à titre de récompense...

Et moi, je n'osais avouer les motifs de mon insurmontable répugnance... qui les eût compris!... Je n'étais que trop accusée déjà de délicatesses et de fiertés ridicules dans mon humble position.

Tout cet orage se passa en moi... j'avais douze ans... ou de moi au vieux prêtre qui nous confessait. A lui, j'osai tout avouer, et lui, du moins, vieillard, mais homme, sut me comprendre et ne me fit pas de reproches...

— Vous porterez cette robe, mon enfant, me dit-il,

parce qu'il faut que votre orgueil soit brisé. Allez... je ne vous imposerai pas d'autre pénitence.

Et j'obéis, glacée d'une superstitieuse terreur, car il me semblait que ce devait être là un épouvantable présage, qui toujours, toute ma vie, me porterait malheur..

Et je communiai avec la belle robe brodée de la morte.

. . . .

Depuis vingt-cinq ans qu'il rendait la justice, le juge avait recueilli bien des aveux, arrachés par la nécessité où la douleur.

Mais jamais il n'avait été remué comme il l'était en ce moment, par des accents où vibrait la vérité de la vie vécue et soufferte...

Ce n'était plus pour lui, pour ainsi dire, que parlait cette jeune fille, mais pour elle-même, montrant son âme tout entière jusqu'en ses plus intimes replis, comme l'Océan qui s'entr'ouvre aux jours de tempête, laissant voir jusqu'aux algues de ses abîmes...

Cependant elle poursuivait :

— Le temps des communions passa, puis celui de la confirmation, et nos journées reprirent leur morne monotonie, toujours entremêlées aux mêmes heures des mêmes lectures pieuses et des mêmes séances de travail.

Il me semblait que j'étouffais, dans cette atmosphère froide, que l'air manquait à mes poumons, et je me disais que tout était préférable à cette apparence de vie, qui n'était pas la vie...

Je songeais à parler de cette « bonne place » dont il avait été question pour moi, autrefois, quand un matin on me fit demander à l'économat.

Nous l'appelions « le bureau, » et c'était pour nous un endroit plein d'effroi et de mystère.

Là, hiver comme été, du matin au soir, dans une grande pièce carrelée, on voyait un monsieur blême, gras et sale, avec des lunettes foncées, la tête couverte d'une calotte de soie noire, qui écrivait derrière une petite grille à rideaux verts.

Là, étaient rangés des registres où nous étions toutes inscrites et décrites, et des cartons renfermant les objets trouvés sur nous, soigneusement conservés pour aider à notre reconnaissance.

Je me rendis à ce bureau le cœur palpitant.

J'y trouvai, outre le monsieur blême, Mme la supérieure, un petit homme malingre à l'œil méchant, et une grosse commère à l'air commun et bon.

A l'instant, Mme la supérieure m'apprit que j'étais en présence de M. et de Mme Greloux, relieurs, lesquels ayant besoin de deux apprenties venaient les chercher à l'hospice. On me demandait si je voulais être une de ces deux...

Ah !... monsieur, je crus voir les cieux s'entr'ouvrir, et hardiment je répondis :

— Oui !...

Aussitôt le monsieur à calotte de soie sortit de derrière son grillage pour m'expliquer longuement mes obligations et mes devoirs, insistant et revenant sur tout ce que j'aurais à faire pour reconnaître, moi, misérable enfant trouvée, élevée par la charité publique, la générosité de ce bon monsieur et de cette bonne dame qui voulaient bien se charger de moi et m'employer dans leur atelier.

Je ne discernais pas clairement, je l'avoue, cette grande générosité qu'on m'exaltait, ni les raisons d'une reconnaissance anticipée.

N'importe ! A toutes les conditions qui m'étaient posées, je répondais de si grand cœur : « oui, oui, oui !... » que la femme du relieur en parut toute réjouie.

— On voit que la petite aura du goût pour la partie... dit-elle.

Alors, Mme la supérieure se mit à détailler longuement à cette femme les obligations que, de son côté, elle contractait, répétant à satiété que j'étais un des meilleurs sujets de l'hospice, pieuse, obéissante, attentive, point bavarde, lisant et écrivant dans la perfection, et sachant broder et coudre comme on ne coud et brode que dans les communautés religieuses.

Elle lui fit jurer de me surveiller comme sa propre fille, de ne jamais me laisser seule, de me conduire aux offices, et de m'accorder de temps en temps le dimanche une après-midi, pour venir à l'hospice.

Le monsieur à lunettes, de son côté, rappelait au relieur les devoirs des patrons envers leurs apprentis. Et même, dans un casier, derrière lui, il prit un gros livre où il se mit à lire des passages que j'écoutais sans les comprendre, encore bien que je fusse sûre que c'était du français.

Enfin, le relieur et sa femme disant : *Amen*, à tout, le monsieur blême rédigea un acte sur une feuille de papier timbré, et ils signèrent les uns et les autres; Madame la supérieure signa, et moi de même...

J'appartenais à un patron !...

Elle s'arrêta... Là finissait sa première enfance...

Mais presque aussitôt :

— Je n'ai pas gardé mauvais souvenir de ces gens-là, reprit-elle...

Ils étaient peu aisés, âpres au gain et au travail, et s'épuisaient à soutenir un fils au-dessus de leur condition... Ce fils ne les aimait pas, et pour cela, je les plaignais...

L'homme était bilieux et triste, la femme violente comme la flamme...

Entre cette perpétuelle colère de l'une et l'aigreur de l'autre, les apprenties avaient souvent à souffrir...

Heureusement, entre les tempêtes de Mme Greloux, il y avait parfois des éclaircies...

Après nous avoir battues pour rien, elle nous disait sans plus de raison :

— Allons!... approche ton museau que je l'embrasse... et ne pleurniche plus... V'là quat' sous pour avoir de la galette.

Le juge de paix tressauta sur son fauteuil.

Etait-ce bien Mlle Marguerite qui parlait, cette jeune fille au maintien de reine, dont la voix harmonieuse et pleine avait les pures sonorités du cristal !...

C'était à en douter, tant elle rendait bien et avec une désespérante justesse d'intonation le verbe coloré de ces braves et rudes commères qui s'enrichissent et engraissent aux alentours du marché du Temple, entre la rue Saint-Denis et la rue Saint-Louis, au Marais...

C'est qu'en ce moment elle revivait son passé, elle retrouvait entières et exactes ses sensations d'autrefois, et elle avait encore dans l'oreille, pour ainsi dire, la phrase et la voix de la femme du relieur.

Elle ne remarqua d'ailleurs pas le sursaut du vieux juge.

— J'étais hors de l'hospice, continua-t-elle, et pour moi c'était tout.

Il me semblait qu'une vie nouvelle allait commencer, toute différente de l'ancienne, qui n'en aurait ni les amertumes ni les dégoûts.

Je me disais que près de ces ouvriers laborieux et honnêtes, je rencontrerais, à défaut d'une famille, une affection moins banale que celle de la maison des enfants trouvés. Et pour gagner leur amitié, pour m'en rendre digne, il n'était rien qui me parût au-dessus de mes forces et de ma bonne volonté.

Eux, sans doute, démêlèrent mes sentiments, et tout naturellement, peut-être sans en avoir conscience, ils en abusèrent avec le plus effroyable égoïsme... Je ne leur en veux point.

J'étais entrée chez eux à de certaines conditions, pour apprendre un état, ils firent de moi peu à peu leur servante... c'était une notable économie.

Ce que tout d'abord j'avais fait par complaisance, devint insensiblement ma tâche quotidienne, impérieusement exigée.

Levée la première, je devais avoir tout mis en ordre dans la maison, quand les autres arrivaient, les yeux encore gonflés de sommeil...

Il est vrai que mes patrons me récompensaient à leur manière.

Ils m'emmenaient à la campagne le dimanche, pour me reposer, disaient-ils, de mes fatigues de la semaine...

Et je les suivais, le long de la route de Saint-Mandé,

dans la poussière, sous le plein soleil, haletante, en sueur, portant sur l'épaule les parapluies en cas d'orage, chargée à rompre d'un panier de provisions qu'on mangeait sur l'herbe, dans le bois, et dont on m'abandonnait les reliefs.

Le frère de ma patronne, assez souvent, était de ces parties, et son nom serait resté dans ma mémoire, même sans sa singularité : il se nommait Vantrasson.

C'était un homme très-grand et très-robuste, dont les yeux me faisaient trembler quand il me regardait en frisant sa grosse moustache.

Il était militaire, incroyablement fier de son uniforme, insolent, grand parleur et toujours enchanté de soi : il devait se supposer irrésistible.

C'est de la bouche de cet homme que j'entendis le premier mot... grossier qui offensa mon ignorance... Ce ne devait pas être le dernier.

Il avait déclaré que « la gamine » lui plaisait, et je fus obligée de me plaindre à Mᵐᵉ Greloux des obsessions de son frère. Elle se moqua de moi en disant :

— Bast ! il fait son métier de joli garçon !

Oui, voilà ce que ma patronne me répondit :

Et c'était une honnête femme, cependant, une épouse dévouée, une bonne mère... Ah ! si elle eût eu une fille !... Mais pour une pauvre apprentie sans père ni mère, il n'est pas besoin de tant de façons !

Elle avait fait de belles promesses à Mᵐᵉ la supérieure, mais elle s'en croyait quitte avec quelques phrases banales.

— Et enfin, ajoutait-elle toujours, tant pis pour celles qui se laissent attraper.

Heureusement, j'avais pour me garder ce même orgueil que si souvent on m'avait reproché. Ma condition était bien humble, mais mon cœur était haut... Et déjà ma personne me semblait sacrée comme un autel...

Il fut une grâce de Dieu, cet orgueil, car je lui dus de ne pas même être tentée, quand autour de moi j'en voyais tant d'autres succomber...

Je logeais, avec les autres apprenties, hors de l'appartement des patrons, sous les combles, dans une mansarde... C'est-à-dire que la journée finie, l'atelier fermé, nous étions libres, abandonnées à nos seuls instincts, livrées aux plus pernicieuses influences et aux plus détestables inspirations...

Et ce n'étaient ni les conseils ni les exemples mauvais qui manquaient.

Les ouvrières, à l'atelier, ne se gênaient pas devant nous. C'était à qui d'entre elles éblouirait « les gamines » par les plus merveilleux récits.

Ce n'était pas méchanceté de leur part, ni calcul, mais absence complète de sens moral, et parfois forfanterie pure.

Et jamais elles n'en avaient fini de nous énumérer ce qui, selon elles, faisait le bonheur de la vie : les parties fines au restaurant, les promenades sur l'eau à Joinville-le-Pont, les bals masqués au Montparnasse ou à l'Élysée-Montmartre.

Ah ! l'expérience vient vite dans les ateliers !...

Il y en avait qui, parties la veille avec une robe en loques et des souliers percés, arrivaient le lendemain avec des toilettes superbes, annonçant qu'on pouvait les remplacer, qu'elles n'étaient plus faites pour travailler, qu'elles allaient devenir des dames... Elles disparaissaient radieuses, mais souvent le mois n'était pas écoulé qu'on les voyait revenir maigres, affamées, éteintes, sollicitant humblement un peu d'ouvrage.

Elle se tut, écrasée sous le poids de ses souvenirs au point d'en perdre la conscience de la situation présente.

Et le juge de paix, lui aussi, gardait le silence, n'osant l'interroger...

A quoi bon, d'ailleurs...

Que lui eût-elle appris des misères des pauvres petites ouvrières qu'il ne connût aussi bien qu'elle?... S'il avait à s'étonner d'une chose, c'est que cette belle jeune fille qui était là devant lui, abandonnée, délaissée, eût trouvé en elle assez d'énergie pour échapper à tous les dangers...

Cependant, Mlle Marguerite ne tarda pas à se redresser, secouant la torpeur qui l'envahissait...

— Je ne dois pas grandir mes mérites, monsieur, reprit-elle; outre l'orgueil, j'avais pour me soutenir un but auquel je m'étais attachée avec la ténacité du désespoir...

Je voulais devenir la première de mon état, ayant reconnu que les ouvrières qui excellent sont toujours employées et chèrement payées.

Aussi, tout en restant la servante, je trouvais le temps d'apprendre assez vite et assez pour étonner mon patron lui-même.

Je savais que j'arriverais à gagner entre cinq et six francs par jour, et avec cela, je m'arrangeais dans l'avenir une existence dont les perspectives effaçaient ce que le présent avait parfois de trop intolérable.

Pendant le dernier hiver que je passai chez mes patrons, les commandes furent si nombreuses et si pressantes qu'ils renoncèrent à prendre même un jour de repos par semaine. A peine, deux fois par mois, consentaient-ils à m'accorder une heure pour courir à l'hospice rendre visite aux sœurs qui m'avaient élevée.

Je n'avais jamais failli à ce devoir, mais sur la fin il était devenu ma plus vive jouissance.

C'est que mon patron n'avait pu se dispenser de me payer un peu le surcroît de travail qu'il m'imposait. Je disposais de quelques francs toutes les semaines, et je les portais aux pauvres petites filles de l'hospice. Après avoir vécu toute ma vie de la charité publique, je faisais l'aumône à mon tour, je donnais, et cette pensée où se délectait ma vanité me grandissait à mes yeux...

Enfin, j'allais avoir quinze ans, et j'entrevoyais le terme de mon apprentissage, quand par une belle journée du mois de mars, pendant que je vaquais à je ne sais quels soins du ménage, je vis arriver à l'atelier une des sœurs converses de l'hôpital.

Elle était rouge, tout effarée, et si essoufflée d'avoir monté vite l'escalier, que c'est bien juste si elle put me dire :

— Vite, venez, suivez-moi, on vous attend.

— Qui ?... Où ?...

— Arrivez. Ah !... chère petite, si vous saviez...

J'hésitais, ma patronne me poussa.

— Va donc, petite bête !...

Je suivis la converse sans songer à changer de vêtements, sans retirer seulement le tablier de cuisine que j'avais devant moi.

En bas, devant la porte, était la plus magnifique voiture que j'eusse vue de ma vie... Le dedans, tout capitonné de soie claire, me semblait si beau que je n'osais approcher. Un valet de pied tout chamarré d'or qui tenait respectueusement la portière, achevait de m'intimider.

— Il faut cependant monter, me dit la sœur converse, c'est là dedans que je suis venue.

Je montai, la tête absolument troublée, et avant d'être revenue de mon étourdissement, j'arrivais à l'hospice, dans ce « bureau » où avait été rédigé mon contrat d'apprentissage...

Dès que je parus, Mme la supérieure me prit par la main, et m'attirant vers un homme âgé, debout près de la fenêtre :

— Marguerite, me dit-elle, saluez M. le comte de Chalusse.

IX

Depuis un moment déjà, on entendait au dehors, dans le vestibule, un mouvement inusité, des pas qui allaient et venaient, des trépignements et le murmure étouffé de voix se consultant.

Impatienté et croyant comprendre ce dont il s'agissait, le juge de paix se leva et courut ouvrir.

Il ne s'était pas trompé. Le greffier était revenu de déjeuner; il n'osait troubler le magistrat, et cependant, le temps lui paraissait long.

— Ah!... c'est vous, monsieur, fit le vieux juge. Eh bien! commencez l'inventaire des objets en vue, je ne tarderai pas à vous rejoindre.

Et refermant la porte, il revint s'asseoir...

C'est à peine si Mlle Marguerite s'était aperçue de son mouvement, et il n'avait pas repris sa place que déjà elle poursuivait :

— De ma vie je n'avais aperçu un homme aussi imposant que le comte de Chalusse... Tout en lui, son attitude, sa haute taille, la façon dont il était vêtu, son visage, son regard, devait frapper de respect et de crainte une pauvre enfant comme moi...

Et c'est à peine si j'eus assez de présence d'esprit pour m'incliner devant lui respectueusement.

Lui me dévisagea d'un œil indifférent, et du bout des lèvres laissa tomber ces froides paroles :

— Ah!... c'est là cette jeune fille dont vous me parliez!

L'accent du comte trahissait si bien une surprise désagréable, que Mme la supérieure en fut frappée.

Elle me regarda et parut indignée et désolée de mon accoutrement plus que modeste.

— Il est honteux, s'écria-t-elle, de laisser sortir une enfant ainsi vêtue!

Et tout aussitôt elle m'arracha, plutôt qu'elle ne dénoua mon tablier de cuisine, et de ses propres mains se mit à relever mes cheveux, comme pour mieux faire valoir ma personne.

— Ah!... ces patrons, répétait-elle, les meilleurs ne valent rien... Comme ils abusent!... Impossible de se fier à leurs promesses... On ne peut cependant pas être toujours sur leur dos...

Mais les efforts de Mme la supérieure devaient être perdus. M. de Chalusse s'était détourné d'un air distrait, et il s'entretenait avec des messieurs qui se trouvaient là.

Car, alors seulement je le remarquai, « le bureau » était plein de monde. A côté du monsieur à calotte de soie noire, cinq ou six autres se tenaient debout, de ceux que j'avais vus venir assez souvent pour inspecter l'hospice.

De qui s'entretenaient-ils?

De moi, bien évidemment, je le reconnaissais aux regards que tous m'adressaient, regards où il n'y avait, d'ailleurs, que bienveillance.

Mme la supérieure était allée se mêler à leur groupe; elle parlait avec une vivacité que je ne lui avais jamais vue, et moi, seule, dans mon embrasure de fenêtre, tout embarrassée de mon personnage, j'écoutais de toutes les forces de mon attention...

Mais j'avais beau tendre outre mesure mon intelligence, je ne comprenais pas grand'chose aux phrases qui se succédaient, non plus qu'aux observations et aux objections. Et à tout moment revenaient les mots de « tutelle officieuse, d'adoption ultérieure, de commis-« sion administrative, d'émancipation, de dot, de com-« pensation, d'indemnité pour les aliments fournis... »

Un seul fait précis ressortait pour moi de tout ce que je voyais et entendais.

M. le comte de Chalusse demandait une certaine chose, et les messieurs, en échange, en exigeaient d'autres, et encore, et toujours davantage, à mesure qu'il répondait :

— Oui, oui, c'est accordé, c'est entendu !

Même, à la fin, il me sembla qu'il s'impatientait, car c'est de la voix brève que donne l'habitude du commandement qu'il répondit :

— Je ferai tout ce que vous voulez... Souhaitez-vous quelque chose de plus?...

Les messieurs aussitôt se turent, et Mme la supérieure se mit à protester que M. le comte était trop bon mille fois, mais qu'on n'avait pas attendu moins de lui, dernier représentant d'une de ces grandes et anciennes familles, où la charité est une tradition.

Je ne saurais rendre à cette heure la surprise et l'indignation que j'éprouvai alors...

Je devinais, je sentais, une voix au-dedans de moi me criait que c'était mon sort, mon avenir, ma vie, qui s'agitaient et se décidaient en ce moment... et je n'étais même pas consultée.

On disposait de moi, comme si on eût été sûr que je ne pouvais refuser mon assentiment après qu'on se serait engagé pour moi.

Mon orgueil se révoltait à cette idée, mais mon esprit ne me fournissait pas une parole pour traduire ma colère. Rouge, confuse, furieuse, je me demandais comment intervenir quand tout à coup la délibération cessa et je fus entourée de tous ces messieurs.

L'un d'eux, un petit vieux, qui avait un sourire béat et des yeux étincelants, me tapa doucement sur la joue en disant :

— Et elle est aussi sage que jolie !

Je l'aurais battu ce petit vieux, mais les autres approuvèrent, sauf pourtant M. de Chalusse, dont l'attitude devenait de plus en plus glaciale, et qui avait aux lèvres ce sourire contraint de l'homme bien élevé résolu à ne se froisser de rien.

Il me parut qu'il souffrait, et je sus plus tard que je ne m'étais pas trompée.

Loin d'imiter la familiarité du vieux monsieur, il me

salua gravement avec une sorte de respect qui me confondit, et sortit en déclarant qu'il reviendrait le lendemain pour en finir.

J'étais enfin seule avec Mᵐᵉ la supérieure, j'allais pouvoir l'interroger ; elle ne m'en laissa pas le temps, et la première, avec une volubilité extraordinaire, elle se mit à m'expliquer mon bonheur inouï, preuve irrécusable et manifeste de la protection de la Providence.

Le comte, me dit-elle, allait devenir mon tuteur, il me doterait certainement, et plus tard, si je savais reconnaître ses bontés, il m'adopterait, moi, pauvre fille sans père ni mère, je porterais ce grand nom de Durtal de Chalusse, et je recueillerais une fortune immense...

Elle ajoutait que là ne se bornait pas la bienfaisance du comte, qu'il consentait à rembourser tout ce que j'avais coûté, qu'il se proposait de doter on ne savait combien de pauvres filles, et qu'enfin il avait promis des fonds pour faire bâtir une chapelle.

Comment cela était arrivé, c'était à n'y pas croire.

Le matin même, M. de Chalusse s'était présenté, déclarant que vieux, célibataire, sans enfants, sans famille, il prétendait se charger de l'avenir d'une pauvre orpheline.

On lui avait présenté la liste de toutes les orphelines de l'hospice, et c'était moi qu'il avait choisie...

— Et au hasard, ma chère Marguerite, répétait Mᵐᵉ la supérieure ; au hasard... c'est un véritable miracle...

Cela me semblait tenir du miracle, en effet ; mais j'étais bien plus étourdie encore que joyeuse.

Je sentais le vertige envahir mon cerveau, et j'aurais

voulu demeurer seule pour me recueillir, pour réfléchir, car j'étais libre, je le savais, de refuser ces éblouissantes perspectives...

Timidement je demandai la permission de retourner chez mes patrons, pour les prévenir, pour les consulter... Cette permission me fut refusée.

Il me fut dit que je délibérerais et que je me déciderais seule, et que ma résolution prise, il n'y aurait plus à revenir...

Je restai donc à l'hospice, et je dînai à la table de Mme la supérieure.

Pour la nuit, on me donna la chambre d'une sœur qui était absente.

Ce qui m'étonnait le plus, c'est qu'on me traitait avec une visible déférence, comme une personne appelée à de hautes destinées, et dont sans doute on attendait beaucoup...

Et cependant, j'hésitais à me décider...

Mon indécision dut paraître une ridicule hypocrisie; elle était sincère et réelle...

Assurément, je n'avais pas à regretter beaucoup ma situation chez mes patrons, mais enfin je la connaissais, cette situation; je l'avais expérimentée, le plus pénible était fait, j'arrivais à la fin de mon apprentissage, j'avais pour ainsi dire arrangé ma vie, l'avenir me paraissait sûr...

L'avenir! que serait-il avec le comte de Chalusse?... On me le faisait si beau, si éblouissant, que j'en étais épouvantée. Pourquoi le comte m'avait-il choisie de préférence à toute autre?... Était-ce vraiment le hasard qui avait déterminé son choix?... Le miracle, en y réfléchissant, me paraissait préparé de longue main, et devait, pensais-je, cacher quelque mystère...

Enfin, plus que tout, l'idée de m'abandonner à un inconnu, d'abdiquer ma volonté, de lui confier ma vie, me répugnait.

On m'avait accordé quarante-huit heures pour prendre un parti; jusqu'à la dernière seconde, je demeurai en suspens.

Qui sait?... C'eût été un bonheur peut-être si j'eusse su me résigner à l'humilité de ma condition... Je me serais épargné bien des souffrances que je ne pouvais même pas concevoir...

Je n'eus pas ce courage, et, le délai expiré, je répondis que je consentais à tout.

Mlle Marguerite se hâtait.

Après avoir trouvé une sorte de douceur triste à s'attarder parmi les lointaines impressions de sa première enfance, elle souffrait davantage à mesure que son récit se rapprochait du moment présent...

— Je vivrais des milliers d'années, reprit-elle, que je n'oublierais jamais le jour où j'abandonnai l'hospice des Enfants-Trouvés, pour devenir la pupille de M. de Chalusse. C'était un samedi... La veille, j'avais rendu ma réponse à Mme la supérieure. Dès le matin, je vis arriver mes anciens patrons. On était allé les prévenir et ils venaient me faire leurs adieux... La rupture de mon contrat d'apprentissage avait présenté quelques difficultés, mais le comte avait tout aplani avec de l'argent.

N'importe!... Ils me regrettaient, je le vis bien... leurs yeux étaient humides... Ils regrettaient l'humble petite servante qui leur avait été si dévouée...

Mais en même temps je remarquai dans leurs manières une visible contrainte... Plus de tutoiement, plus de voix rude... ils me disaient : vous, ils m'appelaient : mademoiselle... Pauvres gens! ils s'excusaient avec des paroles grotesques et attendrissantes d'avoir osé accepter mes services, déclarant en même temps qu'ils ne me remplaceraient jamais pour le même prix...

La femme surtout me jurait qu'elle ne se consolerait jamais de n'avoir pas remis vertement à sa place son frère, un mauvais gars, comme la suite l'avait bien prouvé, lorsqu'il avait osé hausser son caprice jusqu'à moi...

Pour la première fois, ce jour-là, je me sentis sincèrement aimée, si véritablement que si ma réponse n'eût pas été donnée et signée, je serais retournée chez ces braves relieurs...

Mais il n'était plus temps.

Une converse vint me dire de descendre, que Mme la supérieure me demandait.

Une dernière fois j'embrassai le père et la mère Greloux, comme nous disions à l'atelier, et je descendis.

Chez Mme la supérieure, une dame et deux ouvrières chargées de cartons m'attendaient.

C'était une couturière qui arrivait avec les vêtements qui convenaient à ma nouvelle situation. C'était, on me l'apprit, une prévenance de M. de Chalusse. Ce grand seigneur pensait à tout et ne dédaignait pas, entouré qu'il était de trente domestiques, de descendre aux plus minutieux détails...

Donc, pour la première fois, je sentis sur mon épaule le frissonnement de la soie et le moelleux du cachemire... J'essayai aussi de mettre des gants... je dis j'essayai, car jamais je n'y pus parvenir.

Tout en parlant ainsi, sans arrière-pensée de coquetterie, certes, la jeune fille agitait ses mains mignonnes et exquises sans exiguité, rondes, pleines, blanches, avec des ongles qui avaient des reflets nacrés...

Et le juge de paix se demandait s'il était bien possible que ces mains de duchesse, faites pour le désespoir de la statuaire, eussent été condamneés aux plus grossiers ouvrages.

— Ah!... ma toilette ne fut pas une petite affaire, reprit-elle avec un sourire qui empruntait aux circonstances quelque chose de navrant. Toutes les bonnes sœurs réunies autour de moi mettaient à me faire belle autant de soins et de patience qu'elles en déployaient à parer, les jours de fête, la vierge de notre chapelle.

Un secret instinct me disait qu'elles se fourvoyaient, que leur goût n'était pas le goût; qu'elles m'habillaient ridiculement... n'importe... je les laissais se contenter sans mot dire. J'avais le cœur horriblement serré... jamais attention faite pour rendre joyeuse n'apporta tant de tristesse.

Je croyais sentir encore sur ma main les larmes de Mme Greloux, et ces parures criardes me paraissaient aussi funèbres que la dernière toilette du condamné...

Enfin, elles trouvèrent leur œuvre parfaite, et alors j'entendis autour de moi comme une clameur d'admiration... Jamais les sœurs, à les entendre, n'avaient contemplé rien de si merveilleux... Celles qui étaient à la classe ou à la couture furent mandées pour juger, et même les plus sages d'entre les orphelines furent admises... Peut-être, pour ces dernières, devais-je être un exemple destiné à rendre les bons conseils palpables, car Mme la supérieure disait à toutes :

— Vous voyez, mes chères filles, où mène une bonne conduite... Soyez sages autant que notre chère Marguerite, et Dieu vous récompensera comme elle....

Et moi, roide sous mes superbes atours, plus qu'une momie sous ses bandelettes, les bras écartés du corps, pâle d'appréhension, j'attendais.

J'attendais M. de Chalusse, qui devait venir me prendre après avoir terminé toutes les formalités qui allaient substituer son autorité à l'autorité de la commission administrative de l'hospice.

Une heure sonna, M. le comte de Chalusse parut...

C'était bien lui, tel que je l'avais entrevu, tel qu'il assiégeait ma mémoire. C'était ce même flegme hautain qui m'avait glacée, ce même œil impassible...

A peine daigna-t-il me regarder, et moi, qui l'observais avec une anxiété poignante, je ne pus lire sur son visage ni approbation ni blâme.

— Vous voyez, monsieur le comte, dit Mme la supérieure en me montrant, que vos intentions ont été scrupuleusement suivies.

— Je vous en remercie, ma sœur, dit-il, et c'est à vos pauvres que je prouverai l'étendue de ma reconnaissance.

Puis, se retournant vers moi :

— Marguerite, me dit-il, prenez congé de... vos mères, et dites-leur bien que vous ne les oublierez jamais...

Elle s'interrompit, les larmes rendaient sa voix presque inintelligible...

Mais dominant aussitôt son attendrissement :

— A ce moment seulement, monsieur, poursuivit-elle, je compris combien j'aimais ces pauvres sœurs que parfois j'avais presque maudites... Je sentis par combien d'affections je tenais à cette hospitalière maison, et toutes ces petites infortunées, mes compagnes de misère et d'abandon...

Mon cœur se brisait, et Mme la supérieure, toujours si impassible, ne semblait guère moins émue que moi... Elle l'était... N'emportais-je pas, et pour quels hasards, cette fraction de son cœur qu'elle m'avait donnée !...

Enfin, M. de Chalusse me prit le bras et m'entraîna.

Dans la rue, nous attendait une voiture moins belle que celle qui était venue me prendre à mon atelier, mais beaucoup plus vaste et chargée de malles et de coffres.

Elle était attelée de quatre chevaux gris conduits par des postillons portant l'uniforme de la poste de Paris.

— Montez, mon enfant, me dit M. de Chalusse.

J'obéis, plus morte que vive, et je me plaçai, comme il me l'indiquait, sur la banquette du fond.

Lui-même, alors, monta et se plaça en face de moi.

Ah !... ce fut là, monsieur, une de ces émotions dont la seule pensée, bien des années après, remue l'âme jusqu'en ses plus intimes profondeurs...

Sur la porte de l'hospice, toutes les sœurs se pressaient, fondant en larmes ; Mme la supérieure même pleurait sans chercher à se cacher.

— Adieu !... me criaient-elles, adieu, chère fille aimée, adieu, chère petite... souvenez-vous de vos vieilles amies... nous prierons Dieu pour votre bonheur.

Dieu ne devait pas les entendre.

Sur un signe de M. de Chalusse, un laquais ferma la portière, les postillons firent claquer leur fouet et la lourde berline partit à fond de train.

Le sort en était jeté... Il y avait comme un abîme désormais entre moi et cet hospice, où à peine née j'avais été apportée à demi morte, enveloppée de langes dont les angles chiffrés avaient été coupés.

Je sentais que mon passé m'échappait, quel serait l'avenir? Mais j'étais trop hors de moi pour réfléchir, et blottie dans un angle de la voiture, j'épiais M. de Chalusse avec la poignante angoisse de l'esclave qui étudie son nouveau maître.

Ah!... monsieur, quelle stupeur tout à coup!...

La physionomie du comte changea comme s'il eût laissé tomber un masque, ses lèvres tremblèrent, des éclairs de tendresse jaillirent de ses yeux et il m'attira à lui en s'écriant :

— Oh! Marguerite!... Ma Marguerite adorée!... Enfin, enfin!...

Il sanglotait ce vieux homme, que dans mon ignorance j'avais jugé plus froid et plus insensible que le marbre, il m'étreignait entre ses bras, il me meurtrissait de ses baisers.

Et moi, je me sentais affreusement bouleversée par des sentiments étranges, inconnus, indéfinissables... Mais je ne tremblais plus...

Une voix au dedans de moi me criait que c'était comme une chaîne mystérieuse brusquement rompue, qui tout à coup se renouait entre M. de Chalusse et moi.

Et cependant, je me rappelais les explications de la

supérieure de l'hospice ; ce miracle en ma faveur, cette admirable intervention de la Providence, dont elle m'avait parlé.

— Ce n'est donc pas le hasard, monsieur le comte, demandai-je, qui a décidé votre choix entre toutes les orphelines ?

Ma question parut le confondre.

— Pauvre Marguerite, murmura-t-il, chère fille adorée, voici des années que je prépare ce hasard !...

A l'instant même, toutes les histoires romanesques de l'hospice me revinrent en mémoire.

Et Dieu sait s'il s'en raconte, que les sœurs converses se transmettent de génération en génération, et qui sont comme la légende d'or des enfants trouvés.

Cette formule désolante « père et mère inconnus, » sur un acte de naissance, est comme une excitation aux plus dangereuses imaginations, une porte ouverte aux espérances les plus extravagantes...

Et je me mis à fixer le comte de Chalusse, essayant de découvrir dans ses traits quelque chose des miens, m'efforçant de saisir une vague ressemblance. Lui ne paraissait pas s'apercevoir de l'obstination de mon regard, et poursuivant une pensée obsédante, il murmurait :

— Le hasard !... il fallait qu'on y crût... on y a cru... Et cependant, les plus habiles chercheurs de Paris, depuis le vieux Tabaret jusqu'à Fortunat, le dénicheur d'héritages, les maîtres dans l'art de suivre une piste, ont épuisé leurs ressources à seconder mes recherches acharnées !...

L'angoisse me devenait intolérable, aussi, n'y tenant plus :

— Alors, monsieur le comte, dis-je avec un horrible battement de cœur, vous êtes mon père, c'est vous...

De la main, il me ferma la bouche si violemment qu'il me fit mal, et d'une voix sourde :

— Imprudente!... malheureuse enfant, balbutia-t-il, que venez-vous de dire!... Oubliez jusqu'à cette funeste pensée... Ce nom de père, ne le prononcez jamais. Vous m'entendez : jamais!... je vous le défends!...

Il était devenu extraordinairement pâle, et ses regards effarés erraient de tous côtés, comme s'il eût frémi qu'on ne m'eût écoutée, comme s'il eût oublié que nous étions seuls, dans une voiture emportée au galop.

Moi, cependant, j'étais perdue de stupeur, et mortellement épouvantée de ce soudain effroi que M. de Chalusse n'avait pu maîtriser.

Qu'est-ce que cela signifiait? Quels douloureux souvenirs, quelles mystérieuses appréhensions avais-je fait tressaillir au fond de l'âme de ce vieillard, mon tuteur, désormais, mon maître!...

Je ne pouvais concevoir ni m'imaginer ce qu'il avait trouvé à ma question d'extraordinaire et d'inattendu. Je la jugeai toute naturelle au contraire, dictée par les circonstances, imposée par la conduite et par les paroles du comte.

Et, en dépit du désordre de ma pensée, cet inexplicable murmure qu'on appelle le pressentiment, bourdonnait au dedans de moi :

— Il t'a défendu de l'appeler ton père, il ne t'a pas dit qu'il ne l'est pas.

Mais je n'eus le loisir ni de réfléchir ni d'interroger

surtout, M. de Chalusse. En ce moment, je m'en sentais le courage... Je ne l'osai jamais par la suite.

Notre voiture gravissait alors au grand trot la rampe roide du chemin de fer de Lyon. Bientôt nous mîmes pied à terre dans la cour de la gare.

Là, j'eus la première notion exacte de la féerique puissance de l'argent, moi, pauvre fille élevée par la charité publique, moi qui, depuis trois ans, travaillais pour ma seule subsistance.

M. de Chalusse était attendu par ceux de ses gens qui devaient nous accompagner, ils avaient pensé à tout, ils avaient tout prévu.

Je n'avais pas eu le temps de regarder autour de moi que déjà nous étions sur le quai, devant un train prêt à partir. En face, sur une plate-forme, je reconnus, fixée et amarrée, la berline de voyage qui nous avait amenés. Je m'apprêtais à y monter, car déjà les employés criaient : « En voiture, messieurs les voyageurs ! » quand M. de Chalusse m'arrêta.

— Pas ici, me dit-il ; venez avec moi.

Je le suivis, et il me mena à un wagon magnifique, plus grand et plus haut que tous les autres, portant, au centre, en relief, les armes des Chalusse.

— Voici votre voiture, chère Marguerite, me dit-il.

J'y entrai. La vapeur siffla ; le train était parti...

M{^lle} Marguerite succombait de lassitude, la sueur perlait à ses tempes, sa poitrine haletait, sa voix commençait à se trahir...

Le juge de paix s'effraya presque.

— De grâce, mademoiselle, interrompit-il, reposez-vous, rien ne nous presse.

Mais elle, secouant la tête :

— Mieux vaut finir, fit-elle, après je n'aurais plus le courage de reprendre.

Et elle continua :

— Un tel voyage, pour moi qui n'étais jamais allée plus loin que Versailles, eût dû être un long enchantement...

Notre wagon, le wagon de M. de Chalusse, était une de ces dispendieuses fantaisies que peu de millionnaires se permettent... Il se composait d'un salon, qui était un chef-d'œuvre de goût et de luxe, et de deux compartiments, un à chaque bout, formant deux chambres avec leurs lits de repos...

Et tout cela, le comte ne se lassait pas de me le répéter, était à moi, à moi seule...

C'est appuyée sur des coussins de velours que je regardais par la portière surgir et s'évanouir aussitôt les paysages... Penché près de moi, M. de Chalusse me nommait toutes les villes et les moindres villages que nous traversions : Brunoy, Melun, Fontainebleau, Villeneuve, Sens, Laroche...

Et à toutes les stations, dès qu'il y avait cinq minutes d'arrêt, les domestiques qui voyageaient dans la berline accouraient nous demander nos ordres...

A Lyon, au milieu de la nuit, un souper nous attendait, qu'on servit dès que nous descendîmes de wagon... puis on nous avertit de remonter, et le train repartit...

Quels émerveillements pour une pauvre petite ouvrière de quinze ans, qui, la veille encore, bornait ses plus hautes ambitions à un gain de cinq francs par jour !...

Quelle foudroyant changement!... Le comte m'avait fait me retirer dans une des chambres du wagon, et là, le sommeil me gagnant, je finissais par perdre l'exacte notion de moi, ne sachant plus distinguer la réalité du rêve.

Cependant, une inquiétude m'obsédait, dominant l'étourdissement : l'incertitude de ce qui m'attendait au bout de cette longue route.

M. de Chalusse restait bon et affectueux avec moi ; mais il avait repris son flegme habituel, et mon bon sens me disait qu'à le questionner je perdrais mes peines.

Enfin, le lendemain, après trente heures de chemin de fer, nous remontâmes dans la berline attelée de chevaux de poste, et peu après M. de Chalusse me dit :

— Voici Cannes... Nous sommes arrivés.

Dans cette ville, une des plus charmantes qui se mirent aux flots bleus de la Méditerranée, le comte possédait un véritable palais, au milieu d'un bois d'orangers, à deux pas de la mer, en face de ces deux corbeilles de myrtes et de lauriers roses, qu'on appelle les îles Sainte-Marguerite.

Il se proposait d'y passer quelques mois, le temps qu'il faudrait à mon apprentissage du luxe.

C'est que, dans ma situation nouvelle, j'étais incroyablement gauche et sauvage, d'une timidité extraordinaire, que redoublait mon orgueil, et si dépaysée que j'en étais à ne plus savoir, pour ainsi dire, me servir de mes mains, ni marcher, ni me tenir. Tout m'embarrassait et m'effarouchait. Et, pour comble, j'avais conscience de mon étrangeté, je voyais mes maladresses et que je manquais à tous les usages, je comprenais que je ne parlais même pas la langue des gens qui m'entouraient.

Et cependant, le souvenir de cette petite ville de Cannes me sera toujours cher.

C'est là que j'ai entrevu pour la première fois celui qui maintenant est mon unique ami en ce monde. Il ne m'avait pas adressé la parole, mais à la commotion que je ressentis là, dans la poitrine, quand nos yeux se rencontrèrent, je compris qu'il aurait sur ma vie une influence décisive.

L'événement m'a prouvé que je ne m'étais pas trompée.

Dans le moment, cependant, je ne sus rien de lui. Pour rien au monde je n'eusse questionné. Et c'est par hasard que j'appris qu'il habitait Paris, qu'il était avocat, qu'il se nommait Pascal, et qu'il était venu dans le Midi pour accompagner un de ses amis malade...

D'un seul mot, à cette époque, le comte de Chalusse pouvait assurer le bonheur de ma vie et de la sienne... ce mot, il ne le prononça pas.

Il fut pour moi le meilleur et le plus indulgent des pères, et souvent j'ai été touchée jusqu'aux larmes de son ingénieuse tendresse.

Mais s'il était à genoux devant le moindre de mes désirs, il ne m'accordait pas sa confiance.

Il y avait entre nous un secret qui était comme un mur de glace.

Je m'accoutumais cependant à ma nouvelle vie, et mon esprit reprenait son équilibre, quand un soir, le comte rentra plus bouleversé, s'il est possible, que le jour de ma sortie de l'hospice.

Il appela son valet de chambre, et d'un ton qui n'admettait pas de réplique :

— Je veux partir, dit-il, je veux être parti avant une heure, procurez-vous des chevaux de poste à l'instant.

Et comme mes yeux, à défaut de ma bouche, interrogeaient :

— Il le faut, ajouta-t-il, hésiter serait folie, chaque minute ajoute pour ainsi dire au péril qui nous menace.

J'étais bien jeune, monsieur, inexpérimentée, toute ignorante de la vie; mais la souffrance, l'isolement, la certitude de n'avoir à compter que sur moi avaient donné à mon intelligence cette maturité précoce qui est le lot des enfants des pauvres.

Prévenue, aussitôt admise près de M. de Chalusse, qu'il me faisait mystère d'une certaine chose, je m'étais mise à l'étudier avec cette patiente sagacité de l'enfant, redoutable parce qu'on ne la soupçonne pas, et j'en étais arrivée à cette conviction qu'une perpétuelle terreur troublait sa vie.

Etait-ce donc pour lui qu'il tremblait, ce grand seigneur que son titre, ses relations et sa fortune faisaient si puissant? Evidemment non. C'était donc pour moi? Sans doute! Mais pourquoi?...

Bientôt il me fut prouvé qu'il me cachait, ou que du moins il empêchait par tous les moyens en son pouvoir, que ma présence près de lui ne fût connue hors d'un cercle très-restreint.

Notre brusque départ de Cannes devait justifier toutes mes conjectures.

Ce fut à proprement parler une fuite.

Nous nous mîmes en route à onze heures du soir, par une pluie battante, avec les premiers chevaux qu'on pût se procurer.

Le seul valet de chambre de M. de Chalusse nous accompagnait; non Casimir, celui qui m'accusait, il n'y a qu'un instant, mais un autre, un vieux et digne serviteur, mort depuis, malheureusement, et qui avait toute la confiance de son maître.

Les autres domestiques, congédiés avec une gratification princière, devaient se disperser le lendemain.

Nous ne revenions pas sur Paris; nous nous dirigions vers la frontière italienne.

Il faisait encore nuit noire quand nous arrivâmes à Nice, devenue depuis peu une ville française. Notre voiture s'arrêta sur le port, le postillon détela ses chevaux, et nous restâmes là...

Le valet de chambre s'était éloigné en courant. Il ne reparut que deux heures plus tard, annonçant qu'il avait eu bien de la peine à se procurer ce que souhaitait M. le comte, mais qu'enfin, en prodiguant l'argent il avait levé toutes les difficultés.

Ce que voulait M. de Chalusse, c'était un navire prêt à prendre la mer. Bientôt celui qu'avait arrêté le valet de chambre vint se ranger le long du quai. Notre berline fut hissée sur le pont et nous mîmes à la voile... le jour se levait.

Le surlendemain, nous étions à Gênes, cachés sous un faux nom dans une hôtellerie du dernier ordre.

Depuis l'instant où le comte avait senti la mer sous ses pieds, il m'avait paru moins violemment agité, mais il était loin d'être calme. Il tremblait d'être poursuivi et rejoint, les précautions dont il s'entourait le prouvaient. Un malfaiteur ne prend pas plus de peine pour dépister la police lancée sur ses traces.

Un fait positif aussi, c'est que, seule, je causais les transes incessantes de M. de Chalusse. Même, une fois je l'entendis délibérer avec son valet de chambre si on ne m'habillerait pas en homme. La difficulté de se procurer un costume empêcha surtout l'exécution de ce projet.

Pour ne négliger aucune circonstance, je dois dire que le domestique ne partageait pas les inquiétudes de son maître.

A trois ou quatre reprises, je l'entendis qui disait :

— M. le comte est trop bon de se faire ainsi du mauvais sang... Elle ne nous rattrapera pas... Nous a-t-elle seulement suivis ?... Sait-elle même quelque chose ?... Et, à tout mettre au pis, que peut-elle ?...

Elle !... qui, elle ?... Voilà ce que je m'épuisais à chercher.

Je dois, du reste, vous l'avouer, monsieur : positive de ma nature et peu accessible aux imaginations romanesques, je finissais par me persuader que le péril existait surtout dans l'esprit du comte, et qu'il se l'exagérait singulièrement s'il ne le créait pas.

Il n'en souffrait pas moins, et la preuve c'est que le mois qui suivit fut employé en courses haletantes d'un bout à l'autre de l'Italie.

Le mois de mai finissait quand M. de Chalusse crut pouvoir rentrer en France. Nous rentrâmes par le Mont-Cenis, et tout d'une traite nous allâmes jusqu'à Lyon.

C'est là qu'après un séjour de quarante-huit heures employées en courses, le comte m'apprit que nous allions nous séparer pour un temps, que la prudence exigeait ce sacrifice...

Et aussitôt, sans me laisser placer une parole, il entreprit de me démontrer les avantages de ce parti.

J'étais d'une ignorance extrême, et il comptait que je profiterais de notre séparation pour hausser mon éducation au niveau de ma position sociale.

Il avait donc arrangé, me dit-il, que j'entrerais comme pensionnaire aux dames de Sainte-Marthe, une maison d'éducation qui a dans le Rhône la célébrité du couvent des Oiseaux à Paris.

Il ajouta que par prudence encore il se priverait de me venir visiter. Il me fit jurer de ne jamais prononcer son nom. Je devais envoyer les lettres que je lui écrirais à une adresse qu'il me donna, et lui-même signerait d'un nom supposé celles qu'il m'adresserait. Enfin, il me dit encore que la directrice de Sainte-Marthe avait son secret, et que je pouvais me fier à elle...

Il était si inquiet, si agité, si visiblement désespéré le jour où cette grave détermination fut prise, que véritablement je le crus... fou.

N'importe, je répondis que j'obéirais, et la vérité est que j'étais loin d'être affligée.

L'existence, près de M. de Chalusse, était d'une tristesse mortelle. Je dépérissais d'ennui, moi toujours accoutumée au travail, au mouvement, au bruit. Et je me sentais tout émue de joie, à l'idée que j'allais me trouver au milieu de jeunes filles de mon âge que j'aimerais et qui m'aimeraient.

Malheureusement, M. de Chalusse, qui prévoyait tout, avait oublié une circonstance qui devait faire des deux années que j'ai passées à Sainte-Marthe, une lente et cruelle agonie.

Je fus d'abord amicalement accueillie de mes compagnes... Une « nouvelle » qui rompt la monotonie est toujours bien venue. Mais on ne tarda pas à me demander comment je m'appelais, et je n'avais d'autre nom à donner que celui de Marguerite... On s'étonna, on voulut savoir ce que faisaient mes parents... je ne sais pas mentir, j'avouai que je ne connaissais ni mon père ni ma mère...

Dès lors, « la bâtarde, » on m'avait surnommée ainsi, fut reléguée à l'écart... On s'éloigna de moi pendant les récréations... Ce fut à qui ne serait pas placée près de moi à l'étude... à la leçon de piano, celle qui devait jouer après moi affectait d'essuyer soigneusement le clavier.

Bravement, j'essayai de lutter contre cette réprobation injuste, et de la vaincre. Inutiles efforts!... J'étais trop différente de toutes ces jeunes filles... D'ailleurs, j'avis commis une imprudence énorme... J'avais été assez simple pour laisser voir à mes compagnes les magnifiques bijoux dont M. de Chalusse m'avait comblée, et que je ne portais jamais... En deux occasions, j'avais prouvé que je disposais à moi seule de plus d'argent que toutes les élèves ensemble...

Pauvre, on m'eût peut-être fait l'aumône d'une hypocrite pitié... Riche, je devins l'ennemie... Ce fut la guerre, et une de ces guerres sans merci comme il s'en voit parfois au fond des couvents...

Je vous épouvanterais, monsieur, si je vous disais quels raffinements de cruauté inventèrent ces filles de hobereaux pour satisfaire la haine que leur inspirait l'intruse...

Je pouvais me plaindre... je jugeais cela au-dessous de moi...

Comme autrefois, je renfermai en moi le secret de mes souffrances, et je mis mon orgueil à ne montrer jamais qu'un visage placide et souriant, disant à mes ennemies que mon cœur planait si haut au-dessus d'elles, que je les défiais de l'atteindre.

Le travail fut mon refuge et ma consolation; je m'y jetai avec l'âpreté du désespoir.

Cependant je serais sans doute morte à Sainte-Marthe sans une circonstance futile.

Un jour de composition, j'eus une discussion avec ma plus implacable ennemie : elle se nommait Anaïs de Rochecote.

J'avais mille fois raison, je ne voulais pas céder, la directrice n'osait pas me donner tort.

Furieuse, Anaïs écrivit à sa mère je ne sais quels mensonges. Mme de Rochecote intéressa les mères de cinq ou six élèves à la querelle de sa fille, et un soir, ces dames vinrent toutes ensemble, noblement et courageusement demander l'expulsion de « la bâtarde. » Il était inqualifiable, disaient-elles, inouï, monstrueux, qu'on osât admettre dans la maison d'éducation de leurs enfants, une fille comme moi, sans nom, issue on ne savait d'où, et qui, pour comble, humiliait les autres de ses richesses suspectes.

La directrice voulut prendre mon parti; ces dames

déclarèrent que si je n'étais pas renvoyée elles retireraient leurs filles... C'était à prendre ou à laisser...

Je ne pouvais pas n'être pas sacrifiée...

Prévenu par le télégraphe, M. de Chalusse accourut, et le lendemain même, je quittais Sainte-Marthe au milieu des huées !...

X

Déjà, le matin même, le juge de paix avait pu voir de quelle virile énergie le malheur avait trempé Mlle Marguerite, cette belle jeune fille si timide et si fière.

Il n'en fut pas moins surpris de l'explosion soudaine de sa haine.

Car elle haïssait. Le seul frémissement de sa voix, en prononçant le nom d'Anaïs de Rochecote, disait bien qu'elle était de ces âmes altières qui ne sauraient oublier une offense.

Nulle trace ne restait de sa fatigue si grande : elle s'était redressée, et le souvenir de l'odieux et lâche affront dont elle avait été victime, empourprait sa joue et allumait des éclairs au fond de ses grands yeux noirs.

— Cette atroce humiliation n'a guère plus d'un an de date, monsieur, reprit-elle, et maintenant il me reste peu de chose à vous apprendre.

Mon expulsion de Sainte-Marthe transporta d'indignation M. de Chalusse. Il savait une chose que j'ignorais, c'est que Mme de Rochecote, cette femme si sévère et si intraitable, était absolument décriée pour ses mœurs...

La première inspiration du comte fut de lutter et de se venger, car, avec ses apparences glaciales, il était la violence même. J'eus toutes les peines du monde à l'empêcher d'aller provoquer le général de Rochecote, qui vivait encore à cette époque.

Cependant il importait de prendre un parti pour moi.

M. de Chalusse me proposa de me chercher une autre maison d'éducation, me promettant, instruit qu'il était par une désolante expérience, de prendre assez de précautions pour assurer mon repos.

Mais je l'interrompis, dès les premiers mots, pour lui dire que je rentrerais à mon atelier de reliure plutôt que de hasarder une nouvelle épreuve.

Et ce que je disais, je le pensais.

Un subterfuge indigne de moi — une supposition de nom, par exemple — pouvait seul me mettre à l'abri des avanies de Sainte-Marthe. Or, je me savais incapable de soutenir un mensonge... je sentais qu'au premier soupçon je confesserais tout.

Ma fermeté eut cet avantage de rendre quelque résolution à M. de Chalusse.

Il s'écria, en jurant — ce qui ne lui arrivait presque jamais — que j'avais mille fois raison, qu'il était las, à la fin, de trembler et de se cacher, et qu'il allait prendre ses mesures pour me garder près de lui.

— Ainsi, conclut-il en m'embrassant, le sort en est jeté, et il arrivera ce qui pourra !...

Mais ces mesures dont il parlait exigeaient un certain délai, et en attendant il décida qu'il m'établirait à Paris, la seule ville où on puisse échapper aux indiscrétions.

Il acheta donc pour moi, non loin du Luxembourg, une maison petite et commode, avec un jardinet sur le devant, et il m'y installa avec deux vieilles bonnes et un domestique de confiance.

Comme il me fallait, en outre, un chaperon, il se mit en quête et m'amena Mme Léon.

Le juge de paix, à ce nom, releva un peu la tête, enveloppant Mlle Marguerite d'un regard perspicace.

Il espérait que quelque chose en elle lui apprendrait ce qu'elle pensait au juste de la femme de charge, et quel degré de confiance elle lui accordait.

Mais elle fut impénétrable.

— Après tant de traverses, poursuivit-elle, j'ai pu croire un instant que la destinée se lassait.

Oui, je l'ai cru, et quoi qu'il advienne, les mois que j'ai passés dans cette chère maison seront les plus heureux de ma vie...

Je m'y plus tout d'abord; j'y trouvais la solitude et la paix...

Mais quelle ne fut pas ma stupeur, le lendemain même de mon installation, lorsque descendant à mon petit jardin, j'aperçus debout, arrêté devant la grille, ce jeune homme que j'avais entrevu à Cannes, et dont la physionomie, après plus de deux ans, restait dans ma mémoire comme l'expression achevée des sentiments les meilleurs et les plus nobles.

J'eus comme un éblouissement. Quel mystérieux

hasard l'avait fait s'arrêter là, précisément à cette heure?...

Ce qui est sûr, c'est qu'il me reconnut comme je le reconnaissais. Il me salua en souriant un peu, et je m'enfuis, indignée surtout de ne me point sentir d'indignation de son audace.

Je fis beaucoup de projets ce jour-là. Mais le lendemain, à la même heure, j'étais cachée derrière une persienne, et je le vis, comme la veille, s'arrêter et regarder avec une évidente anxiété...

Bientôt je sus qu'il demeurait tout près de là, avec sa mère, une femme veuve, et que chaque jour deux fois, en allant au Palais et en revenant, il passait devant ma maison.

Elle était devenue cramoisie, elle baissait les yeux, elle balbutiait...

Puis, tout à coup, rougissant de rougir, elle redressa le front, et d'une voix plus ferme :

— Vous dirai-je, monsieur, notre simple histoire?... A quoi bon!... De tout ce qui s'est passé, je n'aurais rien à cacher à ma mère, si j'avais une mère. Quelques causeries furtives, quelques lettres échangées, un serrement de main à travers la grille... et ce fut tout.

Cependant, j'eus un tort grave et irréparable... je manquai à la règle de ma vie : la franchise, et j'en suis cruellement punie. Je ne dis rien à M. de Chalusse... je n'osai pas.

Je souffrais de ma dissimulation, je me jurais de tout avouer, mais je m'ajournais de semaine en semaine... Chaque soir, je me disais : « Ce sera pour demain...» et le lendemain : « Allons, je m'accorde encore cette journée...»

C'est que je connaissais les préjugés aristocratiques du comte, je savais quels grands projets d'établissement il caressait pour moi, et il était l'arbitre de mon avenir.

Et d'un autre côté, Pascal ne cessait de me répéter :

— De grâce, mon amie, ne parlez pas... ma position grandit... Il ne faut qu'une occasion pour la mettre en évidence. D'un jour à l'autre je puis être célèbre... Alors, j'irai voir votre tuteur. Mais au nom du ciel, attendez!

Je m'expliquais ces prières de Pascal. Je lisais dans sa pensée que l'immense fortune de M. de Chalusse l'épouvantait et qu'il avait peur d'être taxé de cupidité...

J'attendis donc, avec cette angoisse secrète qui poursuit jusqu'au milieu du bonheur ceux qui ont toujours été malheureux... Je me tus, pleine de défiances, me disant qu'un si beau rêve n'était pas fait pour moi, et qu'il allait s'envoler.

Il s'envola bientôt.

Un matin, j'entendis une voiture s'arrêter à ma porte, et peu après le comte de Chalusse parut, plus froid et plus soucieux que de coutume.

— Tout est prêt pour vous recevoir à l'hôtel de Chalusse, Marguerite, me dit-il, venez!...

Il m'offrit cérémonieusement la main, et je le suivis, sans pouvoir faire avertir Pascal, car je m'étais toujours cachée de Mme Léon...

Une chétive espérance me soutenait.

Je pensais que les précautions prises par M. de Chalusse dissiperaient un peu les ténèbres et me donneraient au moins une idée de ce vague danger dont il me menaçait toujours. Mais non. Il s'était borné, ostensiblement du moins, à remplacer tous ses gens et à obtenir du conseil de l'hospice mon émancipation...

Le juge de paix eut un mouvement de surprise.

— Comment !... vous êtes émancipée, fit-il.

— Oui, monsieur... Le comte m'a dit que ses hommes d'affaires n'avaient trouvé que ce moyen d'atteindre un certain but qui ne m'a pas été expliqué...

— En effet, murmura le juge, oui, peut-être...

Il s'inclina et Mlle Marguerite reprit :

— Notre existence, dans ce grand hôtel, redevint ce qu'elle avait été à Cannes... plus retirée même s'il est possible... Le comte avait considérablement vieilli en trois ans... Il était visible qu'il pliait sous le faix de quelque mystérieux chagrin...

— Je vous condamne à une triste jeunesse, me disait-il parfois, mais cela ne durera pas éternellement... patience, patience !...

M'aimait-il sincèrement ? Je le crois. Mais son affection se traduisait d'une façon étrange et désordonnée. Par certains jours, il avait dans la voix une si vive expression de tendresse, que j'en étais remuée... D'autres fois, ses yeux chargés de haine m'effrayaient. Je l'ai vu sévère avec moi jusqu'à la brutalité... et l'instant d'après il me demandait pardon, il faisait atteler et me conduisait chez des joailliers, où il me forçait de choisir les plus brillantes parures... Léon prétend que j'en ai là-haut pour plus de cent mille écus.

Parfois je me suis demandée si c'était bien à moi que s'adressaient ces caresses et ces rigueurs, ou si je n'étais pour lui que l'ombre décevante, le spectre, pour ainsi dire, d'une personne absente...

Ce qui est positif, c'est que souvent il me priait de m'habiller ou de me coiffer de telle façon qu'il m'indiquait. Il me demandait de porter des robes d'une certaine couleur ou de me servir d'un parfum particulier qu'il me donnait.

Vingt fois, lorsque j'allais et venais autour de lui, il lui est arrivé de me crier :

— Marguerite ! je t'en prie !... reste, reste comme tu es là...

Je restais... l'illusion s'évanouissait... Bientôt il lui échappait un sanglot ou un juron, et d'une voix irritée il me criait :

— Va-t-en !...

Le juge de paix ne détachait plus les yeux de sa bague ; on eût dit qu'elle le fascinait. Son visage trahissait une commisération profonde, et par moment il hochait la tête d'un air soucieux.

L'idée lui venait que cette malheureuse jeune fille avait été la victime, non d'un fou précisément, mais d'un de ces maniaques redoutables qui ont juste assez de raison et de suite dans les idées pour combiner les tortures qu'ils infligent à ceux qui les entourent.

Plus lentement, afin de mieux fixer l'attention du vieux juge, Mlle Marguerite reprit :

— Si je rappelais à M. de Chalusse une femme jadis aimée, cette femme devait être ma mère. Je dis « devait être » parce que je ne suis pas sûre.

Saisir et suivre le fil de la vérité, avec M. de Chalusse, était presque impossible, tant ses propos offraient de contradictions et d'incohérences, volontaires ou calculées... Il semblait prendre à tâche et se faire un méchant plaisir de dérouter et d'égarer mes conjectures, détruisant le matin les conjectures qu'il avait fait naître la veille au soir.

— C'est bien cela, murmurait le juge de paix, c'est bien cela...

— Dieu sait, cependant, monsieur, avec quelle anxieuse sollicitude je recueillais les moindres paroles du comte... Cela ne se comprend que trop, n'est-ce pas !... J'étais désespérée de ma situation louche et inexplicable près de lui... Que n'a-t-on pas soupçonné !... Il avait changé tous les domestiques avant mon arrivée ici, mais il avait voulu que Mme Léon me suivît... Qui sait ce qu'elle a raconté !... Toujours est-il que, plusieurs fois, le dimanche, en me rendant à la messe, j'ai entendu sur mon passage : « Tenez, voici la maîtresse du comte de Chalusse !... » Oh ! aucune humiliation ne m'a été épargnée... aucune.

Il est cependant une chose qui, pour moi, ne présente pas l'ombre d'un doute. Le comte connaissait ma mère. Il en parlait souvent : tantôt avec des explosions de passion qui me faisaient croire qu'il l'avait adorée et qu'il l'aimait encore, tantôt avec des injures et des malédictions qui me donnaient à penser qu'il avait eu cruellement à se plaindre et à souffrir d'elle.

Le plus souvent il lui reprochait de m'avoir sacrifiée sans hésitation ni remords à sa réputation, à sa sécurité.

Il disait qu'il fallait qu'elle n'eût pas de cœur, et que c'était une chose inouïe, incompréhensible, monstrueuse, qu'une femme pût jouir en paix de tous les avantages d'une immense fortune, pendant qu'elle se savait de par le monde une fille, lâchement abandonnée à tous les hasards, misérablement livrée à toutes les horreurs de la misère...

Je suis presque certaine aussi que ma mère est mariée... M. de Chalusse a fait plus d'une allusion à son mari; il le haïssait effroyablement.

Enfin, un soir, étant plus expansif que de coutume, le comte me donna à entendre que le grand danger qu'il redoutait pour moi venait de ma mère ou de son mari... Il a essayé ensuite, selon son habitude, de revenir sur ses affirmations, mais il n'a pu m'ôter de l'esprit que pour cette fois il avait dit vrai... ou à peu près...

Le juge s'était redressé sur son fauteuil, et il cherchait du regard les yeux de Mlle Marguerite...

Lorsqu'il les eut rencontrés :

— Alors, fit-il, ces lettres que nous avons trouvées dans le secrétaire seraient de votre mère, mademoiselle...

La jeune fille rougit... Déjà, elle avait été interrogée au sujet de ces lettres, et elle n'avait pas répondu.

Elle parut délibérer une minute; puis se décidant :

— Votre opinion est la mienne, monsieur, prononça-t-elle.

Et aussitôt, comme si elle eût voulu éviter de nouvelles questions, elle poursuivit avec une certaine volubilité :

— Du reste, un souci nouveau et plus pressant, la menace d'un malheur bien positif, hélas ! vint m'arracher à cette perpétuelle préoccupation de ma naissance.

Il y a eu de cela un mois hier; un matin, nous déjeunions, quand le comte m'annonça qu'il attendait pour dîner deux convives.

C'était une telle dérogation à toutes nos habitudes que je restai muette de surprise.

— Positivement, c'est extraordinaire, ajouta gaiement M. de Chalusse, mais c'est ainsi... le loup s'humanise... nous aurons ce soir M. de Fondège et le marquis de Valorsay... Ainsi, chère Marguerite, soyez belle, pour faire honneur à votre vieil ami.

A six heures, ces deux messieurs arrivèrent ensemble.

Je connaissais M. de Fondège, « le général, » comme on l'appelle, le seul ami de M. de Chalusse; il venait nous visiter assez souvent.

Mais je n'avais jamais aperçu le marquis de Valorsay, et même, j'avais entendu prononcer son nom, le matin, pour la première fois.

Je ne le jugeai pas... Il me déplut, dès qu'il parut, jusqu'à l'aversion.

D'abord, il me regarda trop, avec une insistance que ma position fausse rendait pénible, ensuite il se montra trop prévenant.

Pendant le dîner, il parla presque seul et uniquement pour moi, à ce qu'il me parut.

Je me souviens surtout de certain tableau qu'il nous fit de ce qu'il appelait un « bon ménage, » qui me donna des nausées.

Selon lui, un mari ne devait être que le premier ministre et l'humble serviteur des fantaisies de sa femme... C'était son système... Aussi, comptait-il, s'il se mariait jamais, donner à la marquise de Valorsay toute la liberté qu'elle voudrait, de l'argent à pleines mains, les plus beaux équipages et les plus magnifiques diamants de Paris, des toilettes fabuleuses, toutes les satisfactions du luxe et de la vanité, enfin, une existence féerique, un rêve, un étourdissement, un tourbillon...

— Avec ces idées, ajoutait-il en m'épiant du coin de l'œil, la marquise serait bien difficile si elle n'était pas ravie de son mari.

Il m'exaspérait.

— Monsieur, dis-je d'un ton sec, la pensée seule d'un mari pareil me ferait fuir au fond du plus austère couvent.

Il parut décontenancé, « le général, » je veux dire M. de Fontège lui adressa un regard narquois, et on parla d'autre chose.

Mais quand ces messieurs furent partis, M. de Chalusse me gronda.

Il me dit que ma philosophie sentimentale n'était pas de mise dans un salon, et que mes idées sur la vie, le monde, le mariage, le devoir... sentaient d'une lieu l'hospice des enfants trouvés.

Et comme je répliquais, il m'interrompit pour entamer un éloge en règle du marquis de Valorsay, un homme remarquable, assurait-il, de grande naissance, possédant d'immenses propriétés libres d'hypothèques, spirituel, joli garçon... un de ces mortels privilégiés enfin que rêvent toutes les jeunes filles.

Les écailles me tombaient des yeux.

Je compris que le marquis de Valorsay devait être le prétendant trié pour moi entre tous par M. de Chalusse.

Alors, je m'expliquai son programme matrimonial. C'était comme une affiche à attirer la foule...

Et je fus indignée de ce qu'il m'estimait si vulgaire, que de me laisser éblouir par la grossière fantasmagorie de cette vie de plaisirs stupides qu'il m'avait décrite.

Il m'avait déplu, je le méprisai pour l'avoir vu à genoux devant l'argent de M. de Chalusse. Car il n'y avait pas à se méprendre sur l'ignominie du marché que cachaient ses propos légers : il m'avait offert ma liberté en échange de ma dot. Cela est admis, m'a-t-on dit. Or s'il faisait cela pour une certaine somme, que ferait-il donc pour une somme double ou triple...

Voilà ce que je me disais, me demandant toutefois si je ne m'étais pas trompée.

Mais non. La suite confirma mes premiers soupçons.

Dès le surlendemain, je vis arriver M. de Valorsay ; il s'enferma avec le comte et ils restèrent plus de deux heures en conférence.

Etant entrée chez M. de Chalusse après le départ du marquis, je vis sur son bureau tous ses titres de propriétés qu'il lui avait fallu montrer sans doute, l'autre voulant savoir bien au juste combien cela lui rapporterait de se marier.

La semaine suivante, nouvelle conférence. Un notaire y assista cette fois. M. de Valorsay prenait ses sûretés.

Enfin, mes derniers doutes furent levés par Mme Léon, toujours bien informée, grâce à l'habitude qu'elle a d'écouter aux portes.

— On vous marie, me dit-elle, j'ai entendu.

Cette certitude m'émut peu.

J'avais eu le temps de me recueillir et de prendre un parti. Je suis timide, mais je ne suis pas faible; j'étais décidée à résister à M. de Chalusse, résolue, au pis aller, à me séparer de lui et à renoncer à toutes les espérances de fortune dont il m'avait bercée.

De tout ce qui se passait en moi, de mes délibérations, de ma résolution définitive, je ne dis rien à Pascal.

C'est à peine si je lui laissai entrevoir qu'il était question d'un mariage pour moi.

Je ne voulais pas l'engager par le conseil qu'il n'aurait pas manqué de me donner.

J'avais sa parole; elle suffisait à ma sécurité.

Et c'est avec un tressaillement de joie que je me disais :

— M. de Chalusse, indigné de ma résistance, me chassera peut-être de son hôtel... Que m'importe, ou plutôt, tant mieux... Pascal est là.

Mais pour résister, Monsieur, il faut être attaquée, et M. de Chalusse ne me parlait de rien, soit que tout ne fût pas réglé entre lui et M. de Valorsay, soit qu'il espérât en me prenant à l'improviste m'ôter la faculté de délibérer.

Parler la première eût été une imprudence insigne.

Je connaissais assez le comte pour savoir qu'il était de ces hommes dont on ne doit jamais devancer les intentions.

J'attendais donc, sinon avec calme, du moins avec résignation, rassemblant toute mon énergie pour l'heure décisive.

C'est que je ne suis pas une héroïne de roman, monsieur, je l'avoue à ma honte... Je n'ai pas pour l'argent tout le mépris qu'il mérite... J'étais bien résolue à me marier quand même selon mon cœur; mais j'aurais désiré... je souhaitais que M. de Chalusse me donnât non une fortune, mais une modeste dot...

Lui cependant était devenu plus expansif, et il me laissa voir qu'il s'employait à réunir le plus d'argent comptant possible.

Je voyais venir fréquemment des hommes d'affaires, et quand ils étaient partis, M. de Chalusse me montrait des liasses de billets et de titres en me disant :

— Vous voyez qu'on songe à votre avenir, chère Marguerite.

C'est une justice à lui rendre, maintenant qu'il n'est plus, cet avenir a été la constante préoccupation des derniers mois de sa vie.

Moins de quinze jours après s'être chargé de moi, il avait fait un testament par lequel il m'adoptait et m'instituait son unique héritière.

Ce testament fut déchiré, comme m'offrant pas assez de sécurité, prétendait-il, et une douzaine d'autres eurent le même sort.

Car il s'inquiétait continuellement de dispositions à prendre, de dernières volontés à régler, comme s'il eût eu le pressentiment qu'il mourrait d'une mort inopinée et soudaine.

Il est vrai d'ajouter qu'il paraissait se soucier moins de m'assurer toute sa fortune que de la soustraire à quelqu'un. Le jour où nous brulâmes ensemble son dernier testament, il me dit :

— Cet acte est inutile, on l'attaquerait et on obtiendrait probablement sa révocation. J'ai imaginé mieux, je tiens un expédient qui concilie tout.

Et comme je hasardais quelques objections, car il me répugnait d'être l'instrument d'une vengeance ou d'une injustice, et d'aider à dépouiller ses héritiers s'il en avait :

— Mêlez-vous de vos affaires, me dit-il brutalement. Je ménage à ceux qui guettent ma succession la surprise qu'ils méritent... Ah! ils convoitent mes propriétés !... Eh bien ! ils les auront, je les leur léguerai, mais grevées d'hypothèques jusqu'à l'extrême limite de leur valeur.

Et pour atteindre ce but, il dénaturait sa fortune, affirmant qu'il ne serait tranquille que le jour où elle tiendrait tout entière dans un portefeuille qu'il porterait toujours sur lui.

De là, monsieur, ces immenses mouvements de capitaux, ces ventes, ces emprunts. De là ces millions au porteur qui se trouvaient dans le secrétaire de M. de Chalusse le matin du jour où la mort l'a surpris...

Malheureux homme ! De tous les projets qu'il méditait, aucun n'a réussi.

Ils peuvent venir, ces héritiers qu'il redoutait, que je ne connais pas, dont personne ne soupçonnait même l'existence... ils trouveront intacts les biens qu'il prétendait leur arracher.

Il rêvait, pour moi, la situation la plus brillante, un grand nom, le titre de marquise, et il n'a pas même su préserver ma réputation des imputations les plus humiliantes... J'ai été accusée de vol avant que son cadavre fût seulement réfroidi...

Il me voulait riche, effroyablement riche, comme lui, et après avoir essayé de m'éblouir de ses millions, il ne me laisse pas de pain, exactement parlant... pas de pain.

Mon avenir le terrifiait, et il meurt sans m'avoir rien appris des mystérieux dangers qui me menacent, sans avoir pu me dire si véritablement, comme je le crois, comme j'en suis moralement sûre, il était mon père...

Il m'a élevée malgré moi jusqu'aux plus hautes sphères sociales; il m'a mis en main cette baguette magique qui s'appelle l'or, il m'a montré le monde à mes pieds... et tout à coup il me laisse retomber plus bas qu'il ne m'avait prise...

Ah!... M. de Chalusse, mieux eût valu me laisser à l'hospice des enfants trouvés, je gagnerais ma vie maintenant...

Et cependant, je vous pardonne !...

Mlle Marguerite se recueillit un moment, cherchant dans sa mémoire si elle avait bien tout dit, si elle n'oubliait aucun détail...

Ne trouvant rien, elle s'approcha du juge de paix jusqu'à le toucher, et avec une émouvante solennité :

— Vous connaissez à cette heure ma vie comme moi-même, monsieur, prononça-t-elle... Vous savez ce qu'ignore encore celui qui est devenu mon unique espoir... Puisse-t-il, quand je me montrerai à lui telle que je suis véritablement, ne pas me trouver indigne de lui...

Le juge de paix se dressa comme mû par un ressort...

Deux grosses larmes, les premières qu'il versât depuis des années, tremblèrent au bord de ses paupières et se perdirent dans les rides de son visage.

— Vous êtes une digne et noble créature, mon enfant, dit-il... Et si j'avais un fils, je m'estimerais heureux qu'il fût choisi par une femme comme vous!...

Elle le regarda d'un air de joie délirante, joignit les mains, et, à bout de forces, s'affaissa sur un fauteuil en murmurant :

— Oh! merci, monsieur, merci !...

C'est qu'elle pensait à Pascal... C'est qu'elle s'était effrayée de ses sentiments quand elle lui exposerait loyalement tout ce passé de douleurs et de misères qu'il ne connaissait pas...

Et après les paroles du juge de paix elle était rassurée.

XI

La demie de quatre heures sonnait...

On entendait des pas furtifs sur le palier, et des frôlements le long de la porte.

Les domestiques de l'hôtel de Chalusse rôdaient autour de la pièce où étaient enfermés le juge de paix et Mlle Marguerite, intrigués de ne pas les voir reparaître, se demandant ce qu'ils pouvaient avoir à se dire pour une si longue conférence.

A cette heure, la besogne du greffier devait être fort avancée.

— Il faut que je voie où en est l'inventaire, dit le vieux juge à Mlle Marguerite, excusez-moi de vous quitter une minute... je reviens.

Et il sortit.

Mais c'était là un prétexte. La vérité est qu'il désirait surtout dissimuler son émotion. Profondément remué par le récit de cette pauvre jeune fille, il voulait se remettre, et reprendre avec son sang-froid sa perspicacité habituelle.

Et il en avait besoin, la situation lui paraissant bien plus compliquée depuis que Mlle Marguerite lui avait parlé de ces héritiers, de ces ennemis mystérieux qui avaient empoisonné l'existence de M. de Chalusse.

Il était clair que ces gens-là arrivant à la curée voudraient savoir ce qu'étaient devenus les millions du secrétaire.

A qui les redemanderaient-ils? A Mlle Marguerite, bien évidemment. Quelles tracasseries ne lui susciteraient-ils pas!...

Ainsi pensait le vieux juge de paix tout en écoutant le rapport de son greffier.

Ce n'était pas le tout, d'avoir provoqué les confidences de Mlle Marguerite, il avait à rechercher quel parti elle pouvait tirer de son étrange et douloureuse situation, il avait à la conseiller, à la guider...

Il était redevenu l'homme impassible, quand il reparut dans le cabinet du comte, et il vit avec plaisir que la pauvre jeune fille avait de même repris une partie de son calme.

— Maintenant, lui dit-il, causons... Je vous prouverai que votre position n'est pas si désolante que vous croyez... Mais avant de penser à l'avenir, inquiétons-nous du passé... voulez-vous?

La jeune fille s'inclina en signe d'acquiescement.

— Parlons d'abord, reprit le juge, des millions disparus... Ils étaient certainement dans le secrétaire quand M. de Chalusse y a remis la fiole, on ne les y retrouve plus... Donc, il faut que M. de Chalusse les ait emportés avec lui...

— C'est ce que je me suis dit.

— Ces valeurs formaient-elles un gros volume ?

— Assez gros... mais qui pouvait très-bien être dissimulé sous un ample pardessus comme celui que portait M. de Chalusse.

— Très-bien !... A quelle heure est-il sorti ?

— Vers cinq heures.

— Et on l'a rapporté ?

— A six heures et demie environ.

— Où l'avait pris le cocher qui l'a ramené ?...

— Dans les environs de Notre-Dame-de-Lorette, à ce qu'il nous a dit.

— A-t-on conservé le numéro de ce cocher ?

— Je crois que Casimir se l'est fait remettre.

A qui lui eût demandé pourquoi cette sorte d'enquête officieuse, le juge de paix eût répondu que le seul intérêt de Mlle Marguerite le guidait.

Rien n'était plus vrai. Et cependant, sans que peut-être il s'en rendît compte, un autre mobile le poussait à s'écarter un peu du cercle de ses attributions.

Cette affaire l'intéressait et l'attirait par ses côtés ténébreux et inexplicables. Elle irritait ce besoin de connaître la vérité qui est au fond de tout homme. Elle le séduisait en lui offrant une occasion d'exercer sa faculté maîtresse qui était la pénétration.

Aussi, se recueillait-il, analysant les réponses de Mlle Marguerite, et après un moment :

— Donc, fit-il, le point de départ des recherches, si recherches il y a jamais, sera celui-ci : M. de Chalusse est sorti avec deux millions, et pendant les deux heures qu'il est resté dehors, il a disposé de cette somme énorme... ou on la lui a volée.

Mlle Marguerite tressaillit.

— Oh! volée... balbutia-t-elle.

— Mon Dieu, oui, mon enfant, tout est possible... il faut tout admettre... Mais poursuivons. Où se rendait M. de Chalusse?

— Chez un homme d'affaires qui devait, pensait-il, lui procurer une adresse qui se trouvait dans la lettre déchirée par lui.

— Le nom de cet homme?

— Fortunat...

Le magistrat écrivit ce nom sur son calepin, puis reprenant ses questions :

— Arrêtons-nous, dit-il, à cette malheureuse lettre, la cause, selon vous, de la mort de M. de Chalusse. Que disait-elle?

— Je l'ignore, monsieur. J'ai aidé, c'est vrai, le comte à en réunir les fragments, mais je ne l'ai pas lue.

— Peu importe!... L'important est de savoir qui l'a écrite. Ce ne peut être, m'avez-vous dit, que cette sœur de M. de Chalusse disparue il y a une trentaine d'années ou votre mère...

— En effet, monsieur, c'était et c'est encore mon opinion.

Le vieux juge, tout en souriant, tracassait sa bague.

— Eh bien!... moi, prononça-t-il, avant cinq minutes, je vous dirai si la lettre vient de votre mère... Oh! mon moyen est simple et sûr... Je vais tout bonnement comparer l'écriture à celle des lettres du secrétaire...

Mlle Marguerite se leva à demi, en s'écriant :

— Oh !... quelle idée !...

Mais lui, sans paraître remarquer la surprise de la jeune fille, ajouta d'un ton bref :

— Où est cette lettre ?...

— M. de Chalusse doit l'avoir mise dans une de ses poches.

— Il faut la retrouver, mademoiselle... Dites au valet de chambre du comte de la chercher...

La jeune fille appela, mais M. Casimir, tout occupé des démarches exigées par le décès et les funérailles de son maître, était absent. Le second valet de chambre et Mme Léon offrirent leurs services, et certes ils s'employèrent avec le plus louable zèle... Mais leurs investigations restèrent infructueuses, la lettre ne se retrouva pas.

— Quel malheur !... murmurait le juge, tout en regardant retourner les poches de tous les vêtements du mort, quelle fatalité ! Là était peut-être la clef de l'énigme.

Force lui fut cependant de prendre son parti de cette déconvenue.

Il revint s'asseoir dans le cabinet du comte, mais visiblement il était découragé, et il avait retourné en dedans le chaton de sa bague. Ce n'est pas qu'il estimât le problème insoluble, loin de là ; seulement il reconnaissait que pour arriver à la vérité, il faudrait beaucoup de temps et des investigations qui n'étaient plus de son ressort...

Une seule espérance immédiate lui restait...

En étudiant les derniers mots écrits et prononcés par M. de Chalusse, ne pénétrerait-il pas l'intention qui les avait dictés ?... Lui, dont l'expérience avait aiguisé la sagacité, ne leur découvrirait-il pas un sens qui allumerait une lueur au milieu des ténèbres !...

Il les demanda donc à Mlle Marguerite, et elle lui remit le papier où le comte avait essayé de fixer sa pensée, et une carte où elle-même, sur le moment, avait écrit, dans leur ordre, les dernières paroles du mourant.

En réunissant le tout, le juge de paix obtenait ceci :

« ... *Toute ma fortune... donne... amis... contre... Mar-*
« *guerite... dépouillée.., ta mère... prends garde...* »

Ces douze mots incohérents trahissaient les éternelles préoccupations de M. de Chalusse. On y retrouvait le souci de sa fortune et de l'avenir de Marguerite, et aussi la trace de l'effroi ou de l'aversion que lui inspirait la mère de Marguerite.

Mais c'était tout, c'est-à-dire ce n'était rien !...

Le mot : « *donne* » s'entendait. Il était clair que le comte avait voulu écrire : « Je donne toute ma fortune... » Le mot « *dépouillée* » se comprenait aussi. Il avait été évidemment arraché au moribond par cette certitude horrible que Marguerite — sa fille sans aucun doute — n'aurait pas une pièce d'or des millions qu'il lui destinait. « *Prends garde !* » s'expliquait seul.

Mais il était deux mots qui semblaient au juge de paix absolument inexplicables, qu'il cherchait vainement à lier aux autres, qu'il ne pouvait rattacher à aucune idée probable : le mot *amis* et le mot *contre*. Et ils se suivaient, sur le papier, ils étaient les plus lisibles...

Pour la trentième fois, le juge les répétait à demi-voix quand on frappa discrètement à la porte; presque aussitôt Mme Léon parut.

— Qu'est-ce? demanda Mlle Marguerite.

La femme de charge déposa sur le bureau un paquet de lettres à l'adresse de M. de Chalusse, en disant :

— C'est le courrier de défunt M. le comte. Dieu ait son âme!

Puis, présentant un journal à Mlle Marguerite, elle ajouta de sa voix la plus onctueuse :

— Et de plus, on vient, à l'instant même, d'apporter ceci pour mademoiselle...

— Ce journal... pour moi!... Vous devez vous tromper...

— Pas du tout... J'étais, de ma personne, chez le concierge quand le commissionnaire est arrivé, et il a bien dit que c'était pour Mlle Marguerite, de la part d'un de ses amis...

Et ayant dit, elle esquissa sa plus belle révérence et se retira...

La jeune fille avait pris le journal, et lentement, d'un air d'étonnement et d'appréhension, elle le dépliait.

Ce qui la frappa d'abord, c'est qu'à la première page il y avait une vingtaine de lignes encadrées au crayon rouge.

Evidemment on lui envoyait ce journal pour qu'elle lût les passages entourés : elle lut donc :

« Grand émoi et scandale énorme, à l'hôtel de
« Mme d'A..., une vieille étoile de première gran-
« deur... »

C'était l'épouvantable article qui racontait la scène de jeu où Pascal avait laissé son honneur.

Et pour que Mlle Marguerite n'eût ni doute ni hésitation, le lâche, le misérable qui lui adressait l'article avait eu soin, à côté des initiales, d'ajouter, au crayon, les noms en toutes lettres.

Ainsi, il avait écrit d'Argelès, Pascal Férailleur, Fernand de Coralth, Rochecote.

Et cependant, malgré cette précaution ignoble, la jeune fille ne saisissait, tout d'abord, ni le sens ni la portée de ce récit, et il lui fallut le relire jusqu'à quatre fois... Mais lorsqu'elle comprit enfin, quand l'horrible vérité éclata dans son esprit, le journal lui échappa des mains, elle pâlit comme on ne pâlit que pour mourir, et pantelante, anéantie, assommée, elle s'appuya contre le mur...

Ses traits exprimèrent si bien la plus atroce douleur, que le juge de paix, effrayé, se dressa d'un bond.

— Qu'y a-t-il encore?

Elle essaya de répondre, ne le put, et alors montra du doigt, à terre, le journal en bégayant d'une voix étranglée :

— Là!... là!...

Il ne fallut au juge qu'un coup d'œil pour comprendre. Et cet homme, qui avait vu tant de misères en sa vie, ce magistrat qui avait été le confident de tant de martyres ignorés, fut atterré de l'acharnement de la destinée à frapper cette infortunée.

Il s'approcha d'elle comme elle défaillait et la soutint jusqu'à son fauteuil, où elle s'affaissa.

— Pauvre enfant!... murmura-t-il... L'homme que vous aviez choisi, à qui vous eussiez tout sacrifié... c'est ce Pascal Férailleur, n'est-ce pas?...

— C'est lui.

— Il est avocat?

— Je vous l'ai dit, monsieur.

— Il demeure bien rue d'Ulm?

— Oui.

Le juge de paix hocha tristement la tête.

— C'est bien lui, fit-il... Car je le connais, pauvre enfant, je l'aimais et... je l'honorais. Hier encore, je vous aurais dit : « Celui-là est digne de vous. » Son intacte réputation désarmait jusqu'à l'envie... Et voilà où le jeu l'a conduit... Il a volé!...

Roide et tout d'une pièce, Mlle Marguerite se dressa.

— C'est faux!... prononça-t-elle... ce qu'il y a sur ce journal est faux!...

Sous tant de coups répétés, la raison de cette infortunée vacillait-elle donc? On pouvait le craindre.

Livide l'instant d'avant, elle était devenue plus rouge que le feu, un tremblement convulsif la secouait, et ses yeux fixes brillaient du sinistre éclat du délire.

— Si elle ne pleure pas, pensait le juge de paix, elle est perdue.

Et aussitôt, loin d'encourager ses espérances, il voulut détruire des illusions qu'il croyait dangereuses.

— Hélas!... ma pauvre enfant, fit-il tristement, ne vous abusez pas... Les journaux sont parfois inconsidérés, il arrive qu'on surprend leur bonne foi... mais des articles tels que celui-ci ne se publient que sur des preuves appuyées d'irrécusables témoignages...

Elle haussait les épaules comme si elle eût entendu les plus grandes absurdités du monde, et à demi-voix murmurait :

— Je m'explique maintenant le silence de Pascal... Je comprends comment il n'a pas encore répondu à ma lettre d'hier soir...

Et le juge poursuivait :

— Ainsi, malheureusement, après l'article que nous venons de lire, on ne saurait garder l'ombre d'un doute...

Brusquement, Mlle Marguerite l'interrompit.

— Mais je n'ai pas douté une seconde!... s'écria-t-elle. Douter de Pascal, moi!... je douterais plutôt de moi-même... Je puis faillir, moi, je ne suis qu'une pauvre fille ignorante et faible, tandis que lui... lui!... Vous ne savez donc pas qu'il était comme ma conscience!... Avant de rien entreprendre, avant de rien décider, s'il me venait quelque scrupule, je me disais : « Que ferait-il, lui?... » Et la seule pensée de celui qui pour moi est l'honneur même suffisait à écarter les inspirations mauvaises.

Son accent disait bien, en effet, sa confiance absolue, entière, inébranlable. Et la foi donnait à son beau visage une sublime expression.

— Si vous m'avez vue chanceler, monsieur, poursuivait-elle, c'est que j'ai été atterrée par l'audace de l'accusation... Comment, par quelles manœuvres des misérables ont-ils paru convaincre Pascal d'une action flétrissante?... Cela passe mon entendement... Ce que je sais, c'est qu'il est innocent... Ce qui est sûr, c'est que la terre entière se dressant pour témoigner contre lui, n'altérerait pas ma croyance en lui... Il avouerait que je ne serais pas entièrement convaincue, et je le croirais fou plus aisément que coupable!...

Un sourire amer crispait sa lèvre, elle revenait au sentiment exact de la situation, et c'est d'un ton relativement calme qu'elle reprit :

— Que prouvent d'ailleurs de vains témoignages... N'avez-vous pas entendu ce matin la voix de tous nos domestiques me demander compte des millions de M. de Chalusse !... Qui sait ce qui fût advenu sans votre intervention !... Peut-être serais-je en prison, à cette heure !...

— Ce n'est plus la même chose, mon enfant...

— C'est la même chose, monsieur !... Supposez-moi accusée. Que croyez-vous qu'eût répondu Pascal à qui fût allé lui dire : « Marguerite est une voleuse !... Il eût ri, et comme moi se fût écrié : « impossible !... »

La conviction du juge de paix était faite.

Pour lui, Pascal Féraillleur était coupable.

Cependant, il n'entreprit pas de discuter. D'abord, il sentait bien qu'il ne convaincrait pas Mlle Marguerite ; ensuite à quoi bon la convaincre, maintenant que son énergie avait repris le dessus.

Mais il chercha un moyen de connaître les projets de cette infortunée, afin de les combattre s'ils lui semblaient périlleux...

— Peut-être avez-vous raison, mon enfant, concéda-t-il ; ce malheur n'en doit pas moins changer toutes vos déterminations...

— En effet, monsieur, il les modifie...

Un peu surpris de son flegme subit, il la regarda.

— Il y a une heure, reprit-elle, j'étais bien résolue à aller trouver Pascal... Je comptais réclamer de lui aide et assistance... fièrement, comme on réclame un droit indéniable ou l'exécution d'une promesse sacrée... tandis que maintenant...

— Eh bien!...

— Je suis toujours décidée à aller à lui, mais ce sera humblement et en suppliante... Et je lui dirai : « Vous souffrez, mais il n'est pas de malheur intolérable, quand on est deux à s'en partager le fardeau, me voici!... Tout va vous manquer, vos amis les plus chers vont vous renier lâchement, me voici! Quoi que vous veuillez faire, quitter l'Europe ou rester à Paris pour épier l'heure de la vengeance, il vous faut un compagnon vaillant et fidèle, un confident de vos desseins, un autre vous-même, me voici!... Femme, amie, sœur, maîtresse, je serai ce que vous voudrez, me voici sans condition. »

Et immédiatement, pour répondre à un mouvement et à une exclamation du vieux juge, elle ajouta avec une expression de candeur et de fermeté extraordinaire :

— Il est malheureux... je suis libre... je l'aime!...

Le juge de paix était pétrifié.

Il sentait bien que ce qu'elle disait, elle le ferait. En elle il avait reconnu une de ces âmes généreuses et fières qu'attire et séduit tout ce qui est héroïque et grand, incapables d'hésitations pusillanimes et d'égoïstes calculs, qui ne composent jamais avec ce qu'elles croient être le devoir et qui ne savent affirmer la passion que par le sacrifice.

— Heureusement, chère demoiselle Marguerite, fit-il, votre dévoûment sera sans aucun doute inutile.

— Pourquoi cela, monsieur ?...

— Parce que M. Féraillleur vous doit, et qui plus est se doit à lui-même de ne pas l'accepter.

Elle ne comprenait pas, ses regards interrogeaient.

— Pardonnez-moi, reprit le juge, de vous préparer à une douloureuse déception... Coupable ou innocent, M. Férailleur est... déshonoré. A moins d'un miracle, sa vie est perdue, finie... à l'heure qu'il est, il est rayé du barreau... Il est de ces accusations... de ces calomnies, si vous voulez, dont on ne se relève pas... Comment pouvez-vous espérer qu'il consente à unir votre destinée à la sienne!...

Cette objection la frappa. Elle ne l'avait pas prévue, et elle lui parut terrible.

Deux larmes, pareilles à deux diamants, jaillirent de ses yeux noirs, et d'une voix désolée :

— Mon Dieu!... murmura-t-elle, mon Dieu! faites qu'il n'ait pas cette générosité cruelle... le seul grand, le seul véritable malheur pour moi serait d'être repoussée par lui... la mort de M. de Chalusse me laisse sans ressources, sans pain, c'est presque un bonheur en ce moment, je lui demanderai ce qu'il veut que je devienne s'il m'abandonne, et qui me protégera sinon lui... L'avenir de célébrité qu'il rêvait pour moi est anéanti... Eh bien! je l'en consolerai, moi... De nos deux infortunes, je saurai faire le bonheur... Ici nos ennemis triomphent, soit, nous fuirons... notre honnêteté se souillerait rien qu'à se mesurer avec tant de scélératesses... Nous saurons bien trouver quelque part, en Amérique, un coin ignoré où nous nous créerons une destinée nouvelle et meilleure...

C'était à ne pas croire que celle qui parlait avec cette véhémence passionnée fût Mlle Marguerite, cette jeune fille hautaine.

Et à qui parlait-elle ainsi?... A un étranger, qu'elle voyait pour la première fois.

Mais les circonstances l'emportaient, plus fortes que sa volonté. Un à un, elle avait déchiré tous les voiles de ses plus chers et de ses plus intimes sentiments, et, à la fin, elle se montrait telle qu'elle était véritablement...

Et cependant, le juge de paix sut résister à l'émotion et à l'attendrissement qui le gagnaient. Il se montra impitoyable pour des espoirs qu'il estimait irréalisables...

— Et si M. Féraillleur refusait votre sacrifice?... demanda-t-il.

— Eh! ce n'est pas un sacrifice, monsieur!

— Soit... Mais enfin il se peut qu'il vous... repousse. Que ferez-vous?...

Elle laissa retomber ses bras d'un air de morne accablement.

— Ce que je ferais?... murmura-t-elle... je ne sais... Je trouverais toujours à gagner ma vie... On dit que j'ai une voix remarquable... j'entrerais peut-être au théâtre... j'y ai songé, autrefois.

Le juge bondit sur son fauteuil.

— Vous seriez comédienne, interrompit-il, vous!...

— Cela ou autre chose... qu'importe.

— Comment, qu'importe!... Mais vous ne soupçonnez pas... Vous n'imaginez pas...

Il ne trouvait pas de termes pour rendre la nature des obstacles qu'il apercevait, et ce fut Mlle Marguerite qui les trouva pour lui.

— Je soupçonne, dit-elle, que le théâtre est pour une femme une carrière abominable... Mais je sais que là comme ailleurs il est des femmes honorables et chastes, et cela me suffit... Mon orgueil est assez grand pour me garantir de toute déchéance... Il a sauvé l'apprentie, il préserverait la comédienne... Je serais calomniée!... ce ne serait pas un malheur. Je méprise trop le monde pour prendre souci de son opinion tant que j'aurai pour moi le témoignage de ma conscience... Pourquoi ne serais-je pas une grande artiste, moi qui consacrerais à l'art tout ce que j'ai d'intelligence, de passion, d'énergie et de volonté!...

Elle s'arrêta, un valet de pied entrait portant des lampes, car la nuit venait.

Et sur les pas de celui-ci un autre parut, qui dit :

— Mademoiselle, M. le marquis de Valorsay est en bas, qui demande si mademoiselle peut lui faire l'honneur de le recevoir...

XII

A ce nom de Valorsay, les yeux de Mlle Marguerite et du juge de paix s'étaient cherchés, et ils avaient échangé un regard où se peignaient les plus étranges conjectures.

Mais la jeune fille hésitait à quel parti se résoudre.

Il fallut que le magistrat mît fin à ses perplexités.

— Priez M. le marquis de Valorsay de monter, dit-il au domestique.

Le valet de pied se retira, et dès qu'il eut disparu :

— Quoi! monsieur, s'écria Mlle Marguerite, après ce que je vous ai dit, vous voulez que je le reçoive!...

— Il le faut, mon enfant, absolument. Il importe que vous sachiez ce qu'il veut et quel espoir l'amène... Résignez-vous, soyez calme!...

En proie à une sorte d'égarement, la pauvre fille réparait à la hâte le désordre de sa toilette, et, tant bien que mal, elle relevait ses cheveux, dont les masses opulentes s'éparpillaient sur ses épaules.

— Eh !... monsieur, disait-elle, ne devinez-vous donc pas qu'il me croit l'héritière de M. de Chalusse... Pour lui, je garde l'éblouissant reflet des millions qui ont failli m'appartenir... Qu'il vienne... qu'il vienne...

— Silence, le voici !

Le marquis de Valorsay entrait, en effet, toujours vêtu avec l'exquise recherche de ces intelligents gentilshommes pour qui la couleur d'un pantalon est une affaire, et qui trouvent des assouvissements d'ambition à décider souverainement de la coupe d'un gilet...

Mais sa physionomie, insoucieuse d'ordinaire et n'exprimant rien que le parfait contentement de soi et l'ennui des autres, était grave et presque solennelle.

Sa jambe — cette maudite jambe cassée autrefois en sautant une banquette irlandaise — était roide et traînait plus que d'habitude, ce qui, sans doute, ne tenait pas uniquement à des influences atmosphériques.

Il s'inclina devant Mlle Marguerite avec toutes les marques du plus profond respect, et sans paraître remarquer le juge de paix.

— Vous m'excuserez, je l'espère, mademoiselle, prononça-t-il, d'avoir insisté pour être admis à vous présenter l'expression de ma sympathique douleur... J'apprends à l'instant l'horrible malheur qui vous frappe... la mort si inattendue de votre père.

Elle recula avec une sorte d'effroi, en répétant :

— De mon père !...

L'autre ne parut pas troublé.

— Je sais, dit-il d'une voix qui voulait être attendrie ;

je sais que M. de Chalusse vous avait fait un mystère de votre naissance... mais il m'avait confié son secret...

— A vous!... interrompit le juge de paix, incapable de se contenir.

Le marquis toisa d'un air hautain ce vieux homme vêtu de noir, et du ton sec qu'on prend avec un subalterne indiscret :

— A moi, oui, monsieur, répondit-il. Et non-seulement M. le comte de Chalusse me l'a confié de vive voix, mais il me l'a écrit, en m'exposant les honorables motifs de sa conduite, et l'intention formelle où il était, non de reconnaître, mais d'adopter Mlle Marguerite, afin de lui assurer sans conteste sa fortune et son nom.

— Ah! fit le juge de paix, comme si une lueur soudaine l'eût éclairé, ah! ah!...

Mais déjà, sans se soucier de cette exclamation, extraordinaire au moins par son accent, M. de Valorsay s'était retourné vers Mlle Marguerite et poursuivait :

— Votre ignorance me prouve, mademoiselle, que vos gens ne m'ont pas trompé quand ils m'ont dit que ce pauvre M. de Chalusse a été littéralement foudroyé... Mais ils m'ont dit autre chose que je ne puis croire... Ils m'ont affirmé que le comte n'avait pris aucune disposition à votre égard, qu'il ne laisse pas de testament et que... excusez une indiscrétion qu'un respectueux intérêt dicte... et que... par suite de cette incompréhensible et coupable imprudence, vous vous trouvez, vous, sa fille, ruinée et presque sans ressources... Est-ce possible ?

— Cela est l'exacte vérité, monsieur, répondit Mlle Marguerite... Pour vivre, il me faudra désormais gagner ma vie...

Elle prononça ces mots avec une sorte de bonheur, s'attendant à quelque mouvement du marquis, qui trahirait la bassesse de ses convoitises, et elle s'apprêtait à jouir de sa confusion.

Mais pas du tout.

Loin de sembler démonté ou seulement attristé, M. de Valorsay respira fortement comme s'il eût été allégé d'un poids énorme, et son œil brilla.

— Alors, fit-il avec une joie contenue, j'oserai parler... Je parlerai, mademoiselle, si vous daignez me le permettre...

Elle le regardait avec une curiosité anxieuse, ne concevant rien à son attitude.

— Parlez, monsieur, balbutia-t-elle.

— J'obéis, mademoiselle, prononça-t-il en s'inclinant... Mais avant, laissez-moi vous dire combien grandes ont été mes espérances.... Pour moi aussi, peut-être, la mort de M. de Chalusse est un irréparable malheur... Il m'avait permis, mademoiselle, d'aspirer à l'honneur d'obtenir votre main. S'il ne vous avait rien dit, c'est qu'il entendait vous laisser libre, m'imposant cette tâche qui m'effrayait, de mériter votre consentement. Mais de lui à moi tout était réglé et convenu, il donnait trois millions de dot à Mlle Marguerite de Chalusse, sa fille.

— Je ne suis plus Mlle de Chalusse, monsieur le marquis, et je n'ai plus de dot.

Il sentit la pointe acérée de l'épigramme, car un peu de sang monta à ses pommettes, mais son correct sang-froid ne fut point altéré.

— Si vous étiez encore riche, mademoiselle, prononça-t-il du ton de reproche de l'honnête homme qui se voit méconnu, j'aurais peut-être la force de garder le secret des sentiments que vous m'avez inspirés, mais...

Il se redressa d'un geste qui n'était pas sans noblesse, et d'une voix pleine et sonore il ajouta :

— Mais vous n'avez plus vos millions... et c'est pour cela que j'ose vous dire : Mademoiselle Marguerite, je vous aime; voulez-vous être ma femme?...

La pauvre fille eut besoin de toute sa puissance sur elle-même pour retenir un cri.

C'était plus que de la stupeur, c'était presque de l'épouvante que lui causait la demande du marquis de Valorsay, cette déclaration étrange, inouïe, incompréhensible, qui bouleversait toutes ses idées...

Et elle ne savait que balbutier :

— Monsieur... Monsieur...

Lui, cependant, de l'air le plus digne et qui n'excluait pas la rondeur de la franchise poursuivait :

— Dois-je vous dire qui je suis, mademoiselle?... Non, n'est-ce pas... Le seul fait d'avoir été agréé par M. le comte de Chalusse vous répond de moi... Le nom pur et sans tache que je porte va de pair avec les plus grands noms de France... et si ma fortune a été quelque peu diminuée par des étourderies de jeune homme, elle est plus que suffisante pour un honorable état de maison...

Mlle Marguerite ne répondait toujours pas, elle ne trouvait rien à répondre, sa présence d'esprit l'avait abandonnée, sa langue était comme figée dans sa bouche.

Elle adressait au vieux juge des regards de détresse, implorant son intervention, mais il était si bien perdu dans la contemplation de sa bague, qu'on l'eût dit sous l'empire de ce prodigieux phénomène produit par un objet brillant obstinément fixé, qui s'appelle l'hypnotisme.

— Je sais que j'ai eu le malheur de vous déplaire, mademoiselle, continuait le marquis, M. de Chalusse ne me l'avait pas caché. Il me souvient, hélas! d'avoir émis devant vous toutes sortes de stupides théories qui vous ont donné de moi la plus triste opinion... Il faut me pardonner... Alors, je n'avais pas les idées qui me sont venues... plus tard, quand il m'a été donné de mesurer la hauteur de votre intelligence, d'apprécier la noblesse de votre âme... J'ai parlé inconsidérément le langage qu'on parle maintenant aux jeunes filles de notre monde, toutes affolées de luxe et de vanité... pour qui le mariage n'est que l'affranchissement des devoirs de la famille...

Il s'exprimait en phrases entrecoupées, comme si l'émotion l'eût fait haleter. Il semblait par moment se contenir à peine, et d'autres fois sa voix expirait jusqu'à devenir presque inintelligible.

Mais à le laisser poursuivre, et par le seul fait qu'elle l'écoutait, Mlle Marguerite s'engageait presque.

Elle le comprit, et faisant un effort :

— Croyez, monsieur le marquis, interrompit-elle, que je suis touchée... et reconnaissante... mais... je ne m'appartiens plus...

— Mademoiselle... de grâce... ne me répondez pas aujourd'hui. Accordez-moi un peu de temps pour détruire vos préventions.

Elle hocha la tête, et d'une voix ferme :

— Je n'ai pas de préventions, monsieur le marquis,

prononça-t-elle. Depuis longtemps ma vie est fixée... irrévocablement.

Il parut étourdi, comme s'il fût venu avec l'idée qu'il ne pouvait être repoussé...

Ses yeux vacillèrent; ils allèrent alternativement de Mlle Marguerite au vieux juge de paix, plus impassible qu'un sphinx, et ils finirent par se fixer sur un journal crayonné de rouge, tombé aux pieds de la jeune fille.

— Ne me laissez-vous aucun espoir?... murmura-t-il.

Elle ne répondit pas, il comprit, et il se retirait quand la porte s'ouvrit brusquement et un valet annonça :
« M. de Fondège. »

Mlle Marguerite toucha du doigt l'épaule du juge de paix.

— Voici, monsieur, lui dit-elle, l'ami de M. de Chalusse, que j'avais envoyé chercher ce matin.

Un homme d'une soixantaine d'années parut...

Il était grand, sec comme un briquet, droit comme un I, sanglé démesurément dans une longue redingote bleu de roi, et son cou rouge et rugueux comme celui d'un dindon tournait malaisément dans un col de satin roide et haut.

Rien qu'à voir son teint coloré et couperosé, ses cheveux taillés en brosse, ses petits yeux brillants sous des sourcils en broussailles et sa formidable moustache à la Victor-Emmanuel, on se disait :

— Voici un vieux soldat...

Erreur! M. de Fondège n'avait jamais été militaire. Et c'est uniquement pour railler ses allures belliqueuses, que ses amis, autrefois, il y avait bien une vingtaine d'années, l'avaient surnommé « le général. »

Mais le surnom lui était resté. La plaisanterie, à la longue, était devenue un fait sérieux, l'épigramme s'était changée en titre. Jamais on n'appelait M. de Fondège autrement que « le général. » On invitait et on annonçait dans les salons : « Le général ! » Beaucoup croyaient qu'il l'avait été, lui-même se le persuadait peut-être, et il en était venu depuis longtemps à mettre sur ses cartes de visite : *Général A. de Fondège.*

L'influence de ce sobriquet sur sa vie avait été décisive.

Il s'était appliqué à le mériter, à le gagner, et s'était composé un caractère, devenu à la fin son caractère, d'après le type banal et convenu du vieux soldat, dur à cuire et bon enfant, brusque et bon, morbleu ! franc et rond, sacrebleu ! sensible et brutal à la fois, simple comme l'enfant et loyal comme l'or.

Il jurait et sacrait à la fois, tirait sa voix des profondeurs de sa poitrine et agitait ses bras en parlant comme des ailes de moulin à vent.

Mme de Fondège, « la générale, » rèche personne à nez mince et à lèvres pincées, assurait que son mari n'était pas si terrible qu'il en avait l'air.

Il ne passait point pour un aigle, et faisait profession de n'entendre goutte aux affaires.

On ne savait rien de sa fortune ; mais il avait beaucoup d'amis chez lesquels il allait dîner, et on vantait la sûreté de ses relations.

Ce digne homme ne fit pas la moindre attention au marquis de Valorsay, bien qu'ils fussent intimes.

Il marcha droit sur Mlle Marguerite, et l'ayant saisie entre ses grands bras, il se mit à la presser contre sa poitrine, lui brossant le visage de sa rude moustache, sous prétexte de l'embrasser...

— Du courage!... ma petite amie, grondait-il, du courage!... Ne vous laissez pas abattre, morbleu!... prenez exemple sur moi, regardez-moi!...

Il s'était reculé, et il était grotesque à voir par suite de l'effort extraordinaire qu'il faisait pour concilier et comprimer la douleur de l'ami et le stoïcisme du soldat.

Bientôt il reprit :

— Vous devez m'en vouloir, mignonne, d'arriver si tard!... Il n'y a pas de ma faute. J'étais chez Mme de Rochecote, quand on est venu chez moi de votre part... Je rentre, on m'apprend l'affreuse nouvelle!... Ç'a été comme un coup de canon!... Un ami de trente ans, mille tonnerres!... J'ai été le témoin de son premier duel. Pauvre Chalusse! Un gaillard solide comme un chêne, qui devait nous enterrer tous!... Mais c'est ainsi... les meilleurs défilent toujours la parade les premiers!...

Le marquis de Valorsay avait battu en retraite; le juge de paix s'effaçait dans l'ombre, et Mlle Marguerite se taisait, habituée aux façons du général, sachant bien qu'il n'y avait guère moyen de placer un mot quand il avait pris la parole.

— Heureusement, poursuivit-il, ce pauvre Chalusse était un homme de précaution... Il vous aimait tendrement, ma mignonne, et ses dispositions testamentaires ont dû vous le prouver.

— Ses dispositions!...

— Mais oui, petite sournoise... N'allez-vous pas vous cacher de moi qui sais tout... Ah! vous voilà un des beaux partis de l'Europe... et sacrebleu ! les prétendants ne vont pas manquer...

Mlle Marguerite remua tristement la tête.

— Vous vous trompez, général, le comte ne laisse pas de testament ; il n'avait pris aucunes précautions....

M. de Fondège tressaillit, il pâlit un peu, et, d'une voix mal assurée :

— Hein ! fit-il, que me chantez-vous là... Chalusse, mille tonnerres ! C'est impossible !

— Le comte a été foudroyé dans un fiacre, monsieur. Il est sorti à cinq heures, à pied, et, avant sept heures, on le rapportait inanimé. Où il était allé, nous n'en savons rien.

— Vous ne savez pas... vous ne savez pas...

— Hélas !... non. Et il est mort sans parvenir à prononcer autre chose que des paroles incohérentes.

Et aussitôt, la pauvre fille se mit à raconter brièvement les scènes douloureuses qui s'étaient succédées depuis vingt-quatre heures.

Moins préoccupée, elle eût vu que le général ne l'écoutait pas.

Il était assis près du bureau de M. de Chalusse, séparé du juge de paix par des casiers, le coude sur la tablette, et machinalement il s'était mis à jouer avec les lettres à l'adresse du comte apportées l'instant d'avant par Mme Léon.

Bientôt, il y en eut une qui s'empara impérieusement et exclusivement de toute son attention. Elle l'attirait, elle le fascinait, il la couvait de ses regards enflammés, et quand il la touchait, sa main tremblait ou se crispait.

Sa face était devenue livide, ses yeux se troublaient, sa respiration haletait et sifflait, une sueur glacée perlait à la racine de ses cheveux.

Si le juge de paix l'eût aperçu, il eût compris qu'il se passait en cet homme quelque chose d'extraordinaire et de terrible, qu'un affreux combat se livrait au dedans de lui-même...

Cela dura cinq bonnes minutes, puis tout à coup, étant sûr qu'on ne pouvait le voir, il enleva prestement la lettre et la glissa dans sa poche.

La pauvre Marguerite achevait son récit.

— Vous le voyez, monsieur, loin d'être riche, comme vous le pensiez, je suis sans asile et sans pain...

Le général s'était levé, et il marchait comme au hasard dans le cabinet, avec toutes les marques d'une agitation convulsive...

— C'est vrai, répétait-il, de l'air d'un homme qui ne sait ce qu'il dit, la voilà ruinée, perdue... le malheur est complet...

Puis, soudainement, s'arrêtant les bras croisés devant Mlle Marguerite :

— Qu'allez-vous devenir? demanda-t-il.

— Dieu ne m'abandonnera pas, général.

Il tourna les talons et reprit sa promenade, gesticulant et s'abandonnant à un furieux monologue qu'il était cependant assez aisé de suivre :

— Épouvantable!... grondait-il, affreux ! La fille d'un vieux camarade de fredaines, sacrebleu!... d'un ami de trente ans... l'abandonner ainsi!... Jamais, mille tonnerres!... jamais!... Pauvre mignonne... un cœur d'or et jolie comme un ange. Cet horrible Paris n'en ferait qu'une bouchée... ce serait un meurtre, une abomination!... Cela ne sera pas... les vieux sont là, solides au poste !...

Il revint se planter en face de la pauvre fille, et de sa plus grosse voix d'homme sensible et brutal tout ensemble :

— Mademoiselle Marguerite!... fit-il.

— Général?...

— Vous connaissez Gustave de Fondège, mon fils?...

— Je crois me rappeler que plusieurs fois vous avez parlé de lui à M. de Chalusse.

Le général tortillait rageusement sa moustache, comme il lui arrive toutes les fois qu'il est ému et embarrassé...

— Mon fils, reprit-il, a vingt-sept ans, il est lieutenant de hussards et proposé pour le grade de capitaine... au choix, sacrebleu! C'est un beau cavalier qui ira loin, car il a de l'esprit jusqu'à la molette de ses éperons. Comme je ne mâche jamais la vérité, j'avouerai qu'il est un peu dissipé... Mais si la tête est mauvaise, le cœur est bon, mille tonnerres !... Une petite femme bien gentille et bien raisonnable aurait vite converti ce gaillard-là, et il deviendrait la perle des maris...

Il passa le doigt à deux ou trois reprises entre son col et son cou, et d'une voix un peu étranglée il ajouta :

— Mademoiselle Marguerite, j'ai l'honneur de vous demander votre main pour le lieutenant Gustave de Fondège, mon fils.

Un éclair de colère brilla dans les yeux de Mlle Marguerite, et c'est d'un ton plus que froid qu'elle répondit... comme à l'autre :

— Je suis honorée... comme il convient, monsieur, de votre démarche... mais j'ai disposé de mon avenir...

M. de Fondège fut bien dix secondes à recouvrer la parole.

— Allons!... bon!... balbutia-t-il enfin, avec un trouble vraiment extraordinaire, encore une sottise!... Je n'en fais jamais d'autres! Ne devais-je pas, mignonne, respecter votre douleur! Laissez-moi espérer que vous reviendrez sur ce refus... Si cependant Gustave vous déplaît, eh bien! nous chercherons mieux. Le plus vieux camarade de Chalusse ne vous abandonnera pas... Je vous enverrai Mme de Fondège ce soir, c'est une bonne femme, et vous causerez, sacrebleu! vous vous entendrez. Voyons, répondez. Qu'avez-vous?

Cette insistance semblait irriter extrêmement la pauvre fille, et pour en finir :

— Ne souhaitez-vous pas, monsieur, demanda-t-elle, voir... une dernière fois... M. de Chalusse?...

— Ah! oui, certes, un ami de trente ans...

Il s'avança, en effet, vers la porte de la chambre mortuaire, mais au moment de la franchir :

— Oh non! s'écria-t-il avec une sorte d'horreur, non, je ne saurais...

Et il se retira, ou plutôt s'enfuit...

Tant que le général avait été là, le juge de paix n'avait pas donné signe d'existence.

Accoudé dans l'ombre, hors du cercle de clarté projeté par les lampes, il écoutait et observait de toute la force de sa pénétration.

Quelles pensées dissimulaient les paroles, voilà ce qu'il tâchait de discerner.

Mais dès qu'il se retrouva seul avec Mlle Marguerite, il se leva lentement, vint s'adosser à la cheminée, et dit :

— Eh bien !... mon enfant !...

La pauvre fille, après les émotions qui venaient de la secouer, tremblait comme une coupable après un mauvais coup, et c'est d'une voix sourde qu'elle répondit :

— J'ai compris.

— Quoi ? insista l'impitoyable magistrat.

Elle leva sur lui ses beaux yeux où brillaient encore des larmes de colère, et avec une violence contenue :

— J'ai mesuré, monsieur, répondit-elle, l'infamie de ces deux hommes qui sortent d'ici. J'ai compris la mortelle insulte de leur démarche si noble en apparence. Ils avaient questionné les gens et ils savaient que deux millions ont disparu... Ah ! les misérables !... ils croient que je les ai volés ces millions, et ils venaient me dire : « part à deux !... » M. de Valorsay, ce misérable viveur, et M. de Fondège, ce grotesque, se sont rencontrés dans une commune et dégoûtante convoitise... C'est l'impunité qu'ils m'offraient, et l'appui de leur honorabilité... Quelle honte ! Et ne pouvoir se venger ! Ah ! j'aimais mieux les soupçons des domestiques... du moins ils ne me demandaient pas le partage du vol pour prix de leur silence !...

Le juge de paix hochait la tête d'un air non équivoque d'approbation.

— Il y a de cela, répétait-il, positivement il y a de cela...

Mais les port esétaient restées ouvertes, il alla les fermer soigneusement, puis revenant près de celle dont il avait fait sa cliente :

— Je veux dire, fit-il à demi-voix, que vous vous méprenez un peu quant aux mobiles qui ont dicté à ces messieurs leur demande en mariage.

— Le croyez-vous vraiment, monsieur?

— Je l'affirmerais presque... Leurs façons n'ont-elles pas été entièrement différentes?

L'un, le marquis, s'est conduit avec le calme et le sang-froid que donnent la réflexion et le calcul... L'autre, au contraire, le général, a agi avec une précipitation qui trahit la détermination soudaine, l'idée aussitôt adoptée que née...

Mlle Marguerite réfléchissait.

— C'est vrai, murmurait-elle, c'est pourtant vrai... Je me rends compte maintenant de la différence.

— Donc, reprit le juge, voici ce que dans mon coin j'imaginais :

Ce marquis de Valorsay, me disais-je, ce comédien qui joue si bien la passion, doit avoir par devers lui les preuves de la naissance de Mlle Marguerite, preuves écrites et concluantes, s'entend.

La recherche de la paternité est interdite, mais une reconnaissance volontaire émanant du père peut l'attester.

Qui nous prouve que M. de Valorsay n'a pas cette reconnaissance?... Il doit l'avoir.

Et alors, apprenant la mort soudaine de M. de Chalusse, il s'est dit : « Si Marguerite était ma femme, si j'arrivais à la faire déclarer fille naturelle du comte, j'hériterais de quelques jolis millions.

Là-dessus, il est allé consulter un homme d'affaires; on lui a répondu que c'était une partie à jouer, et il est venu... Vous l'avez repoussé, mais il reviendra à la charge, tenez-le pour certain. Et quelque jour il vous mettra le marché à la main, et il vous dira, selon votre expression : « Marions-nous ou ne nous marions pas, mais... part à deux..... »

Mlle Marguerite était comme transfigurée.

A la parole si lucide et si nette du vieux magistrat, il lui semblait que le brouillard qui voilait la vérité se dissipait, et qu'elle la voyait, qu'elle pouvait la toucher du doigt.

— Oui? s'écria-t-elle, oui, vous avez raison, monsieur !...

Lui se recueillit un moment et continua :

— Je vois moins clair dans la pensée de M. de Fondège, mais je distingue quelque chose.

Il n'avait pas interrogé les domestiques, la preuve, c'est qu'en arrivant ici, il vous croyait fermement légataire universelle.

Il savait, retenez bien ceci, que certaines précautions de vous ignorées, avaient été prises par M. de Chalusse, il les connaissait.

Ce que vous lui avez appris l'a confondu.

Et aussitôt il a mis à vouloir réparer l'imprévoyance du comte autant d'empressement que s'il eût été cause de cette imprévoyance.

A sa physionomie bouleversée pendant qu'il vous conjurait de devenir la femme de son fils, on eût dit que votre misère l'accablait de remords qu'il cherchait à conjurer bien vite.

Après cela, concluez !...

La pauvre fille interrogeait les yeux du juge, comme

si elle eût tremblé de comprendre mal l'idée qu'il n'exprimait que vaguement.

— Alors, monsieur, fit-elle avec une hésitation horrible, vous... pensez, vous supposez que le général n'ignore pas ce que sont devenus les millions disparus...

— Juste!... répondit le juge.

Et, comme s'il eût craint d'en avoir trop dit et regretté d'avoir été si affirmatif :

— Réfléchissez de votre côté, dit-il. Vous avez toute la nuit... nous causerons demain, et si je puis vous être utile... je serai bien heureux...

— Cependant, monsieur...

— Oh!... à demain, à demain!... Il faut que je rentre dîner, sans compter que mon greffier doit s'impatienter terriblement...

Le greffier, en effet, s'ennuyait. Non qu'il fût près d'avoir fini l'inventaire de cet immense hôtel, mais il estimait qu'il en avait assez fait pour un jour.

C'est dire avec quelle promptitude il lut le procès-verbal, fit signer les assistants et constitua M. Bourigeau, le concierge, gardien des scellés.

C'est dire avec quel empressement il suivit le juge, lorsque celui-ci gagna l'escalier, après avoir salué Mlle Marguerite et lui avoir répété :

— Bon courage!... Bon espoir!

Et cependant le mécontentement de ce digne greffier diminuait sensiblement, quand il supputait le nombre des vacations, la quantité des rôles, la somme, enfin, que lui vaudrait légitimement cette apposition de scellés.

Jamais, depuis neuf ans qu'il avait acheté sa charge,

il n'avait eu d'inventaire si magnifique. Il en était un peu ébloui, et tout en suivant le juge :

— Savez-vous, monsieur, lui disait-il, qu'à vue de nez j'évalue la fortune totale du défunt à plus de vingt millions... un million de revenu!... Et dire que cette pauvre demoiselle si jolie n'en aura pas un décime... Je parierais qu'à cette heure elle pleure toutes les larmes de son corps.

Si le greffier eût parié, il eût perdu.

Mlle Marguerite, en ce moment même, se faisait rendre compte par M. Casimir de toutes ses démarches de la journée. Elle s'inquiétait de tous ces détails funèbres qui rendent plus triste et plus pénible la mort d'un parent ou d'un ami.

Comment serait la cérémonie et à quelle heure?... s'était-on occupé de faire préparer le caveau de la famille de Chalusse?... avait-on bien pensé à tout?... Il fallait compléter la liste des personnes à qui adresser des lettres de faire part...

Libre enfin, elle consentit à prendre quelque nourriture, debout, devant un des dressoirs de la salle à manger. Puis, elle alla s'agenouiller dans la chambre du comte de Chalusse, transformée en chapelle ardente, où quatre prêtres de la paroisse récitaient l'office des morts....

Elle était anéantie de fatigue, la malheureuse, les cordes de sa voix étaient à ce point brisées qu'elle ne pouvait plus parler, le sommeil fermait ses yeux...

Mais elle avait encore à remplir un devoir qu'elle considérait comme sacré.

Lorsque dix heures sonnèrent, elle envoya chercher

un fiacre, jeta un châle sur ses épaules et sortit en commandant à Mme Léon de l'accompagner.

C'est rue d'Ulm, chez Pascal, qu'elle se rendait.

Quand elle y arriva, la porte de la maison était fermée, le gaz était éteint, et elle fut obligée de sonner cinq ou six fois.

Enfin on lui ouvrit, et la lueur d'une chétive veilleuse la guida jusqu'à la loge du concierge.

— Monsieur Férailleur... demanda-t-elle.

Le portier la toisa d'un air de mépris, et brutalement :

— Il ne demeure plus ici, répondit-il. Le propriétaire ne veut pas de voleurs dans la maison... Il a vendu son saint-frusquin et il est parti pour l'Amérique, avec sa vieille sorcière de mère...

Ayant dit, il referma sa loge, et Mlle Marguerite, assommée par ce dernier coup, chancelante, se tenant aux murs, regagna sa voiture.

— Parti !... murmurait-elle... sans penser à moi !... Me croit-il donc comme les autres !... Mais je le retrouverai... Ce Fortunat, qui cherchait des adresses pour M. de Chalusse, me découvrira Pascal.

XIII

Peu de gens se font une idée des successions qui, chaque année, faute d'héritiers pour les recueillir, font retour à l'Etat.

Le Trésor perçoit ainsi chaque année des sommes considérables.

Et cela se comprend, à une époque où de plus en plus se relâchent les liens de la famille, en un temps où chacun tire de son côté, répudiant la solidarité jadis sacrée du nom et du sang.

Les pères avaient cessé de se voir, les enfants ne se connaissent plus, à la seconde génération on est parfaitement étranger.

Le jeune homme que son humeur aventureuse entraîne loin du pays, la jeune fille qui se marie contre le gré des siens, cessent vite d'exister. Que deviennent-ils ? Nul ne s'en inquiète. Sont-ils heureux ou malheureux, nul ne s'en informe, tremblant de provoquer quelque demande de secours.

Oubliés, ces aventureux oublient, et si la fortune leur a souri, ils se gardent bien d'en donner avis à la famille. Pauvres, ils ont été reniés; riches, ils renient. S'étant enrichis seuls et sans aide, ils éprouvent une égoïste satisfaction à dépenser seuls et à leur guise leurs revenus.

Qu'un de ces abandonnés meure, cependant, qu'arrive-t-il ? Les domestiques et les gens qui ont entouré son agonie profitent et abusent de son isolement, et c'est quand tout ce qui était prenable a été pris, que le juge de paix présent appose les scellés.

Bientôt la levée de ces scellés est requise par des intéressés, créanciers ou serviteurs, on procède à un inventaire, et après quelques formalités, nul héritier ne se présentant, le tribunal déclare la succession vacante et lui nomme un curateur.

Les fonctions de ce curateur sont simples : il administre la succession et en verse les revenus au Trésor, jusqu'au jour où un jugement la déclare acquise, sauf recours des héritiers qui se présenteraient.

— Que n'ai-je la vingtième partie de ce qui se perd ainsi, s'écriait il y a une vingtaine d'années un homme intelligent, ma fortune serait vite faite.

L'homme qui disait cela se nommait Antoine Vaudoré, et tout Paris l'a connu, car il fut un moment célèbre, lors du procès Riscara, où il joua, lui si fin, un rôle de dupe stupide.

L'idée qui lui était venue à la suite de son exclamation, Vaudoré se garda bien de l'ébruiter.

Six mois durant il la porta dans sa cervelle, l'étudiant, la creusant, l'examinant sous toutes ses faces, en pesant le fort et le faible.

A la fin, il la reconnut bonne à exploiter.

Et cette année même, aidé de quelques capitaux qu'il prit on ne sait où, il créait pour des besoins nouveaux une industrie nouvelle, inconnue et étrange.

Antoine Vaudoré fut le premier dénicheur, ou plutôt, pour employer l'expression consacrée, le premier « pisteur d'héritages. »

Ce métier n'est pas, il s'en faut, métier de fainéant.

Il exige de qui veut l'exercer fructueusement des qualités particulières, des aptitudes spéciales, une activité convulsive, de l'énergie, de la souplesse et de l'audace, beaucoup d'entregent et les connaissances les plus variées.

Le pisteur d'héritages doit avoir la témérité du joueur et le sang-froid du duelliste, le flair et la patience de l'agent de police, les ressources et les ruses de l'avoué le plus retors...

Décrire cette profession et en désarticuler les rouages est plus facile que de l'exercer.

Pour commencer, ce chasseur d'une espèce particulière doit se tenir très au courant des successions vacantes, et il en a connaissance près du tribunal, soit qu'il suive les audiences, soit qu'il tire ses renseignements des greffiers et des huissiers.

Est-il averti qu'un homme vient de mourir sans héritiers connus ?...

Vite il se préoccupe de savoir ce qu'il laisse et si le jeu vaut la chandelle.

Lui est-il prouvé que la succession couvrira les frais?...
Il commence ses opérations.

Ce qu'il lui faut avant tout et surtout, c'est le nom du défunt; ses prénoms, ses sobriquets s'il en avait, son signalement et son âge. Il est facile de se procurer ces informations. Ce qu'il est plus malaisé de connaître, c'est le lieu de naissance du mort, sa ou ses professions, quels pays il a habités, ses goûts, ses façons de vivre, en un mot tout ce qui constitue une biographie.

Muni de ces éléments indispensables, le pisteur se met en campagne prudemment, car il lui importe de ne pas donner l'éveil.

L'agent de la sûreté suivant l'enquête du crime, ne procède pas avec une plus méticuleuse circonspection, il n'est ni si patient, ni si tenace, ni si ingénieux.

C'est merveille d'étudier l'incomparable adresse que déploie le pisteur pour remonter la vie de l'homme à héritage, consultant ses amis, ses ennemis, ses créanciers ou ses débiteurs, tous ceux qui l'ont connu ou approché, jusqu'à ce qu'enfin il parvienne jusqu'à quelqu'un qui lui réponde :

— Un tel... il était de mon pays... je ne lui ai jamais parlé, mais je suis l'ami d'un de ses frères... d'un de ses oncles... d'un de ses neveux...

Parfois, avant d'en arriver là, il a fallu des années d'investigations incessantes, des avances de fonds, des déplacements coûteux, des annonces habilement conçues dans tous les journaux de l'Europe.

Mais du moins, ce résultat obtenu, le dénicheur d'héritages peut respirer. Il a désormais, pour lui, soixante-quinze chance sur cent.

Le plus fort est fait, la portion de la tâche où fatalement il fallait compter avec le hasard. Le reste, le plus délicat, est affaire d'habileté, de tact et d'habitude.

De ce moment, l'agent de police s'efface et l'homme de loi retors apparaît.

Il s'agit d'aller trouver ce parent du défunt, découvert au prix de tant de peines, et de traiter avec lui du partage, sans toutefois lui laisser entendre qu'une succession qu'il ignore lui est échue.

Il s'agit de l'amener à s'engager par écrit, en bonne et due forme, à abandonner comme prime le dixième, le tiers, la moitié même, des sommes qu'on lui fera recouvrer.

Négociation épineuse, qui nécessite des prodiges de présence d'esprit et des trésors de duplicité à faire pâlir le plus astucieux diplomate.

Et, en effet, pour peu que l'héritier se doute de quelque chose, s'il soupçonne la vérité, il rit au nez du négociateur, lui tire sa révérence, et court en droiture réclamer seul et intégralement ce qui lui revient.

Adieu alors les espérances du « pisteur » et il en est pour ses soins et ses peines, pour ses démarches et pour ses déboursés.

Mais cette mésaventure est rare.

L'homme à qui on vient annoncer cette bonne nouvelle d'une rentrée inattendue, est d'ordinaire sans défiances et ne marchande guère le pot-de-vin qu'on lui demande.

La somme à recevoir l'éblouit si bien, qu'il craindrait, en discutant des clauses peut-être onéreuses, de perdre du temps et de reculer l'instant béni où il palpera.

Un traité est donc bientôt rédigé et signé, et alors le pisteur se révèle.

— Vous êtes, dit-il à son client, le parent de... un tel, n'est-ce pas? Oui. Eh bien, il est mort et vous héritez... Rendez grâce à Dieu et courons chercher l'argent.

Le plus souvent l'héritier s'exécute loyalement. En ce cas, tout est dit.

Mais il arrive aussi qu'une fois envoyé en possession il regimbe, se déclare écorché et prétend revenir sur le traité. Alors, il faut plaider. Il est vrai que presque toujours un bon arrêt du tribunal rappelle l'ingrat client à la reconnaissance.

En somme, ce fut jadis une fructueuse industrie, un peu gâtée peut-être par la concurrence, mais qui fait encore très-bien vivre son homme.

M. Isidore Fortunat était « pisteur d'héritages. »

Sans doute, il s'occupait en outre de beaucoup d'autres trafics un peu moins avouables; mais c'était là une des meilleures et des plus solides cordes de son arc.

Cela explique comment sa première fureur apaisée, il avait si promptement fait son deuil des 40,000 francs qu'il avait avancés au marquis de Valorsay.

Changeant immédiatement ses batteries, il s'était dit que du moment où la mort soudaine de M. de Chalusse lui engloutissait cette somme, c'était bien le moins qu'il la repêchât dans la succession, en découvrant quelque héritier inconnu de tant de millions désormais sans maître.

Ainsi, ce qui s'en était allé par la flûte lui reviendrait par le tambour.

Il avait quelques raisons d'espérer.

Ayant eu autrefois des relations avec M. de Chalusse, quand il faisait rechercher Mlle Marguerite, M. Fortunat avait pénétré assez avant dans la confiance du comte pour soupçonner quantité de choses dont un homme comme lui tire toujours parti.

Les renseignements qu'il avait obtenus de la Vantrasson avaient si bien gonflé ses espérances, qu'à un moment il s'était dit :

— Eh ! eh !... c'est peut-être un mal pour un bien.

Néanmoins, après son orageuse discussion avec le marquis de Valorsay, M. Isidore Fortunat dormit peu, et d'un mauvais sommeil.

On a beau être fort, une perte sèche de 40,000 francs ne dispose pas à des rêves couleur de rose, et M. Fortunat avait cette faiblesse de tenir à son argent comme à la moelle de ses os.

Il y tenait en raison directe du mal qu'il lui avait donné à conquérir, des hasards courus et des périls surmontés.

Bravement il se répétait en manière de consolation : « Je triplerai cette somme, » cet encouragement ne lui rendait pas sa sérénité. C'est que le gain n'était qu'une probabilité, et sa perte était une certitude.

Aussi se tournait-il et se retournait-il sur ses matelas comme sur un gril, s'épuisant en hypothèses, se préparant aux difficultés qu'il aurait à vaincre.

Son plan était simple; l'exécution était terriblement compliquée.

Se dire : je retrouverai la sœur de M. de Chalusse si elle vit encore, je découvrirai les enfants si elle est morte et j'aurai ma bonne part de la succession, se dire cela était fort joli... Comment le faire ?

Où prendre cette infortunée qui depuis trente ans avait abandonné sa famille pour fuir on ne savait où ni avec qui?... Comment se faire une idée de la vie qu'elle avait vécue et des hasards de sa destinée?... A quel degré de l'échelle sociale et dans quel monde commencer les investigations?... Autant de problèmes !

Ces filles de grande maison que le vertige saisit et qui désertent le foyer paternel, finissent presque toutes misérablement après une lamentable existence.

La fille du peuple armée pour le malheur et pour la lutte, fatalement expérimentée, peut mesurer et calculer sa chute, et jusqu'à un certain point la régler et la maîtriser.

Les autres, non. Elles ignorent tout, sont sans défense et s'abandonnent.

Et précisément parce qu'elles ont été précipitées de plus haut, elles roulent plus bas, et souvent jusqu'au fond des plus impurs cloaques de la civilisation.

— Que ne suis-je à demain, pensait M. Isidore Fortunat, que ne puis-je me mettre sur-le-champ à l'œuvre !...

Au petit jour, cependant, il s'assoupit si bien que vers les neuf heures, Mme Dodelin, sa gouvernante, fut obligée de le réveiller.

— Vos employés sont arrivés, lui cria-t-elle, en le secouant ; deux clients vous attendent.

Il sauta à bas de son lit, termina sa toilette en moins d'un quart d'heure et passa dans son cabinet, en criant à ses commis :

— Faites entrer !...

Recevoir ce matin le contrariait fort, mais négliger toutes ses autres affaires pour la douteuse succession de Chalusse, eût été une folie.

Le premier client qui entra était un homme encore jeune, d'apparences cossues et vulgaires. N'étant pas connu de M. Fortunat, il jugea convenable de s'annoncer tout d'abord.

— Je suis, dit-il, M. Leplaintre, marchand de charbons en gros, et je vous suis adressé par mon ami Bouscat, le marchand de vin.

M. Fortunat s'inclina.

— Prenez donc la peine de vous asseoir, fit-il. Je me rappelle très-bien votre ami... Je lui ai, si je ne m'abuse, donné quelques conseils lors de sa troisième faillite...

— Précisément... Et si je viens vous trouver, c'est que je suis juste dans le même pétrin que Bouscat... Les affaires vont mal, mon échéance fin courant est très-considérable, de manière que...

— Vous serez obligé de déposer votre bilan.

— Hélas !... j'en ai bien peur.

Ce que voulait ce client, M. Fortunat le savait désormais ; seulement il a pour principe de n'aller jamais au-devant des explications des gens.

— Veuillez m'exposer votre cas, dit-il.

Le négociant rougit. La vérité était dure à avouer, et lui coûtait.

— Voici la chose, répondit-il enfin. J'ai parmi mes créanciers des ennemis, de sorte que je n'obtiendrai pas mon concordat... C'est réglé... On me prendra tout ce que j'ai... que deviendrai-je après ?... Faudra-t-il donc que je crève de faim !...

— La perspective est pénible.

— N'est-ce pas, monsieur... Et c'est pour cela que je désirerais... si c'était possible... si c'était sans danger... car je suis honnête homme, monsieur !... Je voudrais me ménager quelques petites ressources... secrètement... non pour moi, grand Dieu !... mais j'ai une jeune femme, si bien que...

L'agent d'affaires eut pitié de son embarras.

— Bref, interrompit-il, vous voudriez dissimuler et soustraire à vos créanciers une partie de votre actif.

A cette formule nette et crue de ses honorables intentions, le marchand de charbons tressauta sur sa chaise. Sa probité, qui eût accepté une périphrase, se révoltait de l'expression propre.

— Oh! monsieur... protesta-t-il, je me brûlerais la cervelle plutôt que de faire tort d'un centime à qui que ce soit !... Ce que j'en fais, c'est dans l'intérêt de mes créanciers... Je recommencerai les affaires sous le nom de ma femme, et si je réussis, ils seront tous payés... oui, monsieur, intégralement, capital et intérêts... Ah! s'il ne s'agissait que de moi !... Mais j'ai deux enfants, deux petites filles, de façon que...

— C'est bien, prononça M. Fortunat. Je vous fournirai le même expédient qu'à votre ami Bouscat... Il est infaillible, si vous pouvez, avant de vous mettre en faillite, rassembler un certain capital.

— Je le puis, en vendant au-dessous du cours une partie des marchandises qui constituent mon actif, et j'en ai beaucoup, de sorte que...

— En ce cas, vous êtes sauvé... Vendez et mettez l'argent à l'abri.

L'estimable négociant se grattait l'oreille.

— Excusez-moi, fit-il, j'avais songé à ce moyen; mais il m'a paru... indélicat et aussi terriblement dangereux... Comment expliquer la diminution de mon actif? Mes créanciers me haïssent... S'ils soupçonnaient quelque chose, ils m'accuseraient de banqueroute frauduleuse et on me mettrait en prison, et alors...

M. Fortunat haussait les épaules.

— Quand je donne un conseil, déclara-t-il brusquement, je fournis les moyens de le suivre sans danger. Ecoutez-moi attentivement.

Supposons qu'autrefois vous ayez acheté très-cher des valeurs aujourd'hui totalement dépréciées... Ne pourriez-vous pas les faire figurer à votre actif au lieu et place de la somme que vous voulez mettre à l'abri?... Vos créanciers les admettraient non pour ce qu'elles valent, mais pour ce qu'elles ont valu.

— Evidemment! Le malheur est que je n'ai pas de valeurs, de manière que...

— On en achète !

Le marchand de charbons écarquillait de grands yeux surpris.

— Pardon, murmura-t-il, je ne comprends pas parfaitement.

Il ne comprenait même pas du tout, mais M. Fortunat joignant la démonstration à la théorie, ouvrit une grande caisse de fer, et alors apparurent aux regards éblouis du client des liasses énormes de toutes ces valeurs qui inondèrent la place il y a quelques années et ruinèrent tant de pauvres ignorants et d'avides imbéciles. Alors apparurent des actions et des obligations des Mines de Tifila et du Gouvernail Robert, des Messageries Continentales et des Houillères de Berchem, des Pêcheries Groenlendaises et du Comptoir d'Escompte Mutuel.

Chacun de ces titres avait eu son quart d'heure de vogue et s'était payé à la Bourse cinq cents ou mille francs... A cette heure, à eux tous, ils n'eussent trouvé d'acheteur qu'au poids du papier...

— Admettez, cher monsieur, reprit M. Fortunat, que vous ayez un plein tiroir de ces valeurs...

Mais l'autre ne le laissa pas achever.

— Je vois la chose, s'écria-t-il, je la vois. Je puis vendre et empocher en toute sécurité. Il y a là de quoi représenter mille et mille fois mon actif...

Et sa joie débordant :

— Donnez-moi, commanda-t-il, pour cent vingt mille francs de ces valeurs... et surtout assortissez-les... je veux que mes créanciers aient un échantillon de chaque.

Grave comme s'il eût manié des billets de banque, M. Fortunat se mit à compter et à trier des titres. L'autre, pendant ce temps, tirait son porte-monnaie.

— Combien vous dois-je ?... demanda-t-il.

— Trois mille francs.

L'honorable négociant bondit.

— Trois mille francs !... répéta-t-il. C'est une plaisanterie, sans doute !... Ces cent vingt mille francs de chiffons ne valent pas un louis.

— Je n'en donnerais même pas cent sous, prononça froidement M. Fortunat. Il est vrai que je n'en ai pas besoin pour désintéresser mes créanciers... Vous, c'est une autre affaire... ces chiffons vous sauveront cent mille francs au moins, je vous demande trois pour cent; ce n'est pas cher... Après cela, vous savez, je ne force personne...

Et d'un ton terriblement significatif, il ajouta :

— Vous trouverez assurément de ces titres à meilleur marché, mais prenez garde, en vous adressant ailleurs, de donner l'éveil à vos créanciers.

— Il me dénoncerait, le coquin!... pensa le commerçant.

Et se sentant pris :

— Va donc pour trois mille francs... soupira-t-il... mais du moins, cher monsieur, faites-moi bonne mesure, et mettez-m'en pour une vingtaine de mille francs de plus.

Le marchand de charbons riait de ce rire pâle de l'homme qui, résigné à se laisser dépouiller, prétend y mettre une certaine grâce.

Mais M. Fortunat gardait une gravité d'augure.

Il donna ce qu'il avait annoncé, rien de plus, rien de moins, en échange de trois beaux billets de banque, et même il dit gravement :

— Voyez si les cent vingt mille francs y sont bien.

L'autre empocha les chiffons sans compter, mais avant de se retirer il fit promettre à son estimable conseiller de l'assister au moment décisif, fin courant, et de l'aider à établir un de ces limpides bilans qui font dire aux créanciers :

— Voici un honnête homme qui a été bien malheureux.

Mieux que personne, M. Fortunat pouvait rendre ce petit service.

Outre sa chasse aux héritiers des successions vacantes, il s'occupait de liquidations laborieuses et s'était fait des faillites une spécialité où il était sans rival.

Cela lui rapportait gros, grâce à l'ingénieux expédient qu'il venait d'indiquer au sieur Leplaintre, expédient fort connu maintenant, mais dont il était presque l'inventeur.

Ce qu'il y avait de terrible avec lui, c'est que si on voulait suivre ses conseils on était forcé, sous peine d'une dénonciation, de prendre pour le prix qu'il fixait les valeurs de fantaisie dont il possédait une si belle collection.

Car il agissait en cela comme ces médecins philanthropes qui donnent des consultations gratis, mais qui contraignent leurs malades à se fournir chez eux de remèdes à cent pour cent au-dessus du cours.

Nul brevet d'invention n'assurant l'exploitation exclusive des découvertes de ce genre, M. Fortunat devait être audacieusement imité à une époque où la faillite est presque devenue une opération commerciale comme une autre...

Mais il était encore resté un des maîtres parmi les habiles qui professent sur la place le bel art de faire banqueroute sans danger.

Cependant, le client qui succédait au marchand de charbons était un naïf, qu'amenait simplement une difficulté avec son propriétaire. M. Fortunat l'eut vite expédié, et alors, entrebâillant la porte de ses bureaux, il cria :

— Le caissier !...

Un garçon de trente-cinq ans, dont la mise misérable

rappelait celle de Victor Chupin, arriva aussitôt, tenant d'une main un sac et de l'autre un registre.

— Combien a-t-on visité de débiteurs hier?... lui demanda M. Fortunat.

— Deux cent trente-sept, monsieur.

— Quelle est la recette?

— Quatre-vingt-neuf francs.

M. Isidore Fortunat eut une grimace de satisfaction.

— Pas mal, fit-il, pas mal du tout.

Et atteignant un énorme répertoire dans un casier, il l'ouvrit en disant :

— Attention!... nous allons pointer.

Aussitôt une singulière besogne commença... Le patron appelait des noms, et à chacun d'eux le caissier répondait par une indication qui était inscrite aussitôt en marge sur le répertoire...

— Un tel, disait le patron, un tel... un tel... Et le caissier de répondre : a donné deux francs... a déménagé... n'était pas chez lui... a donné vingt sous... ne veut plus rien payer...

Comment M. Fortunat se trouvait-il avoir tant de débiteurs, comment s'accommodait-il de si faibles à-comptes?... c'était bien simple.

Tout en équilibrant des bilans fictifs, M. Fortunat suivait les liquidations après faillite, et il y achetait ces masses de créances, considérées comme absolument perdues, qui se vendent aux enchères pour presque rien...

Et où personne n'eût touché un sou, lui récoltait.

Ce n'est pas qu'il procédât par la rigueur, bien au contraire. Il réussissait par la patience, la douceur et la politesse, mais aussi par une ténacité infatigable et désespérante.

Quand il avait décidé qu'un débiteur lui donnerait tant, c'était fini, il ne le lâchait plus. Il le faisait visiter tous les deux jours, suivre, harceler, obséder; il l'entourait de ses employés, il le relançait chez lui, à son bureau ou à son magasin, au café, partout, toujours, à toute heure, incessamment... et toujours avec l'urbanité la plus parfaite...

Si bien que les plus mauvais payeurs et les plus pauvres se lassaient à la fin, la rage les prenait, et pour échapper à cette effroyable obsession, ils trouvaient de l'argent... et comme M. Fortunat acceptait tout, depuis 50 centimes, on le payait.

Outre Victor Chupin, il avait encore cinq employés qui visitaient les débiteurs à la journée. On leur distribuait les courses chaque matin, et chaque soir ils réglaient avec le caissier, qui lui-même rendait les comptes généraux au patron.

Cette petite industrie ajoutait encore aux profits des héritages et des faillites, et c'était la troisième et dernière corde que M. Fortunat eût à son arc...

Donc le pointage se faisait comme chaque jour, mais si le caissier était à sa besogne, le patron n'y était guère.

Il s'arrêtait à chaque minute, prêtant l'oreille aux moindres bruits du dehors.

C'est qu'avant de recevoir le marchand de charbons, il avait parlé à Victor Chupin, et l'avait expédié rue de Courcelles, afin d'avoir par M. Casimir des nouvelles du comte de Chalusse.

Et il y avait plus d'une heure de cela, et Victor Chupin, si prompt d'ordinaire, ne reparaissait pas.

Enfin, il parut... D'un geste, M. Fortunat congédia son caissier, et s'adressant à son commissionnaire :

— Eh bien? demanda-t-il.

— Plus personne! répondit Chupin... Le comte vient de mourir... On croit qu'il ne laisse pas de testament. Voilà la jolie demoiselle sur le pavé.

Tous ces malheurs répondaient si bien aux pressentiments de M. Fortunat, qu'il ne sourcilla pas. Et d'un ton calme, il ajouta :

— Casimir viendra-t-il au rendez-vous?

— Il m'a répondu, m'sieu, qu'il tâcherait de s'y trouver... moi je parie cent sous qu'il y sera... il vous a une bouche cet homme-là, à faire dix lieues pour mettre quelque chose de bon dedans...

L'opinion de Chupin parut être celle de M. Fortunat.

— Tout va donc bien, dit-il... Seulement vous êtes resté trop longtemps en route, Victor.

— C'est vrai, m'sieu, mais j'avais une course à faire pour moi, une course de cent francs, s'il vous plaît?...

M. Fortunat fronça le sourcil.

— Il est bon d'être industrieux, prononça-t-il, mais vous aimez trop l'argent, Victor, beaucoup trop... vous êtes insatiable!

Le jeune drôle leva fièrement la tête, et d'un ton d'importance :

— J'ai des charges, prononça-t-il.

— Des charges!... vous!...

— Mais oui, m'sieu!... Pourquoi donc pas? Et cette pauvre bonne femme de mère, qui ne peut plus travailler depuis un an, qui donc la nourrirait, sinon moi !... Bien sûr ce ne serait pas mon père, le propre à rien, qui a mangé tout l'argent du duc de Sairmeuse, sans nous en donner un centime !... D'ailleurs, je suis comme les autres, je veux être riche, et m'amuser... J'aurai une voiture dans le grand genre, c'est une idée... Et quand un gamin comme j'étais m'ouvrira la portière, je lui mettrai toujours cent sous dans la main...

Il fut interrompu par Mme Dodelin, la digne gouvernante, qui entrait, tout effarée, sans frapper.

— Monsieur ! criait-elle, comme elle eût crié : au feu ! voilà M. de Valorsay.

M. Fortunat se dressa, tout pâle.

— Le diable l'emporte !... bégaya-t-il ; dites que je suis sorti, dites...

C'était inutile, le marquis entrait.

— Sortez, dit le « pisteur d'héritages, » à la gouvernante et à Chupin.

Il était évident que M. de Valorsay était fort en colère, mais il était manifeste aussi qu'il était résolu à se contenir. Dès qu'il fut seul avec M. Fortunat :

— C'est donc ainsi, maître « Vingt-pour-Cent, » prononça-t-il, que vous trahissez vos amis !... Pourquoi me tromper, hier soir, au sujet des 10,000 francs que vous deviez me remettre, au lieu de me dire la vérité !... Vous saviez hier l'accident de M. de Chalusse... Je ne le sais, moi, que depuis une heure, par une lettre de Mme Léon...

M. Fortunat hésitait un peu.

C'était un homme doux, ennemi des violences, qui ne se résignait à être brave qu'à la dernière extrémité, et il lui semblait que M. de Valorsay tourmentait sa canne d'une inquiétante façon.

— Je l'avoue, monsieur le marquis, répondit-il enfin, je ne me suis pas senti le courage de vous apprendre l'horrible malheur qui nous frappe.

— Comment... nous?

— Dame! si vous perdez... l'espérance de plusieurs millions, moi je perds... la réalité de ce que je vous ai avancé, quarante mille francs, toute ma fortune... Et cependant, vous le voyez, je me résigne. Faites comme moi... Que voulez-vous? C'est une partie perdue.

Le marquis de Valorsay écoutait, rouge, les sourcils froncés, les poings crispés, tout près d'éclater, en apparence, se possédant parfaitement en réalité.

Et la preuve qu'il jouissait du plus beau sang-froid c'est qu'il étudiait anxieusement l'attitude de M. Fortunat, s'efforçant de démêler sous ses vaines paroles ses intentions véritables.

Il s'attendait, en venant, à trouver son « cher Arabe » hors de ses gonds, exaspéré par la perte, jurant et sacrant, réclamant son argent avec des cris d'écorché, et pas du tout, il trouvait l'homme le plus doux, calme, froid, réfléchi, tout confit de résignation et qui prêchait la soumission aux événements.

— Qu'est-ce que cela, pensait-il, le cœur serré d'inquiétude, et que rumine le drôle?... Il y a mille à parier contre un qu'il me prépare quelque coup de Jarnac qui m'achèvera.

Et d'un ton hautain et glacé, qui ajoutait encore à la trivialité de son expression :

— En un mot, fit-il, vous me « lâchez. »

L'autre eut un joli geste de protestation, et semblant céder à un irrésistible mouvement d'effusion :

— Moi, vous abandonner, monsieur le marquis !... s'écria-t-il. Qu'ai-je fait pour que vous me jugiez si mal ?... Hélas ! ce sont les événements qui nous trahissent. Je ne voudrais pas amollir le courage dont vous avez besoin, mais là, franchement, entre nous, essayer de lutter serait folie... Qu'espérer encore ? N'avez-vous pas, pour prolonger jusqu'à aujourd'hui votre vie fastueuse, épuisé les derniers et les plus périlleux expédients ?... Vous en étiez à ce point qu'il vous fallait épouser Mlle Marguerite avant un mois ou périr... Les millions de Chalusse vous échappent, vous sombrez... Et tenez, s'il m'était permis de vous donner un conseil, je vous dirais : « Le naufrage est sûr, ne songez qu'aux épaves... En menant secrètement et rondement une liquidation générale, on peut sauver bien des choses à la barbe de vos créanciers... Liquidez, c'est la mode ! Et s'il vous faut mes services, me voici ! Partez pour Nice et laissez-moi votre procuration. Des débris de votre opulence, je me charge de vous constituer une aisance qui satisferait encore bien des ambitions...

Depuis un moment déjà, le marquis ricanait.

— Parfait ! fit-il. Du même coup vous m'éloignez et vous recouvrez vos quarante mille francs ? C'est excessivement adroit...

L'homme d'affaires se sentit deviné, mais que lui importait.

— Je vous assure, commença-t-il...

Mais l'autre, d'un geste dédaigneux, l'arrêta.

— Laissons donc les propos oiseux, fit-il, nous valons

mieux que cela, l'un et l'autre. Je n'ai jamais eu la prétention de vous en imposer, faites-moi, je vous prie, l'honneur de me supposer aussi fin que vous.

Et sans vouloir écouter son conseiller :

— Si je suis venu vous trouver, poursuivit-il, c'est que la partie n'est pas si désespérée que vous croyez... Le premier étourdissement passé, j'ai réfléchi, et j'ai vu qu'il me reste encore de belles cartes que vous ne connaissez pas... Pour vous, pour tout le monde, Mlle Marguerite est ruinée, n'est-ce pas? Pour moi elle vaut encore trois millions au bas mot.

— Mlle Marguerite?...

— Oui, messire Vingt-pour-Cent. Qu'elle soit ma femme, et, le lendemain, je lui découvre cent cinquante mille livres de rentes... mais il faut que je l'épouse, et cette belle dédaigneuse ne m'accordera sa main que si je réussis à la convaincre de mon amour et de mon désintéressement.

— Mais l'autre?...

M. de Valorsay eut un tressaillement nerveux aussitôt réprimé.

— L'autre n'existe plus. Lisez *le Figaro* ce soir, et vous serez édifié. Allez, je suis bien seul, désormais, sur les rangs. Que je puisse dissimuler ma ruine quelque temps encore, et elle est à moi... Une fille sans amis et sans famille au milieu de Paris ne se défend pas longtemps, quand elle a surtout près d'elle une conseillère comme Mme Léon... Oh! je l'aurai, je la veux, il me la faut!... Et notez que je vais tenter une démarche qui peut me la livrer aujourd'hui même... A vous de voir maintenant s'il est sage de me retirer votre appui...

Qu'est-ce que je vous demande? De me soutenir deux ou trois mois encore... c'est l'affaire d'une trentaine de mille francs. Vous pouvez me les procurer, le voulez-vous?... Ce sera en tout 70,000 francs que vous m'aurez prêtés, et je vais m'engager à vous rendre 250,000 francs... c'est une prime assez belle pour risquer quelque chose... Réfléchissez et décidez-vous... Mais pas de faux fuyants ni d'atermoiements... Que ce soit oui ou non.

Sans une seconde d'indécision, M. Fortunat répondit :

— Eh bien!... non!...

Le marquis rougit encore, et sa voix devint plus rauque, mais ce fut tout.

— Avouez donc, fit-il, que c'est chez vous un parti pris de me perdre... Vous dites non sans m'avoir laissé finir. Attendez à tout le moins que je vous aie exposé mon plan et montré sur quelles données positives et certaines reposent mes espérances...

C'était, en effet, chez M. Fortunat, un parti pris de ne rien entendre.

Il ne voulait pas d'explications, se défiant de lui, redoutant les inspirations de son caractère aventureux qui le poussait quand même vers tout ce qui était spéculation, risques à courir, grains énormes promis à une faible mise.

Il redoutait l'appât des affaires aléatoires comme le joueur craint la vue des cartes et l'ivrogne l'odeur des liqueurs fortes.

Enfin il avait peur de l'éloquence du marquis. Ne l'avait-il pas entraîné déjà plus loin que sa volonté première? Enfin il savait que qui discute est à moitié vaincu et ne demande plus bientôt qu'à se laisser convaincre.

— Ne me dites rien, monsieur, fit-il vivement, tout serait inutile... je n'ai pas d'argent... Pour vous donner dix mille francs hier soir, il m'eût fallu les emprunter à M. Prosper Bertomy, parole d'honneur !... Et je les aurais, que je vous dirais encore : « Impossible ! » Chacun a son système, n'est-ce pas ?... Le mien est de ne jamais courir après mon argent... On se ruine à chercher à se rattraper... Pour moi, ce qui est perdu est perdu définitivement... je tâche de n'y plus penser et je me tourne d'un autre côté... Ainsi, vos quarante mille francs sont déjà passés aux profits et pertes. Et cependant il vous serait aisé de me les rendre, si vous vouliez suivre mon conseil et liquider sans tambour ni trompettes...

— Jamais !... interrompit M. de Valorsay, jamais !...

Et son imagination lui représentant comme en un éclair tous les déboires et toutes les humiliations de l'homme ruiné et déchu...

— Je ne veux pas déchoir, s'écria-t-il... Je sauverai tout, les apparences et la réalité, ou je ne sauverai rien... si vous me refusez, je verrai ailleurs, je chercherai... Mais je ne donnerai pas à tous mes bons amis, qui m'éxècrent et que je hais, cette joie délicieuse de voir le marquis de Valorsay tombant de chute en chute, jusqu'aux pantalons douteux, aux bottes ressemelées et à l'emprunt du louis... Je ne brosserai jamais les habits de ceux que j'ai éclaboussés quinze ans..... Non, jamais, j'aimerais mieux mourir ou commettre les plus grands crimes !...

Il s'arrêta court, un peu étonné peut-être de ce qu'il venait de dire, et, pendant un moment, M. Fortunat et lui se regardèrent dans les yeux, en silence, chacun s'efforçant de pénétrer la pensée secrète de l'autre, comme des duellistes sur le terrain, pendant un repos, avant de reprendre le combat.

Le marquis fut le premier à se croire renseigné.

— Ainsi, fit-il, d'un ton qui voulait être dégagé, et qui était plutôt menaçant, c'est bien décidé, votre refus est définitif.

— Dé—fi—ni—tif !!!

— Vous ne daignerez même pas écouter mes explications ?

— Ce serait du temps perdu !...

M. de Valorsay, à cette cruelle réponse, donna sur le bureau un si formidable coup de poing que trois ou quatre dossiers roulèrent à terre. Sa colère n'était plus feinte...

— Que projetez-vous donc, s'écria-t-il, et que comptez-vous faire ?... Pour qui me trahissez-vous, pour quelle somme et pour quels desseins ?... Prenez garde... C'est ma peau que je vais défendre, et par le nom de Dieu !... je la défendrai bien... L'homme résolu à se brûler la cervelle s'il échoue est terriblement dangereux... Malheur à vous si je vous trouve jamais entre moi et les millions de Chalusse...

M. Fortunat n'avait pas une goutte de sang aux joues; néanmoins sa contenance fut digne.

— Vous avez tort de me menacer, fit-il, vous ne me faites pas peur... Si j'étais contre vous, je n'aurais qu'à vous poursuivre pour les 40,000 francs que vous me devez. Je ne serais pas payé, mais l'édifice mensonger de votre fortune croulerait sous ce seul coup de pic... Vous oubliez en outre que je possède un double de notre traité signé de votre main, et que je n'aurais qu'à le faire parvenir à Mlle Marguerite, pour lui donner la juste mesure de votre désintéressement... Brisons donc nos relations, monsieur, et allons chacun notre chemin sans plus nous occuper l'un de l'autre... Si vous réussissez vous me rendrez mon argent...

La victoire restait au dénicheur d'héritages, et c'est avec un sentiment d'orgueil qu'il vit s'éloigner son très-noble client humilié et blême de rage...

— Quel brigand que ce marquis, grommelait-il, et comme je préviendrais Mlle Marguerite, la pauvre fille, si je n'avais pas si peur de lui!...

XIV

M. Casimir, le valet de chambre de feu M. le comte de Chalusse, n'était, mon Dieu ! ni meilleur ni pire que la plupart de ses confrères...

Les vieillards racontent qu'il existait jadis une race de serviteurs fidèles, qui se croyaient solidaires de la famille qui les adoptait et en embrassaient les intérêts et les idées. Les maîtres, en ce temps, payaient ce rare dévouement en protection efficace et en sécurité pour l'avenir.

De tels maîtres et de pareils serviteurs, on ne trouve plus aujourd'hui de traces que dans les vieux mélodrames de l'Ambigu; dans la *Berline de l'Emigré,* par exemple, ou dans le *Dernier des Châteauvieux.*

Les domestiques, à cette heure, traversent les maisons où ils servent comme ces auberges à la nuit où on se permet tout puisqu'on part le lendemain.

Et les familles les accueillent comme des hôtes nomades, dangereux souvent, et dont il est toujours prudent de se défier.

On ne laisse pas la clef de la cave à ces tâcherons révoltés, on ne leur confie plus guère que les enfants, ce qui produit de prodigieux résultats, ainsi que le prouva, l'an passé, certain procès qui épouvanta Paris...

Cependant, M. Casimir était probe, dans le sens strict du mot. Plutôt que de dérober une pièce de dix sous, il eût gâché et gaspillé pour 100 francs de n'importe quoi, dans l'hôtel, comme cela lui arrivait parfois, quand on lui avait fait des reproches et qu'il voulait se venger.

Vaniteux, cauteleux et rapace, il se contentait de n'aimer que son maître et de l'envier furieusement, trouvant bien injuste et bien ridicule la destinée qui ne l'avait pas fait naître à la place de M. le comte de Chalusse.

Etant bien payé, il servait passablement. Mais le plus clair de son intelligence il l'employait à surveiller le comte. Flairant dans la maison quelque gros secret de famille, il était humilié qu'on ne l'eût pas confié à sa discrétion.

Et s'il ne découvrit rien, c'est que véritablement M. de Chalusse était la méfiance même, ainsi que Mme Léon le reprochait à sa mémoire.

Aussi, cette après-midi où il avait vu Mlle Marguerite et le comte chercher dans le jardin les débris d'une lettre déchirée dans un mouvement de rage dont il avait été témoin, M. Casimir sentit redoubler les démangeaisons de sa curiosité, plus ardentes et plus agaçantes que le prurit de l'urticaire.

Il eût donné un mois de ses gages, et quelque chose encore, pour connaître le contenu de cette lettre, dont le comte recollait précieusement les morceaux sur une grande feuille de papier.

Et quand il entendit M. de Chalusse dire à Mlle Marguerite que les plus importants débris manquaient, et que cependant il renonçait à des recherches vaines, le digne valet de chambre se jura qu'il serait plus adroit ou plus heureux que son maître.

Et en effet, ayant cherché, il découvrit cinq petits morceaux de papier de la largeur du pouce, qui avaient été emportés sous un massif.

Ils étaient couverts d'une écriture menue et allongée, écriture de femme, évidemment, mais sur aucun d'eux ne se trouvait une phrase offrant un sens.

N'importe !... M. Casimir les serra précieusement, à tout hasard, se gardant bien surtout de parler d'une trouvaille dont il supposait bien que son maître ne lui saurait aucun gré.

Mais ces débris, les mots sans suite qu'il y avait déchiffrés, lui trottaient par la cervelle, et parmi toutes les idées que fit éclore en lui l'accident du comte, l'idée de la lettre pointa.

Cela explique son grand empressement à fouiller les vêtements de M. de Chalusse, quand Mlle Marguerite lui commanda de chercher la clef du secrétaire.

Et il joua de bonheur, car s'il trouva la clef qu'il remit, il rencontra aussi la lettre qu'il chiffonna dans la paume de sa main et glissa fort subtilement dans sa poche.

Dextérité perdue !... M. Casimir eut beau combler les

lacunes de cette lettre avec les débris trouvés par lui, il eut beau la lire et la relire en appliquant toute son attention, elle ne le renseigna pas; ou du moins, elle le renseigna si vaguement et si incomplétement que ce lui fut comme un nouvel irritant.

Un moment il eut la pensée de la remettre à Mlle Marguerite, mais il résista à ce premier mouvement en se disant :

— Ah!... mais non!... pas si bête!... Elle lui serait peut-être utile.

Et M. Casimir, qui était un homme fort, ne voulait pas être utile à cette pauvre fille, dont il n'avait jamais reçu que des marques de bonté.

Il la haïssait, sous prétexte qu'elle n'était pas à sa place, qu'on ne savait ni qui elle était ni d'où elle venait, et qu'il était bien ridicule qu'il eût, lui, Casimir, à recevoir des ordres d'elle.

L'infâme calomnie que Mlle Marguerite avait recueillie sur son passage : « Voici la maîtresse du riche comte de Chalusse, » était l'œuvre de M. Casimir.

Il avait juré qu'il se vengerait de cette orgueilleuse, et on ne peut savoir ce qu'il eût imaginé sans l'intervention décisive du juge de paix.

Rappelé vertement à l'ordre, M. Casimir se consola de ce camouflet quand le juge lui confia huit mille francs et l'administration provisoire de l'hôtel. Rien ne pouvait lui plaire davantage.

C'était d'abord et principalement une occasion magnifique de faire acte d'autorité et de trancher du maître; c'était, en outre, la faculté de traiter, pour les funérailles, avec Victor Chupin, c'était enfin la liberté de courir au rendez-vous que lui avait fait demander M. Isidore Fortunat.

Laissant donc ses camarades suivre les opérations du juge de paix, il chargea M. Bourigeau des déclarations à la mairie, et, allumant un cigare, il sortit de l'hôtel, et lentement remonta la rue de Courcelles.

C'est au boulevard Haussmann qu'il avait rendez-vous, dans un établissement tout neuf, presque en face des beaux ateliers de Binder.

Plutôt débit de vins que restaurant, cet établissement ne payait pas précisément de mine, mais on y mangeait, on y déjeunait surtout fort bien, M. Casimir le savait par expérience.

— Personne n'est venu pour moi?... demanda-t-il en entrant.

— Personne.

Il consulta sa montre et parut surpris.

— Pas midi encore?... fit-il; je suis en avance... Donnez-moi, cela étant, un verre d'absinthe et un journal.

On lui obéit avec une promptitude que jamais son défunt maître n'avait obtenue de lui, et il se plongea dans le cours de la Bourse de l'air d'un homme qui a dans son tiroir des raisons de s'y intéresser.

Ayant vidé son verre d'absinthe, il en demandait un second, quand on lui frappa sur l'épaule. Il se dressa en sursaut; M. Isidore Fortunat était devant lui.

Comme toujours, le chasseur d'héritages était vêtu avec une recherche sévère, chaussé et ganté correctement, mais un sourire discret et encourageant qui ne lui était pas habituel errait sur ses lèvres.

— Vous le voyez, s'écria M. Casimir, on vous attendait !

— C'est vrai ! je suis en retard, fit M. Fortunat, mais nous allons réparer le temps perdu... Car vous me ferez, je l'espère, le plaisir de déjeuner avec moi ?

— C'est que, véritablement, je ne sais si je dois...

— Oui, oui, vous devez... On va nous donner un cabinet : nous avons à causer...

Ce n'était certes pas pour son agrément, que M. Fortunat fréquentait M. Casimir et faisait avec lui commerce d'amitié et de fourchette. M. Fortunat, qui était fier, estimait ces relations quelque peu au-dessous de sa dignité. Mais les événements lui avaient forcé la main au début, et ensuite, son intérêt commandant, il avait passé sur ses répugnances.

C'est par le comte de Chalusse que M. Fortunat avait connu M. Casimir. Ayant eu à se louer des services du dénicheur d'héritiers, et lui supposant une probité relative, le comte l'avait chargé d'arranger diverses tracasseries, et à chaque fois lui avait expédié son valet de chambre.

Naturellement M. Casimir avait péroré, l'autre avait écouté, de là une connaissance superficielle.

Plus tard, lors des projets de mariage de M. de Valorsay, M. Fortunat avait trouvé commode, pour contrôler les allégations de son noble client, de faire du domestique de M. de Chalusse son espion.

De là des relations suivies, dont le prétexte avait été facile à trouver, M. Casimir étant un spéculateur et jouant à la Bourse.

Et quand il avait besoin de renseignements, M. Fortunat invitait M. Casimir à déjeuner, sachant l'influence d'une bonne bouteille offerte à propos, et tout en sirotant le café, sans avoir l'air d'y toucher, il arrivait à ses fins...

C'est dire qu'il soigna le menu, ce jour où d'un mot de plus ou de moins dépendait peut-être la partie qu'il allait jouer...

Et l'œil de M. Casimir étincelait, en prenant place devant une table bien blanche, en face de son amphitryon.

C'est dans un tout petit « salon de société » prenant jour sur le boulevard, que le traiteur avait dressé le couvert.

M. Fortunat lui-même l'avait choisi et désigné. Non qu'il fût plus spacieux que les autres, ni plus confortable, mais il était isolé. C'est un avantage considérable, pour qui sait combien sont indiscrets et perfides les cabinets particuliers séparés par de simples voliges de sapin, aussi minces qu'une feuille de papier.

Il ne devait pas tarder à s'applaudir de sa prévoyance.

Le déjeuner avait commencé par un plat d'escargots, et M. Casimir n'avait pas achevé sa douzaine, arrosée de vin de Chablis, que déjà il déclarait ne voir nul inconvénient à se déboutonner devant un ami...

Les événements de la matinée ayant déjà bouleversé sa cervelle, la vanité et la bonne chère achevaient d'exalter ses facultés, et il discourait avec une verve intarissable.

Oubliant toute prudence, il s'abandonnait, et on pouvait le juger à l'entendre parler du comte de Chalusse et du marquis de Valorsay, et surtout de son ennemie, Mlle Marguerite.

— Car c'est elle, criait-il en tapant son couteau sur la table, c'est elle seule qui a pris les millions disparus. Comment?... c'est ce qu'on ne saura jamais, car elle n'a pas sa pareille pour la malice. Mais elle les a volés, j'en suis sûr, j'en lèverais la main devant la justice, et je le lui aurais prouvé sans cet espèce de juge de paix qui a pris son parti parce qu'elle est jolie... car elle est diantrement jolie la coquine...

Le guetteur d'héritages eût voulu placer un mot qu'il ne l'eût pu, tant l'autre, impérieusement, s'emparait de la conversation.

Mais cela ne lui déplaisait pas. Il n'en était que plus libre de se donner à ses réflexions.

Elles étaient singulières :

Rapprochant des affirmations de M. Casimir les assurances du marquis de Valorsay, il était confondu de la coïncidence.

— C'est au moins bizarre ! pensait-il. Cette jeune fille aurait-elle vraiment volé, le marquis le saurait-il par Mme Léon et songerait-il à profiter du vol? En ce cas, je rentrerais dans mon argent... Il faudra voir...

Aux escargots et au vin blanc, une perdrix et du vin de Pomard succédaient, et la loquacité de M. Casimir augmentait et le diapason de sa voix montait...

Seulement, il s'égarait en ridicules cancans et en calomnies absurdes, et il devenait assommant lorsque tout à coup, sans transition, il en arriva à la lettre mystérieuse qui avait, selon lui, déterminé l'accident du comte.

Aux premiers mots, M. Fortunat avait tressailli.

— Bast !... fit-il, d'un air incrédule, comment diable une lettre aurait-elle une pareille influence...

— Dame, je ne sais pas... Ce qui est sûr, c'est qu'elle l'a eue.

Et, à l'appui de son dire, il raconta comme quoi le comte l'avait déchirée sans la lire, comment il en avait été désolé ensuite, et comme quoi il en avait recherché les débris pour retrouver une adresse qu'on lui donnait...

— Et la preuve, ajouta-t-il, c'est que défunt Monsieur devait passer chez vous pour vous prier de lui dénicher la personne qui lui écrivait.

— Êtes-vous sûr de cela ?...

— Sûr comme je le suis de boire du Pomard !... s'écria M. Casimir en vidant son verre.

Rarement le « pisteur d'héritages » avait eu la gorge serrée par une semblable émotion.

Que cette lettre fût le mot du problème dont la solution pouvait l'enrichir, il n'en doutait pas : son flair si exercé le lui affirmait.

— L'a-t-on retrouvée, cette lettre ? demanda-t-il.

— Eh !... je l'ai, s'écria triomphalement le valet de chambre, je l'ai dans ma poche, et complète, qui plus est.

Le coup fut si fort que M. Fortunat pâlit... de joie.

— Tiens !... Tiens !... fit-il, elle doit être curieuse !

L'autre, dédaigneusement allongea la lèvre inférieure.

— Comme ci, comme ça, répondit-il... Et d'abord, on n'y comprend goutte... Le plus clair est qu'elle a été écrite par une femme.

— Ah !...

— Oui, par quelque ancienne maîtresse... Et natu-

rellement, elle demande de l'argent pour un moutard...
Les femmes ne la ratent jamais, celle-là... On me l'a
faite, à moi qui vous parle, plus de dix fois... Mais avec
moi, ça ne mord pas.

Et, tout gonflé de fatuité, il entreprit trois ou quatre
« histoires d'amour » qui lui étaient arrivées, jurait-il,
et qui le montraient sous un jour purement ignoble.

La chaise de M. Fortunat eût été un gril posé sur un
bon feu, qu'il n'eût pas paru plus mal à l'aise.

Après avoir versé rasade sur rasade à son convive, il
s'apercevait qu'il l'avait trop poussé et qu'il n'y avait
plus à essayer de le retenir.

— Et cette lettre?... interrompit-il à la fin.

— Eh bien?...

— Vous m'aviez promis de me la donner à lire.

— C'est juste... c'est très-juste... mais il faudrait du
moka, avant!... si nous demandions le moka, hein?

On servit le café, et dès que le traiteur eut refermé la
porte, M. Casimir tira la lettre de sa poche et la déplia
en disant :

— Attention!... je vais lire.

Ce n'était pas l'affaire de M. Fortunat, il eût bien préféré lire lui-même; mais on ne discute pas les volontés
d'un ivrogne, et M. Casimir, d'une langue de plus en
plus pâteuse, s'écria :

— « Paris, 14 octobre 186... » Donc, la dame habite
Paris... C'est toujours ça... Mais après, elle ne met ni
« monsieur, » ni « mon ami, » ni « cher comte, » rien du
tout... elle écrit tout roide :

« Une fois déjà, voici bien des années, je me suis

« adressée à vous en suppliante. Impitoyable, vous n'a-
« vez pas daigné me répondre.

« Et cependant, j'étais tout au bord de l'abîme, et je
« vous le disais, j'avais la tête perdue, et le vertige s'em-
« parait de moi... Abandonnée, j'errais dans Paris, sans
« asile et sans pain, et mon enfant avait faim !... »

M. Casimir s'interrompit, éclatant de rire.

— Hein !... comme c'est ça !... s'écria-t-il, comme c'est bien ça ! J'en ai dix, dans mon tiroir, des lettres pareilles, et même plus empoignantes... Après déjeuner, vous viendrez chez moi, et je vous les montrerai. Nous rirons bien !

— Finissons toujours celle-ci.

— Naturellement.

Et il reprit :

« Seule, je n'eusse pas hésité... J'étais si malheureuse
« que la mort m'apparaissait comme un refuge. Mais
« que fût devenu mon enfant?... Devais-je donc le tuer
« et me tuer après? J'en ai eu la pensée, non le cou-
« rage.

« Ce que j'implorais de votre pitié, vous me le deviez...
« Je n'avais qu'à me présenter à votre hôtel et à dire :
« Je veux !... Hélas ! je ne le savais pas alors, je me
« croyais liée par un serment, et vous m'inspiriez un in-
« vincible effroi...

« Et cependant il fallait que mon enfant vécût...

« Alors je me suis abandonnée... Et j'ai roulé si bas
« que j'en ai été réduite à éloigner mon fils... Il ne fal-
« lait pas qu'il sût à quelles hontes il devait sa vie... Et
« il ignore jusqu'à mon existence... »

M. Fortunat était comme pétrifié.

Après ce qu'il avait surpris du passé du comte, après les confidences de la Vantrasson, la mégère du *garni-modèle,* il ne pouvait guère douter.

— Cette lettre, pensait-il, ne peut être que de Mlle Herminie de Chalusse.

M. Casimir poursuivait :

« ..... Si je m'adresse à vous de nouveau, si, du fond
« de mon enfer, je vous crie : Au secours ! c'est que je
« suis à bout de forces, c'est qu'il faut, avant que je
« meure, que l'avenir de mon fils soit assuré...

« Il lui faut non une fortune, mais de quoi vivre, et
« j'ai compté sur vous... »

Une fois encore, l'honorable valet de chambre s'interrompit.

— Et voilà !... fit-il... de quoi vivre... j'ai compté sur vous !... C'est superbe !... Les femmes sont superbes, parole d'honneur !... C'est qu'elle y compte, oui !... Ecoutez plutôt la fin !

Et il continua :

« ..... Il est indispensable que je vous voie le plus
« tôt possible.

« Daignez donc, demain jeudi, 15 octobre, vous ren-
« dre, 43, rue du Helder, à l'hôtel de Hombourg. Vous
« demanderez Mme Lucy Huntley, et on vous conduira à
« moi...

« Je vous attendrai depuis trois heures jusqu'à six...

« Venez, je vous en conjure, venez...

« Il m'est pénible d'ajouter que si je n'ai pas de vos
« nouvelles, je suis résolue à exiger et à obtenir, — quoi
« qu'il doive arriver, — ce que je vous demande encore
« à genoux et à mains jointes. »

Ayant achevé, M. Casimir posa la lettre sur la table et se versa un bon verre d'eau-de-vie qu'il lampa d'un trait.

— Et c'est tout !... prononça-t-il. Pas de signature, pas une initiale, rien... C'est une femme du monde qui écrit ça... Elles ne signent jamais leurs poulets, les coquines, de peur de se compromettre... On a ses raisons pour le savoir...

Et il riait, de ce rire idiot et entrecoupé de hoquets de l'homme qui a bu.

— Si j'avais eu le temps, poursuivit-il, je serais allé m'informer de cette Lucy Huntley, un faux nom, évidemment... J'aurais voulu... Mais qu'avez-vous donc, cher monsieur Fortunat, vous voilà pâle comme la mort... Seriez-vous indisposé ?

Il est de fait que, depuis un moment, l'honorable guetteur d'héritages était changé comme après une maladie d'un mois.

— Merci, balbutia-t-il, je vais très-bien... Seulement je viens de me rappeler qu'on m'attend...

— Qui ?...

— Un client, pour une liquidation...

L'autre eut un geste moqueur et cordial.

— Connu le prétexte ! interrompit-il. Eh ! envoyez promener le client ! N'êtes-vous pas assez riche ?... Tenez, versez-nous plutôt un petit verre, cela vous remettra...

M. Fortunat obéit, mais si maladroitement, ou si adroitement plutôt, que sa manche ramena devant lui la lettre placée devant M. Casimir.

— Allons... à votre santé ! fit le valet de chambre.

— A la vôtre ! répondit M. Fortunat.

Et en retirant le bras qu'il avait tendu pour trinquer, il fit tomber la lettre sur ses genoux.

M. Casimir, qui ne s'était aperçu de rien, essayait d'allumer un cigare; et tout en usant en vain quantité d'allumettes, il continuait :

— C'est-à-dire, mon vieux, que vous voudriez me lâcher... Pas de ça, Lisette!... Nous allons monter chez moi, et je vous lirai des lettres d'amour de femmes du monde... Après, nous irons faire une partie de billard chez Morloup... C'est là, qu'on rit... Vous verrez Joseph de chez Commarin, un farceur qui est plein d'esprit...

— C'est cela... Mais avant, il faut que je paie ici.

— Oui, payez...

Le chasseur d'héritages sonna, en effet, pour demander la carte.

Il avait obtenu bien plus de renseignements qu'il n'espérait, il avait la lettre dans sa poche, il ne souhaitait plus qu'une chose : se débarrasser de M. Casimir.

Mais cela ne devait pas être facile, les ivrognes ont l'amitié tenace, et il se demandait quel stratagème employer, quand le traiteur parut et dit :

— Il y a là un petit jeune homme très-pâle... qui a l'air d'un clerc d'huissier... Il voudrait parler à ces messieurs...

— Eh! c'est Chupin!... s'écria le valet de chambre. C'est un ami... Faites entrer et apportez un verre. Plus on est de fous, plus on rit, comme dit cet autre!

Que voulait Chupin? M. Fortunat ne l'imaginait pas du tout. Il n'en bénit pas moins sa venue, bien décidé à lui colloquer le fardeau de Casimir.

Mais dès que Victor Chupin parut, son visage se rembrunit. Il ne lui avait fallu qu'un coup d'œil pour reconnaître l'ivresse du brillant valet de chambre. Or, c'était un garçon sérieux et rangé, qui n'aimait pas à traiter les affaires le verre à la main et qui professait pour les ivrognes une grande aversion.

Il salua poliment M. Fortunat, et s'adressant à M. Casimir d'un ton mécontent :

— Il est trois heures... fit-il, et je venais, ainsi que nous en étions convenus, m'entendre avec vous pour les funérailles de M. de Chalusse.

Cela fit à M. Casimir l'effet d'une douche d'eau glacée.

— Sapristi !... s'écria-t-il, j'avais oublié... totalement... parole d'honneur !...

Et la notion lui revenant tout à la fois, et de la responsabilité qu'il avait acceptée, et de son ivresse :

—Dieu de Dieu !... poursuivit-il, je me suis mis dans un bel état... Allons, bon !... je ne tiens seulement plus debout... Que va-t-on penser à l'hôtel... Que va-t-on dire...

M. Fortunat avait attiré son employé dans un coin.

— Victor, lui dit-il vivement, je file... Tout est payé, mais pour le cas où il vous faudrait faire quelque dépense de voiture ou autre, voici dix francs... Le reste sera pour vous... Je vous confie cet imbécile, veillez sur lui...

La pièce de dix francs dérida un peu Chupin.

— Bon, grommela-t-il, les ivrognes, ça me connaît... J'ai fait mon apprentissage « d'ange gardien » quand ma grand-mère tenait la *Poivrière*.

— Surtout ne le laissez pas rentrer dans l'état où il est...

— Soyez tranquille, m'sieu, il faut que je cause d'affaires avec lui; ainsi, je vais vous le dégriser comme avec la main...

Et pendant que M. Fortunat s'esquivait, Chupin fit signe à un garçon et lui dit :

— Apportez-moi du café très-fort, une poignée de sel gris et un citron... Rien de meilleur pour remettre un homme!...

XV

C'est en courant que M. Fortunat sortit de chez le traiteur. Il tremblait d'être poursuivi et rejoint par M. Casimir.

Mais au bout de deux cents pas il s'arrêta, moins pour reprendre haleine que pour rassembler ses idées en déroute, et bien que ce ne fût guère la saison, il s'assit sur un banc.

Ce qu'il avait enduré, dans cet étroit cabinet de marchand de vin, pendant que se grisait son convive, dépassait les plus cruels tourments de sa vie agitée.

Il avait voulu des informations précises, il les avait, et elles renversaient, elles anéantissaient toutes ses espérances.

Persuadé que les héritiers du comte de Chalusse l'avaient perdu de vue, il s'était dit qu'il les retrouverait et qu'il traiterait avec eux avant de leur apprendre qu'ils étaient riches à millions...

Et, pas du tout, ces héritiers, qu'il croyait dispersés et éloignés, surveillaient M. de Chalusse et connaissaient si bien leurs droits qu'ils étaient prêts à les faire valoir.

— Car c'est bien réellement la sœur du comte qui a écrit cette lettre que j'ai dans ma poche, murmurait-il... Ne voulant pas, ne pouvant pas sans doute le recevoir chez elle, prudemment elle lui donnait rendez-vous dans un hôtel... Mais qu'est-ce que ce nom d'Huntley?... Le porte-t-elle, ou ne l'avait-elle adopté que pour la circonstance?... Serait-ce celui de l'homme qui l'a enlevée?... Est-ce celui de ce fils dont elle s'est séparée?...

Mais à quoi bon toutes ces conjectures!... Le sûr, le positif, c'est que l'argent lui échappait, sur lequel il avait compté pour réparer la saignée faite à sa caisse par le marquis de Valorsay. Et il souffrait comme s'il eût perdu 40,000 francs une seconde fois.

Peut-être, en ce moment, regretta-t-il d'avoir rompu avec le marquis...

Cependant, il n'était pas homme à renoncer à une partie, si désespérée qu'elle lui parût, sans une tentative. Il savait combien sont surprenants et soudains les retours de fortune qu'un acte insignifiant détermine.

— Je veux arriver jusqu'à cette sœur, se dit-il... je veux savoir sa position et ses projets... Si elle n'a pas de conseiller, je m'offrirai... Et qui sait...

Une voiture passait; M. Fortunat l'arrêta et monta en disant au cocher :

— Rue du Helder, n° 43, hôtel de Hombourg.

Etait-ce le hasard ou une préméditation narquoise, qui avait imposé à cet établissement le nom d'une ville qui est comme le tripot de l'Europe?

L'hôtel de Hombourg est une de ces maisons où descendent de préférence les aventuriers de distinction qu'attire l'éblouissement des millions qui se dépensent à Paris.

Comtes valaques d'occasion et princesses russes de contrebande, pipeurs de cartes et pipeuses d'amour sont sûrs d'y trouver bon accueil, un luxe princier, des prix peu modérés et une confiance extraordinairement modérée.

Chacun y est appelé par le titre qu'il lui plaît de se donner en arrivant, Excellence ou Seigneurie, au choix... On y trouve, selon le goût des personnes, des domestiques jouant le vieux serviteur et des voitures où on peint en deux heures les armoiries les plus compliquées... On s'y procure sur-le-champ tous les accessoires de la grande vie, tout ce qu'il faut pour faire le grand seigneur au mois, à la journée ou à l'heure, tout ce qui est utile pour éblouir le niais, jeter de la poudre aux yeux, et prendre de bonnes et grasses dupes.

Seulement, crédit y est mort...

On y présente la carte tous les soirs, quand on ne fait pas payer d'avance, et qui ne peut l'acquitter ou donner un nantissement, Excellence ou Seigneurie, est prié de déguerpir sur l'heure, et impitoyablement on retient les nippes...

Lorsque M. Fortunat entra dans le bureau de l'hôtel de Hombourg, une jeune femme à la physionomie trop intelligente était en grande conférence avec un vieux monsieur qui avait sur la tête une calotte de velours noir et à la main une loupe.

Tour à tour, des yeux et de la loupe, ils examinaient d'assez beaux brillants, gage offert, sans aucun doute, par quelque noble et insolvable étranger.

Au bruit que fit M. Fortunat, la jeune femme leva la tête.

— Que désirez-vous, monsieur? demanda-t-elle poliment.

— Mme Lucy Huntley?...

La dame ne répondit pas tout d'abord.

Les yeux fixés au plafond, on eût dit qu'elle y épelait la liste de tous les « étrangers de distinction » qui honoraient en ce moment de leur présence l'hôtel de Hombourg.

— Lucy Huntley!... répétait-elle, je ne vois pas!... Je ne crois pas que nous ayons cette personne... Lucy Huntley!... Comment est-elle, cette dame?

Pour beaucoup de raisons, M. Fortunat ne pouvait le dire... D'abord, il ne le savait pas.

Mais il ne se déconcerta nullement, rompu qu'il était par l'exercice de ses professions diverses, au grand art de tirer des gens qu'il interrogeait les renseignements qu'il eût dû donner lui-même.

Il tourna donc la question le plus naturellement du monde, tout en aidant véritablement les souvenirs de la jeune femme.

— La dame que je demande, répondit-il, a dû, hier jeudi, 15, entre trois et six heures, attendre une visite avec une impatience et une anxiété qui n'ont pu vous échapper.

Ce détail réveilla la mémoire paresseuse du monsieur à la loupe, lequel n'était autre que le mari de la jeune femme, le propriétaire en personne de l'hôtel de Hombourg.

— Eh!... dit-il à son épouse, monsieur parle de la voyageuse du N° 2, tu sais bien... celle qui a voulu absolument le grand salon.

La jeune femme se frappa le front.

— C'est juste!... Où donc avais-je l'esprit!...

Et se tournant vers M. Fortunat :

— Excusez mon oubli, monsieur, ajouta-t-elle... Cette dame n'est plus chez nous et elle n'y est restée que quelques heures.

Cette réponse n'avait rien qui dût surprendre le chasseur d'héritiers, il la prévoyait, ce qui n'empêche qu'il prit l'air le plus consterné qu'il put.

— Quelques heures! répéta-t-il comme un écho désolé.

— Oui, monsieur. Elle est arrivée ici sur les onze heures du matin, n'ayant avec elle qu'un gros sac de voyage... et elle est repartie le même soir à huit heures.

— Hélas! mon Dieu... Et pour où aller?

— Elle ne l'a pas dit.

On eût juré que M. Fortunat était tout près de fondre en larmes.

— Pauvre Lucy!... fit-il d'un ton tragique, c'est moi, madame, qu'elle attendait... Je n'ai reçu que ce matin, à l'instant, la lettre où elle me donnait rendez-vous... Elle sera partie désespérée!... La poste n'en fait jamais d'autres!...

Le mari et la femme eurent en même temps ce geste de la tête et des épaules qui si clairement veut dire :

— Que voulez-vous que j'y fasse !... Ce ne sont pas là mes affaires... Laissez-moi en repos !...

Mais M. Fortunat n'était pas homme à se décourager pour si peu.

— Elle s'est sans doute fait conduire au chemin de fer, insista-t-il.

— Je n'en sais rien.

— Vous venez de me dire qu'elle avait un gros sac de nuit... donc elle n'a pas quitté votre hôtel à pied... Elle a demandé une voiture... Qui a couru la chercher?... Un de vos garçons... Si on retrouvait le cocher de cette voiture, il donnerait peut-être des indications précieuses...

En un seul coup d'œil, le monsieur et la dame échangèrent un volume de soupçons...

Incontestablement M. Isidore Fortunat avait le dehors de l'homme comme il faut, mais il est connu que ces messieurs si curieux qui habitent la rue de Jérusalem savent revêtir toutes les apparences.

On sait cela, quand on tient une maison comme l'hôtel de Hombourg, par cette raison fort simple que la police nourrit à l'endroit des comtes valaques et des princesses russes quantité de préventions qu'elle aime à vérifier.

C'est pourquoi l'hôtelier eut vite pris son parti.

— Votre idée est excellente, dit-il à M. Fortunat. Il est clair que cette dame Huntley a pris une voiture à son départ et une voiture de l'hôtel, qui plus est... Si vous voulez me suivre, nous allons nous informer.

Et se levant avec un empressement du meilleur augure, il guida le guetteur de successions jusqu'à une cour intérieure, où stationnaient cinq ou six voitures, dont les cochers, assis sur un banc, causaient tout en fumant leur pipe.

— Lequel de vous, demanda-t-il, a chargé une voyageuse, hier soir, sur les huit heures?

— Comment était-elle?

— C'était une belle femme de trente à quarante ans, blonde, blanche et dodue, vêtue de noir... Elle avait un sac en cuir de Russie.

— C'est moi qui l'ai prise, dit un cocher.

M. Fortunat s'avança vers cet homme, les bras ouverts, avec un tel empressement, qu'on eût juré qu'il allait lui sauter au cou.

— Ah! mon brave!... criait-il, vous pouvez me sauver la vie!...

Le cocher eut un large sourire... Il pensait que le salut d'une existence vaut bien un bon pourboire.

— Que dois-je faire?... interrogea-t-il.

— Me dire où vous avez conduit cette dame.

— Je l'ai menée rue de Berry.

— A quel numéro?

— Ah!... voilà... Je ne sais plus...

Mais M. Fortunat n'avait désormais aucune inquiétude.

— Bon!... fit-il, vous l'avez oublié... cela se conçoit. Mais vous reconnaîtriez bien la maison?

— Pour cela, oui.

— Voulez-vous m'y conduire?

— Certainement, bourgeois. Tenez, voici ma voiture, montez.

Le chasseur d'héritages monta, et c'est seulement quand le cocher eut fouetté son cheval, que l'hôtelier regagna son bureau.

— Ce gaillard-là doit être un mouchard, dit-il à sa femme.

— C'est bien mon avis.

— Il est singulier que nous ne le connaissions pas... Enfin, il est peut-être nouveau.

Qu'importait à M. Fortunat l'opinion qu'il laissait de lui dans une maison où il ne pensait pas remettre jamais les pieds.

L'essentiel, c'est qu'il tenait tous ses renseignements ; il avait jusqu'au signalement de la dame, et il se sentait sur la piste.

Aussi, étendu dans sa voiture, qui était on ne peut plus douce, il se réjouissait de ce succès d'heureux présage au début de ses investigations...

Mais la voiture ne tarda pas à arriver rue de Berry, bientôt elle s'arrêta devant un charmant petit hôtel, et le cocher, se penchant à la portière, dit :

— Nous sommes arrivés, bourgeois.

Lestement, M. Fortunat sauta sur le trottoir et mit cinq francs dans la main du cocher, lequel s'éloigna en grognant et en jurant, estimant que la récompense était maigre, venant d'un homme auquel, de son aveu même, on sauvait la vie.

L'autre n'entendit certes pas. Immobile à la place même où il avait sauté, il examinait l'hôtel de toute la force de son attention.

— C'est donc là qu'elle demeure, murmurait-il, c'est là !... Mais je ne puis me présenter ainsi de but en blanc, sans même savoir quelle nom elle porte... Il faut que je m'informe...

A cinquante pas était la boutique d'un marchand de vin; il y courut et se fit servir un verre de sirop de groseille.

Puis, tout en buvant à petits coups, de l'air le plus indifférent qu'il put prendre, il montra l'hôtel en demandant :

— A qui donc cette ravissante habitation ?

— A Mme Lia d'Argelès, répondit le marchand de vin.

Le guetteur d'héritages tressaillit.

C'était bien là, il se le rappelait, le nom qu'avait prononcé le marquis de Valorsay quand il avait avoué l'abominable guet-apens dont il était l'auteur... C'était chez cette femme que l'homme aimé de Mlle Marguerite avait laissé son honneur !...

Cependant, il sut dissimuler sa stupéfaction, et d'un ton plein de candeur :

— Un beau nom !... prononça-t-il. Et que fait-elle, cette dame ?...

— Ah !... ma foi... elle s'amuse...

M. Fortunat parut ébloui.

— Peste !... il faut qu'elle s'amuse beaucoup pour avoir une pareille maison !... Est-elle jolie au moins ?...

— Cela dépend des goûts... Elle n'est plus jeune en tout cas... Mais elle a des cheveux blonds superbes... Et blanche qu'elle est... Comme la neige, monsieur, comme la neige... Bonne personne d'ailleurs, et tout ce qu'il y a de plus distingué... payant tout comptant, rubis sur l'ongle...

Plus de doutes!... Le portrait tracé par le marchand de vin répondait exactement au signalement donné par l'hôtelier de la rue du Helder.

M. Fortunat acheva son sirop de groseille et jeta cinquante centimes sur le comptoir.

Puis, traversant la rue, bravement il alla sonner à l'hôtel d'Argelès...

A qui lui eût demandé ce qu'il se proposait de faire et de dire, le guetteur de successions eût pu répondre en toute sincérité : « Je l'ignore. »

Le fait est que le but seul était parfaitement arrêté et défini dans son esprit.

Il voulait obstinément, furieusement, tirer quelque chose, peu ou prou, n'importe comment, de cette ténébreuse affaire.

Pour le reste, pour les moyens d'exécution, il s'en remettait à son audace et à son sang-froid, bien sûr qu'une fois la partie engagée, la promptitude du coup d'œil ne lui ferait pas défaut, ni la fertilité d'expédients.

— Avant tout, se disait-il, je dois voir cette femme... Les premiers mots dépendront de la première impression... Après cela, je prendrai conseil des événements...

Un vieux domestique, portant une livrée de bon goût et fort simple étant venu lui ouvrir, il demanda d'un ton d'autorité :

— Mme Lia d'Argelès?

— Madame ne reçoit pas le vendredi, répondit le valet.

M. Fortunat eut un geste d'extrême contrariété.

— Il faut cependant, insista-t-il, que je lui parle aujourd'hui même... Il s'agit d'intérêts de la plus haute gravité... Faites-lui passer ma carte, que voici. Je suis homme d'affaires...

Et il tendait sa carte, où on lisait au-dessous de son nom :

LIQUIDATIONS. — RÈGLEMENTS DE FAILLITES.

L'effet prestigieux de ce titre : « homme d'affaires, » on ne saurait l'imaginer.

Il évoque aussitôt l'idée d'un personnage équivoque et louche, dangereux interprète des subtilités de la loi, précurseur des huissiers et des recors, redoutable et, par conséquent bon à ménager.

— Ah!... Monsieur est homme d'affaires, dit le domestique, c'est une autre histoire... que Monsieur prenne la peine de me suivre...

M. Fortunat prit cette peine, et on le conduisit dans le grand salon du premier étage, où on le pria de s'asseoir pendant qu'on irait prévenir Madame.

— Allons!... pensa-t-il, cela commence bien.

Et resté seul, il se mit à inventorier le salon, comme un général étudie le terrain où il livrera bataille.

Nulle trace ne restait à cette heure des scènes lamentables de la nuit, qu'un candélabre à demi brisé sur la cheminée. C'était celui dont s'était armé Pascal Férailleur quand on avait parlé de le fouiller, et qu'il avait jeté dans la cour en se retirant.

Mais ce détail ne frappa pas M. Isidore Fortunat. Ce qui l'intriguait, c'était le vaste abat-jour disposé au-dessus du lustre, et dont il fut un moment à comprendre l'usage et l'utilité.

Sans l'intimider précisément, le luxe de l'hôtel le surprenait.

— C'est princier ici.... grommelait-il. Voilà qui prouve bien que tous les fous ne sont pas à Charenton!... Si Mme d'Argelès a manqué de pain autrefois, il n'y paraît plus guère!...

Tout naturellement cette réflexion l'amenait à se demander comment une femme si opulente avait pu devenir la complice du marquis de Valorsay, et prêter les mains à une action si lâche et si ignoble qu'elle le révoltait, lui, Fortunat.

— Ne serait-elle donc pas complice?... pensait-il.

Et, philosophiquement, il s'émerveillait des caprices du hasard, plaçant le malheureux qui avait été sacrifié entre la fille non avouée et la sœur inavouable du comte de Chalusse.

Ce rapprochement le fit tressaillir.

Un vague pressentiment, voix mystérieuse de l'instinct personnel, lui disait que là était pour lui le nœud de la situation, et que de l'antagonisme et de l'alliance de Mlle Marguerite et de Mme d'Argelès, résulteraient des complications ou un dénoûment qui lui profiterait s'il était habile.

Mais ses méditations furent soudainement troublées par le bruit d'une discussion qui partait d'une pièce voisine.

Vivement il s'avança, espérant saisir quelque chose, et, en effet, il entendit une grosse voix d'homme qui criait :

— Quoi!... je campe là une bouillotte corsée, je gaspille un temps précieux à venir vous offrir mes services, et vous me recevez ainsi... Parbleu !... cela m'apprendra à me mêler de ce qui ne me regarde pas... Jusqu'au revoir, chère dame, vous saurez quelque jour, à vos dépens, ce que vaut ce sire de Coralth que vous défendez si chaudement.

Ce nom de Coralth était de ceux qui se gravent d'eux-mêmes dans la mémoire, et cependant M. Fortunat ne le remarqua pas sur le moment.

Toute son attention était absorbée par ce qu'il venait d'entendre, et il s'efforçait de le rattacher au sujet de ses préoccupations.

Et pour l'arracher à ses conjectures, il ne fallut rien moins que le frôlement d'une robe contre l'huisserie d'une porte.

Mme Lia d'Argelès entrait.

Elle était vêtue d'un très-élégant peignoir de cachemir gris à revers de satin bleu, coiffée avec beaucoup de goût, elle n'avait oublié aucun des artifices ordinaires de sa toilette, et cependant on lui eût donné plus de quarante ans.

Son morne visage offrait l'expression d'une résignation désespérée, et ses yeux rougis, entourés d'un cercle bleuâtre, trahissaient des larmes récentes.

Elle toisa le guetteur d'héritages, et d'un ton bref aussi peu encourageant que possible :

— Vous avez à me parler ? interrogea-t-elle.

M. Fortunat s'inclina, presque déconcerté.

Il s'était préparé à rencontrer quelqu'une de ces stupides demoiselles qui promènent au bois leurs cheveux salis d'ocre et empuantis d'ammoniaque, et pas du tout, il se trouvait en présence d'une femme à l'air impérieux qui, déchue, gardait encore la fierté de sa race, et qui lui imposait.

— J'aurais en effet, madame, balbutia-t-il, à vous entretenir d'intérêts bien sérieux.

Elle se laissa tomber sur un fauteuil, et sans engager son visiteur à prendre un siége :

— Expliquez-vous, dit-elle.

L'importance de l'enjeu qu'il risquait avait déjà rendu à M. Fortunat toute sa présence d'esprit.

Il n'avait eu besoin que d'un coup d'œil pour évaluer Mme d'Argelès, et il avait compris que pour s'emparer de l'esprit d'une telle femme, il fallait frapper fort et l'étourdir du premier coup.

— J'ai à vous annoncer un grand malheur, madame... prononça-t-il. Une personne qui vous est chère et qui vous touche de bien près, a été victime hier soir d'un affreux accident et a succombé ce matin.

Ce lugubre préambule ne parut pas toucher Mme d'Argelès.

— De qui parlez-vous ? demanda-t-elle froidement.

M. Fortunat arbora son air le plus solennel, et d'une voix profonde :

— De votre frère, madame, de M. le comte de Chalusse...

Elle se dressa en pied, secouée par un tremblement convulsif.

— Raymond est mort... balbutia-t-elle.

— Hélas !... oui, madame... Mort au moment où il se rendait sans doute au rendez-vous que vous lui aviez fixé à l'hôtel de Hombourg.

C'était un joli mensonge, qu'avançait là le dénicheur d'héritages, mais il n'en était pas à un mensonge près, et celui-ci lui offrait cet avantage de le poser en homme très au courant du passé.

Il est vrai que cette savante manœuvre dut échapper à Mme d'Argelès.

Elle s'était affaissée sur son fauteuil, plus blanche que la cire.

— Comment est-il mort ? demanda-t-elle.

— Il a été frappé d'une attaque d'apoplexie.

— Mon Dieu !... s'écria la malheureuse femme, qui entrevit alors la vérité. Mon Dieu !... pardonnez-moi... C'est ma lettre qui l'a tué !...

Et son cœur se brisant, elle trouva encore des larmes, elle qui cependant avait tant souffert et tant pleuré...

Prétendre que M. Fortunat n'était aucunement ému serait beaucoup s'avancer. Il était sensible en dehors des affaires.

Mais son émotion était singulièrement mitigée de la satisfaction qu'il éprouvait d'avoir si vite et si bien réussi. Mme d'Argelès avait tout avoué !... C'était une victoire, car, faut-il le dire, il avait tremblé qu'elle ne niât tout et ne le mît dehors dès les premiers mots.

Certes, il apercevait bien des difficultés encore entre sa poche et la succession du comte de Chalusse, mais il ne désespérait pas de les vaincre, après avoir si brillamment engagé la partie.

Et il commençait à soupirer quelques paroles de consolation, quand Mme d'Argelès, tout à coup, se leva en disant :

— Il faut que je le voie !... Je veux le voir une dernière fois !... Venez, monsieur !

Hélas ! quelque terrible souvenir la cloua sur place aussitôt.

Elle eut un geste désespéré, et d'une voix où éclataient toutes les souffrances, toutes les rages de la vie :

— Mais non ! s'écria-t-elle, non !... Cela même je ne le puis pas !...

M. Fortunat ne laissait pas que d'être assez embarrassé de son personnage, et même un peu inquiet.

Immobile et tout pantois, il considérait d'un œil ahuri Mme d'Argelès qui s'était rassise, et qui sanglotait, la tête appuyée sur un des bras de son fauteuil.

— Qui l'arrête ?... pensait-il. Pourquoi cette terreur soudaine, maintenant que son frère est mort ?... Ne veut-elle donc pas confesser publiquement qu'elle est une Chalusse !... Il faudra cependant qu'elle en vienne là, si elle veut recueillir l'héritage du comte... et il faut qu'elle le veuille, pour moi, sinon pour elle...

Pendant un moment encore, le chasseur d'héritages garda le silence, l'esprit tiraillé par les hypothèses les plus contradictoires, jusqu'à ce qu'enfin il lui sembla que Mme d'Argelès se calmait.

— Excusez-moi, madame, commença-t-il alors, de troubler votre douleur si légitime, mais ma conscience m'ordonne de vous rappeler au souvenir de vos intérêts...

Avec la docilité passive des malheureux, elle écarta les mains de son visage tout couvert de larmes, et doucement :

— Je vous écoute, monsieur... soupira-t-elle.

Lui avait eu le temps de préparer son thème.

— Avant tout, madame, reprit-il, je dois vous apprendre que j'étais l'homme de confiance de M. de Chalusse... Je perds en lui un protecteur... Le respect seul m'empêche de dire un ami. Pour moi, il n'avait pas de secrets...

Mme d'Argelès ne comprenait rien à cet exorde sentimental, cela se voyait si clairement que M. Fortunat crut devoir ajouter :

— Si je vous expose cela, madame, c'est moins pour me concilier votre bienveillance que pour vous expliquer comment j'ai su tant de choses de votre famille... comment je connaissais votre existence, par exemple, que personne ne soupçonne.

Il s'arrêta, espérant une réponse, un mot, un signe.

Cet encouragement ne venant pas, il continua :

— Je dois, avant tout, fixer votre attention sur la situation particulière de M. de Chalusse et sur les circonstances qui ont précédé et entouré sa fin... La mort l'a surpris, si inattendue et si foudroyante, qu'il n'a pu prendre de dispositions testamentaires, ni même manifester de vive voix ses dernières volontés. Ceci, madame, est pour vous une faveur de la Providence... M. de Chalusse avait contre vous certaines préventions. Pauvre comte... Il avait certes le meilleur cœur du monde, mais chez lui la rancune allait jusqu'à la barbarie... Il n'y a pas à en douter, il était décidé à vous priver de sa succession... Déjà dans ce but il avait commencé à dénaturer sa fortune... S'il eût vécu six mois encore, vous n'aviez pas un centime.

Mme d'Argelès eut un geste d'insouciance, bien difficile à expliquer après les instances et même les menaces de sa lettre de la veille.

— Eh!... qu'importe!... murmura-t-elle.

— Comment, qu'importe!... s'écria M. Fortunat. Je vois, madame, que votre douleur vous empêche de mesurer la grandeur du péril auquel vous échappez. Outre sa rancune, M. de Chalusse avait pour vous dépouiller des raisons décisives... Il s'était juré qu'il donnerait une opulence royale à sa fille bien-aimée.

Pour la première fois, l'immobile visage de Mme d'Argelès trahit une sensation.

— Quoi!... mon frère avait un enfant...

— Oui, madame, une fille naturelle, Mlle Marguerite... une belle et douce personne que j'ai eu le bonheur de rendre à son affection, il y a quelques années... Elle vivait près de lui depuis six mois, et il allait la marier, avec une dot énorme, à un gentilhomme qui porte un des grands noms de France, le marquis de Valorsay...

Ce nom secoua Mme d'Argelès comme le choc d'une batterie électrique.

Elle se leva, l'œil en feu :

— Vous dites, répéta-t-elle, que la fille de mon frère devait épouser M. de Valorsay?

— C'était décidé... le marquis l'adorait...

— Mais elle ne l'aime pas, elle!... Avouez qu'elle ne l'aime pas...

M. Fortunat demeura tout interdit.

Cette question déroutait toutes ses prévisions. Il sentait que sa réponse aurait sur les événements une influence considérable, et il hésitait.

— Parlerez-vous ! insista durement Mme d'Argelès. Elle en aime un autre, n'est-ce pas ?

— A vrai dire, balbutia-t-il, je le crois... Mais je n'ai pas de preuves, madame...

D'un mouvement terrible de menaces, elle l'interrompit.

— Ah ! le misérable ! s'écria-t-elle, le traître ! l'infâme !... Je m'explique tout, maintenant, je comprends, je vois... Et ce serait chez moi !... Mais non !... Je puis tout réparer encore...

Et se précipitant sur un cordon de sonnette, elle le tira à le briser.

Un domestique parut.

— Jobin, commanda-t-elle, courez après M. le baron Trigault... il me quitte à l'instant... et ramenez-le moi, il faut que je lui parle... Si vous ne le rattrapez pas, allez à son cercle, chez ses amis, chez lui, partout où il y a chance de le trouver... Faites vite... Je vous défends de rentrer sans lui.

Le valet s'éloignait, elle le rappela.

— Ma voiture doit être attelée, ajouta-t-elle, prenez-la...

Pendant ce temps, la figure de M. Fortunat se décomposait à vue d'œil.

— Eh bien ! pensait-il, je viens de faire un beau coup !... Voilà mon Valorsay démasqué... et que je sois pendu, si après cela il épouse Mlle Marguerite... Certes, je ne le plains guère, ce scélérat, qui me filoute 40,000 francs, mais que dira-t-il s'il découvre mon rôle !... Jamais il ne croira à une maladresse involontaire, et Dieu sait quelles seront ses idées de vengeance !... Un homme de sa

trempe, se sentant ruiné et perdu, est capable de tout !...
Ma fois, tant pis !... Dès ce soir je préviens le commissaire de police de mon quartier, et je ne sors plus sans une arme !...

Le domestique sorti, Mme d'Argelès revint à son visiteur...

Mais elle ne se ressemblait plus, véritablement transfigurée par les sentiments qui l'enflammaient, le sang remontait à ses joues, l'énergie étincelait dans ses yeux.

— Finissons, dit-elle, j'attends quelqu'un.

M. Fortunat s'inclina, et d'un air à la fois important et obséquieux :

— Je terminerai en dix mots, déclara-t-il. M. de Chalusse n'ayant d'autre héritier que vous, madame, je venais vous engager à faire valoir vos droits.

— Eh bien ?...

— Vous n'avez qu'à vous présenter et à établir votre identité pour être envoyée en possession de la succession de votre frère.

Mme d'Argelès l'enveloppa d'un regard où il y avait autant d'ironie que de défiance, et après une minute de réflexion :

— Je vous suis très-reconnaissante de votre démarche, monsieur... prononça-t-elle ; seulement, si j'ai des droits, il ne me convient pas de les faire valoir.

Positivement, M. Fortunat faillit tomber à la renverse.

— Vous ne parlez pas sérieusement, s'écria-t-il, ou vous ignorez que M. de Chalusse laisse peut-être vingt millions...

— Mon parti est pris, monsieur... irrévocablement.

— Soit, madame... Mais il se peut que le tribunal cherche des héritiers à ces immenses richesses, désormais sans possesseur connu... Il se peut qu'on arrive jusqu'à vous.

— Je répondrais que je ne suis pas une demoiselle de Chalusse, et tout serait dit... Bouleversée par la nouvelle de la mort de mon frère, j'ai laissé échapper mon secret... prévenue, je saurais le garder.

A la stupeur de M. Fortunat, la colère succédait.

— Madame, insista-t-il, madame, y songez-vous !... Acceptez, au nom du ciel, acceptez cet héritage, si ce n'est pour vous, que ce soit pour...

Dans le désordre de sa pensée, il allait dire une sottise énorme, il s'en aperçut à temps et la retint.

— Pour qui ?... interrogea Mme d'Argelès d'une voix altérée.

— Pour Mlle Marguerite, madame... pour cette pauvre jeune fille qui est votre nièce... Le comte ne l'ayant pas reconnue, elle sera sans pain, pendant que les millions de son père iront enrichir l'Etat.

— Il suffit, monsieur. J'aviserai... En voici assez !

Le congé était si impérieux, que le dénicheur de successions salua aussitôt et sortit confondu de ce dénoûment.

— Elle est folle !... se disait-il, folle à lier... folle en cinq lettres... Je vous demande un peu où l'orgueil va se nicher !... C'est pourtant de peur d'apprendre à l'univers jusqu'où est descendue une Chalusse qu'elle repousse ces millions... Elle menaçait son frère, mais jamais elle n'eût réalisé ses menaces... Et à cette fortune honorable, elle préfère sa position... Drôlesse, va !

Cependant, s'il était furieux et désolé tout ensemble, M. Fortunat était bien loin de désespérer.

— Heureusement pour moi, pensait-il, cette noble et fière personne a de par le monde un grand fils... Ce fils que j'ai failli si sottement évoquer tout à l'heure pour la décider... Par elle, avec un peu de patience, et Victor Chupin aidant, j'arriverai jusqu'à lui... Ce doit être un garçon intelligent... Et nous verrons bien s'il crache sur les millions comme mademoiselle sa maman...

XVI

Tout à coup, violemment, sans avoir eu le temps d'y accoutumer sa pensée, rompre avec son passé, le déchirer, l'anéantir...

Renoncer volontairement à la vie vécue, pour revenir au point de départ et recommencer une existence nouvelle...

Abandonner tout, situation conquise, labeurs familiers, espérances chèrement caressées, amis, habitudes, relations...

Rompre avec le connu pour s'élancer vers l'inconnu, quitter le certain pour le problème, déserter la lumière pour les ténèbres...

Dépouiller en un mot sa personnalité pour revêtir une personnalité étrangère, devenir un mensonge vivant, changer de nom, de milieu, d'état, de physionomie et de vêtements, cesser d'être soi pour devenir un autre...

Cela exige une résolution et une énergie dont peu d'âmes humaines sont capables.

Les coquins les plus hardis hésitent devant cet étonnant sacrifice, et on en a vu qui attendaient la Justice plutôt que de recourir à cette terrible extrémité.

Voilà pourtant le courage qu'eut Pascal Férailleur, au lendemain du guet-apens inouï qui lui enlevait l'honneur, à lui, le plus honnête des hommes.

Disparaître, fuir en apparence l'injuste réprobation, puis, tapi dans l'ombre, épier l'occasion et l'heure de la réhabilitation et de la vengeance, il ne vit que cela, quand les exhortations de sa mère et les bonnes paroles du baron Trigault lui eurent rendu la lucidité de son intelligence. Entre Mme Férailleur et son fils, tout fut promptement convenu.

— Je pars, dit Pascal à sa mère... Avant deux heures, j'aurai trouvé et garni de meubles d'occasion le modeste appartement où nous nous cacherons. Je sais, à l'autre bout de Paris, un quartier qui nous convient et où, certes, on ne nous cherchera pas.

— Et moi, demanda Mme Férailleur, que ferai-je, pendant ce temps?

— Toi, mère, tu vas te hâter de vendre tout ce que nous possédons ici... Tout, sans en excepter mes livres... Tu réserveras seulement, de notre linge et de nos effets, ce que tu pourras faire tenir dans trois ou quatre malles... Nous devons être épiés... Il importe donc que tout le monde soit bien persuadé que j'ai quitté Paris et que tu me rejoins.

— Et quand tout sera vendu et que mes malles seront prêtes?...

— Alors, chère mère, tu enverras chercher un fiacre, et en y montant tu crieras bien haut au cocher de te conduire au chemin de fer de l'Ouest... Tu y feras descendre tes bagages et tu prieras les employés de les mettre en magasin et de t'en donner un reçu, comme si tu devais ne partir que le lendemain...

— Ainsi ferai-je. Il est clair que si on m'épie on ne soupçonnera pas cette ruse. Mais ensuite?

— Ensuite, mère, tu monteras à la salle du haut, et tu m'y trouveras... Je te conduirai au logement que j'aurai arrêté, et demain, nous enverrons un commissionnaire, avec ton reçu, retirer les bagages...

Mme Férailleur approuvait, s'estimant heureuse, en cet effroyable malheur, que le désespoir n'eût pas brisé les ressorts de l'énergie de son fils.

— Conservons-nous notre nom, Pascal?... demanda-t-elle.

— Oh!... ce serait une impardonnable imprudence.

— Lequel prendre alors? J'ai besoin de le savoir, on peut me le demander au chemin de fer.

Il réfléchit et dit :

— Ton nom de jeune fille sera le nôtre, ma mère... Il nous portera bonheur. Notre nouveau logis sera loué au nom de Mme veuve Mauméjan...

Pendant quelques instants encore ils délibérèrent, cherchant s'ils ne négligeaient aucune des précautions que commandait la prudence.

Et quand ils furent persuadés qu'ils n'oubliaient rien :

— Tu peux partir, mon fils, dit Mme Férailleur.

Mais avant de s'éloigner, Pascal avait un devoir sacré à remplir.

— Il faut que je prévienne Marguerite, murmura-t-il.

Et, s'asseyant à son bureau, il écrivit pour cette unique amie de son âme une brève et exacte relation des événements. Il lui disait encore quel parti extrême il prenait, et qu'il lui ferait connaître sa demeure dès qu'il la connaîtrait lui-même... Enfin il la priait de lui accorder une entrevue, où il lui donnerait des détails et lui exposerait ses espérances.

Quant à se disculper, ne fût-ce que par un mot, quant à expliquer le guet-apens dont il avait été victime, l'idée ne lui en vint seulement pas.

Il était digne de Mlle Marguerite, il savait que pas un doute n'effleurerait la foi qu'elle avait en son honneur...

Penchée sur l'épaule de son fils, Mme Férailleur avait lu ce qu'il écrivait.

— Songerais-tu à confier cette lettre à la poste? lui demanda-t-elle. Es-tu sûr, parfaitement sûr qu'elle sera remise à Mlle Marguerite et non à une autre personne qui s'en servirait contre toi?

Pascal secoua la tête.

— Je sais comment m'y prendre pour qu'elle parvienne sûrement, répondit-il. Marguerite m'a dit que si jamais quelque grand danger nous menaçait, elle m'autorisait à envoyer demander la femme de confiance de l'hôtel de Chalusse, Mme Léon, et à lui remettre un mot... Le péril est assez pressant pour que j'use de cette ressource... Je passerai rue de Courcelles; je ferai prévenir Mme Léon et je lui donnerai cette lettre. Es-tu rassurée, chère mère?...

Ayant dit, il se mit à entasser dans une grande caisse tous les dossiers qui lui avaient été confiés. Cette caisse devait être portée à un de ses amis d'autrefois, qui les remettrait à qui de droit.

Il prit ensuite quelques papiers précieux et les valeurs qu'il possédait, et, prêt pour le sacrifice, il parcourut une dernière fois ce modeste appartement de la rue d'Ulm, où le succès avait souri à ses efforts, où il avait été heureux, où il s'était bercé de si beaux rêves d'avenir.

Mais bientôt il sentit que l'attendrissement le gagnait; les larmes lui venaient aux yeux... Il embrassa sa mère et sortit d'un pas précipité.

— Pauvre enfant!... murmura Mme Férailleur. Pauvre Pascal!...

Pauvre femme aussi!... C'était la seconde fois, à vingt ans de distance, qu'elle était foudroyée en plein bonheur... Mais en ce jour, comme au lendemain de la mort de son mari, elle trouvait dans son cœur cette robuste énergie, cette constance héroïque des mères, supérieures à toutes les infortunes.

C'est d'une voix ferme qu'elle commanda à sa femme de ménage de courir chercher un marchand de meubles, le plus proche, n'importe lequel, pourvu qu'il eût de l'argent comptant.

Et, cet homme arrivé, elle fut stoïque pendant qu'elle le promenait dans toutes les pièces.

Dieu sait si elle souffrait, cependant!...

Ceux-là seuls qui ont été réduits à cette extrémité affreuse de vendre ce qu'ils possédaient peuvent juger cette angoisse.

A l'heure fatale où le brocanteur arrive, chaque meuble et jusqu'au dernier bibelot acquièrent aux yeux de leur possesseur une valeur extraordinaire. Il semble qu'il passe quelques gouttes du sang qu'on a dans les veines dans chaque objet qu'on va livrer. Et quand le marchand, de ses grosses mains avides, tourne et retourne chaque chose, on croit ressentir l'affront d'une profanation de soi.

Les riches nés au milieu du luxe qui les environne, ne connaissent pas le plus horrible du supplice.

Celui qui souffre effroyablement, c'est l'homme de la classe moyenne, non le parvenu, mais celui qui était en train de parvenir quand il a trébuché.

Le cœur de celui-là saigne, quand l'inexorable nécessité le sépare de tout ce dont il s'était peu à peu entouré.

C'est qu'il n'est pas un objet qui ne lui rappelle une convoitise, une envie longtemps comprimée, et la joie enfantine de la première possession.

Quel plaisir, le jour où on lui apporta son grand fauteuil!... Combien de fois était-il allé admirer à la montre du marchand, avant de les acheter, ses rideaux de velours!... Son tapis lui représente des mois d'économie!... Et cette jolie pendule... Ah! il avait bien cru qu'elle ne sonnerait que des heures prospères!...

Et tout cela, le brocanteur le manie et le tripote, le secoue, le raille, le déprécie... On se croyait dans un louvre, il prouve qu'on était dans un taudis. C'est à peine s'il daignera acheter... Qui est-ce qui voudrait de ces rebuts!... Dame!... il sait qu'on a besoin d'argent et il abuse... C'est son état.

— Combien cela vous a-t-il coûté?... demande-t-il à chaque meuble.

— Tant !...

— Eh bien !... On vous a joliment volé !...

Il est sûr qu'il y a un voleur, et que ce doit être lui !... Mais que dire ?... Un autre n'agirait pas autrement que lui.

Le mobilier de Mme Férailleur lui avait coûté une dizaine de mille francs, il en valait au moins le tiers, elle en retira 760 francs. Il est vrai qu'elle était pressée et qu'elle fut payée comptant.

Et comme neuf heures sonnaient, on chargeait ses malles sur un fiacre, et elle criait au cocher, bien haut, comme elle en était convenue avec son fils :

— Place du Havre... au chemin de fer !

Une fois déjà, après avoir été lâchement dépouillée par un misérable, Mme Férailleur en avait été réduite à se défaire de tout ce qu'elle possédait.

Une fois déjà, elle avait abandonné son logis aux brocanteurs et s'était éloignée en emportant sur un fiacre les épaves de sa fortune.

Mais quelle différence ! Jadis, l'estime et la sympathie de tous, les amitiés qu'elle avait su se concilier lui faisaient cortége... Il y avait autour d'elle comme un concert d'admirations et d'éloges qui enlevaient au sacrifice une partie de son amertume et doublaient son courage.

Tandis que ce soir, elle fuyait, secrètement, seule, sous un faux nom, tremblant d'être épiée ou reconnue, comme le coupable que poursuit l'idée de son crime et la crainte du châtiment.

Elle souffrait moins, le jour où, affaissée au fond d'une voiture de deuil, avec son fils sur ses genoux, elle suivait au cimetière la dépouille mortelle de l'homme qui avait été tout pour elle, son unique pensée, son amour, son orgueil, son bonheur et ses espérances.

Veuve, anéantie par le sentiment du malheur irréparable, elle s'était humiliée sous la main qui la frappait... Mais, ici, c'était la méchanceté seule des hommes qui l'atteignait dans son fils, et son supplice était celui de l'innocent qui va périr faute de pouvoir prouver son innocence...

La mort de son mari ne lui avait pas arraché des larmes si amères que le déshonneur de son fils...

Tout ce que l'âme humaine peut endurer de douleur sans être brisée, cette mère si humble et si grande le subit pendant le trajet de la rue d'Ulm à la gare de l'Ouest.

Elle si fière, et qui avait de si justes raisons de l'être, elle voyait encore les regards brûlants de mépris dont on l'avait accablée quand elle avait quitté sa maison !... Elle entendait encore les outrageantes paroles qui lui avaient été jetées par quelques-uns de ces voisins comme il s'en trouve trop, dont le misérable bonheur se compose surtout du malheur d'autrui...

— Ses larmes !... avait-on dit, simagrées !... Elle va retrouver son fils, et avec ce qu'il a volé, ils rouleront carrosse en Amérique...

Car la renommée, qui grossit et dénature tout, la haine et l'envie avaient enflé jusqu'à l'absurde la scène déjà inouïe de l'hôtel d'Argelès. Rue d'Ulm, il était avéré que Pascal, depuis cinq ans, passait toutes ses nuits au jeu et que, tricheur incomparable, il avait volé des millions...

Cependant Mme Férailleur approchait du chemin de fer...

Bientôt le fiacre prit le pas pour monter la pente roide de la rue d'Amsterdam, et il ne tarda pas à s'arrêter devant la gare.

Ponctuelle observatrice des conventions arrêtées, l'héroïque femme fit porter ses malles au quai de la ligne de Londres, déclara qu'elle ne partirait que le lendemain, et reçut d'un employé un bulletin de dépôt.

Une vague inquiétude l'obsédait; elle observait le visage de tous les gens qui passaient, sachant bien que le plus profond mystère seul assurait quelque chance de succès aux desseins de Pascal, et redoutant des espions...

Mais elle ne vit pas une figure suspecte. Seuls, quelques Anglais, ces étranges voyageurs, si sottement prodigues et si ridiculement pingres tout à la fois, marchandaient à grands cris les quatre sous de pourboire d'un pauvre facteur.

A demi rassurée, Mme Férailleur traversa rapidement le grand vestibule de l'Horloge et gravit l'escalier qui conduit à l'immense salle des Pas-Perdus des lignes de banlieue.

C'est dans cette salle que Pascal lui avait donné rendez-vous; mais elle eut beau promener son regard de tous côtés, elle ne l'aperçut pas. Ce retard ne l'inquiéta pas trop. Il n'y avait rien de surprenant à ce que Pascal n'eût pu terminer encore tout ce qu'il avait à faire.

Epuisée de lassitude, elle s'était assise sur un banc, le plus dans l'ombre qu'il lui avait été possible, et elle suivait d'un œil morne la foule incessamment renouvelée, quand un homme, en s'arrêtant brusquement devant elle, la fit tressaillir...

Cet homme, c'était Pascal, cependant... Mais il avait fait couper ses cheveux et sa barbe.

Et ainsi tondu, avec son visage glabre, un foulard brun remplaçant sa cravate de mousseline blanche, il était changé à ce point que sa mère, tout d'abord, ne l'avait point reconnu.

— Eh bien!... demanda Mme Férailleur.

— J'ai trouvé... Nous avons un logement tel que je le souhaitais.

— Où?...

— Ah!... bien loin, pauvre mère... à mille lieues de tous les gens que nous avons aimés et connus... dans un quartier désert, sur la route de la Révolte, presque à l'endroit où elle coupe la route d'Asnières... Tu y seras bien mal, sans doute, mais tu auras la jouissance d'un petit jardinet...

Elle se leva, rassemblant toute son énergie :

— Qu'importe le logis! interrompit-elle, avec une gaieté un peu forcée, j'espère bien que nous n'y serons pas longtemps...

Mais lui, comme s'il eût été bien loin de partager cet espoir, restait silencieux et morne. Et sa mère lut dans ses yeux, dont elle connaissait si bien l'expression, qu'une anxiété nouvelle s'était ajoutée à toutes ses angoisses.

— Qu'as-tu? demanda-t-elle, incapable de maîtriser son inquiétude, qu'est-il arrivé?...

— Ah!... un grand malheur.

— Quoi encore, mon Dieu?

— Je suis allé rue de Courcelles; j'ai parlé à Mme Léon...

— Que t'a-t-elle dit?

— Le comte de Chalusse est mort ce matin...

Mme Férailleur respira.

Assurément elle s'attendait à tout autre chose, et en quoi cette mort était un désastre, elle ne le concevait pas. Ce qu'elle comprenait fort bien, par exemple, c'est que cette conversation, debout, dans cette salle où passaient cent personnes par minute, était une insigne imprudence et constituait un véritable danger.

Elle prit donc le bras de son fils, et l'entraîna en disant :

— Viens, sortons...

Pascal avait gardé la voiture qui lui avait servi pour ses courses de la soirée; il y fit monter sa mère et monta lui-même, après avoir donné l'adresse de sa nouvelle demeure.

— Parle, maintenant, dit Mme Férailleur, après que le cocher eut fouetté ses chevaux.

Le malheureux était en un de ces moments d'agonie morale et de défaillance de la pensée, où parler est un véritable supplice...

Mais il ne voulait pas inquiéter sa mère, ni quelle pût le soupçonner de manquer de fermeté... D'un effort violent, il secoua la torpeur qui l'envahissait, et d'une voix assez élevée pour dominer le bruit des roues :

— Voici, mère, commença-t-il, l'emploi de mon temps depuis que je t'ai quittée :

Je me rappelais avoir vu, lors d'une expertise, route

de la Révolte, trois ou quatre maisons tout à fait convenables pour mes projets... Naturellement, c'est là que j'ai couru tout d'abord. Dans une de ces maisons, un appartement était vacant, je l'ai loué, et pour que rien n'entrave la liberté de mes mouvements, j'ai payé six mois d'avance... Voici la quittance, au nom que nous porterons désormais.

Et il montrait un papier où le propriétaire déclarait avoir reçu de M. Mauméjan la somme de 350 fr., pour deux termes à échoir, etc...

— Mon marché conclu, reprit-il, je suis revenu vers le centre de Paris, et je suis entré chez le premier marchand de meubles que j'ai rencontré... Je me proposais de louer seulement de quoi garnir notre petit logement, mais le marchand a élevé toutes sortes de difficultés... Il tremblait pour ses meubles, il exigeait un cautionnement en argent ou la garantie de trois commerçants patentés... Quand j'ai vu cela, et tout le temps que je perdais, j'ai acheté le strict nécessaire. Une des conditions du marché est que tout sera chez nous, et à peu près en place, à onze heures... Comme j'ai stipulé par écrit un dédit de 300 francs, je suis sûr de l'exactitude de mon homme... Je lui ai confié la clef de notre logement, et il doit m'y attendre en ce moment.

Ainsi, avant de songer à son amour et à Mlle Marguerite, Pascal ne s'était préoccupé que des intérêts de sa réputation perdue.

Et il avait tout terminé en quelques heures avec cette sûreté et cette adresse que donne la connaissance exacte des merveilleuses ressources de Paris.

Mme Férailleur ne lui avait peut-être pas cru tant de

courage, et elle l'en récompensa par un serrement de main.

Puis, comme il se taisait :

— Quand donc as-tu vu Mme Léon ? interrogea-t-elle.

— Après que toutes mes dispositions pour notre emménagement ont été bien prises, chère mère... Lorsqu'en sortant de la boutique du marchand de meubles, j'ai calculé que j'avais encore cinq quarts d'heure devant moi, je n'y ai plus tenu... et, au risque de t'exposer à m'attendre, je me suis fait conduire rue de Courcelles...

Il était manifeste que Pascal éprouvait à parler de Mlle Marguerite un extrême embarras, presque de la répugnance. Il y a de la dissimulation au fond de toute passion vraie, et les nobles et chastes amours souffrent dans leur pudeur d'écarter les voiles dont ils s'enveloppent.

Ces sentiments, Mme Férailleur était digne de les comprendre. Mais elle était mère, c'est-à-dire jalouse de la tendresse de son fils, et anxieuse de détails sur cette rivale qu'elle voyait tout à coup surgir dans un cœur où elle avait régné seule... Elle était femme aussi, c'est-à-dire défiante et soupçonneuse à l'égard des autres femmes.

Loin donc d'avoir pitié du malaise de Pascal, elle le pressa assez pour qu'il fût obligé de poursuivre :

— J'avais donné cinq francs à mon cocher pour presser ses chevaux, et il marchait grand train, lorsque soudainement, à la hauteur de l'hôtel de Chalusse, il s'opéra dans le mouvement de la voiture un changement étrange...

Je regardai, et je vis qu'elle roulait sur une épaisse couche de paille répandue sur la chaussée...

Ce que je ressentis, je ne saurais l'exprimer... En un moment, je fus trempé d'une sueur glacée... Je crus voir comme aux lueurs d'un éclair, Marguerite à l'agonie... mourant loin de moi, et m'appelant en vain.

Sans attendre l'arrêt de la voiture, je sautai à terre, et j'eus besoin de me faire violence pour ne pas courir demander au concierge de l'hôtel de Chalusse :

— Qui donc se meurt ici ?

Un embarras se présentait que je n'avais pas prévu. Pouvais-je aller de ma personne demander Mme Léon ? Evidemment non. Qui donc y envoyer ? Il n'y avait plus, à l'heure qu'il était, un seul commissionnaire au coin des rues, et pour rien au monde je n'aurais confié cette démarche au garçon de quelque marchand de vin des environs.

Heureusement, mon cocher — le même qui nous conduit — est un brave garçon, et il consentit à se charger de la commission, moyennant que je garderais ses chevaux.

Dix minutes après, Mme Léon sortit et vint à moi.

Je la connaissais pour l'avoir vue cent fois avec Marguerite, quand elles demeuraient près du Luxembourg, et elle-même, qui m'avait vu passer et repasser si souvent, me reconnut malgré ma figure glabre.

Dois-je le dire, son premier mot : « M. de Chalusse est mort » me soulagea d'un poids énorme ; je respirai...

Mais elle était si pressée qu'elle ne put me donner aucun détail...

Je lui ai remis ma lettre et elle m'a promis pour bientôt un mot de Marguerite. Tout le monde veillant cette nuit à l'hôtel, il lui sera facile de s'esquiver et de sortir quelques minutes...

Ainsi, quand la demie de minuit sonnera, elle sera à la petite porte du jardin de l'hôtel, et si je suis exact, j'aurai une réponse...

M#{me} Férailleur semblait attendre quelque chose encore, et comme Pascal se taisait :

— Tu me parlais d'un grand malheur, fit-elle, où donc est-il ?... Je ne l'aperçois pas...

Il eut un geste menaçant, et d'une voix sourde :

— Le malheur est, répondit-il, que sans l'abominable traîtrise dont je suis victime, Marguerite serait ma femme avant un mois. La voici libre, maintenant, absolument libre, ne dépendant plus que de sa volonté et de son cœur.

— Et tu te plains !...

— Oh !... ma mère !... Puis-je donc l'épouser !... M'est-il permis même de songer à lui offrir un nom déshonoré !... Il me semble que je commettrais une action vile, plus qu'un crime, si j'osais lui parler de mon amour et de notre avenir, avant d'avoir écrasé les infâmes qui m'ont perdu...

Les regrets, la rage, la conscience de son impuissance momentanée, lui arrachaient des larmes que M#{me} Férailleur devinait, qui retombaient sur son cœur comme du plomb en fusion, mais dont elle réussit à ne point paraître émue.

— Raison de plus, prononça-t-elle froidement, pour ne pas perdre une seconde, pour donner à l'œuvre de réhabilitation tout ce que tu as de force, d'intelligence, d'énergie.

— Oh !... je me vengerai, je le veux... Mais elle, en attendant, que deviendra-t-elle ?... Songe, mère, qu'elle est seule au monde, sans amis, abandonnée !... C'est à devenir fou !...

— Elle t'aime, dis-tu... Qu'as-tu à craindre ? Maintenant elle est débarrassée des obsessions de ce prétendant qu'on voulait lui imposer et dont elle t'avait parlé... Le marquis de Valorsay, n'est-ce pas ?...

Ce nom charria au cerveau de Pascal tout le sang de ses veines...

— Ah !... s'écria-t-il, le misérable !... S'il y avait un Dieu au ciel...

— Malheureux ! interrompit Mᵐᵉ Férailleur, tu blasphèmes, quand déjà la Providence se déclare pour toi !... Lequel, à cette heure, penses-tu qui souffre le plus, de toi, fort de ton innocence, ou du marquis s'apercevant qu'il a commis un crime inutile ?

Une secousse du fiacre l'interrompit.

Abandonnant le chemin d'Asnières, le cocher avait remonté la route de la Révolte, et il venait de s'arrêter devant une maison isolée, de très-modeste apparence, à un seul étage.

— Nous sommes arrivés, mère, dit Pascal.

Sur le seuil de la maison, un homme les attendait qui accourut leur ouvrir la portière. C'était le marchand de meubles.

— Enfin vous voici, M. Mauméjan ! dit-il. Venez, et vous verrez que j'ai strictement rempli les conditions de notre marché.

Il disait presque vrai ; on lui remit le prix convenu et il s'éloigna content.

— Maintenant, chère mère, reprit Pascal, permets que je te fasse les honneurs du pauvre logis que je t'ai choisi...

De cette humble maison, il n'avait loué que le rez-de-chaussée. L'étage supérieur, qui avait une entrée et un escalier indépendants, était occupé par un honnête ménage.

Tel quel, ce rez-de-chaussée était étroit, mais propre, et l'architecte avait intelligemment tiré parti du terrain.

Le tout se composait de quatre petites pièces, séparées par un corridor. La cuisine prenait jour sur un petit jardin grand comme quatre fois un drap ordinaire.

Les meubles achetés par Pascal étaient un peu plus que simples, mais faits pour ce pauvre intérieur ; ils venaient d'être apportés, et on les eût dit en place depuis des années...

— Nous serons bien ici, déclara Mme Férailleur, oui, très-bien... Demain soir, tu ne t'y reconnaîtras plus... J'ai sauvé bien des choses de notre naufrage : des rideaux, une paire de lampes, une pendule... tu verras. C'est surprenant, tout ce qu'on peut faire tenir dans quatre malles !...

Lorsque sa mère lui donnait un si fier exemple, Pascal eût rougi de ne pas s'élever à sa hauteur. Il se mit donc à expliquer gravement les raisons qui l'avaient déterminé à choisir ce logement : c'est qu'il avait tenu surtout à ne pas avoir de concierge. Ainsi, il assurait la liberté absolue de ses mouvements et se mettait à l'abri des indiscrétions.

— Certes, chère mère, ajoutait-il, le quartier est désert, mais tu y trouveras néanmoins le nécessaire... Au-dessus de nous, demeurent, m'a dit le propriétaire, de très-braves gens... j'ai déjà causé avec la femme, elle te pilotera... Je me suis enquis de quelqu'un pour le gros ouvrage et on m'a indiqué une pauvre marchande nommée Vantrasson, qui cherche de tous côtés un ménage à faire... On doit l'avoir prévenue ce soir, tu la verras demain... Et surtout n'oublie pas que tu es désormais Mme Mauméjan.

Entraîné par la situation, il parlait, il parlait... Lorsque Mme Férailleur, tirant sa montre, lui dit doucement :

— Et ton rendez-vous?... Tu oublies qu'une voiture attend à la porte...

C'était vrai, il avait oublié.

Vivement il prit son chapeau, et après avoir embrassé sa mère, s'élança dehors.

Les chevaux du fiacre n'en pouvaient plus, mais le cocher avait été si bien encouragé qu'il trouva le secret de les faire trotter jusqu'à la rue de Courcelles.

Là, par exemple, il déclara que lui et ses bêtes étaient à bout, et ayant reçu ce qui lui était dû, il s'éloigna au pas...

Le temps était froid, la nuit sombre, la rue déserte... Le silence était lugubre, troublé à de longs intervalles par le claquement d'une porte ou le pas lointain d'un promeneur attardé...

Ayant vingt minutes au moins à attendre, Pascal était

allé s'asseoir sur une borne, en face de l'hôtel de Chalusse, et son regard s'attachait obstinément à la façade, comme si par un prodige de volonté il eût pu traverser les murailles, et voir ce qui se passait à l'intérieur.

Une seule fenêtre, celle de la chambre où l'on veillait le corps du comte de Chalusse, était éclairée... Et dans ce cadre lumineux, on distinguait de la rue l'ombre d'une femme, debout, immobile, le front appuyé contre les carreaux...

Et le temps passait...

En proie à l'indicible angoisse de l'homme qui sent que sa vie est en jeu, que son avenir se décide, que son sort va être à tout jamais et irrévocablement fixé, Pascal comptait les secondes.

Réfléchir, délibérer, prévoir, concerter un plan... impossible. Sa pensée échappait à sa volonté... Il perdait jusqu'à la mémoire de ses tortures depuis vingt-quatre heures. Coralth, Valorsay, la d'Argelès, le baron, n'existaient plus. Il oubliait sa position perdue et l'infamie attachée à son nom... Le passé était comme supprimé, et l'avenir pour lui n'allait pas au-delà de quelques minutes... Toute sa vie se résumait en l'instant présent, et il ne concevait ni ne percevait rien, hormis qu'il attendait Mlle Marguerite et qu'elle allait venir...

Sans doute ses dispositions physiques aidaient à cet anéantissement moral... Il n'avait rien pris de la journée et son estomac défaillait... Il ne s'était pas muni d'un pardessus, et le froid de la nuit le pénétrait jusqu'aux moelles... Ses oreilles tintaient, des éblouissements emplissaient ses yeux d'étincelles...

La demie de minuit qui sonnait lugubrement à l'horloge de l'hôpital Beaujon le tira de cet anéantissement.

Il crut entendre une voix dans la nuit, qui lui criait : « Debout, voici l'heure ! »

Tout chancelant, et sentant ses jambes se dérober sous lui, il se traîna jusqu'à la petite porte des jardins de l'hôtel de Chalusse.

Bientôt elle s'ouvrit mystérieusement, et Mme Léon parut.

Ah! ce n'était pas elle qu'espérait Pascal.

Le malheureux !... Il avait écouté cet écho mystérieux de nos désirs qui se confond avec le pressentiment, et qui murmurait au-dedans de lui :

— Marguerite elle-même viendra...

Et, avec l'ingénuité du malheur, il ne put se défendre d'exprimer à Mme Léon sa secrète espérance.

Mais la femme de charge, à cette seule idée, recula avec un geste superbe de pudeur effarouchée, et d'un ton de reproche :

— Y pensez-vous, monsieur, prononça-t-elle... Quoi !... vous avez pu croire que Mlle Marguerite abandonnerait le corps de son père pour accourir à un rendez-vous !... Ah! jugez-la mieux, cette chère enfant !...

Il soupira profondément, et d'une voix à peine intelligible :

— Du moins, elle m'a répondu ? demanda-t-il.

— Oui, monsieur... et quoique ce soit de ma part une haute inconvenance, je vous apporte sa lettre... Tenez, la voici... Puis, bonsoir, je me sauve... Que deviendrais-je, si les domestiques s'apercevaient de mon absence, et que je suis sortie toute seule...

Elle se retirait en effet, Pascal la retint.

— De grâce, supplia-t-il, attendez que j'aie vu ce qu'elle m'écrit. J'aurai peut-être quelque chose à lui faire savoir.

Mme Léon obéit, d'assez mauvaise grâce, non sans répéter à deux reprises : « Dépêchez-vous ! » et Pascal courut se placer sous un réverbère.

Ce n'était pas une lettre que lui adressait Mlle Marguerite, mais un laconique billet, sur un chiffon de papier tout froissé, plié en quatre et non cacheté.

Il était écrit au crayon, d'une écriture toute confuse.

A la lueur tremblante du gaz, Pascal lut :

« Monsieur... »

Ce seul mot le fit frissonner. Monsieur !... Qu'est-ce que cela signifiait !...

Depuis longtemps, lorsqu'elle écrivait, Mlle Marguerite disait : « Mon cher Pascal, » ou « mon ami... »

Cependant, il continua :

« Supliée par M. le comte de Chalusse, par mon père
« à l'agonie, je n'ai pas eu le courage de résister...

« J'ai pris l'engagement solanel de devenir la femme
« du marquis de Valorsay.

« On ne trahit pas les serments faits aux mourants, je
« tiendrai le mien, dût mon cœur se briser.

« Je remplis un devoir, Dieu me donera le courage et
« la résignation...

« Oubliez donc celle qui vous aima tant autrefois...
« Elle est maintenant la fiancée d'un autre, et l'honeur
« lui comande d'oublier jusqu'à votre nom.

« Une fois encore, et la dernière, adieu !...

« Si vous m'aimez, vous ne chercherez pas à me re-
« voir... Ce serait ajouter inutilement à l'amertume de
« mes douleurs...

« Pleurez comme si elle était morte celle qui se dit :

« Votre servante,
« Marguerite. »

La contexture prétentieusement banale de cette lettre, les fautes d'orthographe qui s'y enlaçaient, Pascal ne remarqua rien.

Il ne comprit qu'une chose, c'est que Marguerite était perdue pour lui, c'est qu'elle allait devenir la femme du lâche scélérat qui avait organisé le guet-apens de l'hôtel d'Argelès...

Une commotion terrible le secoua de la nuque aux talons, il passa devant ses yeux comme un nuage de sang, et, haletant, éperdu, ivre de rage, il bondit jusqu'à Mme Léon.

— Marguerite !... dit-il d'une voix rauque, où est-elle ? je veux la voir !...

— Oh !... monsieur, que me demandez-vous là !... Est-ce possible !... Laissez-moi vous expliquer...

Le reste expira dans sa gorge. Pascal lui avait saisi les poignets, et il les serrait à les briser, en répétant :

— Je veux voir Marguerite, lui parler... Il faut que je lui dise qu'on la trompe, qu'on l'abuse... Je démasquerai le misérable...

Epouvantée, la femme de charge se débattait de toutes ses forces, reculant tant qu'elle pouvait vers la petite porte du jardin restée entr'ouverte.

— Vous me faites mal! criait-elle. Devenez-vous fou?... Lâchez-moi, ou j'appelle au secours, à l'aide !...

Et par deux fois, en effet, à pleine voix elle hurla :

— A moi ! à l'assassin...

Ses cris se perdirent dans la nuit. Si quelqu'un les entendit, nul ne vint. Mais ils rappelèrent Pascal au sentiment de la situation, et il eut peur de sa violence.

Il lâcha la femme de charge, et son accent, soudainement, devint aussi humble qu'il avait été menaçant.

— Excusez-moi, supplia-t-il, je souffre tant que je ne sais ce que je fais... Je vous en conjure, conduisez-moi près de Mlle Marguerite, ou courez la prier de descendre, de venir... Je ne lui demande qu'une minute.

Mme Léon paraissait écouter très-attentivement; en réalité, elle manœuvrait doucement pour gagner le jardin. Bientôt il fut à sa portée... Aussitôt, avec une agilité et une précision surprenantes, elle repoussa violemment Pascal, et d'un bond franchit la porte, qu'elle referma sur elle en disant :

— Va donc, canaille !

C'était le dernier coup, et pendant plus d'une minute Pascal demeura immobile devant cette petite porte, stupide de douleur et de colère.

Sa situation atroce était celle de l'homme qui, ayant roulé au fond d'un précipice, s'est relevé sanglant et meurtri... il se jure qu'il se sauvera à force d'énergie, mais une pierre ébranlée par sa chute se détache, tombe et l'achève...

Tout ce qu'avait enduré Pascal n'était rien comparé à cette idée de Valorsay épousant Marguerite !... Etait-il possible que cela fût jamais !... Dieu permettrait-il une si monstrueuse iniquité ?...

— Oh !... non, cela ne sera pas, grondait Pascal, je le

poignarderai plutôt, le misérable, et la justice, après, fera de moi ce qu'elle voudra...

Il comprenait la vengeance, en ce moment, implacable, sans merci, qui, pour s'assouvir ne recule pas même devant le crime. Et elle l'enflammait d'une telle énergie, que lui, si épuisé l'instant d'avant; il ne mit pas une demi-heure à regagner la route de la Révolte.

Sa mère, qui l'attendait, le cœur serré par l'inquiétude, se méprit à son teint animé par la fièvre, et à l'éclat de ses yeux.

— Ah!... tu rapportes une bonne nouvelle... s'écria-t-elle.

Pour toute réponse, il lui tendit la lettre que Mme Léon lui avait donnée, en disant :

— Lis !...

Le regard de Mme Féraillleur tomba sur cette phrase : « Une fois encore et la dernière... adieu !... » Elle comprit, devint fort pâle, et d'une voix émue dit :

— Console-toi, mon fils, cette jeune fille ne t'aimait pas...

— Oh !... mère, si tu savais...

Elle l'arrêta du geste, en redressant fièrement la tête :

— Je sais ce que c'est qu'aimer, Pascal... c'est croire. Est-ce que jamais le soupçon eût effleuré mon esprit, quand même le monde entier eût accusé ton père d'un crime ! Cette jeune fille a douté de toi... On lui a dit que tu avais triché au jeu... et elle l'a cru !... Tu n'as donc pas compris que ce serment au lit de mort de M. de Chalusse n'est qu'un prétexte.

C'était vrai, Pascal n'avait pas compris cela...

— Mon Dieu! s'écria-t-il douloureusement, n'y aurait-il donc que toi à croire à mon innocence...

— Sans preuves... oui. A toi d'en trouver pour en accabler tes ennemis...

— Et j'en trouverai, fit-il, de cet accent qui annonce une résolution inébranlable. Je suis bien fort maintenant que j'ai à défendre la vie de Marguerite... car on l'a trompée, ma mère, il est impossible qu'elle m'ait abandonné... Oh! ne hoche pas la tête... je l'aime... donc je crois.

XVII

M. Isidore Fortunat n'était pas de ces gens à chimères, qui s'endorment sur les projets qui leur tiennent le plus au cœur.

Quand il s'était dit : Je ferai ceci, il le faisait le plus promptement possible, la veille, plutôt que le lendemain.

S'étant juré qu'il retrouverait le fils de Mme Lia d'Argelès, l'héritier des millions du comte de Chalusse, il lui tardait de voir celui de ses employés qui devait l'aider à cette tâche difficile.

C'est pourquoi, son premier soin en rentrant chez lui, fut de demander à son caissier l'adresse de Victor Chupin.

— Il demeure rue du Faubourg-Saint-Denis, répondit le caissier, au n°...

— Très-bien, murmura M. Fortunat, je pousserai jusque-là dès que j'aurai dîné.

Et en effet, aussitôt son café pris, il demanda son pardessus à Mme Dodelin, et une demi-heure plus tard, il se présentait à la maison de son employé.

C'était un de ces immeubles immenses, où grouille la population d'une sous-préfecture, qui ont trois ou quatre cours, cinq ou six corps de bâtiment, autant d'escaliers que l'alphabet a de lettres, et un concierge qui ne se souvient guère du nom de ses locataires que tous les trois mois, quand il va leur réclamer le terme à échoir, et aussi au premier de l'an.

Cependant, par un de ces bonheurs faits pour M. Fortunat, le concierge du n°... se souvenait de Chupin, le connaissait, et même entretenait avec lui des relations de petits services.

Il indiqua donc clairement comment arriver à son logement. C'était simple. Il s'agissait de traverser la première cour, de prendre à gauche l'escalier D, de monter au sixième, d'enfiler l'escalier en face, etc., etc.

Grâce à cette obligeance particulière, M. Fortunat ne se perdit guère que cinq fois avant d'arriver à une porte où on lisait, sur un petit carré de carton : *Victor Chupin, courtier de commerce.*

Le long de la porte, une ficelle, terminée par une patte de lièvre, pendait. M. Fortunat la tira, une sonnette tinta, une voix cria : « Entrez! » et il entra.

La pièce où il pénétrait était petite et pauvrement meublée, mais resplendissante de cette propreté qui est un luxe.

Le carreau ciré luisait à l'œil comme un miroir,

les meubles étincelaient, les couvertures du lit et les rideaux de calicot étaient plus blancs que neige.

Ce qui frappait, c'était des superfluités : des statuettes de plâtre, de chaque côté d'une pendule dorée, une étagère avec des bibelots et cinq ou six gravures presque passables.

Lorsqu'entra M. Fortunat, Victor Chupin, en manches de chemise, était assis à une petite table, et, à la lueur d'une lampe économique, avec une application qui amenait le rouge à ses joues, il copiait, d'une assez bonne écriture... un dictionnaire français.

Près du lit, hors du cercle de la lumière, une femme d'une quarantaine d'années, pauvrement mais proprement vêtue, armée de longues aiguilles de bois, tricotait...

— M. Victor Chupin?... demanda M. Fortunat.

Cette voix connue fit bondir le jeune garçon.

Il enleva prestement l'abat-jour de sa lampe, et sans chercher à dissimuler sa surprise :

— M'sieu Fortunat!... s'écria-t-il, ici, à cette heure!... Ous qu'est le feu?...

Puis, aussitôt, d'un ton posé, qui contrastait étrangement avec ses façons accoutumées :

— M'man, dit-il, c'est un de mes patrons, m'sieu Isidore Fortunat... tu sais... pour qui je fais des recouvrements.

La femme au tricot se leva, s'inclina gravement et dit :

— J'espère, monsieur, que vous êtes content de mon fils, et qu'il est honnête.

— Assurément, madame, répondit le dénicheur d'héritages, assurément... Victor est un de mes meilleurs employés.

— Alors, je suis contente, dit la femme en se rasseyant.

Chupin, lui aussi, paraissait radieux.

— C'est ma bonne femme de mère, m'sieu, dit-il. Elle est presque aveugle pour le moment; mais il paraît qu'avant six mois elle verra de sa fenêtre une épingle au milieu de la rue... C'est le médecin qui me la soigne qui me l'a promis... Alors, nous serons des bons... Mais asseyez-vous donc, m'sieu, et si on pouvait vous offrir quelque chose?...

Positivement, et quoique son employé plus d'une fois lui eût parlé de « ses charges, » M. Fortunat tombait des nues.

Il était confondu du parfum d'honnêteté qui s'exhalait de ce logis, de la dignité de cette femme du peuple, et de l'affection à la fois protectrice et respectueuse que lui témoignait son fils, ce jeune garçon dont l'accent et les allures semblaient si bien trahir le garnement.

— Merci, Victor, répondit-il, je ne prendrai rien, je sors de table.... Je suis venu pour vous donner mes instructions relativement à une affaire très-sérieuse et surtout très-urgente.

Chupin comprit que son patron souhaitait un tête-à-tête.

Il prit donc la lampe, ouvrit une porte, et du ton important d'un financier invitant quelque gros client à passer dans son cabinet :

— Donnez-vous la peine d'entrer dans ma chambre, m'sieu, dit-il.

Ce que Chupin emphatiquement appelait sa chambre, n'était qu'un trou mansardé, extraordinairement propre, il est vrai, sommairement meublé d'une maigre couchette de fer, d'une malle et d'une chaise.

Il offrit la chaise, posa la lampe sur la malle, et s'assit sur le lit en disant :

— C'est moins dans le grand genre que chez vous, m'sieu; mais je vais demander au propriétaire de faire dorer ma fenêtre à tabatière.

Il est positif que M. Fortunat était touché, ce qui dut faire époque dans sa vie. Il tendit la main à son employé en disant :

— Vous êtes un brave garçon, Victor.

— Dame!... m'sieu, on fait ce qu'on peut, et on ne reste pas vingt-quatre heures par jour les deux pieds dans le même soulier... Mais cristi!... Que ce gueux d'argent est dur à gagner honnêtement!... Si seulement ma bonne femme de mère y voyait clair, elle m'aiderait fameusement; car pour le travail, elle n'a pas sa pareille!... Mais, dans le tricot, voyez-vous, on ne deveint pas millionnaire!...

— Votre père ne vit donc pas avec vous?

Un éclair de colère traversa les yeux de Chupin.

— Ah!... ne me parlez pas de cet homme-là, m'sieu... s'écria-t-il, ou je fais un malheur!...

Et comme s'il eût senti le besoin d'expliquer et de justifier son exclamation haineuse :

— Mon père, Polyte Chupin, reprit-il avec une animation singulière, est comme qui dirait un pas grand chose de bon!... En voilà un, pourtant, qui a eu de la chance!... D'abord, il a trouvé, pour l'épouser, une femme comme m'man, qui est l'honnêteté même... au point qu'on l'appelait Toinon-la-Vertu, quand elle était jeune... Elle l'idolâtrait, elle se tuait à travailler pour lui donner de l'argent... Et lui l'a tant tapée et tant fait pleurer, qu'elle en est devenue aveugle...

Mais ce n'est pas tout. Un matin, voilà qu'il lui tombe, je ne sais d'où ni comment, de quoi vivre en bourgeois, la canne à la main... C'était un particulier, tout ce qu'il y a de plus riche, qui lui avait donné ça pour un service qu'on lui avait rendu, du temps que ma défunte grand'm'man vendait du vin à la *Poivrière*.

Un autre aurait gardé son argent... lui, jamais. Tout de suite il s'est mis à faire une noce à tout casser, le jour, la nuit, toujours saoul, tellement qu'un honnête homme en serait crevé !... Pendant ce temps, ma pauvre bonne femme de mère s'échinait pour me donner la pâtée !... De tout son argent, elle n'a pas seulement vu un sou... et, pour une fois qu'elle est allée lui en demander, pour payer le terme, il l'a tant battue qu'elle est restée une semaine au lit...

Cependant, m'sieu, vous comprenez bien qu'avec cette vie-là on verrait la fin des caves de la banque... Mon père a vu la fin de son sac, et alors il lui a fallu trimer pour manger... Dame ? ça ne lui allait pas du tout, à cet homme ! Si bien qu'un jour qu'il ne savait pas où casser une croûte, il s'est souvenu de nous, il nous a cherchés et trouvés, et nous l'avons vu arriver... Pour une fois, je lui ai prêté cent sous, puis quarante sous le lendemain, et encore trois francs, et après cinq francs... Et ensuite, c'était tous les jours : Donne-moi ci, donne-moi ça, ou des claques !... Ah ! mais non... Et à la fin je lui ai dit :

« En voilà assez, la caisse est fermée!... » Alors, savez-vous ce qu'il fait? Il guette un moment où je suis sorti, il tombe ici avec un marchand de meubles, et, sous prétexte qu'il est le maître, il veut tout vendre...

Et ma pauvre bonne femme de mère qui le laissait faire!... Heureusement je suis arrivé... Laisser vendre mes meubles!... Cré nom! Je me serais plutôt laissé hacher en morceaux... Je suis allé me plaindre au commissaire, qui l'a fait venir... et depuis il nous laisse tranquilles... et voilà!...

Assurément, il y avait là dix fois ce qu'il fallait pour expliquer et excuser l'indignation de Victor Chupin...

Et cependant, il taisait prudemment ses griefs les plus sérieux et les raisons décisives de sa haine.

Ce qu'il se gardait de dire, c'est qu'autrefois, lorsqu'il n'était encore qu'un enfant sans volonté ni discernement, son père l'avait enlevé à sa mère et l'avait lancé sur cette pente terrible qui, fatalement et à moins d'une sorte de miracle, aboutit à Cayenne ou à la place de la Roquette.

Pour Chupin, le miracle avait eu lieu, mais il ne s'en vantait pas.

— Allons, allons, mauvaise tête, fit M. Fortunat, ne nous fâchons pas... un père est un père, que diable! et le vôtre reviendra sans doute à de meilleurs sentiments.

Il disait cela comme il eût dit n'importe quelle autre chose, uniquement par politesse et pour donner un témoignage d'intérêt. En réalité, il se souciait des infortunes de la famille Chupin autant que du Grand-Turc. Son émotion première s'était vite dissipée, et il avait fini par trouver un peu longues des confidences qui le détournaient de ses préoccupations.

— Revenons donc à nos moutons, reprit-il, c'est-à-dire à Casimir. Qu'avez-vous fait de ce sot après mon départ ?

— D'abord, m'sieu, je l'ai dégrisé, et ce n'était pas facile... Ah! le gredin... en avait-il de cette boisson dans le corps... Enfin, quand j'ai vu qu'il causait comme vous et moi et qu'il était solide sur ses quilles, je l'ai reconduit à l'hôtel de Chalusse...

— Ah! voilà qui est bien pour moi. Mais vous, n'aviez-vous pas une affaire à traiter avec cet imbécile ?

— Elle est dans le sac, m'sieu... la commande est signée... Le comte aura tout ce qui se fait de mieux comme enterrement, corbillard premier choix, six chevaux, commissaire en culotte courte, vingt-quatre voitures de deuil, une vraie féerie, quoi !... On payerait pour voir ça !

M. Fortunat souriait bonnement.

— Eh! eh! remarqua-t-il, cela va vous donner un joli bénéfice.

Employé à la commission, Chupin était parfaitement maître de son temps, de son intelligence et de son activité, mais le dénicheur d'héritages n'aimait pas, c'était connu, qu'on cherchât à gagner de l'argent en dehors de chez lui.

Son indulgence approbative était donc assez surprenante pour éveiller l'attention de Chupin.

— Cela me procurera quelque sous, en effet, répondit-il modestement, de quoi aider ma bonne femme de mère à faire bouillir notre marmite.

— Tant mieux! mon garçon, approuva encore M. Fortunat, tant mieux... J'aime à voir gagner de l'argent aux gens qui en font bon usage... Et la preuve, c'est que je vous apporte une affaire qui peut rapporter gros si vous la menez bien et si vous réussissez.

Les yeux de Chupin brillèrent et s'éteignirent aussitôt. Ce ne fut qu'un éclair. A un vif mouvement de joie succédait brusquement un sentiment de défiance.

Il songea qu'il était prodigieux que son patron, toujours si roide, prît la peine de se déranger et d'escalader son sixième, uniquement pour lui emplir les poches. Cela était suspect, devait cacher quelque chose; par conséquent il importait d'ouvrir l'œil.

Mais il savait dissimuler ses impressions, et c'est de l'air le plus joyeux qu'il s'écria :

— Hein!... de quoi?... De la monnaie?... Présent... Qu'est-ce qu'il faut faire pour la gagner?

— Oh!... peu de chose, répondit le guetteur d'héritages, presque rien...

Et machinalement il rapprochait sa chaise de la couchette sur laquelle était assis son employé.

— Avant tout, pourtant, reprit-il, une question, Victor... A la façon dont une femme regarderait un jeune homme, dans la rue, au théâtre, n'importe où, reconnaîtriez-vous si c'est une mère qui regarde son fils?

Chupin haussa les épaules.

— Cette question!... fit-il. Allez, m'sieu, je ne m'y tromperais pas... Je n'aurais qu'à me rappeler les yeux de m'man quand je rentre le soir... Pauvre vieille!... Elle a beau être quasi aveugle, elle me voit... C'est comme ça!... Et même, si vous voulez qu'elle vous offre une prise, il ne faut pas lui dire que je ne suis pas le plus gentil et le plus aimable de tout Paris.

M. Fortunat ne put s'empêcher de se frotter les mains, ravi de voir son idée si bien comprise et si parfaitement traduite.

— Bien ! déclara-t-il, très-bien ! Voilà de l'intelligence ou je ne m'y connais pas... Je vous avais bien jugé, Victor !...

Victor brûlait de curiosité.

— De quoi s'agit-il, m'sieu ? interrompit-il.

— Voici : il s'agit de suivre partout, sans jamais la perdre de vue, et assez adroitement pour qu'elle ne s'en doute pas, une femme que je vous désignerai... Tous ses regards, vous les épierez... et quand ses yeux vous diront que c'est son fils qu'elle regarde, votre tâche sera bien près d'être remplie. Il ne restera plus qu'à suivre ce fils et à découvrir son nom, son adresse, ce qu'il fait, comment et de quoi il vit... Je ne sais si je m'explique bien...

Ce doute venait à M. Fortunat de la physionomie de Chupin, où se peignaient la stupeur et le mécontentement.

— Excusez, m'sieu, fit-il ; je ne comprends pas tout à fait...

— C'est cependant bien simple : La femme en question a un fils d'une vingtaine d'années, je le sais, j'en suis sûr... Seulement elle le nie, elle le cache, et lui ne la connaît pas. Elle le surveille cependant en secret, elle lui fait passer de quoi vivre, et tous les jours elle s'arrange de façon à le voir... Or, il est de mon intérêt de retrouver ce fils.

D'étonné qu'il était, le masque mobile de Chupin devenait menaçant, ses sourcils se fronçaient et ses lèvres tremblaient.

Ce qui n'empêcha pas M. Fortunat d'ajouter avec l'aplomb de qui ne soupçonne même pas la possibilité d'un refus :

— Cela vous va-t-il?... Quand nous mettons-nous à la besogne?...

— Jamais!... interrompit violemment Chupin.

Et se dressant :

— Ah!... mais non, continua-t-il, je ne ferai pas manger de ce pain-là à ma bonne femme de mère... Il l'étranglerait. Filer quelqu'un, moi!... Merci, je cède mon tour. Qui est-ce qui en veut... pas cher... pour rien.

Il était rouge comme un coquelicot, et dans son indignation, il oubliait sa réserve accoutumée, et l'impénétrable discrétion dont il avait toujours enveloppé ses antécédents.

— Connu, le métier ! poursuivait-il, je l'ai fait... Autant prendre son billet pour Poissy, train direct !... Voilà où je serais, en train de fabriquer des chaussons de lisière, sans m'sieu André... Je l'avais autant dire tué, cet homme; on m'avait soûlé d'argent, et comme un brigand que j'étais, j'avais scié l'appui de la fenêtre d'où il est tombé... Lui, pour se venger, m'a tiré du pétrin. Et après cela, je recommencerais mes canailleries d'autrefois?... Cré nom! j'aimerais mieux me couper la jambe!... Je filerais cette pauvre femme, n'est-ce pas? je surprendrais son secret, et après, vous la feriez chanter jusqu'à extinction de voix?... Non, non! je veux être riche, et je le serai, mais honnêtement... Je veux manier mes pièces de cent sous, sans être forcé de me laver les mains après... Ainsi, bien le bonsoir chez vous...

Les bras de M. Fortunat lui tombaient. « Je vous demande un peu, pensait-il, où les scrupules vont se nicher ! »

Mais il était en même temps très-inquiet de s'être si légèrement livré. Chupin n'abuserait-il pas de la confidence?... Qui sait !

Aussi se jura-t-il que du moment où il avait confié à Chupin son projet, Chupin l'exécuterait.

Il prit donc son air le plus sévère et le plus digne, et durement :

— Je pense, dit-il, que vous devenez fou !

C'était si juste comme expression et comme intonation, que Chupin s'arrêta un peu penaud.

— Il paraît, insista le dénicheur d'héritages, que vous me croyez capable de vous pousser à des actions condamnables et dangereuses.

— Mais non, m'sieu, je vous assure...

Il y avait beaucoup d'hésitation dans ce « non, » aussi M. Fortunat reprit-il :

— Ignorez-vous donc qu'en dehors de mes recouvrements je m'occupe de rechercher les héritiers des successions vacantes? Non, n'est-ce pas. Eh bien ! comment les trouverais-je sans investigations?... Si je fais surveiller la femme dont je vous ai parlé, c'est pour arriver par elle, à un pauvre garçon qu'on veut frustrer de ce qui lui appartient... Et quand je viens vous offrir les moyens de gagner 40 ou 50 francs en deux jours, vous me recevez ainsi !... Vous n'êtes qu'un ingrat et un niais, Victor !...

En Victor Chupin se résumaient à un degré excessif les qualités et les vices du Parisien des faubourgs, qui naît vieux et qui, vieillard, reste gamin.

C'est dire qu'il n'était guère innocent ni crédule, ni confiant surtout.

A peine adolescent, il avait vu d'étranges choses, et il lui en était resté assez d'acquis pour effrayer l'expérience d'un philosophe.

Mais il n'était pas de taille à lutter de rouerie avec M. Fortunat, lequel avait d'ailleurs cet immense avantage de lui imposer par sa qualité de patron, par sa position, sa fortune et sa tenue.

Aussi Chupin fut-il tout d'abord ébranlé par les froides objections du dénicheur d'héritages, et bientôt déconcerté.

Ce qui surtout effaçait ses impressions premières et lui faisait presque regretter ses soupçons, c'était la modicité de la somme offerte : 40 ou 50 francs...

— Belle tripette, ma foi !... pensait-il ; juste le prix d'un honnête service ; pour une coquinerie on offrirait mieux...

Et après une minute de réflexion, il reprit à haute voix :

— Tant pis !... je suis votre homme, m'sieu...

Intérieurement M. Fortunat s'amusait du succès de sa ruse.

Venu avec l'intention de proposer une jolie somme à son employé, il avait lésiné par calcul, sûr d'avance de l'effet que cela produirait. Et il trouvait bien plaisant que les honorables scrupules de Chupin lui valussent une économie.

— Si je ne vous avais pas trouvé en train de travailler à votre instruction, Victor, prononça-t-il, je croirais que vous avez bu... Quelle mouche vous a piqué subitement?... Est-ce que vingt fois depuis que vous êtes chez moi, je ne vous ai pas confié des missions semblables?... Qui donc a retourné Paris pour découvrir certains de mes débiteurs qui se cachaient?... Qui donc m'a dépisté Vantrasson?... Victor Chupin. Eh bien!... là, franchement, je ne discerne pas en quoi cette opération diffère des autres, ni pourquoi elle serait blâmable si les autres ne l'étaient pas...

A cela Chupin eût pu répondre que les autres fois on n'était pas venu le relancer chez lui, qu'il n'y avait eu nul mystère, qu'il avait agi en plein soleil, comme a le droit de le faire le représentant d'un créancier reconnu.

Mais si Chupin sentait très-bien la différence, il lui eût été difficile de traduire ce qu'il éprouvait.

C'est pourquoi, prenant son accent le plus résolu :

— Je ne suis qu'un sot, m'sieu, déclara-t-il, mais je saurai réparer ma sottise.

— C'est-à-dire que vous redevenez raisonnable, fit ironiquement M. Fortunat. C'est fort heureux, en vérité... Seulement, un conseil : surveillez-vous, à l'occasion, et bridez votre langue... vous ne me trouveriez pas toujours d'aussi bonne composition que ce soir...

Ayant dit, il se leva gravement, regagna la première pièce, salua fort civilement la mère de son employé et sortit.

Ses dernières paroles, sur le seuil de la porte, furent :

— Ainsi je compte sur vous... Faites un brin de toilette et soyez demain chez moi un peu avant midi.

— C'est entendu, m'sieu.

L'aveugle s'était levée et s'était inclinée respectueusement. Mais dès qu'elle se retrouva seule avec son fils.

— Qu'est-ce que cette affaire pour laquelle on te recommande de te mettre sur ton trente et un? demanda-t-elle.

— Une affaire comme celles de tous les jours, m'man.

L'aveugle hocha la tête.

— Comme vous parliez haut! remarqua-t-elle. Vous vous disputiez donc? C'était donc bien grave qu'il était besoin de se cacher de moi? Je n'ai pas distingué le visage de ton patron, mon fils, mais j'ai entendu sa voix, et elle ne me revient pas... Ce n'est pas celle d'un homme franc. Prends garde à toi, mon Toto, ne te laisse pas enjôler, sois prudent...

Recommander la prudence à Chupin était superflu.

Il avait promis son concours, mais non sans une restriction mentale.

— Pas de danger à voir ce dont il retourne, s'était-il dit. Si la chose, après, me semble louche, bonsoir, je la lâche.

Reste à savoir ce qu'il entendait par « louche » : c'était vague.

Il était revenu en toute sincérité et du meilleur de son cœur à l'honnêteté, et pour rien au monde, lui, si avide, il n'eût commis un acte positif d'improbité... Seulement, la limite qui sépare le bien du mal n'était pas clairement déterminée dans son esprit.

Cela tenait à son éducation, et à ce qu'il avait été longtemps sans savoir que la consigne des sergents de ville ne constitue pas toute la morale. Cela venait des hasards de sa vie, et de l'obligation où il avait été, n'ayant pas de métier, de se rejeter sur ces professions excentriques qui sont à Paris le lot des déclassés d'en haut et d'en bas.

Ce qui n'empêche que le lendemain il endossa sa plus belle redingote, et sur le coup d'onze heures et demie, il sonnait à la porte de son patron.

Déjà M. Fortunat avait expédié ses audiences du matin, et il était habillé de pied en cap. Il prit son chapeau dès qu'entra Chupin, et ne dit que ce mot :

— Venez.

C'est rue de Berry, chez le marchand de vin où, la veille, il avait obtenu des renseignements, que le chercheur d'héritiers conduisit son employé et, généreusement, il lui offrit un modeste déjeuner.

Avant d'entrer, il lui avait fait remarquer de l'autre côté de la rue, le joli hôtel de Mme Lia d'Argelès, et lui avait dit :

— C'est de là, Victor, que sortira la femme que vous aurez à suivre, et dont il importe de découvrir le fils.

En ce moment, après une nuit passée à méditer le prophétique avertissement de sa mère, Chupin se sentait tracassé par les scrupules qui l'avaient si fort agité le soir précédent.

Ils ne tardèrent pas à s'envoler sans retour quand il entendit le marchand de vin, adroitement questionné par M. Fortunat, esquisser la biographie de Mme Lia d'Argelès et conter la chronique scandaleuse de l'hôtel...

— De quoi !... pensait-il, c'est une demoiselle qu'il s'agit de filer !... Ah ! mais, j'en suis... Bien sûr, ce n'est pas à sa réputation qu'on en veut...

C'est sur une petite table touchant la devanture qu'on avait servi le dénicheur de successions et son employé, et tout en mangeant, l'un du bout des dents, l'autre avec un appétit de naufragé, le classique beefsteack aux pommes et le bœuf à l'huile, ils surveillaient l'entrée de l'hôtel.

Mme d'Argelès recevait le samedi, et c'était chez elle, ainsi que le fit remarquer Chupin, une vraie procession.

Debout près de M. Fortunat, fier de l'attention qu'un homme si bien mis prêtait à ses discours, curieux et bavard comme un boutiquier désœuvré, le marchand de vin s'empressait de nommer ceux des visiteurs qu'il connaissait. Et il en connaissait un bon nombre, par cette raison que c'était chez lui que venaient se rafraîchir les cochers, les nuits où on jouait chez Mme d'Argelès.

Ainsi il nomma le vicomte de Coralth, qui arriva en phaéton à deux chevaux, et aussi le baron Trigault qui vint à pied, par hygiène, toujours suant, et soufflant comme un phoque.

Même ce nom assombrit le front de M. Fortunat. Ce baron ne lui disait rien qui vaille.

Le marchand de vin apprit aussi à ses deux clients que Mme d'Argelès ne sortait jamais avant deux heures et demie ou trois heures, et toujours en voiture.

Ce dernier détail devait inquiéter Chupin. Aussi, le boutiquier s'étant éloigné pour servir deux pratiques :

— Vous avez entendu, m'sieu, dit-il à M. Fortunat... Comment filer une voiture ?...

— Avec une autre voiture, parbleu !...

— Connu, m'sieu, c'est simple comme bonjour... Ce qui ne l'est plus, c'est de dévisager à trente pas une personne qui vous tourne le dos... Il faut que je voie ses yeux à cette femme, pour savoir qui elle regarde et comment...

L'objection, si grave qu'elle parut, ne troubla pas M. Fortunat.

— Ne vous inquiétez pas de cela, Victor, dit-il... Ce n'est pas du haut d'une voiture lancée au grand trot qu'une mère, dans les conditions de celle-ci, cherche à apercevoir son fils... Il est clair qu'elle descend pour le mieux examiner, qu'elle s'arrange de façon à passer à côté de lui, à le frôler, s'il est possible... Toute votre tâche consiste donc à la suivre d'assez près pour être à terre aussitôt qu'elle... Bornez à cela vos efforts, et si vous échouez aujourd'hui, vous réussirez demain ou après-demain... l'essentiel est d'être patient.

Il faisait plus et mieux que de conseiller froidement la patience, il prêchait d'exemple. La journée s'avançait et il ne bougeait pas, et cependant rien ne pouvait lui être plus désagréable que de rester ainsi, en montre, pour ainsi dire, derrière la vitre d'un marchand de vin...

Enfin, un peu avant trois heures, les portes de l'hôtel d'Argelès tournèrent sur leurs gonds, et une victoria bleue parut, où une femme s'étalait.

— Attention ! fit M. Fortunat, c'est elle !...

XVIII

C'était, en effet, Mme Lia d'Argelès...

Elle portait une de ces toilettes « épatantes de chic » qui sont le délire du moment, et qui ont cet avantage unique de donner à toutes les femmes qui les adoptent une désinvolture pareille, suspecte et grossièrement provoquante.

Entre une mère de famille et une drôlesse, le plus expert boulevardier ne distingue plus sûrement.

Un ancien tailleur de Rotterdam, nommé Van-Klopen, s'attribue, non sans raisons, l'honneur de ce progrès.

Comment ce personnage qui s'intitule « couturier des reines, » a-t-il pu devenir l'arbitre des élégances parisiennes?... C'est à faire douter du bon sens des femmes qui se ruinent chez lui.

Ce qui est sûr, c'est qu'il règne sur le chiffon. Il a décrété les jupes multicolores, courtes et superposées, les échancrures et les découpures, les ruches qui déforment la taille, les choux qui font une bosse ridicule dans le milieu du dos... On lui a obéi. Si bien que de loin toutes les femmes ressemblent à un baldaquin qui marche.

Mme d'Argelès paraissait sortir des mains d'un tapissier...

Il lui eût plu peut-être d'être moins surchargée de soiries, mais c'était son état d'être à la dernière mode.

Elle avait avec cela un imperceptible chapeau plat en équilibre sur un chignon en pyramide, d'où s'échappaient en cascades des torrents de cheveux...

— Mâtin !... la belle femme !... dit Chupin ébloui.

Il est de fait qu'à cette distance elle ne paraissait pas trente-cinq ans, l'âge où la beauté a les provocations des fruits savoureux de l'automne.

Elle donnait ses ordres pour la promenade, et son cocher, une rose à la boutonnière, écoutait tout en retenant le cheval qui piaffait.

— Le temps est superbe, ajouta Chupin, madame va faire son tour du lac...

— Ah !... la voilà partie !... interrompit M. Fortunat, courez, Victor, courez... et pas d'économies sur vos voitures, tous vos frais seront largement remboursés...

Déjà Chupin était loin.

Le cheval de Mme d'Argelès détalait rapidement, mais l'employé du chercheur d'héritages avait les jambes et l'haleine du cerf, et il suivait sans effort.

Même, tout en « jouant du compas, » selon son expression, il réfléchissait.

— Si je ne prenais pas de voiture, se disait-il, si je filais la dame de mon joli pied... je pourrais empocher légitimement quarante-cinq sous par heure, cinquante avec le pourboire...

Arrivé aux Champs-Elysées, il reconnut, non sans chagrin, que ce projet était impraticable. A courir le long de la contre-allée de l'avenue de l'Impératrice, il s'exposait trop à être remarqué.

Il étouffa un soupir de regret, et avisant à la station un de ces affreux et incommodes fiacres jaunes, légués à Paris par l'Exposition, il courut se camper dedans.

— Où allons-nous, bourgeois? demanda le cocher, en lui tendant son numéro.

— Mon brave, répondit Chupin, il s'agit de suivre cette voiture bleue, là-bas, où il y a une superbe femme.

L'ordre ne surprit pas le cocher, mais bien le « bourgeois » qui le donnait, lequel, malgré sa belle redingote, ne lui semblait pas l'homme d'une telle aventure.

— Excusez!... fit-il d'un ton ironique.

— C'est comme ça!... riposta Chupin blessé. Et puis, pas tant de raisons, marchons ou nous manquons le train.

L'observation était juste. Et si le cocher de Mme d'Argelès n'eût pas modéré l'allure de son cheval à la montée de l'Arc-de-Triomphe, elle échappait pour ce jour-là.

Cette circonstance donna au fiacre jaune le temps de rejoindre, et il conserva assez bien sa distance le long de l'avenue.

Mais, à la porte du bois, Chupin l'arrêta.

— Halte !... dit-il, je descends... Payer le tarif du bois !... jamais de la vie ; je marcherais sur mes mains plutôt... Voilà quarante sous pour votre course ; bien le bonsoir chez vous...

Et comme la victoria bleue avait marché pendant ce temps, il prit son élan pour la rattraper.

Cette manœuvre était le résultat de ses méditations pendant la route.

— Que fera cette belle dame au bois?... s'était-il dit. Son cocher va prendre la file, et tourner tout doucement autour du lac... J'en ferai autant avec mes simples jambes sans attirer l'attention... et même ce sera très-bon pour ma santé.

Ses prévisions se réalisèrent de point en point. Bientôt la victoria dépassa le chalet où on vend de la bière, et prenant la route à gauche, elle s'engagea parmi les équipages qui circulaient au petit pas.

Ayant gagné le sentier du bord de l'eau réservé aux piétons, Chupin suivait sans peine, les mains dans les poches, tout réjoui de l'idée qu'outre la récompense promise, il gagnait en se promenant le salaire d'un cocher et d'un cheval.

— C'est égal, grommelait-il, c'est encore un drôle de plaisir que de tourner à la queue leu leu autour de ce lac, comme les bonshommes des orgues de Barbarie... Quand je serai riche, je chercherai autre chose pour m'amuser.

Ce pauvre Chupin ignorait qu'on ne vient pas au bois pour s'amuser, mais bien pour essayer d'ennuyer les autres. Cette large route n'est en réalité que le champ de foire des vanités idiotes, un bazar en plein air, pour les exhibitions impudentes et le déballage du luxe. Voir et être vu !... là est tout l'attrait.

C'est-à-dire non, ce « tour du lac » a d'autres séductions encore. Sur ce terrain neutre, se rencontrent, se coudoient, se toisent, s'envient des femmes qu'autrefois séparait un abîme...

Quel délicat plaisir pour une « femme honnête » de se sentir roue à roue avec Jenny Fancy ou Ninette Simplon, ou toute autre de ces demoiselles qu'elle appelle des créatures, mais dont elle s'inquiète sans cesse, dont elle parle continuellement, dont elle copie les toilettes, la désinvolture, le jargon, à qui elle a pris les apparences... en attendant de prendre la réalité. On n'est pas le vice encore, mais on l'approche, on s'en imprègne... c'est toujours cela...

Mais Chupin était à mille lieues de ces réflexions.

Ce qui l'occupait, c'était la préoccupation de Mme d'Argelès. Elle regardait de tous côtés, se dressant même parfois à demi dans sa voiture, tournant la tête toutes les fois qu'elle entendait le galop d'un cavalier. Visiblement, elle cherchait ou elle attendait quelqu'un.

Ce quelqu'un ne paraissant pas, et lassée sans doute d'attendre après trois tours, elle fit un signe à son cocher, qui se dégagea de la file des équipages et lança son cheval dans une allée latérale.

— Bon !... pensa Chupin, voilà ma pratique qui rentre, je ne ferai pas mes frais... Cependant, je voudrais bien trouver un sapin...

Il en trouva un, heureusement, et assez passablement attelé pour suivre la victoria.

Seulement, il s'était trompé, Mme d'Argelès ne rentrait pas. Son cocher qui avait ses instructions, descendit les Champs-Elysées, traversa la place de la Concorde, gagna les boulevards et s'arrêta court à l'angle de la rue de la Chaussée-d'Antin.

Aussitôt, elle ramena un voile épais sur sa figure, sauta à terre et s'éloigna...

Ce fut si vivement fait, que Chupin n'eut que le temps de jeter deux francs à son cocher et de prendre sa course. Déjà sa pratique, comme il disait, venait de tourner le coin de la rue du Helder et la remontait d'un bon pas... Il était un peu plus de cinq heures, le jour baissait.

— Je brûle, murmurait Chupin, je brûle, bien sûr !...

Cependant Mme d'Argelès avait pris le trottoir du côté des numéros impairs. Quand elle eût dépassé le N° 43, où est l'hôtel de Hombourg, elle ralentit sa marche, et avec une attention visible, examina une des maisons d'en face, celle qui portait le N° 48.

Son examen dura peu, moins d'une minute, et parut la satisfaire.

Elle retourna sur ses pas, alors, et toujours très-rapidement, revint au boulevard. Là, elle traversa la rue, et de nouveau la remonta, mais très-lentement, s'arrêtant devant toutes les boutiques.

Persuadé qu'il touchait au but, Chupin avait traversé lui aussi, et il marchait presque sur les talons de Mme d'Argelès.

Bientôt il la vit tressaillir et reprendre sa marche rapide. Un jeune homme arrivait en sens inverse, si vite qu'elle ne put l'éviter et se jeta presque sur lui.

Le jeune homme jura : sacrée !... et lui crachant au visage une ignoble insulte, il passa.

Chupin en eut froid dans le dos.

— Si c'était son fils ! pensait-il...

Et tout en feignant d'admirer un étalage, il observait la pauvre femme... Elle s'était arrêtée, et il en était si près qu'il la touchait presque...

Il la vit soulever son voile et suivre l'insulteur d'un regard où il n'y avait pas à se méprendre...

— Oh!... se dit Chupin saisi d'horreur, oh!... C'est son fils qui l'a appelée...

Et il s'élança sur les traces du jeune homme.

C'était un garçon de vingt-deux à vingt-quatre ans, d'une taille un peu au-dessus de la moyenne, très-blond, avec des yeux clignotants, pâle et n'ayant de barbe qu'une moustache relevée en croc, plus foncée que ses cheveux.

Il était vêtu avec cette recherche de négligence que beaucoup croient être l'élégance suprême et qui en est juste le contre-sens.

Et sa tenue, sa moustache, son chapeau bas de forme, incliné sur l'oreille, lui donnaient l'air arrogant, prétentieux et casseur.

— Cristi!... que ce coco-là me déplaît, grommelait Chupin, tout en trottant à sa suite...

Car Chupin courait presque, tant l'autre, de plus en plus, pressait le pas.

Il est vrai que cette hâte de l'insulteur de Mme d'Argelès ne tarda pas à être expliquée. Il avait une lettre à faire porter, et craignait sans doute de ne plus trouver de commissionnaire. En ayant aperçu un, il l'appela, lui remit sa missive, et dès lors chemina tout doucement.

Il arrivait au boulevard quand un gros gaillard court et rougeaud, qui avait la tournure d'un palefrenier endimanché, vint à lui, les deux mains amicalement étendues, en criant assez haut pour faire retourner les passants :

— Eh ! c'est ce cher Wilkie !...

— Mais oui... en personne naturelle, répondit le jeune homme.

— Ah ça !... d'où diable sortez-vous ?... Dimanche dernier, aux courses, je vous ai cherché partout... pas plus de Wilkie que sur la main... Du reste, vous avez bien fait de ne point venir. J'en ai été, moi, pour trois cents louis... J'avais tout mis sur le cheval du marquis de Valorsay, *Domingo,* je me croyais sûr de mon affaire... oui, joliment !... *Domingo* est arrivé mauvais troisième... concevez-vous cela ?... Si on ne savait pas Valorsay millionnaire, on croirait que c'est une tricherie, parole d'honneur !... qu'il pariait contre son cheval et qu'il avait défendu à son jockey d'arriver premier...

Mais il ne croyait pas cela, et plus gaiement il reprit :

— Heureusement, je me referai sûrement demain à Vincennes. Vous y verra-t-on ?

— Probablement.

— Alors, à demain !

— A demain !

Ils se serrèrent la main et poursuivirent leur chemin, chacun de son côté.

Chupin, lui, n'avait pas perdu un mot de la conversation.

— Valorsay millionnaire !... se disait-il... elle est bien

bonne, celle-là !... Enfin !... voilà que je sais déjà le nom de mon cocodès, et aussi qu'il donne dans les courses... Wilkie !... ce doit être un nom anglais, ça... J'aimerais mieux d'Argelès... Mais où diable va-t-il comme cela ?...

M. Wilkie allait simplement renouveler sa provision de cigares à ce bureau du Grand-Hôtel, où la Régie vend elle-même le dessus de ses boîtes.

Il emplit son étui de londrès, et après en avoir allumé un, il sortit et remonta vers le faubourg Montmartre, tout le long du boulevard.

Il ne se hâtait plus, maintenant, il flânait pour tuer le temps, étalant ses grâces et lorgnant impudemment les femmes.

Il allait, se dandinant, les épaules haussées à la hauteur des oreilles, bombant le dos, traînant les pieds comme si ses jambes eussent fléchi, s'exerçant à paraître éreinté, usé, exténué... C'est la mode, le dernier goût, le genre, le chic !...

Cette pose est destinée à éblouir le public, à donner de soi cette idée brillante qu'on est un homme brisé par des excès exorbitants, écrasé de jouissances et de plaisirs, usé, lassé, blasé, fourbu, crevé...

— As-tu fini ! grognait Chupin. Tu vas me la payer, méchant demi-mort !...

Il était si indigné que le gamin du faubourg se réveillant sous sa belle redingote, il avait des envies folles de huer M. Wilkie... Il serait allé lui marcher sur les talons et lui chercher querelle, s'il n'eût été retenu par la crainte de manquer sa mission et la récompense promise...

Et il suivait son homme de très-près, car la foule était grande.

La nuit était venue et de tous côtés le gaz s'allumait. Le temps était doux, et il n'y avait pas une table libre devant les cafés. C'était l'heure de l'absinthe, heure unique où le boulevard présente un spectacle comme il n'en est pas au monde.

Comment se fait-il que chaque soir, entre cinq et sept heures, tout ce qui à Paris a un nom, tout ce qui est quelqu'un ou quelque chose, apparaisse, se montre, entre le passage de l'Opéra et le passage Jouffroy?...

Cela doit tenir à ce que là est le marché aux nouvelles fraîches et aux cancans de haut goût, le grand débit de l'anecdote scandaleuse, du canard politique et du mot scabreux. Là se fait la chronique parisienne qui sera le journal du lendemain. Là, on apprend « le cours de la Bourse et de la Rente, » combien coûte le collier de Mlle A... et qui l'a donné, ce que nous a télégraphié la Prusse, quel est le caissier qui a levé le pied dans la journée et combien il emporte...

La cohue s'épaississait à mesure qu'on approchait de cet angle du boulevard et du faubourg Montmartre, qui a été surnommé le « carrefour des écrasés, » mais Wilkie circulait à travers la foule avec l'aisance d'un vieux boulevardier.

Même, il devait avoir des relations fort étendues, car il distribuait quantité de saluts, de droite et de gauche, et il fut accosté par cinq ou six promeneurs.

Cependant, il ne dépassa pas la terrasse Jouffroy. Il acheta un journal, revint sur ses pas, et sur les sept heures, il entrait triomphalement au café Riche.

Il n'avait même pas touché le bord de son chapeau, c'est mauvais genre; mais il appela très-haut le garçon et impérieusement lui ordonna de lui servir à dîner à une table proche du vitrage, d'où il devait voir le boulevard et être vu.

— Et voilà! se dit Chupin, mon cocodès va prendre sa nourriture...

Lui-même eût volontiers cassé une croûte, et il cherchait à se rappeler quelque modeste traiteur aux environs, quand deux jeunes gens s'arrêtèrent près de lui et jetèrent un coup d'œil dans le restaurant.

— Tiens! Wilkie... fit l'un.

— Ma foi, c'est vrai! répondit l'autre. Et il a de l'argent, qui plus est, et la chance lui sourit...

— Tu devines cela, toi?...

— Parbleu! quand on a pratiqué Wilkie, on peut, sans être malin, savoir où en sont ses affaires aussi bien que lui... Est-il décavé?... il se fait apporter ses repas chez lui d'une gargote où il a crédit... ses moustaches pendent, il est avec ses amis humble jusqu'à la servilité et il se coiffe très en avant sur le nez... Dès que les fonds remontent, il mange chez Launay, devient gouailleur, porte ses moustaches droites et se coiffe bien sur le milieu de la tête... Enfin, quand il dîne chez Riche, mon bon, quand il a les moustaches en croc, le chapeau sur l'oreille et la mine arrogante que tu lui vois, c'est qu'il a pour le moins cinq ou six billets de mille devant lui, c'est que tout va bien... très-bien... trop bien!...

— De quoi vit-il?...

— Qui sait!...

— Est-il riche ?

— Il a de l'argent... Je lui ai prêté dix louis une fois, et il me les a rendus.

— Peste !... C'est un fort galant homme.

Les deux jeunes gens éclatèrent de rire et passèrent.

Chupin était édifié.

— Toi, maintenant, murmura-t-il, je te connais comme si j'étais ton portier... Et quand je t'aurai reconduit jusque chez toi pour savoir ton numéro, j'aurai gagné haut le pied les jolis cinquante francs de M. Fortunat !...

Autant qu'il en pouvait juger à travers la vitre, le jeune M. Wilkie dînait de bon appétit, en homme qui a le gousset bien garni.

— Mâtin !... grogna-t-il, non sans une certaine envie, il se nourrit bien, le cocodès ! Le voilà à table pour une heure... j'ai le temps de courir avaler une bouchée...

Cela dit, il se hâta de gagner la rue la plus voisine, découvrit un petit restaurant, y entra, et magnifiquement dépensa trente-neuf sous.

Une dépense si forte n'était plus dans ses habitudes. Il vivait chichement, depuis qu'il s'était juré qu'il serait riche. Lui, jadis si « porté sur sa bouche, » selon son expression, lui qui avait eu la passion des londrès et des petits verres, il se contentait de l'ordinaire d'un anachorète, ne buvait que de l'eau et ne fumait plus qu'à l'occasion, quand on lui offrait un cigare.

Il n'était pas de privation pénible pour lui, du moment où elle lui rapportait un sou... le sou, c'était un grain de sable ajouté aux fondations de l'edifice de sa fortune à venir.

Et cependant ce soir-là, il ne recula pas devant la dépense d'un « petit bordeaux. »

— Allons-y gaiement! se dit-il, ça fera la pièce ronde, je l'ai bien gagnée...

Mais lorsqu'il revint prendre sa faction devant le café Riche, M. Wilkie n'était plus seul à sa table.

Il achevait de boire son café en compagnie d'un jeune homme de son âge, remarquablement bien de sa personne, trop bien même, et dont la vue arracha à Chupin une exclamation :

— De quoi! de quoi! j'ai vu cette tête-là quelque part...

Pour se rappeler ce nouveau venu, pour mettre un nom sur ce visage inquiétant en sa beauté sculpturale, Chupin se torturait la cervelle... en vain.

Et cependant, tout au fond de ses souvenirs, parmi les fantômes de son passé, s'agitait cette physionomie...

Agacé au dernier point, il délibérait s'il n'entrerait pas, lorsqu'il vit M. Wilkie prendre des mains d'un garçon la carte de son dîner, la parcourir d'un coup d'œil et jeter un louis sur la table.

L'autre avait tiré son porte-monnaie et prétendait payer le café qu'il venait de prendre, mais M. Wilkie, d'un geste cordial, s'y opposa et adressa au garçon ce signe magnifique et impérieux qui dit si clairement :

— N'acceptez rien!... Tout est payé!... Gardez la différence...

Le garçon s'éloigna gravement, en homme qui sait que la vanité seule augmente de plus d'un million par an le chiffre fabuleux des pourboires qui se distribuent à Paris.

— Mes gaillards vont sortir, pensa Chupin, ouvrons l'oreille !...

Et, pour recueillir leur conversation dès leur sortie, il s'approcha de la porte et mit un genou en terre, comme s'il eût été occupé à renouer les cordons de ses souliers.

C'est là un des mille expédients des espions et des curieux.

Et quand on est assez fou pour raconter quelque secret dans la rue, on doit avoir au moins la sagesse de se défier des gens qui, près de soi, paraissent absorbés par une occupation quelconque : ceux-là, neuf fois sur dix, écoutent, soit qu'ils y aient intérêt, soit par plaisir... soit pour la gloire.

Mais les deux jeunes gens qu'épiait Chupin étaient à mille lieues de se supposer l'objet d'une surveillance...

M. Wilkie passa le premier, parlant très-haut, comme il arrive au sortir de table, quand on a bien dîné et qu'on a la digestion heureuse.

— Voyons, Coralth, mon cher bon, disait-il à son compagnon, vous ne me quitterez pas comme cela... J'ai une loge pour les Variétés, il faut que vous veniez... Nous verrons s'il est vrai que Silly imite Thérésa aussi parfaitement qu'on le dit...

— C'est que je suis attendu quelque part...

— Eh bien ! on vous attendra !... Allons, vicomte, c'est dit, n'est-ce pas ?

— Ah ! vous faites de moi tout ce que vous voulez...

— Parbleu !... Mais avant, nous allons prendre un verre de bière pour finir nos cigares !... Et savez-vous qui vous trouverez dans ma loge ?

Ils s'éloignaient; le brouhaha de la foule couvrit leur voix... Chupin se releva :

— Coralth !... murmurait-il, vicomte de Coralth... Nous n'avons pas ça dans la maison... Voyez à côté... Coralth !... c'est bien sûr la première fois que j'entends ce nom-là. Est-ce que je me tromperais ?... Pas possible !...

Et, après avoir dévisagé ce beau vicomte, il étudiait sa tournure, sa démarche, son geste, et de plus en plus il se pénétrait de son opinion première, se disant qu'un nom après tout ne signifie pas grand chose, s'irritant de l'inconcevable trahison de sa mémoire.

Cette préoccupation eut au moins ce bon côté d'abréger le temps qu'il passa à faire les cent pas sur le trottoir, pendant que les deux amis, installés à la porte d'un café, fumaient et buvaient.

C'était toujours M. Wilkie qui parlait avec une certaine animation, et l'autre, le coude sur la table, écoutait froidement, abaissant seulement la tête, de temps à autre, en signe d'approbation.

Ce qui indignait aussi Chupin, c'était qu'ils restaient là, pendant qu'ils avaient dans leur poche un coupon de loge.

— Méchants crevés ! grommelait-il... C'est quand le spectacle sera à moitié, qu'ils entreront, exprès pour déranger le monde, et ils taperont les portes par dessus le marché... Idiots, va !...

Comme s'ils eussent entendu l'invective, ils se levèrent, et l'instant d'après, ils entraient aux Variétés.

Ils entrèrent, et Chupin demeura sur le boulevard, un peu penaud, se grattant furieusement la tête, comme toujours, quand il voulait développer la puissance de son imaginative.

Ce qu'il cherchait, c'était le moyen de se procurer une place sans bourse délier... Il avait vu tout le répertoire des boulevards, sans qu'il lui en coûtât un centime, et véritablement, il eût cru déroger en prenant un billet au bureau.

— Payer pour voir la comédie, pensait-il, plus souvent !... le directeur s'en ferait mourir !... Je dois connaître quelqu'un ici... il faut attendre l'entr'acte.

Son calcul se trouva juste. L'entr'acte venu, il distingua parmi la foule qui sortait du théâtre, un grand gaillard à casquette vernie et à accroche-cœurs collés aux tempes, qu'il avait fréquenté autrefois, qui pour le moment « travaillait dans la claque, » et qui lui obtint d'un marchand de billets une place gratis.

— Et voilà !... il est bon d'avoir des amis partout, murmura-t-il.

C'était en vérité une fort bonne place qu'on lui avait donnée, aux deuxièmes galeries, d'où il voyait au moins la moitié de la salle.

Il ne lui fallut qu'un regard pour découvrir « ses pratiques, » ainsi qu'il disait, dans une loge, en face de lui.

Ces messieurs avaient en leur compagnie deux demoiselles à toilettes excentriques, à cheveux jaunes furieusement ébouriffés, qui, tant qu'elles le pouvaient, s'agitaient, se démenaient, ricanaient et glapissaient, à la seule fin d'attirer sur elles les lorgnettes de toute la salle... Et leur manége réussissait.

Cet aimable scandale paraissait contrarier M. de Coralth, et il se dissimulait de son mieux au fond de la loge, dans l'ombre.

Mais le jeune M. Wilkie était visiblement ravi et manifestement fier de l'attention que forcément le public accordait à sa loge. Il s'offrait le plus possible aux regards, il se penchait en avant, il se montrait, s'étalait, faisait la roue...

— Tout de même, pensait Chupin, il y en a qui sont trop bêtes, ce n'est pas juste... Il faut que le bon Dieu ne leur ait pas donné leur poids d'esprit...

Moins que jamais, en ce moment, il pardonnait à M. Wilkie l'ignoble insulte qu'il avait jetée à la face de Mme Lia d'Argelès... sa mère, vraisemblablement.

Pour ce qui est de la pièce qu'on jouait, il n'en entendit pas vingt mots. Il était à ce point accablé de fatigue qu'il ne tarda pas à s'endormir. Le bruit de chaque entr'acte le tirait quelque peu de son assoupissement, mais il ne s'éveilla complètement qu'à la fin...

Ses « pratiques » étaient encore dans leur loge, et même M. Wilkie, debout, tendait galamment aux dames leur manteau et leur châle...

— On va donc rentrer, se dit-il.

Point. Sous le péristyle, M. Wilkie et M. de Coralth furent rejoints par plusieurs jeunes gens, et tous ensemble ils allèrent s'installer dans un café voisin; les demoiselles à cheveux jaunes avaient suivi.

— Décidément, gronda Chupin, ils ont un grain de sel dans le gosier, ces particuliers-là!... Je vous demande un peu si c'est une vie!...

Lui-même, cependant, ayant mangé très-vite, avait grand soif... et après une longue délibération, le besoin parlant plus haut que l'économie, il s'assit à une table dehors, et demanda un bock où il trempa ses lèvres avec un soupir d'avare...

Il but à petits coups, ce qui n'empêche que son verre était vide depuis longtemps, que M. Wilkie et ses amis buvaient toujours dans le café.

— Il paraît que nous allons coucher ici, pensait-il.

Sa mauvaise humeur s'expliquait. Il était une heure du matin, et après avoir enlevé les chaises et les tables autour de lui, on venait de le prier de se retirer...

Les cafés se fermaient, et on entendait de tous côtés sonner les barres et claquer les targettes des volets... Sur le trottoir, les garçons en bras de chemise, une serviette autour du cou, se détiraient et respiraient avec délices un air relativement pur... Le boulevard se vidait... les hommes s'éloignaient par groupes, et le long des maisons des ombres de femmes glissaient... les sergents de ville surveillaient, la menace de contravention à la bouche, et il n'y avait plus d'ouvertes que ces petites portes honteuses, toutes basses et toutes étroites, par où les limonadiers font écouler leurs derniers consommateurs, les enragés, ceux qui demandent toujours un petit verre pour finir...

C'est par une ouverture de ce genre que M. Wilkie et les siens passèrent... Quand ils parurent, Chupin eut un grognement de plaisir. Enfin il allait, pensait-il, « filer » son homme jusqu'à sa porte, prendre son numéro et regagner son domicile... Mais sa joie fut de courte durée... Sur la proposition de M. Wilkie, il venait d'être décidé qu'on irait souper. M. de Coralth présenta quelques objections; mais les autres l'entraînèrent.

XIX

— Ah! je la trouve mauvaise, à la fin!... grogna Chupin. Ça va cesser, cette vie de Polichinelle, ou je vais chercher le commissaire!...

Ce qui l'exaspérait, outre qu'il était rendu et qu'il tombait de sommeil, c'était l'idée que sa « pauvre bonne femme de mère » l'attendait, mourant d'inquiétude... Car lui, le garnement dont l'existence avait été jadis l'incohérence même, il était devenu rangé et régulier en ses habitudes autant qu'un vieux rentier.

Quel parti prendre cependant?

Rentre, lui disait la raison, tu le retrouveras, ce Wilkie!... N'y a-t-il pas cent à parier contre un qu'il demeure rue du Helder, 48.

Reste, soufflait la cupidité, puisque tu as déjà tant fait, achève... Ce n'est pas une présomption que payera M. Fortunat, mais une certitude...

La passion de l'argent l'emporta...

Et tout en égrenant un interminable chapelet de jurons, il suivit la « société, » et ne tarda pas à la voir entrer au restaurant Brébant, le plus essentiellement Parisien de tous les cabarets qui restent ouverts la nuit.

Il n'était pas loin de deux heures, le boulevard était silencieux et désert, et cependant la façade du restaurant flamboyait de l'entresol au troisième étage, et de toutes les fenêtres entr'ouvertes, s'échappaient des lambeaux de refrains, des éclats de rire, des cliquetis de fourchettes, et des chocs de verres...

— Huit douzaines d'Armoricaines au 6!... cria un garçon à l'écaillère établie à l'entrée...

A cette commande, Chupin de son poing crispé menaça les étoiles.

— Voleur de sort!... murmura-t-il entre ses dents, gueux de guignon!... C'est pour la... bouche de mes imbéciles, ces huîtres, puisqu'ils sont huit en comptant les deux demoiselles à chignon jaune... Les voilà à table pour jusqu'à six heures du matin... Et ils appellent cela s'amuser... Et bon petit Chupin, pendant ce temps, restera à faire le pied de grue sur le boulevard... Ah! ils vont me le payer!...

Ce qui eût dû le consoler un peu, c'est qu'il n'était pas seul à croquer le marmot.

Devant le restaurant, une douzaine de fiacres stationnaient, dont les cochers dormaient, en attendant que leur patron le hasard leur envoyât quelqu'une de ces excellentes pratiques avinées, qui refusent de payer la course plus de quinze sous, mais qui donnent un louis de pourboire.

Tous ces fiacres, d'ailleurs, appartenant à l'étrange catégorie des « fiacres de nuit, » véhicules de rebut, délabrés et sinistres, traînés par des chevaux expirants, qu'on dirait volés à l'équarisseur, et qui gardent, des ivrognes et des joueurs qu'ils charrient chaque nuit, comme une odeur de débauche et de mauvais lieu...

Mais Chupin se souciait bien, vraiment, de ces voitures, de leurs maigres rosses et de leurs cochers.

A sa colère succédait la résignation du philosophe qui accepte de bonne grâce ce qu'il ne peut empêcher. La nuit devenant fraîche, il avait relevé le collet de sa redingote, et mélancoliquement il arpentait le trottoir...

Il avait bien fait une centaine de tours, repassant les événements de la journée, quand une idée jaillit de sa cervelle qui le cloua net sur place.

Il revoyait l'attitude de M. Wilkie et du vicomte de Coralth pendant toute la soirée, et quantité de circonstances. qui séparément lui avaient échappé, se représentant en un faisceau, de singuliers soupçons lui venaient.

M. Wilkie, petit à petit, s'était grisé, M. de Coralth, au contraire, de plus en plus était devenu froid et réservé.

M. de Coralth avait paru combattre toutes les idées de M. Wilkie, mais il les avait, en définitive, acceptées toutes, de sorte que les objections avaient produit l'effet d'autant de stimulants.

Que conclure de là, sinon que M. de Coralth avait quelque mystérieux intérêt à troubler l'intelligence de M. Wilkie afin de s'en rendre maître ?

Cette conclusion fut celle de Chupin.

— Oh! oh!... murmura-t-il, ce beau gars travaillerait-il aussi dans les successions?... Connaîtrait-il Mme Lia d'Argelès?... Saurait-il qu'il y a quelque part un héritage à recueillir?... On me dirait qu'il veut cuire son pain dans notre four que je ne serais pas bien surpris... Mais c'est le père Fortunat qui ne rirait guère!... Ah! mais non!... il ne rirait même pas du tout...

Planté sur ses jambes devant le restaurant, il réfléchissait, le nez en l'air, quand une des fenêtres de l'entresol s'ouvrit bruyamment, et deux hommes parurent dans le cadre de lumière, qui luttaient amicalement : l'un s'efforçait de saisir quelque chose que l'autre tenait à la main et ne voulait pas lâcher.

Un de ces deux hommes était M. Wilkie, Chupin le reconnut parfaitement.

— Allons bon! dit-il, voilà le commencement de la fin.

Juste comme il disait cela, le chapeau de M. Wilkie tomba sur le rebord de la fenêtre, glissa sur la corniche et fut lancé sur le trottoir...

Machinalement, Chupin le ramassa, et il le tournait et le retournait entre ses mains, lorsque M. Wilkie, se penchant à la fenêtre, cria d'une voix avinée :

— Holà!... eh!... Qui est-ce qui a trouvé mon chapeau?... Récompense honnête... un verre de champagne et un londrès, à qui me le rapportera, cabinet N° 6.

Chupin hésita...

Monter, c'était risquer de compromettre le succès de sa mission... D'un autre côté, la curiosité l'émoustillait, et il n'eût pas été fâché de voix de ses yeux comment s'amusaient ces jeunes messieurs... Puis, c'était une occasion d'examiner de très-près ce joli vicomte qu'il était positivement sûr d'avoir déjà rencontré sur son chemin sans pouvoir se rappeler où ni comment.

Cependant, M. Wilkie, de sa fenêtre, l'avait aperçu.

— Arrivez donc, farceur!... lui cria-t-il, vous n'avez donc pas soif !

L'idée du vicomte décida Chupin. Il entra, gravit lentement le roide escalier, et il arrivait au palier de l'entresol, quand un monsieur en habit noir, bien rasé, assez gras, blond et très-pâle, lui barra le passage et rudement lui demanda :

— Qu'est-ce que vous voulez?

— M'sieu, c'est un chapeau qui est tombé d'une fenêtre de chez vous, et alors...

— C'est bien, donnez!... dit le monsieur en habit noir, habitué à voir passer bien des choses par ses fenêtres.

Mais Chupin n'entendait pas de cette oreille, et il entamait une explication quand un rideau près de lui se souleva, et M. Wilkie parut, criant :

— Philippe!... hé!... Philippe!... qu'on me serve l'homme qui a ramassé mon chapeau !

— Ah! fit Chupin, vous voyez bien, m'sieu, qu'on me demande...

— C'est exact, prononça Philippe, allez...

Et, soulevant la portière du corridor, il poussa Chupin dans le cabinet N° 6.

C'était une petite pièce carrée, basse de plafond, où régnait une température de fournaise, où la lumière du gaz éclatait crue, terrible, aveuglante...

Le souper touchait à sa fin, mais on n'avait pas encore desservi, et les assiettes toutes pleines de mets déchiquetés, gâtés, gâchés, trahissaient la satiété...

Du reste, à l'exception de M. Wilkie, tous les convives étaient plus froids que marbre et paraissaient s'ennuyer prodigieusement... Dans un coin, la tête appuyée contre le piano, une des demoiselles à cheveux jaunes dormait.

Assis près de la fenêtre, plus flegmatique encore que les autres, M. le vicomte de Coralth fumait les coudes sur la table.

— Voici donc mon chapeau!... exclama M. Wilkie, dès que parut Chupin... Reste à payer la récompense promise.

Et aussitôt il se pendit à la sonnette, en criant à pleins poumons :

— Henri!... sommelier... un verre blanc et du champagne de la veuve !...

Plusieurs bouteilles étaient encore presque pleines, on le lui fit remarquer, mais il haussa les épaules.

— Vous me prenez sans doute pour un autre!... déclara-t-il. On ne boit pas du vin éventé, quand on a en perspective un héritage comme celui qui va me tomber du ciel...

— Wilkie!.. interrompit vivement M. de Coralth. Wilkie!...

Mais il était trop tard, Chupin avait entendu et compris.

Ses hypothèses devenaient certitude. M. Wilkie savait ses droits à une succession, donc M. Fortunat avait été prévenu par le vicomte; donc M. Fortunat en serait pour ses frais.

— Pas de chance, le patron, pensa-t-il... Quel coup, après l'affaire de Valorsay!... Il est capable d'en avoir la jaunisse!...

Pour un garçon de son âge, Chupin était remarquablement maître de ses impressions, mais la révélation avait été si soudaine, qu'il n'avait pu dissimuler un tressaillement, et que même il pâlit un peu.

Cela, M. de Coralth le vit, et bien qu'il fût fort éloigné de se supposer deviné, sa colère qu'il avait contenue éclata.

Il se leva brusquement, prit une bouteille, et remplissant un verre au hasard :

— Allons, avale-moi ça, dit-il à Chupin, dépêche-toi, et défile !...

Très-positivement, depuis sa conversion, Victor Chupin était devenu ombrageux et délicat...

Chez lui, cependant, susceptibilités ni répugnances n'allaient jusqu'à ce point de le mettre hors de lui, pour cela seulement qu'on lui disait : Toi, ou qu'on lui offrait de trinquer avec le premier verre venu...

Mais M. de Coralth lui inspirait une de ces aversions qui ne s'expliquent ni ne se raisonnent, et qui saisissent pour éclater la première occasion.

— Hé! dis donc, toi, fit-il brutalement, est-ce que nous avons bu du champagne ensemble, que tu me tutoies comme cela?

Ce n'était, à bien prendre, qu'une boutade grossière; néanmoins, le vicomte parut piqué jusqu'au vif.

— Vous entendez, Wilkie, prononça-t-il. Que ceci vous apprenne que le beau temps de lord Seymour, votre compatriote, est passé ! Elle est éteinte la race aimable des gens du peuple qui rendaient respectueusement les coups de poing dont les honoraient les gentilshommes après boire... Voilà où conduit, mon cher, la déplorable manie que vous avez de vous encanailler et de payer du vin à tous les voyous qui passent...

Les cheveux plats de Chupin se hérissaient de colère.

— De quoi!... de quoi!... exclama-t-il. Je vais t'apprendre ce que c'est qu'un voyou, méchant crevé!...

Son geste, son attitude, ses yeux, avaient une telle expression de défi et de menace, que deux des convives effrayés se levèrent et lui prirent les bras.

— Allons, retirez-vous, disaient-ils.

Mais lui, se débattant :

— Me retirer!... répondit-il... jamais de la vie!... On m'appelle voyou, et je mettrais ça tranquillement dans ma poche avec mon mouchoir par dessus!... Vous ne le voudriez pas! D'abord je demande des excuses...

C'était exiger un peu trop du vicomte de Coralth.

— Laissez donc ce mauvais drôle, prononça-t-il avec son flegme affecté, et sonnez les garçons, qui le flanqueront à la porte.

Point n'était besoin de cette insulte nouvelle pour jeter décidément Chupin hors de ses gonds.

— A la porte!... s'écria-t-il. Oh! là, là!... Où est-il, celui qui m'y mettra?... Qu'il vienne!... A qui le caleçon?...

D'un brusque mouvement, il s'était dégagé, et il s'était campé à la façon des professeurs de savate, le buste en arrière, tout le poids du corps portant sur le jarret gauche, les bras repliés à hauteur de sa poitrine, pour l'attaque et la parade.

— Voyons... voyons, insistèrent les jeunes gens, sortez...

— Oui, je veux bien, mais que votre ami sorte aussi... Est-il un homme?... Alors, qu'il vienne, on s'expliquera dans la rue...

Et s'apercevant qu'on cherchait à le saisir de nouveau :

— Bas les pattes!... grogna-t-il, ou je cogne... Ah!... c'est comme ça... Il ne fallait pas m'inviter... Ce n'est pas ma partie de donner de l'agrément aux sociétés qui ont trop dîné... Tiens!... pourquoi donc vous laisserai-je vous ficher de moi?... Je n'ai pas de rentes et vous en avez, je travaille et vous nocez, c'est vrai... Mais ce ne sont pas des raisons... Et puis, laissez faire... Les gueux du matin sont quelquefois les riches du soir... A chacun son tour, n'est-ce pas?... J'ai l'idée que j'aurai de l'argent quand vous aurez mangé le vôtre... Alors on rira... et comme je suis bon garçon, je vous jetterai mes cigares à moitié...

M. Wilkie paraissait ravi... En lui, il y avait quelque parcelle de ce grain de folie qui inspire les excentricités anglaises.

Il s'était hissé sur le piano, s'y était assis, les pieds sur le clavier, et de là, comme du haut d'un tribunal, il écoutait, jugeait et applaudissait, prenant tour à tour parti pour Chupin ou pour le vicomte, et criant alternativement :

— Bravo, le gamin!... ou : touché, Coralth!...

Cela devait achever le vicomte.

— Je vois bien, prononça-t-il, que sans les sergents de ville nous n'en finirons pas.

— Les sergents?... hurla Chupin. Ah! ça ne serait pas à faire, méchant...

Il s'arrêta court, la voix expirant dans son gosier, et il demeura béant, interdit, le geste interrompu, la pupille dilatée par la surprise...

Un jeu de physionomie de M. de Coralth avait été pour lui un trait de lumière.

Et il venait de se rappeler soudainement, et alors qu'il ne cherchait plus, où, quand et en quelles circonstances il avait connu le vicomte. Il se souvenait maintenant du nom qu'il portait, lorsqu'il l'avait rencontré.

— Oh! bégaya-t-il sur trois tons différents, oh! oh!

Mais cette découverte eut pour effet sinon de calmer sa colère, au moins de lui rendre comme par magie son sang-froid.

Et c'est avec l'affreux accent gouailleur des purs faubouriens qu'il reprit, s'adressant à M. de Coralth :

— Faut pas vous fâcher, bourgeois, tout ce que j'ai dit, c'était histoire de rire... Je fais ma tête, comme ça, mais je sais bien qu'entre un pauvre diable comme moi et un vicomte comme vous, il y a plus d'une marche d'escalier... Je n'ai pas le sou, voyez-vous, et c'est ce qui m'enrage... Je ne suis pas trop mal de ma personne, heureusement, et j'espère toujours que la fille de quelque banquier tombera amoureuse de moi et m'épousera... C'est ça qui serait de la chance!... Pour lors, il ne me resterait plus qu'à essayer de me faire passer pour l'enfant perdu de quelque grand personnage, d'un duc, par exemple... et si le vrai fils existait, s'il me gênait, dame!... je l'assassinerais un peu pour prendre sa place...

Ni M. Wilkie ni ses amis ne comprenaient un mot à ce bavardage de Chupin, et les deux demoiselles à cheveux jaunes fixaient sur lui leurs gros yeux stupides.

Il était clair cependant que chacune de ces paroles avait une signification pour M. de Coralth, et même une signification terrible.

Exercé depuis longtemps à commander à sa physionomie, il restait impassible en apparence et même souriant, mais un observateur eût lu l'angoisse dans ses yeux, et il blémissait visiblement...

A la fin, n'y tenant plus, il prit dans son portefeuille un billet de cent francs, le roula entre ses mains, et le lança à Chupin en disant :

— C'est fort joli, mon garçon, tout ce que tu nous contes là, mais en voici assez, paye-toi et laisse-nous...

Malheureusement la boule de papier atteignit Chupin en plein visage...

Il poussa un cri rauque, et à la façon dont il saisit et brandit une bouteille, on put croire que M. de Coralth allait avoir la tête brisée.

Non, cependant... Grâce à un effort héroïque de volonté, Chupin maîtrisa ce mouvement de rage folle, et il reposa la bouteille en disant aux deux demoiselles qui s'étaient mises à pousser des cris de paon :

— Taisez-vous donc, vous autres, ne voyez-vous pas que je plaisante !...

Mais les convives et M. Wilkie lui-même, avaient trouvé la plaisanterie un peu forte et même dangereuse.

Ils se levaient très-décidés, cela se voyait, à jeter Chupin dehors, il les arrêta du geste.

— Ne vous dérangez pas, fit-il, ce n'est pas la peine, je file... Laissez-moi seulement chercher le billet de banque que monsieur, là-bas, m'a jeté...

— C'est trop juste, approuva M. Wilkie, cherchez...

Il se baissa, non sans peine, et le trouva presque sous le piano.

— Maintenant, dit-il encore, je voudrais bien un cigare.

On lui tendit une assiette où il y en avait une vingtaine, et gravement il en choisit un, dont il coupa le bout avec un couteau avant de le mettre à la bouche.

Les autres, d'un air ébahi, le regardaient faire, ne comprenant rien à ce calme ironique succédant à une violence si grande...

Alors, lui, Victor Chupin, qui n'avait plus, ce me semble, qu'un but, devenir riche, lui qui aimait l'argent d'une passion sans égale, qui avait étouffé en son âme toutes les autres passions, lui qui pour cinq francs travaillait quelquefois deux jours, lui qui ne dédaignait pas de réclamer cinq sous quand il allait chercher une voiture à une remise...

Lui, Chupin, il tortilla le billet de banque, l'enflamma au gaz, et s'en servit comme du premier chiffon venu pour allumer son cigare.

— Ah!... il est toqué!... murmurèrent les deux dames à cheveux jaunes, d'un air navré.

Mais M. Wilkie fut enthousiasmé.

— Très-chic!... déclara-t-il. Épatant de chic!...

Chupin ne daigna seulement pas tourner la tête.

Il entr'ouvrit la porte, et, debout sur le seuil, il salua le vicomte de Coralth d'un geste ironique :

— Jusqu'au revoir, M. Paul, prononça-t-il... Et bien le bonjour à Mme Paul de ma part...

Moins stupéfaits, les convives eussent remarqué le prodigieux effet de ce nom sur leur brillant ami...

Il devint livide et vacilla sur sa chaise... Puis tout à coup, il se dressa, comme s'il eût voulu s'élancer après celui qui venait de l'écraser de ce nom de Paul...

Tentative inutile!... Chupin était déjà sur le boulevard.

Le jour commençait à venir, la silhouette des toitures se découpait en noir sur le fond livide du ciel, et les trottoirs, à perte de vue, s'étalaient, blanchâtres comme après une tombée de neige.

Paris bâillait, pour ainsi dire, avant de s'éveiller, les mitrons causaient sur la porte des boulangers, et les garçons des marchands de vin, en bras de chemise et les yeux bouffis de sommeil, enlevaient lentement les volets des boutiques.

Dans le lointain, pareille à un nuage, montait la poussière des boulevards, soulevée par les balayeurs; des chiffonniers, comme des ombres en peine, erraient, piquant leur butin parmi les immondices... les bruyantes voitures des laitiers passaient au galop, et les ouvriers matineux se rendaient à leur chantier, tenant à la main un gros morceau de pain où ils mordaient à même...

Glaciale était la bise qui se lève avec l'aube, mais Chupin avait si peu froid qu'il alla s'asseoir, de l'autre côté de la chaussée, sur un banc d'où il pouvait, sans être vu, surveiller l'entrée du restaurant.

Il venait d'être secoué par une de ces émotions qui bouleversent l'être jusqu'en ses plus intimes profondeurs, et rendent insensible aux circonstances extérieures quelles qu'elles soient.

Sous les dehors brillants de ce soi-disant vicomte de Coralth, Chupin avait reconnu l'homme qu'il haïssait le plus au monde, ou plutôt le seul qu'il hait; car il n'avait point l'âme méchante.

Impressionnable à l'excès, comme un véritable enfant des faubourgs qu'il était, il avait l'étrange mobilité de sensations du Parisien... si la moindre des choses allumait sa colère, il suffisait d'un rien pour l'éteindre, et il était incapable de rancunes durables... Mais ce beau vicomte !...

— Dieu !... que je lui en veux, à ce gars-là, répétait-il, les dents serrées de rage; Dieu que je le hais...

C'est qu'une fois en sa vie, ainsi qu'il l'avait avoué à M. Fortunat, Chupin s'était rendu coupable d'une lâche et abominable action, qui avait failli coûter la vie à un homme.

Et le crime, s'il eût réussi, eût profité à ce jeune homme qui, maintenant, cachait les turpitudes de son passé sous le nom sonore de Coralth.

Comment, après cela, Chupin ne l'avait-il pas remis du premier coup d'œil?...

C'est que Chupin avait travaillé pour ce vicomte de fantaisie, sans pour ainsi dire le connaître, conseillé et poussé par des misérables qui exploitaient ses vices précoces... C'est à peine si, en ce temps-là, il l'avait entrevu deux ou trois fois, et jamais il ne lui avait parlé...

Plus tard, seulement, — trop tard — il avait appris de quelle ignoble intrigue il avait été l'instrument...

Et revenu à des sentiments honnêtes, sincèrement repentant, il abhorrait Coralth, cause du crime...

Et ce n'est pas tout :

Coralth, dans ce cabinet particulier, s'était dressé devant lui, effrayant et implacable, comme le remords...

Il avait éveillé dans les profondeurs de sa conscience une voix menaçante qui lui avait crié :

— Que fais-tu en ce moment?... Te voici encore espionnant pour le compte d'un homme dont tu te défies et dont tu ignores les véritables desseins... C'est ainsi que tu as commencé autrefois... As-tu oublié jusqu'où cela t'a conduit? N'est-ce donc pas assez du sang qu'une fois déjà tu as eu sur les mains!... C'est folie que de prétendre rester honnête en faisant le métier des coquins!

C'est cette voix qui avait donné à Chupin le courage d'allumer un cigare à la flamme d'un billet de cent francs.

Et cette voix le torturait encore, pendant que sur son banc il essayait de se résumer la situation.

En somme, où en était-il?

Avec un rare bonheur, il avait retrouvé le fils que dissimulait à tous et dont se cachait Mme Lia d'Argelès... Mais ce garçon, contre toute prévision, savait déjà qu'un héritage venait de lui échoir...

Ce que s'était proposé de faire M. Fortunat, M. de Coralth, aussi bien renseigné que lui, l'avait très-probablement déjà fait.

Dès lors, c'était une partie perdue, s'obstiner devenait inutile.

C'était bien cela, et tout eût été dit, s'il ne fût advenu

que Chupin connaissait l'inavouable passé du vicomte de Coralth.

Cette circonstance changeait tout, car elle lui permettait de peser sur les événements d'une façon décisive.

Armé du secret qu'il possédait, il pouvait, en intervenant à propos, donner la victoire à M. Fortunat et forcer M. de Coralth à capituler.

Oui, il le pouvait d'autant mieux que Coralth, il en était sûr, ne l'avait pas reconnu, et ignorait peut-être jusqu'à son existence. Il s'était laissé emporter par un mouvement de colère qu'il regrettait, il s'était attribué ironiquement l'histoire de son ennemi, mais cela ne tirait pas à conséquence.

Donc, rien ne l'arrêtait; et il se trouvait qu'en prêtant son concours à M. Fortunat, il ferait d'une pierre deux coups.

Il se vengerait de Coralth, et il assurerait au dénicheur d'héritages, son patron, un bénéfice dont certainement il lui reviendrait quelque chose.

Et cependant, non! L'idée de tirer de cette affaire un profit quelconque lui inspira un invincible sentiment de dégoût, sublime victoire de l'honneur dans une âme si naturellement cupide.

Il lui parut que l'argent provenant d'une pareille entreprise lui salirait les doigts; car il devait y avoir quelque vilenie sous ces manœuvres, quelque grosse perfidie, il n'en doutait plus maintenant que Coralth s'y trouvait mêlé.

— Je servirai le patron pour rien, décida-t-il... Quand on est vengé on est payé!

Chupin décidait cela, parce qu'il ne concevait pas de parti meilleur.

Maître des événements, il eût agi tout autrement.

Il eût purement et simplement supprimé cet héritage dont il ne trouvait pas que M. Wilkie fût digne...

— Le diable sait ce qu'il en fera, pensait-il... Bien sûr il le mangera comme mon père a mangé la fortune qu'on lui avait donnée... Il n'y a que les gredins pour avoir de la chance !...

L'effort de sa méditation ne l'empêchait pas de surveiller fort attentivement l'entrée de la maison Brébant, car il était de la plus haute importance que M. Wilkie ne lui échappât pas...

Il faisait grand jour et le restaurant se vidait...

Paris s'éveillant et se levant, les aimables viveurs, qui avaient passé ce qu'on est convenu d'appeler une joyeuse nuit, se décidaient à regagner leur logis pour se coucher et dormir...

Cela distrayait Chupin de les examiner à leur sortie.

Il y en avait qui titubaient, ou qui, abêtis par la boisson, s'en allaient la tête basse, en rognonnant des phrases incohérentes... D'autres, tout aussi ivres, mais plus nerveux, très-animés encore, chantaient en se retirant, discutaient à pleine voix ou interpellaient les balayeurs... Les plus sobres, honteux d'être surpris par le jour, et rougissant d'eux-mêmes, se sauvaient à toutes jambes, rasant les maisons... Il y en eut un que les garçons durent porter jusqu'à une voiture, il ne tenait plus debout...

Il n'y avait plus alors que cinq ou six voitures de nuit devant la porte, et les cochers se démenaient et criaient, faisant de leur mieux pour racoler quelque pratique avant de regagner leur remise...

— Un bon quatre places !... hurlaient-ils. Un bon quatre places, Monsieur et Madame !

Il fallait vraiment qu'il ne restât pas grand monde, que la caisse fût faite et que les fourneaux fussent éteints, car Chupin vit sortir et passer devant lui le Monsieur en habit noir qui lui avait barré le passage, et que M. Wilkie avait appelé Philippe.

Il marchait d'un bon pas, bien enveloppé dans son paletot, et malgré cela il frissonnait, blême et triste comme un homme condamné à dormir le jour et à rester debout la nuit, véritable martyr du plaisir des autres, qui pourrait dire ce qu'il y a de bêtise et de folie au fond des bouteilles, et qui sait au juste ce qu'il y a de bâillements sous le verbe « s'amuser. »

— Ah çà ! pensait Chupin inquiet, M. Wilkie et ses amis auraient-ils filé ?...

Mais précisément ils parurent, et, durant un moment, ils causèrent en cercle sur le trottoir.

L'éclat du jour faisait clignoter leurs yeux rougis, leurs lèvres pendaient, et le froid marbrait de taches bleues leurs joues blafardes... Quant aux demoiselles à cheveux jaunes, toutes les peintures de leur visage s'étant quelque peu confondues et mêlées, elles apparaissaient telles qu'elles étaient véritablement, hideuses.

Elles montèrent dans le seul fiacre qui restait, le plus délabré de tous, dont le cocher eut bien du mal à mettre sa misérable rosse en mouvement, et les hommes s'éloignèrent à pied.

— Allons, se dit Chupin, en route !...

Bien des gens eussent été contrariés et même humiliés d'avoir à longer les boulevards, à cette heure matinale, dans une tenue dont l'élégance débraillée trahissait une nuit passée au cabaret.

M. Wilkie, au contraire, et ses amis, — à l'exception du vicomte de Coralth, visiblement gêné, — devaient être fiers et enchantés d'eux-mêmes. Cela se devinait, rien qu'à la façon dont ils accueillaient les regards des passants.

Ils s'estimaient « pleins de chic, » ils produisaient un effet quelconque, ils « épataient le monde... » Que souhaiter de plus?...

Ce qui est positif, c'est qu'ils agaçaient terriblement Chupin, lequel les suivait, mais de l'autre côté de la chaussée et à une assez grande distance, car maintenant qu'il s'était montré, il avait à craindre d'être reconnu.

— Méchants crevés, grommelait-il, on les saignerait à blanc qu'on ne tirerait pas d'eux six une chopine de sang d'homme!... S'ils étaient saoûls, seulement!... Mais plus souvent!... ça leur aurait abîmé l'estomac de boire!... Ah! s'ils savaient ce qu'ils me font mal!...

Du moins, n'eut-il pas très-longtemps à s'impatienter.

A la rue Drouot, deux de ces messieurs quittèrent le groupe et deux autres s'en allèrent par la rue Le Pelletier.

M. Wilkie et le vicomte de Coralth restaient seuls à suivre le boulevard. Ils se prirent le bras, et c'est avec une certaine animation qu'ils s'entretinrent jusqu'à la rue du Helder, où finalement ils se séparèrent après force poignées de main.

Que s'étaient-ils dit en se quittant, quelles conventions

avaient-ils arrêtées ?... Chupin eût de bon cœur sorti cent sous de sa poche pour le savoir.

Il eût donné bien davantage à qui lui eût enseigné un moyen de se dédoubler; le moyen de « filer » le vicomte de Coralth, qui se dirigeait vers la Madeleine, sans cesser pour cela d'épier et d'accompagner l'autre.

Mais nous ne sommes plus au temps des miracles. L'employé de M. Isidore Fortunat soupira et, s'attachant aux pas de Wilkie, il ne tarda pas à le voir entrer au N° 48 de la rue du Helder.

Le concierge, qui était devant la porte, fort occupé à nettoyer les cuivres de la sonnette, le salua. Il n'y avait pas à en douter, c'était bien chez lui que rentrait M. Wilkie.

— Enfin !... grommela Chupin, le voilà garé des voitures... Je savais bien qu'il logeait dans cette maison !... Je l'avais deviné rien qu'à la façon dont Mme Lia d'Argelès regardait les fenêtres hier soir... Pauvre femme !... Ah !... son fils est un joli cadet !...

Cette pensée de pitié devait être l'occasion d'un retour sur soi.

— Gueux de sort !... s'écria-t-il, en s'administrant sur le front un maître coup de poing, j'oubliais ma bonne femme de mère !

Et, comme toute la besogne était terminée, qu'il n'y avait plus rien à apprendre, il partit au galop, coupant au plus court pour gagner le faubourg Saint-Denis.

— Pauvre m'man, se disait-il, tout en jouant prodigieusement des jambes, sûr elle n'aura pas été à la noce cette nuit... Canaille d'enfant !... je lui aurai fait pleurer toutes les larmes de son corps.

Il disait vrai. La malheureuse mère avait passé la nuit dans des transes mortelles, comptant les heures, tressaillant à chaque claquement de la porte, annonçant la rentrée d'un locataire...

Et à mesure que marchaient les aiguilles de la pendule, son cœur se serrait, et ses conjectures devenaient sinistres...

Pour que son fils l'abandonnât ainsi à ses inquiétudes, il fallait, pensait-elle, qu'il eût été victime d'un accident, ou qu'il eût retrouvé quelqu'un de ses détestables amis d'autrefois, de ceux qui l'avaient poussé jusqu'à l'abîme...

Peut-être était-ce son père qu'il avait rencontré, Polyte Chupin, cet homme qu'elle aimait toujours, l'infortunée, parce que, malgré tout, c'était son homme... mais qu'elle jugeait et qu'elle savait capable de tout...

Et de tous ces malheurs, c'était encore un accident, même mortel, qu'elle redoutait le moins...

L'honneur, dans l'âme héroïque de cette femme du peuple, parlait plus haut encore que l'instinct impérieux de la maternité, et elle eût mieux aimé retrouver son fils sur les dalles de la Morgue que sur les bancs de la Cour d'assises...

Ses pauvres yeux n'avaient plus de larmes, lorsqu'enfin elle reconnut tout au bout du corridor le pas familier de son Victor.

Précipitamment elle ouvrit la porte, et dès qu'elle le sentit près d'elle, car elle ne pouvait le voir :

— Où as-tu passé la nuit? demanda-t-elle... D'où viens-tu!... Que t'est-il arrivé?...

Pour toute réponse, il lui sauta au cou, suivant en

cela l'impulsion de son cœur, et aussi le conseil de son expérience, qui lui disait que c'était là, certainement, la meilleure raison qu'il pût donner.

Cela ne l'empêcha pas d'essayer ensuite de se justifier, et il y parvint, se gardant toutefois de confesser la vérité, redoutant le blâme de sa mère, sachant bien qu'elle serait moins accommodante que sa propre conscience.

— Je te crois, mon fils, prononça gravement la digne femme, tu ne voudrais pas me tromper, n'est-ce pas?...

Et cette malheureuse qui avait été la compagne d'un ivrogne, ajouta :

— Ce qui m'a rassurée, quand tu m'as embrassée, ce qui est sûr, c'est que tu n'as pas bu...

Chupin ne souffla mot : cette confiance le gênait extraordinairement.

— Que je sois pendu, pensa-t-il, si jamais je fais quelque chose que je ne puisse pas lui avouer, à cette pauvre bonne femme !...

Mais il n'avait pas le temps de s'abandonner à son attendrissement.

Il était trop engagé, pensait-il, pour reculer, et il importait qu'il rendît compte, le plus tôt possible, de ses démarches... Puis, sa haine contre le vicomte de Coralth l'aiguillonnait...

Il se dépêcha donc de manger un morceau, car il était exténué de besoin, et il ressortit, en promettant bien de rentrer dîner.

S'il se hâtait tant, c'est que c'était dimanche, c'est que M. Fortunat passait presque tous ses dimanches à la campagne, et qu'il craignait de ne pas le rencontrer.

Et tout en courant vers la place de la Bourse, il arrangeait dans sa tête l'histoire qu'il raconterait, pénétré de cette maxime populaire que « toute vérité n'est pas toujours bonne à dire. »

Devait-il rapporter la scène du restaurant, nommer Coralth, dire qu'il n'y avait plus rien à apprendre à M. Wilkie?... Après mûres réflexions, il décida que non; cela pouvait décider M. Fortunat à renoncer à l'affaire. Mieux valait le laisser courir à une déconvenue, lui tout révéler ensuite, et profiter de sa colère pour en faire un instrument de vengeance...

Ce dimanche-là, justement, M. Fortunat avait arrêté qu'il n'irait pas à la campagne.

Il avait dormi la grasse matinée, et il était encore en robe de chambre lorsque Chupin parut... Il eut un cri de joie à sa vue, devinant bien que s'il lui arrivait sitôt, c'est qu'il apportait d'heureuses nouvelles.

— Vous avez réussi?... lui cria-t-il.

— Oui, m'sieu.

— Vous avez déniché le fils de la d'Argelès?

— Je le tiens!...

— Ah!... je disais bien que vous êtes un garçon d'esprit... Vite, contez-moi tout cela... C'est-à-dire, non, faisons mieux, attendez!...

Il sonna, et Mme Dodelin, sa gouvernante, étant accourue :

— Ajoutez un couvert, commanda-t-il, M. Chupin déjeune avec moi... et servez... Cela vous convient, n'est-ce pas, Victor? Il est dix heures, j'ai faim... nous causerons mieux en buvant une bouteille de vin blanc.

C'était une faveur immense et qui donna à Chupin l'exacte mesure du service qu'il avait rendu. Il n'en fut pas enorgueilli, cependant, mais il regretta d'avoir mangé avant de venir.

Cette faveur, M. Fortunat ne la regretta pas, une fois à table, et même il oubliait son appétit, en écoutant le récit de son employé.

— Très-bien !... interrompait-il à tout moment... parfait !... On n'est pas plus adroit !... Je n'aurais pas mieux fait !... Vous serez content de moi, Victor, si l'affaire réussit !...

Et sa satisfaction débordant en un monologue présomptueux :

— Et pourquoi ne réussirait-elle pas ?... poursuivait-il. En fut-il jamais une si simple et si belle !... Je puis tout exiger : cent, deux cent, trois cent mille francs... Ah ! le comte de Chalusse a bien fait de mourir... Du coup, je pardonne à Valorsay... Qu'il garde mes quarante mille francs, je les lui donne... Qu'il épouse Mlle Marguerite, je lui souhaite beaucoup d'enfants... Et que la dame d'Argelès soit bénie !

Il voyait si bien sa fortune faite que, dès midi, n'y tenant plus, il monta en fiacre avec Chupin pour se rendre chez M. Wilkie, déclarant qu'au besoin il saurait bien l'éveiller.

Arrivé rue du Helder, il recommanda une fois encore à son employé de l'attendre dans la voiture, et pénétrant dans la maison, il demanda :

— M. Wilkie ?...

— Au second, répondit le concierge, la porte à droite.

Le chasseur d'héritages monta lentement.

Il sentait l'absolue nécessité de se remettre, de reprendre son inébranlable aplomb, et c'est seulement quand il se fut composé une figure de circonstance qu'il sonna.

Un petit domestique, souffre-douleur de M. Wilkie, et qui se vengeait en le volant outrageusement, vint ouvrir et commença par déclarer que son maître était absent...

Mais M. Fortunat s'entendait à forcer les consignes. Il manœuvra si bien que le jeune garçon embarrassé finit par le faire entrer dans un petit salon, en lui disant :

— Alors, asseyez-vous, je vais prévenir Monsieur.

— Allez, dit le dénicheur d'héritages.

Seulement, au lieu de s'asseoir, il se mit à examiner la pièce où il se trouvait, et aussi, par une porte entre-bâillée, une pièce voisine. Il avait cette opinion qu'un logis reflète le caractère de qui l'habite, aussi sûrement qu'une coquille indique la forme de l'animal qui y vit.

M. Wilkie était confortablement logé, mais son appartement était orné avec une profusion prétentieuse et d'un goût plus que douteux.

Il s'y voyait peu de livres, mais en revanche des cravaches, des fouets de toutes formes, des éperons, des fusils, des carniers et des cartouchières, enfin quantité de ces ustensiles ridicules dont un sportsman ne saurait se passer.

Aux murs, point de tableaux. Des portraits de chevaux célèbres trahissaient immédiatement le gentleman propriétaire pour sa part d'un huitième de rosse qualifiée cheval de courses.

Ayant vu, M. Fortunat sourit.

— Mon gaillard, pensa-t-il, est un de ces petits messieurs qui veulent se moucher plus haut que le nez... Entre mes mains, il ne pèsera pas une once...

Il s'arrêta; le petit domestique rentrait, qui lui dit :

— Monsieur est dans la salle à manger, si monsieur veut passer...

Le guetteur de successions passa et se trouva en face de M. Wilkie, lequel déjeunait d'une tasse de chocolat.

Non-seulement il était levé, mais encore il était habillé de pied en cap pour sortir, et si mirifiquement, qu'on l'eût pris pour un homme d'écurie de bonne maison.

Une couple d'heures de sommeil l'ayant tout à fait remis, il avait repris l'arrogance qui était le trait distinctif de son caractère, et le signe de sa prospérité.

Voyant entrer un visiteur inconnu, il cligna de l'œil pour le toiser, et tout au plus poliment :

— Que désirez-vous? demanda-t-il.

— Monsieur, je viens pour une affaire...

— Eh bien, le moment est mal choisi... On m'attend à Vincennes, pour les courses; j'ai un cheval engagé... Ainsi, vous comprenez...

Intérieurement, M. Fortunat s'amusait de l'outrecuidance de M. Wilkie.

— Mon gaillard, songeait-il, sera moins pressé quand il saura ce dont il retourne.

Et tout haut il reprit :

— La chose, monsieur, peut se dire en quatre mots...

— Alors, allez-y!...

Le dénicheur d'héritiers commença par fermer une porte laissée ouverte à dessein par le domestique, puis revenant tout près de M. Wilkie, et de l'air le plus mystérieux :

— Que donneriez-vous bien, commença-t-il, à l'homme

habile qui tout à coup vous mettrait en possession d'une fortune immense, d'un million, de deux millions, peut-être?...

Il avait préparé son effet, il le croyait sûr, il s'attendait à voir M. Wilkie tomber à ses genoux.

Et pas du tout; l'aimable gentleman ne sourcilla pas, et c'est du plus beau calme et la bouche à demi-pleine, qu'il dit :

— Je sais le reste!... Vous venez, n'est-ce pas, cher monsieur, pour me vendre le secret d'une succession vacante en ce moment et qui m'appartient?... Eh bien! vous arrivez mauvais deuxième.

Le plafond s'effondrant sur M. Fortunat, ne l'eût pas mis en si piteux état... Il demeura béant, stupide, écrasé, et ses yeux eurent une telle expression d'ahurissement, que l'autre éclata de rire.

Pourtant il essaya de se débattre, mais en homme qui se noie, qui a bu plus d'une gorgée et qui coule...

— Laissez-moi vous expliquer, balbutia-t-il, permettez-moi...

— Oh!... inutile!... Je sais mes droits. J'ai traité, cher monsieur, ma parole est engagée et demain ou après-demain je signerai mes conventions...

— Avec qui?...

— Ah! permettez, c'est de la vie privée cela!...

Il avait achevé son chocolat, il se versa un verre d'eau glacée, le but, s'essuya les lèvres et se levant de table :

— Vous m'excuserez, cher monsieur, poursuivit-il, si je ne vous reconduis pas... Je vous l'ai dit, on m'attend à Vincennes, j'ai mille louis sur « Pompier de Nanterre, » mon cheval, et mes amis ont dix fois autant... Qui sait ce qui arriverait si je n'étais pas là au départ...

Et aussitôt, sans plus faire attention à M. Fortunat que s'il n'eût pas existé :

— Toby ! s'écria-t-il, drôle ! maraud ! où es-tu ?... Ma voiture est-elle en bas ?... Allons, ma canne bien vite, mes gants, ma jumelle de courses !... Descends du champagne dans le coffre... N'oublie pas des allumettes !... Cours mettre ta livrée neuve... Dépêche-toi donc, animal, j'arriverai trop tard !...

M. Fortunat sortit...

L'effroyable colère qui succédait à la stupeur idiote, charriait avec une violence inouïe tout son sang à son cerveau... Il avait un nuage pourpre devant les yeux, ses oreilles tintaient, et à chaque pulsation son crâne était ébranlé comme par un coup de marteau...

Ce fut si terrible qu'il eut peur.

— Vais-je donc avoir une attaque d'apoplexie, pensa-t-il.

Et, comme tout autour de lui, tourbillonnait, comme les planchers semblaient se dérober sous ses pieds, il s'assit au beau milieu de l'escalier, attendant que ce dangereux vertige passât un peu, s'efforçant de s'arraisonner et appelant à son secours toute sa philosophie.

Il fut bien cinq minutes avant de se risquer à descendre, et quand enfin il arriva dans la rue, ses traits étaient si décomposés que Chupin frémit.

— Cristi !... murmura-t-il, le bourgeois a son compte.

Vivement il avait sauté sur le trottoir ; il aida M. Fortunat à s'installer dans le fiacre, et avant de monter lui-même :

— Place de la Bourse, 27 !... cria-t-il au cocher, qui fouetta son cheval.

Véritablement, c'était pitié de voir quel désespoir remplaçait la confiance si joyeuse du chasseur d'héritages.

— C'est la fin de tout, gémissait-il, je suis volé, dépouillé, ruiné... une affaire sûre... Ces malheurs n'arrivent qu'à moi... Un autre m'a devancé... un autre touchera la prime... Oh !... si je le connaissais, le misérable, si je le connaissais !...

— Minute... interrompit Chupin, je le connais, moi, ce particulier...

M. Fortunat tressauta.

— Impossible ! fit-il.

— Pardon, excuse, m'sieu, c'est un mauvais gars qui se fait appeler le vicomte de Coralth...

Ce fut un rugissement plutôt qu'un cri qui sortit de la gorge de M. Fortunat. A un homme de son expérience, il ne fallait qu'une lueur pour éclairer toute une situation.

— Ah !... je comprends, s'écria-t-il, je vois !... Oui, tu as raison, Victor, c'est lui, Coralth, c'est l'âme damnée de Valorsay... Coralth est le traître ignoble et abject qui, sur l'ordre de Valorsay, a lâchement déshonoré l'homme qu'aimait Mlle Marguerite... C'est chez la d'Argelès qu'a eu lieu cette immonde scène de jeu... donc Coralth connaît cette créature, il sait ses secrets !... C'est lui qui m'a devancé.

Il se recueillit une minute, puis d'un tout autre ton :

— Je ne verrai jamais un sou des millions de Chalusse et mes 40,000 francs sont flambés ; mais, tonnerre du ciel !... je me donnerai de l'agrément pour mon argent... Ah !... Coralth et Valorsay s'entendent pour me ruiner!... Un moment!... Puisque c'est ainsi, je passe, moi, du côté de Mlle Marguerite et du malheureux dont on a perdu la vie... Ah! mes petits, vous ne connaissez pas encore Fortunat!... Maintenant que je passe aux innocents, nous verrons s'ils n'auront pas raison de vous et s'ils ne vous démasqueront pas... Je vais me mettre à faire du bien, puisque vous m'y forcez, et gratis, encore!...

Chupin était radieux : c'était sa vengeance qui mitonnait.

— Et moi, m'sieu, dit-il, je vous en apprendrai de drôles sur le Coralth... D'abord, il est marié, le gredin, et sa femme doit tenir un bureau de tabac quelque part, dans les environs de la route d'Asnières... je vous la retrouverai, vous verrez...

L'arrêt soudain de la voiture, arrivée à la place de la Bourse, lui coupa la parole. M. Fortunat commanda à Chupin de payer le cocher, et quatre à quatre il monta ses escaliers, ayant hâte, ainsi qu'il le disait, d'arrêter son plan de campagne... En son absence, un commissionnaire avait apporté une lettre que Mme Dodelin lui remit. Il brisa le cachet, et lut :

« Monsieur,

« Je suis la pupille de feu M. le comte de Chalusse...
« Il faut que je vous parle... Voulez-vous m'attendre
« chez vous après-demain, mardi, de trois à quatre
« heures...

« Je vous salue,

« MARGUERITE. »

XX

Lorsque sur les dix heures du soir, frissonnante et tout émue, Mlle Marguerite abandonnait le lit de mort du comte de Chalusse, pour courir rue d'Ulm, chez Pascal Férailleur, elle ne désespérait pas encore de l'avenir...

Vainement le malheur qui l'avait reçue à sa naissance et qui depuis la poursuivait sans relâche, la frappait à coups précipités... Père, ami, rang, position, sécurité, fortune, elle venait de tout perdre en un moment;... n'importe!... Dans le lointain, pareille à la lueur d'un phare obscurci par les brumes, elle entrevoyait encore une promesse de bonheur.

Elle souffrait, mais elle trouvait une sorte d'amère volupté à cette pensée d'unir indissolublement sa vie à celle d'un homme malheureux comme elle, comme elle calomnié, flétri des plus terribles et des plus injustes imputations, repoussé de tous, sans état désormais et sans amis.

Il lui semblait que la réprobation imméritée dont ils seraient l'objet les rapprocherait encore, resserrerait davantage les liens si forts de leur amour, les donnerait mieux l'un à l'autre et achèverait de confondre leurs âmes...

On s'éloignerait d'eux d'un air de mépris; mais qu'auraient-ils besoin de l'approbation du monde, ayant leur conscience pour eux! Ne se suffiraient-ils pas, puisqu'ils s'aimaient?...

Et s'il fallait absolument quitter la France, eh bien! ils la quitteraient; la patrie pour eux serait toujours où ils seraient ensemble.

Et à mesure qu'elle approchait, elle se représentait la douleur de Pascal, mais aussi sa surprise et sa joie, quand il la verrait tout à coup paraître; quand, toute palpitante, elle lui dirait :

— On vous accuse... me voici!... Je sais que vous êtes innocent et je vous aime!...

La voix brutale du portier, lui apprenant en termes injurieux le départ furtif de Pascal, brisa comme une bulle de savon le fragile édifice de ses rêves.

Quel espoir garder, quand il n'en conservait plus, lui!...

Elle fut écrasée, l'infortunée, sous la certitude du désastre définitif, complet, absolu.

Sa pauvre âme, sentant la détresse profonde de l'irréparable, n'aperçut plus une espérance où se reposer, où se réfugier.

Pascal lui manquant, tout lui manqua... Le monde lui

parut vide, l'existence sans but, la lutte une folie, le bonheur un vain mot...

Elle souhaita le néant !...

Mme Léon, cependant, qui avait des formules et des expressions congruantes pour toutes les circonstances de la vie, entreprit de la consoler.

— Pleurez, chère demoiselle, soupira-t-elle, pleurez, car cela soulage... Ah!... c'est là, certes, une horrible catastrophe!... Vous êtes jeune, heureusement, et le temps est un grand maître... M. Férailleur n'était pas seul et unique de son espèce, sur la terre... D'autres vous aimeront, d'autres vous aiment déjà !...

— Ah !... taisez-vous !... interrompit-elle, plus révoltée que si elle eût entendu murmurer à son oreille les répugnantes galanteries d'un libertin ; taisez-vous ! Je vous défends d'ajouter un mot...

Un autre !... quel blasphème... Pauvre jeune fille !... Elle était de celles dont la vie appartient à un amour unique.

Leur échappe-t-il ?... C'est la mort.

Ce qui ajoutait encore à l'horreur de ses réflexions, c'était le sentiment accablant de son isolement.

Plus encore que l'homme, la femme a l'épouvante de l'abandon.

Et elle, n'était-elle pas abandonnée, délaissée... Au milieu de ce Paris égoïste, bruyant et affairé, n'était-elle pas plus perdue qu'en un désert...

Sur qui s'appuyer? Sur Mme Léon?... Elle se défiait horriblement de cette douceureuse personne. Sur un des deux hommes qui avaient demandé sa main?... Etait-ce possible !... Le marquis de Valorsay lui inspirait un insurmontable dégoût, et elle méprisait M. de Fondège, « le général. »

Ainsi donc, son seul ami, son unique protecteur était un inconnu... Ce vieux juge de paix qui avait pris sa défense, qui avait confondu les calomnies des domestiques, et à qui elle avait ouvert son âme...

Mais il ne tarderait pas à l'oublier, pensait-elle, et alors son imagination lui représentait avec une vivacité extraordinaire l'effrayant tableau de son avenir.

Elle savait, elle, l'ancienne apprentie de la rue Saint-Denis, les humiliations et les périls qui attendent une pauvre fille esseulée et quels piéges ignobles on peut lui tendre...

Ainsi, durant plus d'un quart d'heure, ses idées tourbillonnèrent comme les feuilles mortes au souffle furieux de la tempête, et les plus sinistres pressentiments, les projets les plus impossibles s'entrechoquèrent dans le chaos de son cerveau.

Cependant, elle était trop vaillante pour rester ainsi écrasée.

Elle se roidit contre la douleur, et alors la pensée lui vint que peut-être elle arriverait jusqu'à Pascal, avec l'aide de l'homme employé jadis par le comte de Chalusse, M. Fortunat.

Cet espoir, c'était le salut... Elle s'y attacha d'une étreinte désespérée, comme le naufragé à l'épave, qui, en le soutenant au-dessus du gouffre, lui permet d'attendre un secours problématique...

Retrouver Pascal, le rejoindre n'importe où, partager son sort quel qu'il fût, c'était là une tâche digne du courage de Mlle Marguerite.

Aussi, quand elle rentra à l'hôtel, sa résolution était bien prise, et elle avait recouvré ce calme imposant qui lui était habituel...

Il n'était pas tout à fait onze heures, quand elle revint, suivie de Mme Léon, s'agenouiller dans la chambre mortuaire... Elle n'y était pas depuis dix minutes lorsque M. Bourigeau, le concierge, lui monta une lettre qu'on venait d'apporter. Si tard, c'était au moins surprenant...

L'adresse était ainsi libellée :

A Mademoiselle

Marguerite de Durtal de Chalusse,

A l'hôtel de Chalusse

Rue de Courcelles.

Mlle Marguerite rougit. Qui donc lui donnait ce nom qu'elle n'avait pas le droit de porter !...

Elle étudia un moment l'écriture, mais elle ne se rappela pas l'avoir jamais vue. C'était l'écriture d'une femme, mais elle avait beau évoquer ses souvenirs, il lui semblait qu'elle ne connaissait aucune femme.

Enfin, elle brisa l'enveloppe et lut :

« Chère, bien chère enfant... »

« Chère enfant!... » Qu'est-ce que cela voulait dire !... Il était donc au monde une personne qui s'intéressait à elle, qui l'aimait assez pour l'appeler ainsi.

Vivement, elle tourna le feuillet pour voir la signature, et elle pâlit un peu en la voyant.

— Ah !.. fit-elle involontairement, ah! ah!...

La lettre était signée : « Athénaïs de Fondège. » C'était la femme du « général » qui lui écrivait.

Elle reprit :

« J'apprends à l'instant la perte si cruelle que vous
« venez de faire, et aussi que ce pauvre comte de Cha-
« lusse, faute de dispositions testamentaires, vous laisse,
« vous sa fille adorée, presque sans ressources.

« Je n'essaierai pas de vous adresser des consolations
« stériles. A Dieu seul il appartient de calmer certaines
« douleurs. Je serais allée pleurer avec vous, si je n'é-
« tais retenue au lit par la fièvre.

« Mais demain, quoi qu'il arrive, je serai près de vous
« avant déjeuner.

« C'est aux jours d'épreuve, chère et malheureuse en-
« fant, qu'on compte ses véritables amis... nous sommes
« les vôtres, j'espère vous le prouver.

« Le général croirait offenser et trahir la mémoire de
« l'homme dont il fut trente ans l'ami le plus cher, s'il ne
« le remplaçait pas et s'il ne devenait pas pour vous un
« second père...

« Il vous a offert notre modeste maison ; vous avez re-
« fusé... Pourquoi ?

« Je vous dirai, moi, avec l'autorité que me donne
« mon âge et mon titre de mère de famille, je vous dirai,
« moi, que vous devez accepter.

« A quel autre parti pouvez-vous honorablement et
« sagement songer ? Où iriez-vous, pauvre chère en-
« fant ?

« Mais nous causerons de cela demain.

« Je saurai bien vous décider à nous aimer et à vous
« laisser aimer... Pour moi, vous remplacerez la fille
« tant aimée et tant pleurée que j'ai perdue, ma belle et
« douce Bathilde...

« Encore une fois, à demain... et laissez-vous embras-
« ser par votre meilleure amie.

« Athénais de Fondège. »

Mlle Marguerite devait être et fut abasourdie de cette lettre.

Cette femme qui lui écrivait ainsi, c'est tout au plus si elle l'avait vue cinq ou six fois; jamais n'était allée chez elle, et c'est à peine si en tout elles avaient échangé vingt paroles.

Bien plus, elle se rappelait certains regards dont une fois Mme de Fondège avait essayé de l'écraser, regards chargés d'un si cruel mépris, qu'ils lui avaient arraché des larmes de douleur, de honte et de colère.

Et même, à cette occasion, le comte de Chalusse lui avait dit :

— Ne soyez donc pas si enfant, chère Marguerite, que de vous préoccuper de cette sotte et impudente pécore.

Eh bien! c'était cette même « pécore » qui tout à coup composait une épître où débordait une sensibilité brûlante, où elle invoquait les droits de son affection sur le ton d'une amitié ancienne et déjà éprouvée.

Etait-il naturel que du matin au soir cette altière personne eût été ainsi métamorphosée?

Mlle Marguerite ne pouvait l'imaginer, n'étant pas ce qui s'appelle crédule, mais très-portée à la défiance, au contraire, et inclinant comme tous les malheureux à supposer le mal plus promptement que le bien.

Il fallait donc que Mme de Fondège eût écrit sous l'empire de quelque raison pressante et décisive... mais laquelle?... Hélas! Mlle Marguerite ne croyait que trop la deviner.

Le « général » la soupçonnant d'avoir détourné des millions de la succession du comte de Chalusse, avait fait partager ses soupçons à sa femme, et celle-ci, cupide autant que son mari et tout aussi peu scrupuleuse, tâchait d'engluer et de confisquer la voleuse, à la seule fin d'assurer à son fils le bénéfice du vol.

Rien de si commun, à notre époque, que ce prudent et honorable calcul... Voler, soi!... Fi!... jamais!... On n'oserait. D'ailleurs on est honnête. Mais profiter d'un détournement... Excusez!... c'est une autre paire de manches, surtout s'il n'y a pas de risques à courir.

Et tout en relisant sa lettre, Mlle Marguerite croyait entendre le « général » et sa femme discuter les moyens d'obtenir leur part de ce magnifique coup de filet de plus de deux millions...

Il lui semblait ouïr Mme de Fondège dire à son mari d'un air avisé :

— Tu n'es qu'un maladroit!... Ta précipitation et ta brusquerie l'ont effarouchée, cette enfant... Heureusement, je suis là... Laisse-moi faire, et je te prouverai que les femmes sont autrement habiles que vous autres, messieurs.

Et là-dessus elle avait pris la plume, et au jugement de Mlle Marguerite la rédaction trahissait la collaboration des deux époux.

Ainsi, elle eût juré que c'était le mari qui avait inspiré ou même dicté cette phrase :

« Le général croirait offenser et trahir la mémoire de l'homme dont il fut trente ans l'ami le plus cher... »

C'étaient bien là les façons de dire de ce grotesque, dont la grosse préoccupation était de rendre ce qu'il appelait la loyauté simple et la rude franchise du vieux soldat. Cette phrase, au contraire : « Je saurai bien vous décider à vous laisser aimer, » était de la femme évidemment.

Enfin, un passage de la lettre trahissait sans doute possible la recherche de l'attendrissement, même aux dépens de la vérité, la comédie, en un mot.

Les convoitises et l'ambition du succès avaient entraîné Mme de Fondège un peu trop loin.

« Vous remplacerez ma fille tant aimée et tant pleurée, » écrivait-elle à Mlle Marguerite. Or, elle avait eu une fille, en effet, la chère dame, mais elle lui avait été enlevée par le croup à l'âge de six mois, et il y avait de cela plus de vingt-cinq ans !...

Ce qui était singulier aussi, c'était l'envoi de cette lettre à dix heures du soir. Mais en y réfléchissant, Mlle Marguerite s'expliquait cette circonstance.

— Avant d'agir, pensait-elle, M. et Mme de Fondège ont tenu à consulter leur fils, et ils n'ont pu le voir que très-tard... Le brillant hussard ayant approuvé l'honnête combinaison de ses parents, on m'a aussitôt dépêché un domestique...

Toutes ces hypothèses, assurément, étaient fort admissibles; seulement, il était très-difficile de les accorder avec l'opinion émise par le vieux juge de paix, que M. de Fondège devait savoir où avaient passé les millions disparus.

Mais Mlle Marguerite n'en était pas à compter les contradictions de son esprit depuis vingt-quatre heures.

Elle perdait d'ailleurs son sang-froid, à l'idée de ces odieux soupçons de détournement qui planaient sur elle, et qu'il lui semblait avoir lu dans les yeux de tous ceux qui l'avaient approchée, depuis le docteur Jodon jusqu'au marquis de Valorsay.

Le juge de paix, il est vrai, avait pris sa défense, il avait imposé silence aux domestiques, mais cela suffisait-il?...

En resterait-elle moins flétrie d'une abominable accusation!...

Et son innocence ne la rassurait pas. L'exemple de Pascal était là pour apprendre ce que peut l'innocence contre l'effort de la calomnie.

Devait-elle espérer se sauver, quand il avait péri, lui!...

Et cependant il avait été torturé par toutes les angoisses qui la déchiraient... Par ce qu'elle endurait, elle comprenait ce qu'il avait dû souffrir avant de fuir, avant de disparaître...

Où était-il maintenant, le malheureux?... Hors de France?... On le lui avait dit, mais elle ne pouvait le croire... Le connaissant comme elle le connaissait, il lui semblait impossible qu'il se fût résigné si vite, sans luttes, ni que tout fût fini... Un secret pressentiment lui disait qu'il ne s'était éloigné qu'en apparence, qu'il veillait et que M. Fortunat n'aurait pas beaucoup de chemin à faire pour arriver jusqu'à lui...

C'est dans la chambre de M. de Chalusse qu'elle réfléchissait ainsi, à deux pas du lit où gisait la dépouille mortelle de cet homme, son père, dont la faiblesse avait fait de sa vie un long martyre, dont l'imprévoyance brisait son avenir, et que cependant elle ne maudissait pas...

Elle se tenait debout devant une fenêtre, appuyant aux carreaux son front brûlant...

C'était l'heure précisément où Pascal, assis sur une borne, en face de l'hôtel, attendait. En ce moment même, il suivait des yeux l'ombre qui se dessinait dans le cadre éclairé de la fenêtre, et il se demandait si ce n'était pas l'ombre de Mlle Marguerite.

Si la nuit eût été claire, apercevant dans la rue cet homme immobile, peut-être eût-elle deviné Pascal... Mais comment eût-elle soupçonné sa présence, et qu'il accourait rue de Courcelles comme elle avait couru rue d'Ulm...

Il n'était pas loin de minuit, quand un léger mouvement dans la chambre, un bruit de pas étouffés, la firent se retourner...

C'était Mme Léon qui sortait, et moins d'une minute après on entendit claquer la grande porte vitrée qui donnait du vestibule dans le jardin...

Certes, il n'y avait rien là que de tout ordinaire et de très-naturel, et cependant Mlle Marguerite en conçut une vague appréhension.

Pourquoi?... Elle n'eût su le dire; mais il lui revenait à la mémoire toutes sortes de petites circonstances futiles qui tout à coup prenaient une signification inquiétante.

Ainsi, elle avait remarqué que toute la soirée Mme Léon avait été inquiète, agitée et comme sur les épines. Elle qui ne se remuait guère, qui restait des heures engourdie sur un fauteuil, elle avait monté et descendu l'escalier au moins dix fois. A tout moment elle consultait la pendule ou sa montre.

Enfin, à deux reprises, le concierge était venu la prévenir que quelqu'un la demandait...

— Où donc va-t-elle encore, se demanda Mlle Marguerite, à minuit, elle... si peureuse?...

S'adresser cette question, c'était avoir envie de la résoudre; mais Mlle Marguerite résista. D'abord, ses inexplicables soupçons lui parurent ridicules; ensuite, épier quelqu'un lui répugnait extrêmement.

Elle prêtait l'oreille, cependant, guettant le bruit que Mme Léon ne manquerait pas de faire lorsqu'elle rentrerait.

Mais il s'écoula bien plus d'un quart d'heure sans que la porte bougeât de nouveau. Ou la femme de charge n'était pas sortie, ou elle était encore dehors.

— C'est vraiment bizarre!... pensa Mlle Marguerite. Me serais-je trompée?... Il faut que j'en aie le cœur net.

Et aussitôt, obéissant à une impulsion mystérieuse, plus forte que sa volonté, elle quitta la chambre à son tour et rapidement descendit...

Elle arrivait dans le vestibule, lorsque la grande porte vitrée s'ouvrit brusquement... Mme Léon rentrait.

Tout le monde veillant à l'hôtel de Chalusse, les candélabres de l'escalier étaient restés allumés, et par suite il était aisé d'observer la femme de charge aussi bien qu'en plein jour.

Elle était essoufflée comme une personne qui a couru très-vite, pâle, émue, tremblante et tout en désordre... Même, les brides de son bonnet s'étant dénouées, il avait glissé de sa tête et pendait dans le milieu de son dos...

— Qu'avez-vous? s'écria Mlle Marguerite, d'où venez-vous?...

En apercevant la jeune fille, Mme Léon s'était vivement rejetée en arrière... Devait-elle fuir ou rester?... Elle hésita une seconde, et son hésitation se lut dans ses yeux...

Elle resta, et c'est avec un sourire contraint et d'une voix altérée qu'elle répondit :

— Comme vous me dites cela, chère demoiselle!... On croirait que vous êtes fâchée!... Vous voyez bien que je viens du jardin...

— A cette heure!...

— Mon Dieu, oui!... Et point pour mon agrément, je vous le jure, oh! pas du tout... Moi, d'abord, dès que je n'y vois plus clair, je suis comme perdue...

Le prétexte à donner, elle ne le tenait pas encore, et elle le cherchait... De sorte que, pendant un moment, elle bredouilla, se répandant en phrases oiseuses pour gagner du temps et implorant du ciel une inspiration.

— Enfin, insista d'un ton impatient Mlle Marguerite, pourquoi étiez-vous sortie?...

— Ah!... voilà!... j'ai cru entendre Mirza aboyer dans le jardin... J'ai pensé qu'on l'avait oubliée au milieu de tout ce remue-ménage, et qu'il ne fallait pas la laisser coucher dehors, la pauvre bête... Là-dessus, j'ai pris mon courage à deux mains, et tant pis!... je me suis risquée...

Mirza, c'était une vieille chienne épagneule, que M. de Chalusse, de son vivant, aimait beaucoup et dont tous les gens de l'hôtel respectaient les caprices.

— C'est singulier, objecta M{^lle} Marguerite, quand vous avez quitté la chambre, il y a une demi-heure, Mirza dormait à vos pieds.

— Quoi!... Vraiment!... Est-ce possible?...

— C'est sûr!

Mais déjà l'estimable dame reprenait son aplomb et en même temps sa loquacité douceâtre...

— Ah!... chère demoiselle, fit-elle effrontément, j'ai tant de chagrin que j'en perds la tête... Toujours est-il que par bonté d'âme je me suis hasardée dans le jardin... et à peine y étais-je qu'il m'a semblé voir courir quelque chose de blanc, comme Mirza... je me suis élancée après... rien. J'ai appelé : Mirza!... Mirza!... rien encore... J'ai cherché sous les arbres... toujours rien... Il faisait noir comme dans un four, la peur m'a pris, une peur si terrible que je crois bien que j'ai crié au secours et je suis rentrée en courant comme une folle...

Qui l'eût entendue eût juré qu'elle disait la vérité pure.

Malheureusement pour elle, son attitude, au début, avait eu l'accablante signification d'un aveu.

M{^lle} Marguerite ne s'y était pas trompée, et s'était dit :

— Je suis sur la trace de quelque abominable action.

Seulement, elle restait assez maîtresse d'elle-même pour ne rien laisser paraître de ses soupçons... Opposant à la duplicité de la femme de charge une dissimulation bien permise dans sa situation, elle parut se contenter de la fable qui lui était contée.

— En vérité, ma pauvre Léon, prononça-t-elle

bonnement, vous êtes par trop poltronne; c'est honteux!...

La femme de charge hocha la tête.

— Je sais bien que je suis ridicule, répondit-elle, mais que voulez-vous, mademoiselle, on ne se refait pas. La frayeur ne se raisonne point... Qu'est-ce que cette forme blanche que j'ai vue comme je vous vois?...

Persuadée que son mensonge passait comme une lettre à la poste, elle l'enjolivait, et elle osa ajouter :

— Même, chère demoiselle, je tremblerai toute la nuit si on ne visite pas le jardin... Je vous en prie, ordonnez aux domestiques d'y faire une ronde... Il y a tant de mauvais gars à Paris !

En tout autre circonstance, Mlle Marguerite eût rejeté bien loin cette ridicule prière, mais résolue à jouer cette hypocrite qui pensait la duper :

— Soit! répondit-elle.

Et mandant M. Casimir et Bourigeau, le concierge, elle leur commanda de prendre une lanterne et de se livrer aux plus minutieuses investigations...

Ils obéirent d'assez mauvaise grâce, n'étant pas ce qui s'appelle des braves, mais enfin ils obéirent, et comme de raison ne trouvèrent rien.

— N'importe!... déclara Mme Léon, me voici tranquille maintenant.

Tranquille, elle l'était en effet, après avoir eu, selon son expression, une si « fameuse souleur, » qu'elle avait failli lâcher son secret.

— Je l'ai échappée belle, pensait-elle. Que serais-je devenue, mon doux Jésus! entre Mlle Marguerite et l'autre, si la vérité se fût découverte!... On se connaît en malices heureusement, et la pauvre innocente ne se doute de rien...

Mme Léon se hâtait trop de chanter victoire.

Non-seulement Mlle Marguerite soupçonnait une trahison, mais elle en était à chercher par quels moyens se procurer des preuves.

Que la doucereuse femme de charge lui eût nui cruellement en quelque chose, elle n'en doutait pas.

Ce qu'elle ne concevait pas, c'est comment Mme Léon avait pu lui nuire.

Il y avait longtemps qu'elle s'épuisait en conjectures inadmissibles, lorsque tout à coup elle tressaillit de joie. Elle avait trouvé; elle venait de songer à la petite porte du jardin.

— La coquine sera sortie par là, pensa-t-elle.

S'en assurer était aisé. Cette petite porte n'était pas précisément condamnée, mais il y avait des mois, des années peut-être, qu'on ne l'avait utilisée. Rien n'était donc plus simple que de vérifier si elle avait été ou non ouverte depuis peu.

— Et je le vérifierai avant une heure!... se dit Mlle Marguerite.

Cette résolution prise, elle feignit de s'assoupir, observant entre ses longs cils Mme Léon, qui, après s'être bien tournée et retournée sur son fauteuil, commençait à fermer les yeux.

Bientôt il fut évident que l'estimable femme de charge dormait profondément.

Alors Mlle Marguerite se leva, sortit de la chambre sur la pointe du pied, et gagna le jardin après s'être munie d'allumettes et même d'un bout de bougie.

Du premier coup, elle comprit qu'elle avait deviné juste.

La petite porte venait d'être ouverte et refermée, cela sautait aux yeux. Les toiles d'araignées qui avaient comme scellé les verroux étaient déchirées et arrachées, la rouille qui avait pour ainsi dire soudé la clef dans la serrure était brisée, enfin, sur la poussière amassée le long de la poignée, était visible l'empreinte d'une main...

— Et j'ai confié mes plus chers secrets à cette méchante femme ! pensa Mlle Marguerite. Folle que j'étais... imprudente !...

Fixée désormais, elle éteignit sa bougie.

Mais, ayant tant fait, elle voulut pousser jusqu'au bout cette sorte d'enquête, et elle ouvrit la petite porte.

Devant, du côté de la rue alors, il y avait un assez large espace tout couvert de terre détrempée par les dernières pluies, et qui n'était point sèche encore.

Sur cette terre, à la seule lueur du réverbère voisin, Mlle Marguerite distingua des traces de pas, des piétinements fort nettement accusés.

A la seule disposition de ces empreintes, un observateur eût reconnu que là avait eu lieu une sorte de lutte ; il en eût recherché la cause, et infailliblement fût arrivé à la vérité...

Mlle Marguerite ne pouvait discerner cela.

Seulement elle comprit ce qu'eût compris un enfant, à savoir que deux personnes avaient stationné là, assez longtemps...

Pauvre jeune fille !... Quelques heures plus tôt elle n'avait pas aperçu Pascal assis devant l'hôtel de Chalusse..

Nul pressentiment ne lui dit que les pas qu'elle voyait là étaient ceux de Pascal.

Dans sa pensée, l'homme qui était venu causer à cette porte avec Mme Léon ne pouvait être que M. de Fondège, ou le marquis de Valorsay... c'est-à-dire que Mme Léon était chargée de l'espionner et rendait compte de ses moindres paroles...

Son premier mouvement fut tout de colère, et elle se dit qu'elle allait confondre et chasser cette misérable hypocrite.

Mais pendant le temps qu'il lui fallut pour regagner la chambre de M. de Chalusse, une inspiration lui vint, que n'eût pas désavouée un diplomate retors.

Elle se dit que Mme Léon démasquée n'était plus à craindre. Dès lors, pourquoi s'en séparer !... L'espion qu'on connaît peut, sans s'en douter, devenir un utile auxiliaire.

— Pourquoi ne me servirais-je pas de cette malheureuse ? pensait Mlle Marguerite. Ce que je ne voudrais pas qu'on sût, je le lui cacherais, et avec un peu d'adresse je lui ferais rapporter à ceux qui l'emploient tout ce que je jugerais utile à mes desseins. En la surveillant, je saurais vite ce qu'on veut de moi... Et qui sait si par elle je n'aurais pas l'explication de cette fatalité qui me poursuit.

Quand Mlle Marguerite revint prendre sa place près du lit du comte de Chalusse, sa résolution était froidement et irrévocablement fixée.

Non-seulement elle ne se séparerait pas de Mme Léon, mais encore elle lui témoignerait, en apparence, plus de confiance que jamais.

Assurément cette comédie répugnait à la loyauté naturelle de son caractère, mais sa raison le lui disait : On ne combat utilement les scélérats qu'avec leurs propres armes, et elle avait à défendre son honneur, sa vie, son avenir...

Et ce plan de conduite qu'elle se traçait, elle était femme à le suivre strictement, patiemment, sans que rien pût l'en distraire ni l'en détourner. Son énergie était de celles que le temps fortifie, loin de les détremper. Elle était capable de s'éveiller chaque matin, durant des années, avec la même volonté que la veille.

Un soupçon, d'ailleurs, étrange et mal défini, s'était emparé de son esprit, et devait suffire à dissiper ses scrupules et à dompter ses défaillances.

Cette nuit-là, pour la première fois, elle crut découvrir une mystérieuse relation entre le malheur de Pascal et le sien.

Etait-ce bien le hasard seul qui les frappait ainsi tous deux en même temps et de la même façon?...

Par la seule intensité de ses réflexions, elle découvrit pour ainsi dire, au fond de son intelligence, cette maxime fatale, qui a causé tant d'erreurs judiciaires : « Cherche à qui le crime profite et tu trouveras le coupable. »

Or, à qui eût profité le crime abominable qui avait déshonoré Pascal, sans la mort inattendue de M. de Chalusse, sans la fermeté de Mlle Marguerite?... Au marquis de Valorsay, évidemment, à qui la fuite de Pascal eût laissé le champ libre...

Toutes ces pensées étaient bien faites pour écarter le sommeil des yeux de la pauvre fille, mais elle avait vingt ans, mais la journée lui avait apporté d'écrasantes émotions et c'était la seconde nuit qu'elle passait. La fatigue l'emporta, elle s'endormit.

Et au matin, vers les sept heures, Mme Léon fut obligée de la secouer pour la tirer de l'espèce de léthargie où elle était tombée.

— Mademoiselle, disait la femme de charge de sa voix mielleuse, chère demoiselle, éveillez-vous bien vite !

— Qu'y a-t-il ?...

— C'est... Ah !... mon Dieu !... Comment vous dire cela... C'est l'administration des pompes funèbres qui envoie ses employés disposer tout pour le... pour la cérémonie.

En effet, les ouvriers de la suprême besogne venaient d'arriver. Leurs pas lourds retentissaient dans le vestibule, et on les entendait, dans la cour, manœuvrer leur lugubre attirail de traverses et de draperies.

Tout gonflé d'importance, M. Casimir dirigeait le travail, parlant haut, selon sa coutume, indiquant d'un geste impérieux où il voulait qu'on accrochât les tentures noires semées de larmes d'argent et ornées des armes des Durtal de Chalusse.

C'est que le brillant valet de chambre se sentait devenir un personnage, en butte qu'il était depuis la veille aux flagorneries des représentants de toutes ces industries qui, à Paris, vivent de la mort.

Combien elles sont nombreuses, ces industries, on ne se le figure guère.

Un homme meurt-il dans une maison !... Deux heures après, tout le commerce funèbre en est informé, et le défilé commence.

Les courtiers des embaumeurs accourent les premiers avec des prospectus qui donnent le frisson, suivis de près par les commis des marbriers-sculpteurs, porteurs d'albums superbes où se trouvent des projets de monuments de tout genre, enrichis d'inscriptions séantes pour toutes les variétés de la douleur.

C'est un siége en règle. L'un vient pour le terrain et l'autre de la part d'un spéculateur qui céderait volontiers un « bon caveau. » Un troisième demande qu'on lui confie l'impression des lettres qu'il se chargerait se faire porter à domicile. Certains magasins de deuil font pleuvoir des prospectus accompagnés d'échantillons, et il se présente même des messieurs qui offrent des vêtements noirs sur mesure, coupe élégante, tout ce qui se fait de mieux, livrables en vingt-quatre heures...

Et malheur à l'infortuné près de qui pénètrent ces courtiers sinistres... Il vient de perdre un être cher, et son cœur se brise... que leur importe à eux !... Ils ne lui feront pas grâce d'une syllabe de leur boniment... Ne faut-il pas que le commerce marche ?...

Avec M. Casimir, le commerce avait marché.

Le juge de paix lui ayant donné carte blanche, il jugea convenable, ainsi qu'il le dit au concierge Bourigeau, de « tailler dans le grand. »

Ce qu'il se garda de dire, par exemple, c'est que de tous les courtiers qu'il favorisa d'une commande, il exigea une commission honnête. Les cent et quelques francs que lui avait fait gagner Chupin l'avaient mis en goût.

Du moins n'épargna-t-il pas sa peine pour que tout fût magnifique, et c'est seulement lorsqu'il jugea tout en place dans la cour qu'il monta près de Mlle Marguerite.

— Je viens prier mademoiselle de se retirer chez elle, dit-il.

— Moi! pourquoi?...

Il ne répondit pas, mais du doigt montra le lit où gisait le corps de M. de Chalusse, et la pauvre jeune fille comprit que l'heure était venue de l'éternelle séparation...

Elle se leva, non sans effort, et lentement, tout d'une pièce, elle s'approcha du lit.

La mort avait rendu au visage de M. de Chalusse son expression accoutumée, et effacé toutes les traces de ses dernières convulsions... on eût dit qu'il dormait.

Longtemps Mlle Marguerite le contempla, bien longtemps, comme si elle eût voulu graver pour toujours dans sa mémoire ces traits qu'elle ne reverrait plus.

— Mademoiselle, insista M. Casimir, mademoiselle!... ne restez pas là...

Elle l'entendit, et aussitôt, rassemblant toutes ses forces, elle se pencha sur le lit, embrassa M. de Chalusse et sortit.

Mais elle avait trop tardé, et lorsqu'elle traversa le palier, elle se heurta presque à des ouvriers qui montaient, portant sur l'épaule une longue caisse de fer-blanc, et deux autres caisses de chêne.

Et au moment où elle arrivait à sa chambre, une odeur de charbon et de résine qui l'y suivit lui apprit qu'on soudait le cercueil renfermant la dépouille mortelle de M. de Chalusse, de son père...

Ainsi, aucun de ces terribles détails qui avivent la douleur, qui sont comme de l'huile bouillante sur une plaie vive, ne lui était épargné!... Mais elle avait tant souffert depuis deux jours qu'elle arrivait à une sorte d'insensibilité morne, et que l'exercice de ses facultés était comme suspendu.

Plus blanche et plus froide qu'une statue, elle se laissa tomber plutôt qu'elle ne s'assit sur un fauteuil, ne s'apercevant seulement pas que Mme Léon, qui l'avait suivie, s'agitait beaucoup autour d'elle et lui parlait.

L'estimable femme de charge était inquiète, et non sans raison.

Il avait été convenu qu'à défaut de parents, M. de Fondège, le plus vieil ami de M. de Chalusse, ferait les honneurs de l'hôtel aux personnes invitées aux funérailles, et il avait juré, sacrebleu! qu'il serait sous les armes de grand matin, et qu'on pouvait compter sur lui...

Or, l'heure fixée pour la cérémonie approchait, déjà quelques personnes étaient arrivées, et M. de Fondège ne paraissait pas.

— C'est inconcevable, répétait Mme Léon, et même inquiétant... Le général qui est l'exactitude même! Lui serait-il arrivé quelque accident!...

Dans son impatience, elle était allée s'établir à la fenêtre, d'où elle dominait la cour, et elle nommait à haute voix tous les gens qu'elle connaissait parmi ceux qui entraient.

Il en entrait beaucoup. M. de Chalusse ne voyait presque plus personne, pendant les dernières années de sa vie, mais il avait été très-répandu autrefois, et il avait laissé dans le monde le meilleur souvenir.

Il portait en outre un trop grand nom pour qu'on ne tînt pas à dire qu'on avait été son ami et à le prouver en l'accompagnant au moins jusqu'à l'église.

Cette dernière considération devait être puissante à une époque où on se fait une notoriété, rien qu'en suivant les enterrements dont les journaux rendent compte.

Enfin, un peu avant la demie de neuf heures, Mme Léon s'écria :

— Le voici !... Vous m'entendez, mademoiselle, voici le général.

La minute d'après, en effet, — juste le temps de monter l'escalier quatre à quatre, — on frappa doucement à la porte de la chambre, la femme de charge ouvrit, et M. de Fondège parut « en grande tenue, » selon son expression.

— Ah !... je suis en retard ! s'écria-t-il tout d'abord ; mais sacrebleu ! ce n'est pas ma faute !...

Et, frappé de l'immobilité de Mlle Marguerite, il s'avança vers elle, et lui prenant la main :

— Mais vous, chère mignonne, poursuivit-il, qu'avez-vous ? Seriez-vous souffrante ? vous êtes pâle à faire peur...

Elle réussit à secouer la torpeur qui l'avait envahie, et d'une voix faible :

— Je ne suis pas malade, monsieur, répondit-elle.

— Allons, tant mieux, chère enfant, tant mieux !... C'est notre petit cœur qui souffre, n'est-ce pas ?... Oui... je comprends cela... Mais vos vieux amis vous consoleront, mille tonnerres !... Vous avez reçu la lettre de ma femme, n'est-ce pas ?... Eh bien ! ce qu'elle vous a dit qu'elle ferait, elle le fera... Et la preuve, c'est que, malgré la fièvre, elle s'est levée... et elle me suit... et la voici !...

XXI

D'un bond, Mlle Marguerite fut debout, vibrante d'indignation, l'œil étincelant, la lèvre frémissante, secouant la tête d'un geste superbe, qui éparpillait à flots sur ses épaules ses admirables cheveux noirs...

Tous les sentiments qui s'agitaient en elle, les soupçons et la colère, la haine et le mépris, gonflaient sa poitrine à la briser...

—Ah!... voici Mme de Fondège, répéta-t-elle d'un ton d'ironie menaçante, Mme de Fondège, votre femme!...

Recevoir l'hypocrite qui lui avait écrit la lettre de la veille, la complice des misérables qui abusaient de sa détresse et de son isolement, la révoltait...

Son cœur se soulevait de dégoût à la pensée de subir le contact de cette femme, de cette mère, qui sans conscience ni vergogne venait courtiser bassement en elle, pour son fils, les millions qu'elle supposait volés...

Elle allait lui interdire sa porte ou se retirer, quand le souvenir de sa résolution l'arrêta... Ce fut la goutte d'eau froide qui suspend le bouillonnement de la fonte en fusion. Elle comprit son imprudence horrible, qu'elle se perdait, et, grâce à un prodigieux et héroïque effort de volonté, elle se maîtrisa.

— Mme de Fondège est trop bonne, murmura-t-elle d'une voix radoucie, comment lui témoigner jamais toute ma reconnaissance?...

Mme de Fondège dut entendre cela, car elle entrait.

C'était une toute petite femme, courte, épaisse et trop dodue, d'un blond terne, toute marquée de taches de rousseur.

Elle avait de grosses mains, épaisses comme sa taille, le pied large et court, la voix aigre et dans toute sa personne quelque chose de vulgaire qu'accusait davantage sa prétention manifeste aux façons aristocratiques.

Car elle se piquait de grande noblesse, encore que son père eût été marchand de bois, de même qu'elle s'ingéniait et s'épuisait à afficher les dehors du luxe, bien que sa fortune fût problématique et son ménage des plus besogneux.

Et sa mise trahissait ses incessantes préoccupations d'élégance et d'économie, de gêne trop réelle et de feinte prodigalité.

Elle portait un costume de satin noir à trois étages, mais le haut des jupes de dessous, ce qui ne se voit pas, était de bonne et belle lustrine à treize sous le mètre, et ses dentelles n'avaient du Chantilly que l'apparence.

Cependant, sa fureur des chiffons ne l'avait jamais conduite jusqu'à voler dans les magasins de nouveautés, jusqu'à faire, épouse et mère de famille, le métier des filles de la rue, « travers » si commun aujourd'hui que nul ne s'en étonne plus.

Non... Mme de Fondège était une épouse fidèle, dans le sens strict et légal du mot... Mais comme elle s'en vengeait! Elle était « vertueuse, » mais si rageusement qu'on eût juré que c'était contre son gré et qu'elle le regrettait.

Aussi, menait-elle son mari au doigt et à l'œil, durement, brutalement, comme un nègre...

Et lui, si terrible dehors, qui relevait si crânement ses moustaches à la Victor-Emmanuel, qui jurait à faire rougir un hussard ivre, il devenait près de sa femme plus soumis qu'un enfant et résigné comme un mouton.

Il frémissait, quand elle arrêtait sur lui, d'une certaine façon, ses yeux d'un bleu pâle, plus froid que la lame d'un couteau.

Et malheur à lui s'il se hasardait à se rebiffer... Elle le laissait sans un sou en poche, et pendant ces temps de pénitence il en était réduit à emprunter de ci et de là une pièce de vingt francs, qu'il oubliait de rendre généralement.

Un frère de Mme de Fondège, un lieutenant de vaisseau mort au Mexique, l'avait surnommée « Mme Range-à-bord, » et ce sobriquet trivial que les matelots donnent aux officiers despotes et tatillons, peignait merveilleusement son caractère...

Impérieuse, elle l'était à l'excès, et, en outre, irascible, envieuse et rancunière.

Nul autant qu'elle ne fît mentir le proverbe populaire : « Tout gras, tout bon. »

Le fiel et les rages dévorées en secret l'avaient engraissée !...

Mais, en venant à l'hôtel de Chalusse, Mme de Fondège s'était grimée de douceur et de sensibilité ; ses yeux avaient des caresses inaccoutumées, et lorsqu'elle entra, elle appuyait son mouchoir sur sa bouche comme pour comprimer des sanglots.

Le général, aussitôt, l'attira vers Mlle Marguerite, et d'un ton à la fois sentimental et solennel :

— Chère Athénaïs, prononça-t-il, voici la fille de mon meilleur et de mon plus vieil ami... Je connais votre cœur... Je sais qu'elle trouvera en vous une seconde mère...

Mlle Marguerite demeurait immobile et glacée... Persuadée que Mme de Fondège allait se précipiter à son cou et l'embrasser, elle s'imposait la plus pénible contrainte pour dissimuler ses sensations.

Elle s'effrayait à tort.

L'hypocrisie de « la générale » était supérieure aux grossières manifestations de Mme Léon.

« La générale » se contenta de lui serrer les mains avec une effusion convulsive, tout en répétant d'un ton pénétré et les yeux levés au ciel :

— Quel malheur !... Si jeune !... Tout à coup !... c'est affreux !...

Et comme elle n'obtenait pas de réponse, d'un air de dignité triste, elle ajouta :

— Je n'ose vous demander toute votre confiance, chère et malheureuse enfant... La confiance ne peut naître que de longues relations et d'une mutuelle estime... Vous apprendrez à me connaître... Ce doux nom de mère, vous me le donnerez quand je l'aurai mérité...

Resté un peu à l'écart, le général écoutait en homme dressé à admirer sa femme et payé pour bien savoir ce dont elle était capable...

— Voilà la glace rompue, pensait-il... ce sera bien le diable si Athénaïs ne fait pas tout ce qu'elle voudra de cette petite sauvage!...

Ses espérances se reflétaient si joyeusement sur sa physionomie, que Mme Léon, qui le guettait du coin de l'œil, en fut toute saisie.

— Ah! doux Jésus!... se dit-elle, que veulent donc ces gens-ci, et que signifient toutes ces tendresses? Ma foi, tant pis! il faut que je prévienne.

Et persuadée que personne ne l'observait, elle se coula sans bruit jusqu'à la porte et sortit vivement.

Mais Mlle Marguerite veillait.

Résolue à pénétrer l'intrigue encore inexplicable qui s'agitait autour d'elle, et à la déjouer, elle avait compris que tout dépendait de son attention à saisir, pour en profiter, les plus futiles indices.

Or, elle avait surpris le triomphant sourire du général et la grimace d'inquiétude que ce sourire avait arraché à Mme Léon.

Voyant s'éloigner cette dernière furtivement, Mlle Marguerite comprit bien que ce n'était pas sans quelque raison grave.

C'est pourquoi, sans s'inquiéter des convenances :

— Excusez-moi une seconde, dit-elle à M. et à Mme de Fondège.

Et les laissant confondus, elle s'élança dehors.

Ah!... elle n'eut pas besoin d'aller loin. S'étant penchée au-dessus de la rampe, elle aperçut dans le vestibule la femme de charge et le marquis de Valorsay qui causaient, lui flegmatique et hautain comme d'ordinaire, elle assez animée...

Il tombait sous le sens que Mme Léon s'était doutée que le marquis serait parmi les gens arrivés des premiers pour le convoi de M. de Chalusse, qu'elle l'avait fait demander et qu'elle l'avertissait de la présence de Mme de Fondège.

Toutes ces circonstances étaient bien peu de chose. Mais ce sont les riens qui, le plus souvent, décident de la vie... Ces riens, d'ailleurs, étaient pour Mlle Marguerite autant de lueurs dans les ténèbres, autant de bouts du fil qui pouvait la conduire à la vérité.

Ils lui prouvaient que les intérêts de M. de Fondège et de M. de Valorsay étaient opposés, qu'ils devaient s'exécrer, par conséquent, et qu'avec un peu de patience on pourrait utiliser chacun d'eux contre l'autre...

Ils lui affirmaient aussi que c'était pour le compte de M. de Valorsay que Mme Léon l'espionnait, et que, par suite, il devait connaître depuis assez longtemps l'existence de Pascal Férailleur...

Mais elle n'avait pas le temps de tirer les dernières conséquences de ce qu'elle venait de découvrir... Son absence pouvait éveiller les soupçons de Mme de Fondège et de son mari, et son succès dépendait du plus ou moins d'adresse qu'elle mettrait à paraître dupe...

Elle se hâta donc de rentrer, s'excusant de son mieux... Seulement elle mentait mal, elle ne savait pas, et son embarras l'eût peut-être trahie, si le général, heureusement, ne l'eût interrompue.

— J'ai moi-même à m'excuser de vous quitter, ma chère enfant, dit-il... Mme de Fondège va rester près de vous... Moi, j'ai à remplir un devoir sacré... On m'attend pour la cérémonie, et sans doute on s'impatiente... C'est la première fois de ma vie que je suis inexact...

Le général avait grandement raison de se hâter de descendre...

Cent cinquante personnes, au moins, venues pour le convoi de M. de Chalusse étaient rassemblées dans les vastes salons de l'hôtel, et commençaient à trouver étrange et choquant qu'on les fît attendre ainsi.

Et pourtant, la curiosité tempérait un peu l'impatience.

Il avait transpiré quelque chose des mystérieuses circonstances de la mort du comte, et les gens bien informés racontaient qu'une somme fabuleuse avait été enlevée par une toute jeune fille, Mlle Marguerite. Il est vrai qu'ils ne lui faisaient pas un crime de ce détournement qui révélait une femme positive et forte, et beaucoup, des plus fiers, eussent pris volontiers la place de Valorsay, lequel, à ce qu'on assurait, allait épouser la jolie voleuse et ses millions...

Le plus désolé du retard était encore M. le commissaire ordonnateur des pompes funèbres...

Vêtu de son uniforme de première classe, le bas de soie bien tiré sur son maigre tibia, le manteau vénitien à l'épaule, le claque sous le bras, cherchant partout la famille, MM. les parents, un ami, quelqu'un enfin à qui jeter la phrase sacramentelle qui décide le départ : « Quand il vous fera plaisir !... »

Il parlait de donner le signal, quand M. de Fondège

parut... Les amis de M. de Chalusse qui devaient tenir les cordons du poêle, s'avancèrent... Le char funèbre s'ébranla... il y eut une minute de confusion, et enfin le cortége se mit en marche.

Un grand silence se fit, qui donna quelque chose de ugubre au bruit sourd de la porte de l'hôtel se refermant lourdement.

— Allons!... gémit Mme de Fondège, tout est consommé...

Mlle Marguerite ne répondit que par un geste désolé... Articuler une syllabe lui eût été impossible... les larmes l'étouffaient.

Que n'eût-elle pas donné en ce moment pour être seule, pour s'abandonner sans contrainte à de poignantes émotions.

Hélas!... la prudence la condamnait à une sorte de comédie sinistre.

Le soin de son honneur et le souci de l'avenir lui faisaient une loi de subir d'un visage impénétrable les consolations menteuses d'une femme qu'elle savait sa plus dangereuse ennemie.

Et certes, « la générale » ne les épargnait pas, ces consolations... Nulle mieux qu'elle ne savait jouer la forte et rude commère qui cache un cœur d'une exquise sensibilité sous ses robustes appas... Et ce n'est qu'après d'assez longues considérations sur l'instabilité des choses humaines qu'elle osa revenir au sujet que trahissait sa lettre de la veille...

— Car il faut, malgré tout, en revenir au positif, poursuivait-elle. Il n'est pas de douleur que respectent les mesquines et tristes réalités de la vie... Ainsi vous, chère enfant, tandis que vous trouveriez à pleurer en paix une amère jouissance, il faut que vous songiez à votre avenir... M. de Chalusse n'ayant pas d'héritiers, la justice va s'emparer de cet hôtel... vous n'y pouvez plus rester.

— Je le sais, madame.

— Où irez-vous ?

— Hélas !

Mme de Fondège porta son mouchoir à ses yeux comme pour essuyer une larme furtive, puis brusquement :

— Je vous dois la vérité, ma chère fille, écoutez-la. Je ne vois pour vous que deux partis à prendre... Demander la protection d'une famille honorable, ou entrer au couvent... Hors de là, point de salut.

Mlle Marguerite baissa la tête sans mot dire... Laisser « la générale » s'avancer et parler beaucoup était la seule chance qu'elle eût de discerner sa pensée.

Ce silence parut inquiéter Mme de Fondège, qui reprit :

— Songeriez-vous à affronter seule les difficultés et les périls de la vie ?... Ah ! je ne puis le croire... ce serait une épouvantable démence... Jeune comme vous l'êtes, mon enfant, belle, séduisante, souverainement douée, il est impossible que vous viviez seule et libre. Eussiez-vous assez de force de caractère pour demeurer honnête et pure, le monde ne vous en refuserait pas moins son estime... Le monde ne croit pas aux vertus qui se gardent seules... Préjugés ! me direz-vous... Soit !... Il n'en est pas moins vrai qu'une jeune fille qui brave l'opinion est une fille perdue...

A l'exaltation de « la générale, » il était aisé de comprendre qu'avant tout et surtout elle craignait que Mlle Marguerite n'usât de sa liberté.

— Que faire, donc?... demanda la jeune fille.

— Je vous l'ai dit, il y a le couvent. Pourquoi n'y entreriez-vous pas?

— J'aime la vie...

— Alors, frappez à la porte d'une maison honorable.

— L'idée d'être à charge à quelqu'un me révolte.

Fait significatif, Mme de Fondège ne protesta pas, ne parla pas de sa maison... Elle était trop fière pour cela... L'ayant une fois offerte, elle crut qu'insister serait éveiller des défiances.

Elle se contenta d'énumérer les raisons qui militaient en faveur des deux déterminations qu'elle offrait, répétant de temps à autre :

— Décidez-vous!... N'attendez pas le dernier moment !...

Mlle Marguerite était décidée... Cependant, avant de se déclarer, elle eût voulu consulter le seul ami qu'elle se connût au monde, le vieux juge de paix.

La veille, il lui avait dit : « A demain; » elle savait que l'opération de l'apposition des scellés n'était pas terminée, elle s'étonnait de ne pas l'avoir vu encore, et elle l'espérait de minute en minute.

Aussi, évita-t-elle, et non sans adresse, toute réponse formelle, jusqu'à ce qu'enfin, un domestique parut, qui annonça :

— M. le juge de paix.

Il entra lentement, ayant toujours aux lèvres son sourire débonnaire, mais son œil perspicace ne quitta pas Mme de Fondège.

Il salua, prononça quelques mots de politesse, puis s'adressant à Mlle Marguerite :

— Il faut que je vous parle, mademoiselle, dit-il, à l'instant... Mais dites à madame que vous serez de retour près d'elle avant un quart d'heure.

Elle le suivit, et lorsqu'ils furent seuls, les portes fermées, dans le cabinet de feu M. de Chalusse :

— J'ai beaucoup pensé à vous, mon enfant, reprit le vieux juge, oui, beaucoup... et il me semble que je m'explique certaines choses. Mais avant tout, qu'est-il arrivé depuis que je vous ai quittée ?

— Ah !... monsieur, beaucoup de choses.

Et aussitôt, brièvement, mais avec une précision extrême, elle lui détailla les événements si petits et si importants qui se succédaient depuis vingt-quatre heures, sa course inutile rue d'Ulm, la sortie mystérieuse de Mme Léon et sa conversation avec le marquis de Valorsay, la lettre de Mme de Fondège et enfin cette insupportable visite et tout ce qui s'y était dit.

Lui écoutait, les yeux attachés au chaton de sa bague, selon sa coutume dans les conjonctures qu'il estimait difficiles.

— Tout cela est grave, prononça-t-il, très-grave... La lumière se fait, peu à peu... Vous aviez peut-être raison... Peut-être M. Férailleur est-il innocent... Et cependant, pourquoi fuir, pourquoi passer à l'étranger ?...

— Ah !... monsieur, la fuite de Pascal n'est qu'une feinte, il est à Paris, caché quelque part, un pressentiment me le crie, j'en suis sûre, et je sais un homme qui me le retrouvera... Une seule chose me confond : son silence... Disparaître ainsi sans un mot, sans me donner signe de vie...

D'un geste, le juge de paix l'arrêta.

— Je ne vois rien là de surprenant, fit-il, du moment où votre gouvernante est l'espion du marquis de Valorsay... Qui vous dit qu'elle n'a pas intercepté ou détruit quelque lettre?

Mlle Marguerite pâlit, et ses yeux noirs étincelèrent.

— Grand Dieu! s'écria-t-elle, quelle n'était pas mon aveuglement!... Je n'avais pas songé à cela! Oh! la misérable!... Et ne pouvoir l'interroger et lui arracher l'aveu de son crime!... Être condamnée, si je veux arriver à la vérité, à rester avec elle en apparence ce que j'étais par le passé!...

Mais le juge de paix n'était pas homme à laisser s'égarer une enquête qu'il entreprenait.

— Revenons à Mme de Fondège, dit-il, et résumons sa conversation. Elle redoute extrêmement de vous voir courir le monde... Est-ce par affection? Non. Pourquoi, alors? C'est ce qu'il faudra chercher. Secondement, il paraît lui être indifférent que vous acceptiez son hospitalité ou que vous entriez au couvent.

— Elle me pousserait plutôt vers le couvent...

— Eh bien!... que conclure de là?... que les Fondège ne tiennent aucunement à s'emparer de vous et à vous faire épouser leur fils... S'ils n'y tiennent pas, c'est qu'ils sont sûrs, positivement, indiscutablement, que les valeurs disparues n'ont pas été détournées par vous... Or, je vous le demande, d'où vient cette certitude absolue?... Simplement de ce qu'ils savent où sont les millions... et s'ils le savent...

— Ah !... monsieur, c'est qu'ils les ont volés !...

Le vieux juge se taisait.

Il avait retourné en dedans le chaton de sa bague — signe d'orage, eût dit son greffier — et si maître qu'il fût de l'expression de son visage, on pouvait y suivre les phases d'un violent combat intérieur.

— Eh bien, oui, mon enfant, prononça-t-il enfin, oui ma conviction est que les Fondège ont entre les mains les millions que vous aviez vus dans le secrétaire de M. de Chalusse et que nous n'y avons plus retrouvés... Comment, par quel prodige de ruse et de scélératesse s'en sont-ils emparés ?... C'est ce que je ne puis concevoir... Le sûr, c'est qu'ils les ont, ou la logique n'est plus la logique.

Il demeura pensif un moment, les sourcils contractés par l'effort de la réflexion, et plus lentement il reprit :

— En vous découvrant toute ma pensée, je vous donne, à vous, jeune fille, presqu'une enfant, une preuve d'estime et de confiance dont peu d'hommes me sembleraient dignes. C'est que je puis me tromper et qu'un magistrat ne doit pas accuser sans être trois fois sûr... Ce que je viens de vous dire, Mlle Marguerite, vous devez l'oublier...

Toute remuée par l'accent du juge, elle le regardait d'un air de stupeur profonde.

— Vous me conseillez d'oublier ! murmura-t-elle, vous voulez que j'oublie !...

— Oui !... Vos légitimes soupçons, vous devez les cacher au plus profond de votre cœur, jusqu'au moment où vous aurez réuni assez de preuves pour confondre les misérables... Certes, découvrir et rassembler d'irrécusables preuves de ce mystérieux détournement est difficile... Ce n'est pas impossible, avec le temps, cet infaillible divulgateur des crimes... Et vous pouvez compter sur moi... je vous aiderai de toutes les forces de ma vieille expérience... Il ne sera pas dit que j'aurai laissé écraser une pauvre fille, lorsque je vois une chance de la sauver...

Des larmes, bien douces cette fois, tremblaient dans les longs cils de Mlle Marguerite. Le monde n'était donc pas composé uniquement de coquins!...

— Ah!... vous êtes bon, vous, monsieur, dit-elle, vous êtes bon !...

— Assurément! interrompit-il avec une bienveillante brusquerie... Mais il faudra, mon enfant, vous aider vous-même... Songez-y bien; si les Fondège se doutent de vos... c'est-à-dire de nos soupçons, tout est perdu. Répétez-vous cela à tout moment de la journée... et soyez impénétrable, car les gens qui n'ont ni la conscience ni les mains nettes sont ombrageux.

Il n'avait nul besoin d'insister sur ce point. Il le comprit, et changeant brusquement de ton :

— Avez-vous quelque projet ? demanda-t-il.

A lui, elle pouvait, elle devait tout dire.

Elle se redressa donc, vibrante d'énergie, et d'une voix ferme :

— Ma résolution est prise, monsieur, sauf toutefois votre approbation. D'abord, je garde Mme Léon près de moi... au titre qu'elle voudra, peu m'importe. Par elle, sans qu'elle s'en doute, je saurai les menées de M. de Valorsay et peut-être même ses espérances et son but... En second lieu, j'accepte l'hospitalité que m'offrent le général et sa femme... Près d'eux je serai au centre même de l'intrigue et dans une position unique pour recueillir les preuves de leur infamie.

Le vieux juge eut une exclamation de plaisir.

— Vous êtes une vaillante fille, mademoiselle Marguerite!... s'écria-t-il, et prudente en même temps... Oui, c'est bien ainsi qu'il faut agir.

Il n'y avait plus qu'à régler les conditions du départ de Mlle Marguerite.

Elle possédait de très-beaux diamants et des bijoux du plus grand prix; devait-elle les garder?

— Certes, ils sont bien à moi, dit-elle. Mais après les indignes accusations dont j'ai été l'objet, je ne puis consentir à les emporter, il y en a pour une somme trop considérable... Je vous les laisserai, monsieur, à l'exception de ceux dont je me sers habituellement... Si plus tard le tribunal me les restitue, eh bien !... je les reprendrai... et non sans plaisir, je l'avoue à ma honte.

Et le juge s'inquiétant de la façon dont elle vivrait et de ses ressources :

— Oh!... j'ai de l'argent, répondit-elle. M. de Chalusse était la générosité même, et moi j'ai des goûts assez simples... En moins de six mois, sur ce qu'il me donnait pour ma toilette, j'ai économisé plus de huit mille francs... C'est la sécurité pour plus d'un an.

Le juge de paix lui expliqua alors, que presque certainement le tribunal lui allouerait une certaine somme à prendre sur cette fortune immense, désormais sans possesseur connu.

Le comte, qu'il fût ou non son père, — là n'était pas la question, — se trouvait être en fait, son « tuteur officieux... » et elle, encore qu'elle fût émancipée, pouvait être considérée comme une mineure.

Elle avait donc à invoquer le bénéfice de l'article 367 du Code civil, lequel dit expressément :

« Dans le cas où le tuteur officieux mourrait, sans
« avoir adopté son pupille, il sera fourni à celui-ci, du-
« rant sa minorité, des moyens de subsister dont la quo-
« tité et l'espèce... seront réglées, soit amiablement...
« soit judiciairement. »

— Raison de plus, prononça Mlle Marguerite, pour renoncer à mes parures.

Restait à décider comment elle donnerait de ses nouvelles à son vieil ami. Ils cherchèrent et trouvèrent un moyen de correspondance qui devait déjouer la plus exacte surveillance du général et de sa femme.

— Et maintenant, fit le juge de paix, remontez vite chez vous... Qui sait ce que pense Mme de Fondège de votre absence ?...

Mais Mlle Marguerite avait une requête à présenter.

Elle avait vu très-souvent entre les mains de M. de Chalusse, un petit cahier relié où il notait l'adresse des gens avec qui il était en relations. L'adresse de M. Fortunat devait s'y trouver.

Elle demanda donc et obtint du juge de paix la permission de rechercher ce répertoire. Elle le trouva, et à sa grande joie, à la lettre F, elle lut :

Fortunat (Isidore), agent d'affaires, 28, place de la Bourse.

— Ah !... je suis sûre à cette heure de retrouver Pascal, s'écria-t-elle

Et après avoir une fois encore remercié le juge de

paix, dissimulant sous l'air le plus abattu qu'elle put prendre ses grandes espérances, elle regagna sa chambre.

— Comme vous avez été longtemps, bon Dieu ! lui dit Mme de Fondège.

— J'ai eu beaucoup d'explications à donner, madame.

— On vous tourmente, ma pauvre petite !

— Oh ! indignement...

Ce mot fournissait à « la générale » l'occasion de revenir tout naturellement à ses conseils.

Mais Mlle Marguerite n'était pas si simple que de se laisser convaincre, comme cela, tout à coup ; elle éleva bien des objections et discuta longtemps avant d'en arriver à déclarer à Mme de Fondège qu'elle serait trop heureuse d'accepter la protection et l'hospitalité qu'elle lui avait offertes...

Et encore, n'était-ce pas sans conditions... Ainsi, elle prétendait payer une pension, ne voulant pas être une charge... Elle tenait aussi à garder près d'elle sa gouvernante, trop attachée, disait-elle, à cette chère Léon pour s'en séparer.

La digne femme de charge assistait à cette conversation. Un instant, elle avait craint que Mlle Marguerite ne soupçonnât ses honnêtes manœuvres... ses craintes s'envolèrent. Et même, intérieurement, elle se félicita de sa rare habileté.

Tout était entendu, conclu, scellé par un baiser, lorsque, sur les quatre heures, le général reparut.

— Ah !... mon ami, lui cria sa femme, quel bonheur !... Nous avons une fille !...

Il ne fallait rien moins que cette nouvelle pour le remettre. Au bruit sourd des pelletées de terre tombant sur le cercueil de M. de Chalusse, il s'était presque trouvé mal au cimetière, et même cette défaillance d'un homme orné de si terribles moustaches avait beaucoup surpris.

— Oui, c'est un grand bonheur!... répondit-il. Mais, sacré tonnerre!... je n'avais jamais douté du cœur de cette chère mignonne.

Sa femme et lui, néanmoins, dissimulèrent mal une grimace, quand le juge de paix leur apprit que leur « chère fille aimée » n'emportait pas ses diamants.

— Sacrebleu!... gronda le général, je reconnais son père à ce trait!... Voilà de la délicatesse, ou je ne m'y connais pas!... Beaucoup de délicatesse!... trop, peut-être.

Mais le juge de paix lui ayant dit que le tribunal, sans doute, ordonnerait la restitution des diamants, son visage s'éclaira, et il descendit veiller de sa personne aux malles et aux effets de Mlle Marguerite, que M. Casimir faisait charger sur un des fourgons de l'hôtel...

Puis le moment du départ vint.

Mlle Marguerite répondit aux adieux des domestiques, ravis d'être débarrassés de sa présence, et, avant de monter en voiture, elle attacha un long et douloureux regard à cette princière demeure de Chalusse, qu'elle avait eu le droit de croire sienne, et qu'elle quittait sans doute pour toujours!...

FIN DE LA PREMIÈRE PARTIE

St-Amand (Cher). — Imp. de Destenay.

www.ingramcontent.com/pod-product-compliance
Lightning Source LLC
Chambersburg PA
CBHW050601230426
43670CB00009B/1209